中国经济
内生增长

1个龙头引领　2个结构赋能　3个短板补足

黄奇帆　楼继伟　刘世锦等 ◎ 著

湖南文艺出版社
HUNAN LITERATURE AND ART PUBLISHING HOUSE

博集天卷
CS-BOOKY

图书在版编目（CIP）数据

中国经济：内生增长 / 黄奇帆等著 . –– 长沙：湖南文艺出版社，2021.9
ISBN 978-7-5726-0249-8

Ⅰ.①中… Ⅱ.①黄… Ⅲ.①中国经济－经济增长－研究 Ⅳ.① F124.1

中国版本图书馆 CIP 数据核字（2021）第 168992 号

上架建议：经济·畅销

ZHONGGUO JINGJI：NEISHENG ZENGZHANG
中国经济：内生增长

作　　者：黄奇帆　楼继伟　刘世锦等著
出 版 人：曾赛丰
责任编辑：刘雪琳
监　　制：秦　青
特邀编辑：列　夫　王子佳
营销编辑：杜　莎
封面设计：潘雪琴
版式设计：李　洁
出　　版：湖南文艺出版社
　　　　　（长沙市雨花区东二环一段 508 号　邮编：410014）
网　　址：www.hnwy.net
印　　刷：三河市鑫金马印装有限公司
经　　销：新华书店
开　　本：680mm × 955mm　1/16
字　　数：379 千字
印　　张：25.5
版　　次：2021 年 9 月第 1 版
印　　次：2021 年 9 月第 1 次印刷
书　　号：ISBN 978-7-5726-0249-8
定　　价：69.80 元

若有质量问题，请致电质量监督电话：010-59096394
团购电话：010-59320018

代　序

复苏之路

解码双循环

洞见"十四五"

中国与世界

资产指南针

政策新议题

钟正生 ///
中国经济展望

代 序

一 发展势能与韧性

2020年，突如其来的新冠肺炎疫情，让中国经济和中国人民都经历了一次刻骨铭心的"压力测试"。众志成城、果断出拳、精准施策之下，中国疫情"先进先出"，中国经济一枝独秀，中国制造兀自岿然，我们在料峭寒意中守得"春"来！

2021年，随着新冠疫苗的推出和推广，中国经济在全球一枝独秀的程度面临弱化。这体现了中国宏观政策的拿捏有度，也是全球经济复苏节奏的差异所致。这会带来大类资产配置方向的转变，需要预判利率由熊转牛的转折点，以及人民币汇率波动加大（尤其向下波动）的新常态。考虑到逆周期政策过早退出可能会对实体经济造成意外冲击，2021年中国货币和财政政策仍需保持一定力度，正常化需适时审慎推进。

前瞻"十四五"，中国经济要想更多转换成内生增长性复苏，促进更高水平的"双循环"，最关键是要充分释放资源重新配置的红利，发挥好经济转型、空间布局、对内开放、对外开放四个方面的效应。如此，我们相信未来中国经济能够行稳致远，更具韧性，更富质量！

2020年中美经济表现的对比

疫情冲击下，中美经济的结构表现大相径庭。2020年以来，美国经济的拖累因素集中在服务消费，三季度服务消费对GDP（国内生产总值）同比的拉动为-3.3个百分点，而商品消费对GDP同比的拉动达到1.8个百分点，显著超过疫情前水平。这与2008年全球金融危机主要导致私人投资大幅下挫有很大的不同。中国经济的拖累因素也集中在消费（特别是服务消费）领域，三季度最终消费支出对GDP同比的拉动仅为1.7个百分点，仍显著低于疫情前水平，但资本形成和出口对GDP同比的拉动均回到或高于疫情之前，对经济复苏产生了有力的带动。

中美由于疫情应对政策的重点不同，而形成了"美国消费、中国生产"的互补格局。由于疫情持续扩散，美国复工复产持续受阻，工业产出回升极为有限，截至10月工业产出指数同比仍为-5.3%。与之对照，三季度人均商品消费支出同比达到6.6%。中国虽然疫情得到了控制，复工复产快速推进，但居民消费支出回升仍然缓慢，三季度城镇居民人均消费性支出累计同比仅为-8.4%，而9月工业增加值当月同比已达6.9%。这是因为在政策应对上，美国侧重于"补居民，保需求"，中国侧重于"补企业，保供给"。

美国房地产市场景气度大幅提升，而中国秉持"房住不炒"，房地产融资监管政策进一步升级。美国尽管深陷疫情，但居民人均可支配收入却出现了超高增长，4月同比增速一度高达16.1%，为美国商品消费的稳定提供了坚实后盾。在低利率、高收入增长的情况下，2020年美国房地产销售增速大幅攀升，截至10月已达到26.6%，触及2008年金融危机以来高位。这对美国的房地产投资及相关产业链都将具有显著带动作用。

而中国坚持"房住不炒",房地产销售累计同比仅恢复到0%附近。

美国积蓄着"补库存"的后劲,而中国进一步补库存的空间已经不大。目前,美国零售商已出现库存过低的情况,可能逐步向批发商、制造商库存传导。这意味着一旦美国疫情好转,美国经济将存在补库存的内生动力。中国工业库存在复工复产初期便已快速累积,目前产成品存货增速趋于回落。从2008年以来库存周期高点渐次回落的趋势来看,2021年中国进一步补库存的空间已经不大。

美国积累了相对更强的通胀压力。中国由于复工复产推进远快于居民消费回升,因而总体呈现出"供给>需求"的局面,这对物价水平是个很强的压制。截至10月,中国核心CPI(消费价格指数)同比仅为0.5%,PPI(生产价格指数)同比仅为−2.1%,均保持低迷。相反,美国呈现的是"需求>供给"的局面。截至10月,其核心PCE(个人消费支出价格指数)同比已回升到1.4%。尤其是,随着疫情在主要资源国的蔓延,多种大宗商品的供给受到了比需求更强的影响,目前国际大宗商品价格已反弹超过了疫情之前的水平。美国在2020年超高的M2(广义货币)增长之后,也可能面临更强的通胀上行压力。

2021年美国经济的势能或将强于中国

一旦新冠疫苗得到大面积推广,美国会出现快速的生产修复(一如2020年的中国),同时服务消费也会强劲复苏,房地产市场的高景气度也会给经济注入更强动能。届时,美国可能出现较为明显的通胀压力,内生地需要财政、货币政策有所回撤。考虑到民主党并非横扫两院,新一轮财政刺激方案或需要打个折扣(即便拜登在促进跨党合作上有"长袖善舞"的过往经验,耶伦出任美国财长后财政货币政策亦将有更好的配合),以及美联储采纳平均通胀目标制的改弦更张,2021年美国货币宽松或将具有相对较强的持续性。这一组合或许有利于美债收益率保持低位(对应于美债实际利率难以转正),而低实际利率又对黄金价格形成支撑,我们对2021年黄金价格并不悲观。

新冠疫苗获得推广后，中国的消费需求也会进一步反弹，但是需要警惕一段时间内储蓄率持续处于高位的可能性。2020年三季度，在疫情得到控制接近半年后，央行城镇储户问卷调查反映的储蓄倾向，依然处于高位。此外，中国的生产修复已经非常充分，对企业的政策扶持面临退坡。需要注意的是，2020年中国的宏观政策本身还是比较克制的，不管是广义财政预算的安排，还是新一轮信用扩张，幅度都要弱于此前几轮周期。在此情况下，如果货币、财政政策正常化来得太快，经济走弱可能也会来得较快，这是2021年中国经济最大的风险所在。

"十四五"时期中国经济的韧性何在

2021年中国经济面临的关键挑战是，如何从政策驱动性复苏转向内生增长性复苏。我们认为，下一阶段要想更多转换成内生增长性复苏，促进更高水平的双循环，最关键的是要充分释放资源重新配置的红利。这主要体现在以下四个方面：

一是经济转型的红利。2013年，中国服务业在GDP中的占比开始超过制造业。一种非常普遍的观点认为，中国的潜在增长率会下降，因为服务业的生产率增长是低于制造业生产率增长的。但围绕这个问题大家开始担心，从制造业为主到服务业为主的过程中，中国会不会有"过早去工业化"的问题。而且，现在到了这样一个历史关口，中美之间没有军事冷战，但科技冷战是实实在在发生的。因此，中国制造业通过智能升级再度焕发青春，是个必然之举。这也是"十四五"规划建议提出"提高制造业占比"的重要背景。

随着新科技、新业态的发展，服务业似乎也能被赋能，突破传统上的生产率增长的瓶颈。新冠肺炎疫情突如其来的暴发，更是加剧了中国经济形态的"裂变"。据国务院发展研究中心的测算，2016年之后，中国的全要素生产率增速是回升的，而且服务业的生产率增长也出现了同步回升。这可能就是对服务业的科技赋能，也逐渐改变了大家对服务业生产率增速更低的认知。可见，中国从制造业向服务业迁移的过程中，一方面是制造业智能升级，一方面是服务业科技赋能，两方面结合可以使中国的潜在增长率维持在一个相对稳定的位置上。"十四五"规划建议提出"提升产业链供应链现代化水平""加快发展现代服务业""加快数字化发展"，正着眼于此。

二是空间布局的红利，其实就是城市群和都市圈的发展。西方发达经济体在城镇化发展的过程中，越来越多的经济增长来自城市群的贡献。比如，美国在1920—1950年的城镇化率是提升很快的，但主要的驱动力是单个城市的规模扩张；在1950—1980年这个新的30年中，城镇化率上升得更快，但主要驱动力是大城市和城市群的发展。同一阶段，日本也呈现出同样的特征。因此，从空间布局上来看，大城市实际上发挥着越来越大的作用，提供了越来越多的增量。

而且，未来大城市发展至少可以提供几个好处：首先，房地产平稳"转身"。在大城市的周边，只要城乡的生产要素能够深度融合、自由流动，天然地就会形成很多的功能小镇。这其实给房地产提供了另一个缓冲和发展的空间。其次，大城市本身也是个新的增长极。水往低处流，人往高处走，更多优质的资源汇聚在大城市的周围，它本身就会带来一个集聚效应和生产率的提升。最后，财政可持续。政府不想过度加杠杆、过度堆债务，那么与其一碗水端平、撒胡椒面式地支持区域发展，不如去支持那些真的有生机、有活力、有产业的区域。这些区域有相对不错的投入产出比，所以在这样的地区，财政是可持续的。而那些看起来被抛弃、被疏离的地区，可以有更低的基本层面上的财政保障。关于财政的未来，关于城市的发展，政策导向也在发生变化，"十四五"规划建议提出"推进以人为核心的新型城镇化"就是个重要转变。钱跟着人走，人往哪里去，钱就往哪里去。既然人更多地选择去大城市发展，去大城市集聚，那么也要为大城市的发展提供更多的财政支持。政策思路上的根本改变，尤其是土地和户籍制度上的适时松动，必将逐步释放中国空间布局上的红利。

三是对内开放的红利。在"内循环"里面要做什么？一个很重要的方面就是"拓展投资空间"，其实就是促进民间投资。这次疫情发生后，民营企业生产恢复是最快的，出口恢复是最快的，利润增长受到的冲击是最小的。归根结底，民营企业有更强的求生愿望。但民营企业的投资回报却不容乐观，因为各种各样的经营成本可能也在不成比例地上升。2020年中共中央办公厅印发《关于加强新时代民营经济统战工作的意见》，"十四五"规划建议提出"激发各类市场主体活力""建设高标准市场经济"，政府对民营企业的发展一如既往是非常重视的。未来中国在市场开放、营商环境方面下更扎实的功夫，能够真正提升内循环的质效。

四是对外开放的红利。不同于科技"脱钩"的问题，在金融领域，中美之间甚至存在逆势"挂钩"的趋势。从数据上来看，虽然美国对上市公司的会计准则要求很高，但中国在美国上市的企业数量相比2019年还是有明显增长（近期美国试图对中国企业在美上市做出严格控制，值得关注）。外资配置中国资本市场的规模也在大幅增加；中国向外资企业开放所有权比例控制，也迈出了很大的步伐。为什么会在金融领域有这种挂钩的趋势呢？很简单，中国的经济增长是一枝独秀的，人民币资产收益是相对丰厚的。

中美之所以在金融领域出现挂钩的趋势，背后还有个很重要的原因，就是中国越是在遇到不利环境的时候，越是推动金融开放。市场倾向于认为这是个可信的承诺。首先，疫情暴发以来，中国商品贸易顺差还不错，服务贸易逆差也在收窄，所以总体上经常账户顺差还不错。但往后看，服务贸易逆差的收窄和商品贸易顺差的超预期增长可能是不可持续的。未来中国经常账户顺差可能会收窄甚至转负，这时就更需要从资本和金融账户下吸引外资。因此，从长远战略方向上考虑，中国金融开放的大方向是完全确定的。其次，金融开放是中国融入世界的窗口，是构建双循环的关键节点。基于上述考量，在纷繁复杂的国际政经环境下，中国不会贸然关闭这个窗口。正是由于认为中国的金融开放是个可信的承诺，外资在配置中国资产的时候，不仅有被动配置的成分，也有主动加杠杆的成分。

把上述四个方面的红利发挥好，我们相信未来中国经济能够行稳致远、更有韧性。资源重新配置，体现在经济转型上的红利，就是制造业智能升级、服务业科技赋能齐头并进，能够延缓中国潜在增长率的下行；体现在空间布局上的红利，就是城市群和都市圈的发展，集中优势资源办大事；体现在对内开放上的红利，就是进一步开放市场准入，让民营企业家有更多的信心、更多的空间去同台竞技，相信民营企业家会做出理性的决策，会交出一份有投资效率的答卷；体现在对外开放上的红利，就是在金融领域完全可以走向更加开放，只要中国的资本项目管制还处于审慎评估、有序放开的状态，进一步扩大金融对外开放，不仅可以发出可置信的信号，也会收到实实在在的效果。

二　料峭春来

2021年伴随新冠疫苗推出和推广，全球经济可能逐渐扫去疫情的阴霾，走向更全面的复苏。中国在2020年率先成功遏制疫情并实现强劲复苏后，经济复苏的动能开始面临转弱。上半年中国经济数据将在很大程度上受到低基数扰动，下半年则将相对真实地展现向潜在增速的回归。全年预计不会出现明显的通胀压力，但二季度物价升高可能对货币政策操作节奏和资本市场情绪造成扰动。

我们认为：

· 疫苗推广之后，中国贸易顺差将趋于收窄。

· 对2021年制造业投资温和乐观。

· 房地产投资下行中仍有一定韧性，韧性来源于2018年以来，房地产市场的供需条件一直是优化的，房地产投资不容易出现大起大落。但仍需谨慎观察房地产融资政策收紧的执行力度和或有冲击。

- 2021年基建投资或将继续保持温和增长。未来中国基建投资的上行动能，将更加有赖于城市群、都市圈建设等中长期红利释放，从而提升基础设施建设的内生需求，也就是"十四五"规划所指的"统筹推进基础设施建设"。
- "十四五"规划提出"全面促进消费"，2021年消费刺激政策的落地和效果，以及居民收入水平回升和消费意愿增强的进展，对于消费增长空间至关重要。

贸易顺差趋于收窄

2020年，出口是中国经济最超预期的部分，海外疫情扩散后，中国出口逆势增长，并且呈现"出口带动进口"的节奏。出口在防疫物资需求的带动下率先反弹，随后机电产品、劳动密集型产品也逐渐受益于中国供应链稳定的优势，带动出口进一步提速。而进口增速直到5月才见底，受到国际油价大跌、黄金价格大涨的影响较多。这与2008年以来中国"进口带动出口"的通常节奏截然不同，以美国为代表的海外发达国家很大程度上成为本轮复苏的需求提供者。在"出口带动进口"的组合下，中国贸易顺差得到了显著提升，外需对中国经济反而产生了显著拉动。

中国出口逆势增长的根源在于，中国率先控制疫情，使得在全球出口市场的份额大幅提升。下半年以来，中国出口增长的驱动力显著增强。医疗物资对出口的拉动从5月时的4.7个百分点显著下降到10月的0.9个百分点；机电产品的贡献大幅抬升，10月达到7.6个百分点；劳动密集型商品的贡献上升到2.9个百分点，其他类型商品的拖累缩减至0%。中国供应链优势在疫情之下得到凸显，而且RCEP（《区域全面经济伙伴关系协定》）的签署将进一步提升中国出口的稳定性，抵抗中美贸易摩擦的负面冲击。

美国极低的耐用品库存也强化了中国出口增长的持续性。从批发商库存销售比来看，8月美国耐用品仅处于45.3%分位数（2010年以来），其中，家具及家居摆设，木材及其他建材，电脑及电脑外围设备和软件，五金、水暖及加热设备和用品，均已处于历史最低位；专业及商业用品和杂项处于30%分位数以下。这可以部分解释为何近期中国劳动密集型产品和机电产品出口快速增强。

2020年中国进口呈两极分化：进口拉动集中在机电产品、贱金属、农产品，1—10月对进口的拉动分别为2.14%、0.98%和1.03%。这体现了国内生产建设需求增强，以及中国履行中美第一阶段经贸协议。进口拖累集中在矿产品、贵金属和运输设备，1—10月对进口的拖累达到−3.15%、−1.33%和−0.78%。矿产品主要是国际油价下跌的影响，这从1—10月中国进口原油的数量同比增长10.6%中可以看出。贵金属则可能主要与国际金价大涨削弱进口需求有关，截至11月底，2020年黄金价格涨幅达17.9%。运输设备则是受到疫情压制，进出口皆弱。

基于以上梳理，展望2021年中国的外贸形势：

· 在疫苗推广之前，中国出口仍将受益于供应链的稳定、出口市场份额的提升，并进一步受益于全球经济的逐渐复苏。进口方面，低油价、高金价的形势趋于稳定，甚至有所缓和，对进口的压制减弱，但运输设备仍然会对进口施加较大压力。外贸运行还会延续当前较快增长、较高顺差的状态。

· 在疫苗推广之后，中国出口的市场份额面临收缩，但全球出口市场的规模会显著抬升，拜登上台之后中美经贸领域的不确定性预计也会减弱，从而对出口的影响可能相对中性。考虑到届时中国与海外的经济运行会与2020年反向变动，对出口的综合影响可能偏负面。伴随油价回升、运输设备需求逐渐回暖，以及进入拜登时代中国继续履行中美第一阶段经贸协议，中国进口的压制因素将明显减弱。从而，疫苗推广之后，中国贸易顺差可能趋于收窄。

制造业资本开支周期有望启动

观察2006年以来中国上市制造业企业的资本开支情况，可以看到稳定的3—4年的资本开支周期。2020年受疫情影响，资本开支周期被拉长，2020年三季度上市制造企业资本开支增速呈现底部回升。参考前几轮周期的节奏，如果宏观背景和信用环境不出现新的负面冲击，2021年有望进入制造业资本开支快速上行阶段。

在经济周期中，制造业投资的启动具有滞后性。2017年在固定资产投资中，制造业、基建、房地产的比例分别是41%、36%、23%。按照这个权重对各分项的固定资产投资增速做加权平均，可以观察到滞后一年的制造业投资对基建+房地产投资增速，在拐点意义上有一定同步性（譬如2009年、2012年、2018年）。这是因为，后两者是制造业重要的下游需求来源。2020年房地产和基建投资仅恢复到接近疫情前水平，因而从需求来源看，制造业投资有进一步恢复的空间，但幅度未必可观。

双循环背景下，制造业高质量发展的战略地位提升。"十四五"规划纲要提出"提升制造业占比"，这是中美科技"脱钩"威胁下，打造双循环体系、提升中长期经济增长潜力的必需之举。2020年1—10月，高技术制造业投资同比增速达到10%，高出制造业整体15.3个百分点，保持了2016年以来的持续高增状态。2020年装备制造业和食品饮料业利润增长迅速，而且这些行业也普遍是体量和利润贡献较大的行业。而且，2020年1—9月工业企业利润增速为正的行业，在固定资产投资中的占比达到60%（以2019年数据计算）。因此，从利润提升角度来讲，制造业投资也存在一定的回升条件。

2020年中国出口的逆势增长有助于提升制造业企业家信心。民营企业在本轮出口高景气当中受益最多。1—10月，以人民币计价的民营企业出口同比增长10.9%，而外资企业和国有企业分别为-5.7%和-9.7%。而中国制造业投资中90%是民营企业，因此，疫情下中国所展现出的供应链稳定的优势、中国签署RCEP并积极寻求加入CPTPP（全面与进步跨太平洋伙伴关系协定）、拜登上台后中美关系可预见性增强的预期，对于提振民营企业家信心有望发挥重要作用。

企业家信心进一步提升的空间决定了本轮制造业投资扩张的高度。这需要在市场开放、营商环境改善等方面坚持施策，避免政策环境反复，对企业家信心造成负面影响。2021年制造业投资的一大威胁就在于信用环境反向收紧。2020年货币政策给予制造业极大的支持，从融资的规模和成本方面都取得了长足的进展。而明年再贷款、再贴现和两项直达实体的货币政策工具行将到期，如果货币政策后撤较快，造成制造业融资环境"松一年紧一年"，则可能很难带来企业家信心的提升。

综上，我们对2021年制造业投资并不悲观，至少2020年负增长这个基数原因，就会使2021年录得一个不低的增速读数。做个极端假设，2020年四季度到2021年四季度，各季度制造业投资额环比增量等于2018年四季度到2019年四季度，也就是相比疫情之前是零增长，那么2021年制造业投资增速也可以达到3.2%。而基于上述温和乐观分析，我们预测2021年中国制造业投资同比可以达到约8%。

房地产投资下行中仍有一定韧性

房地产投资由土地购置和房屋施工两部分主导。2020年土地购置费增速从2019年14.5%下降到8.6%，施工面积增速从2019年8.7%下降到3%，房地产投资从2019年9.9%减速至6.3%。

- 土地购置。领先指标（百城土地成交总价）显示，2021年土地购置费将保持略低于2020年的增速，且同样在1—3月有一个"坑"。年初房地产投资或暂明显减速，叠加房地产融资政策收紧的背景，这可能对市场预期产生一定冲击。
- 施工面积。2021年房地产施工的主要约束在于融资监管政策加强（"三条红线"规定）。2020年以来房地产开发资金来源中，应付工程款持续高增，体现房企资金流紧张；个人按揭贷款和定金及预收款增速（这两项反映销售回笼资金）较2019年大幅下滑，是2020年开发资金来源减少的主要原因；自筹资金继续发挥重要作用，但国内贷款和利用外资从2018年以来就贡献微弱。可见，如果"三条红线"从房企融资端施加更严格的限制，那么自筹资金或也将面临压力，此时房地产销售的增长情况将对开发资金来源起到更关键的作用。这就要求房企只有持续施工、增加销售，才能持续生存发展。

房地产投资的韧性在于库存一直不高。事实上，2016年以来的房地产"新周期"中，尽管房地产投资一直不弱，但也从未出现大幅攀升，在"房住不炒"的政策基调下，房地产投资周期被显著平滑。2018年以来房屋竣工面积一直都是负增长，也导致中国并未出现房地产库存重新堆积的问题，房地产市场的供需条件一直是优化的。这就意味着，房地产投资并不容易出现大起大落，更多是平稳施工、因城施策。房地产施工周期大致为18个月，考虑到房地产竣工面积连续3年负增长，而2018—2019年新开工面积却持续正增长，再考虑到2020年房屋竣工进程受疫情影响可能较大，我们认为2021年房地产竣工面积同比有望上行转正，在此过程中房地产施工仍存在一定支撑。

综合考虑土地购置费和施工面积增长前景，我们认为2021年房地产投资增速将进一步回落至4%—5%。但仍需谨慎观察房地产融资政策收紧的执行力度和或有冲击。

关注消费刺激政策的效果

2020年下半年以来，中国社会消费品零售增速的回升主要受餐饮收入驱动，主要得益于消费场景限制减弱；商品零售增速回升放缓，10月当月增速仅为4.8%，相比于疫情之前的7.9%还有较大差距。消费复苏的放缓，体现疫情仍然对居民收入和消费意愿造成冲击。截至10月，城镇调查失业率虽连续下降，但仍达到5.3%，是疫情之前失业率季节性高点的水平。因此，消费需求能否以及多久能够恢复到疫情前的水平，仍然是中国经济的一大压制因素。

从限额以上企业商品零售额来看，2020年社零的拖累因素集中在：

· 原油价格下跌对社零产生了很大拖累，1—10月同比为−16.1%，且石油类消费在限额以上零售中占比达到13%。
· 汽车消费也产生了明显拖累，虽然其降幅不是最大的（1—10月同比−4.5%），但其在限额以上零售中占比高达29%。这也是11月18日国务院消费刺激政策首推稳定和扩大汽车消费的重要原因。
· 服装和金银珠宝合计占比17%，1—10月同比负增均在10%以上，也产生了较大拖累。
· 房地产竣工持续负增长，地产相关消费也对社零产生了一定拖累，家具、家电、建筑装潢在限额以上零售中合计占比8%，1—10月同比负增6.2%—8.7%。

相反，必选消费和受益于疫情场景的消费表现较稳定。尤其是食品饮料、日用品、通信器材、文教娱乐用品和中西药品。

2021年疫苗推广，疫情影响进一步减弱后，石油类和服装珠宝类消费增长预计会有显著修复；汽车消费在新一轮刺激政策下有进一步改善的空间；房地产相关消费随着竣工提速和家电消费刺激政策落地，有望形成新支撑。"十四五"规划纲要提出"全面促进消费"，2021年消费刺激政策的落地和效果，以及居民收入水平回升和消费意愿增强的进展，对于消费增长空间至关重要。

物价温和回升

猪价和油价是影响2020年CPI走势的核心变量。截至2020年10月，CPI累计同比较2019年末上升0.1个百分点，其贡献主要来自食品烟酒类，其中又主要是猪肉价格同比攀升的贡献。6月以后猪价同比快速回落，带动CPI也转为快速下行。CPI的拖累项主要是居住和交通通信，其中很大一部分又归结为国际油价的走跌。剔除食品和能源的核心CPI在7—10月连续保持在0.5%的历史低位，这反映疫情影响下，中国供给恢复快于需求复苏，导致物价水平低迷。

截至2020年10月，PPI同比从2019年末的-0.3%下挫至-2%。最大的拖累因素也是油价下跌引致的石化产业链价格下挫。1—10月，石油和天然气开采业、石油煤炭和其他原材料加工业、化学纤维制造业、化学原料及化学制品业，这些石化产业链上的行业PPI同比分别为-27.2%、-14.3%、-14.3%、-6.7%，对PPI产生了很强拖累。相反，食品加工、黑色和有色金属开采业PPI同比有显著上涨。疫情影响下，工业原材料价格之间呈现分化：油价受到全球出行减少的压制，而金属价格则受到供给收缩的提振。

展望2021年：

- 猪价将对CPI产生明显压制。根据农业农村部介绍，目前生猪存栏和母猪存栏已经恢复到正常年份的88%左右。按照这种趋势，2021年3—6月全国生猪存栏就可以完全恢复正常。截至11月6日，22省市平均生猪价格为45元/千克，如果按照2021年中生猪供给基本恢复正常，猪肉价格回到非洲猪瘟前的20—25元/千克，那么2021年6月猪肉CPI同比或将进一步跌至-47%。按照约3%的猪肉分项权重，也将拖累CPI同比1.41个百分点。
- PPI与原油价格的相关性非常高，其预测很大程度上取决于对油价的判断。我们按照彭博预测中值，2021年四个季度布伦特油价分别达到45、48.25、50、50美元/桶进行预测，显示2021年3—5月油价同比蹿升至高位，然后回到20%上下。对应PPI同比4、5月份蹿高（可能达到5%甚至以上），后回到0%—2%区间。极端假设，2020年布伦特原油年底上涨至60美元/桶，对应PPI同比在9月后将回到3%附近。考虑到2020年国际金属价格涨幅已较为可观，预计同比意义上对PPI的额外推动有限。

基于以上，并考虑到物价环比的季节性变化，我们预测：2021年CPI同比均值预计为1.4%，PPI同比均值为1.6%。二季度物价升高可能对货币政策操作和资本市场情绪造成扰动，但下半年通胀预期或将相对稳定下来。

三 政策审慎回归

2021年企业还本付息压力增大，会自然导致信用环境收缩，如果叠加社融增速显著下滑，则实体经济将会面临较大的信用紧缩压力。因此，货币政策节奏的精准把握，对于稳定和引导市场预期颇显重要。特别是，如果2021年财政政策收紧，那么货币政策更可能维稳，甚至在经济动能衰减时候会率先出手，边际放松。历史上，双紧政策对经济的杀伤还是很强的，在经济修复基础还不牢靠的情况下，更是如此。

2020年初以来，积极财政政策加力提效、预算赤字大幅提升的情况下，基建投资的回升幅度与市场预期产生背离。2020年预算草案中，一般赤字相比2019年新增1万亿元，发行1万亿元特别国债，地方专项债额度也提高了1.6万亿元。广义财政赤字的提升幅度不可谓不大。但2020年1—11月基建投资累计增速仅3.3%，在近5年同期增速中，仅高于资管新规推出的2018年（0.9%）。我们从以下几个角度探索2020年以来基建投资不及预期的原因，以此为主线梳理2021年财政政策的脉络（货币政策展望部分请见笔者财新专栏《货币政策如何正常化》）。

广义财政支出预算并未大幅提高

计算广义财政预算支出以及实际政府性基金支出增速，可见2020年财政预算增长目标并不像直观感受那样大幅提高。将一本账的公共预算支出和二本账的政府性基金预算支出加总，计算广义财政预算支出增速，可得2020年预算增速为11.6%，分别低于2017年的12.7%、2018年的15.0%以及2019年的16.4%。2020年广义财政支出增速较前3年实际上有所下降。

财政支出预算的转化存在"堵点"

2020年财政支出进度显著偏慢，存在"钱花不出去"的问题。2020年广义财政赤字构成如下：

- 一般赤字3.76万亿元，比2019年同期增加1万亿元。
- 地方专项债3.75万亿元，高于2019年同期的2.15万亿元。
- 抗疫特别国债归属于二本账的部分约0.7万亿元。
- 一般公共预算中调入及使用结转结余资金约3万亿元（包括从二本账调入一本账的特别国债资金0.3万亿元）。全年广义财政赤字共计约11.2万亿元。1—11月广义财政赤字累计共6.1万亿元，赤字使用进度仅54.6%。考虑到2020年下半年以来，一般公共预算收入和土地出让收入已经随着经济复苏而显著修复，后续财政支出仍有较大空间。

从地方专项债来看，为了充分发挥专项债对基建项目的撬动作用，政府出台了允许专项债做重大项目资本金、调整专项债用途、鼓励发行长期限专项债以匹配项目资金需求和期限等一系列政策。尽管相关政策支持力度较大，地方专项债发行进度也并不慢，但受制于多重因素，出现了"钱等项目"的现象，专项债资金搁置问题突出，对基建投资的支持力度有限。

第一，地方基建项目质量不高，专项债资金难以有效利用。2020年10月21日，财政部预算司王克冰表示，各地已有近3 000亿元专项债券用作铁路、轨道交通、农林水利、生态环保等领域符合条件的重大项目资本金。这意味着目前用于项目资本金的专项债，占比在10%左右，远低于25%的红线。用于资本金的专项债占比低，从一个侧面反映项目收益不高制约了专项债资金的使用。

分省份来看，除了甘肃、云南、吉林、广东和贵州等少数省份，多数省份专项债用作项目资本金的比例距离25%红线还有较大距离。分项目类型来看，交通基建等领域尽管专项债用作资本金规模较大，但专项债资本金占总投资的比例相对较低；棚改和土储才是专项债做资本金杠杆效应最强的领域。

值得注意的是，尽管2019年和2020年基建投资增速都偏低，但在专项债用于项目资本金政策的利用上，2020年和2019年有所不同：2019年由于重大项目在年初就已规划好，6月出台的专项债用作重大项目资本金政策以及9月出台的专项债用作项目资本金领域扩展的相关政策，实质上可能对基建投资影响相对有限。而2020年初重大项目规划时应当能有准备、有计划地将专项债用作项目资本金，但其使用比例依然偏低，这或许说明符合条件的重大项目相对较少。

第二，债券发行节奏与项目融资需求不匹配，带来专项债资金沉淀的问题。2020年5月和8月是专项债发行的两个高峰，都看到了财政存款的超季节性上升，10月地方专项债发行有所减弱，但再度出现了财政存款高增的状况，意味着专项债发行并未很快转化成实际支出，形成了资金淤积。2020年11月11日，财政部发布了《关于进一步做好地方政府债券发行工作的意见》（财库〔2020〕36号），明确提出"地方财政部门应当……合理选择发行时间窗口，适度均衡发债节奏，既要保障项目建设需要，又要避免债券资金长期滞留国库"，旨在解决债券发行分批下达带来的各地集中申报、集中发行的问题。债券发行分批下达，带来了地方项目申报周期短、项目推进相对滞后的问题，导致专项债资金沉淀。这也是专项债发行进度和赤字使用进度不匹配的原因之一。

第三，2020年7月以来棚改专项债重启，分流部分基建资金。2020年3月，监管下发要求明确专项债资金不得用于棚改领域。由于棚改债较为成熟，而许多市县基建项目储备规模较小、质量较低，发行其他类型专项债有难度，因而2019年专项债使用大量集中在棚改、土储领域，占比高达80%。监管下发要求后，地方现有的基建项目储备难以立马吸收专项债资金。5月监管部门明确棚改专项债可以恢复发行，7月末湖北省专项债发行成功，其中一批专项债投向棚改项目，系2020年首批发行的棚改专项债。自7月开始有专项债流向棚改领域后，棚改占专项债资金流向的比例大幅提高，园区新区建设、收费公路、轨道交通、污水处理等基建领域融资占比则有所下滑。这亦从另一侧面反映出，现有基建项目质量无法匹配专项债发行的节奏。

财政支出更多向民生领域倾斜

2020年政府更关注"六稳""六保"，目标函数发生变化，基建领域发力意愿也不同于往常。2020年基建投资中，电力、热力、燃气和水的生产供应业贡献极大，1—11月累计增速达到17.5%，而生态环保和各项运输业均没有明显增长。观察1—11月一般公共预算支出各分项累计同比增速：相比于2019年同期，2020年只有教育、社保与就业、卫生健康、农林水事务以及债务付息支出是正增长，而科学技术、节能环保、城乡社区以及交通运输支出皆为负增长。这表明在疫情冲击下，地方政府更加看重"六稳""六保"等目标。

气象因素影响项目建设进度

基建项目推进受不可抗力影响。尽管进入二季度以来，随着疫情逐步得到控制，复工复产加快，但进入6月之后，受暴雨影响工程项目推进再度受阻。2020年6—8月全国平均降水量达373毫米，较常年同期（325毫米）偏多15%，仅次于1998年的397毫米。2020年6—8月水泥指数最低滑落至136，低于2019年最低点143.6。受强降水和洪涝灾害影响，部分建设项目难以正常推进，基建投资的增长势必受到一定干扰。9月以来政府性基金支出进度明显加快，或许就与气象因素好转相联系。

综上，2020年初以来，基建投资不及预期，我们认为是如下因素共同作用的结果：首先，市场对广义财政预算支出的幅度存在高估。其次，财政支出和赤字使用进度均明显偏慢，存在"钱花不出去"的问题。这一点在地方专项债对基建的撬动作用弱、专项债资金沉淀问题突出中，体现尤其突出，而其根源在于基建储备项目的质量和收益不高。再次，2020年地方政府"六稳""六保"目标被放在第一优先级上，财政支出偏向民生领域，基建领域发力意愿也不同于往常。最后，强降水天气也在一定程度上拖累了基建项目进度。

展望后续：

· 财政支出尚存较大空间，可支持2020年末2021年初的基建投资平稳发力。2020年1—11月一般公共预算支出完成额占全年预算的83.9%，政府性基金支出完成额占全年预算的75.8%，12月广义财政赤字还有5.1万亿元额度（占全年的45.4%）。

· 越来越多的迹象表明，2021年宏观政策基调将重新回到"稳杠杆"上。对地方政府债务监管、地方专项债的规范使用，都有保持力度，甚至进一步加强的势头。做个估算：假设2020年名义GDP增速为5%，2021年名义GDP增速反弹至10.5%，一般赤字下降到3万亿元，调入资金和专项债都不退坡的情况下，2021年广义赤字率将从2020年的11%左右下降到8.2%左右。因此，未来中国基建投资的上行动能，将更加有赖于城市群、都市圈建设等中长期红利释放，从而提升基础设施建设的内生需求。"十四五"规划提出"统筹推进基础设施建设"，也强调了顶层设计的重要地位。

预计在广义财政支出目标保持力度的前提下（财政政策不过度后撤），2021年基建投资或将继续保持温和增长，预估增速在4.1%。

作者为平安证券首席经济学家

复苏之路

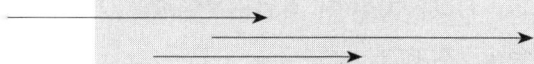

刘世锦 ///
谁是经济复苏下半场的主角

上半年中国经济表现总体符合预期，甚至在有些方面超出预期。在疫情这一"压力测试"中，中国经济表现出以下三个重要特征：

· 出口行业迅速恢复，6月份已恢复正增长，上半年整体呈现小幅增长态势。中国出口行业的竞争力，在此次疫情之中突出表现为"应变能力"和"韧性"，中国"出口大国"的称号再次得到验证。但三季度之后出口是否承压仍有待观察。

· 前段时间需求的恢复速度慢于供给。对此，我试图给出另一种解释：供给侧的机构更多，需求侧的个人更多，在行政和市场力量下，机构的反应速度一般快于个人，行动能力更强，更容易受到政策驱动，因此供给侧的恢复速度会快于需求侧。

· 需求侧近期逐步回升，但能否恢复到疫情之前的状态，仍有待观察。央行原行长周小川提出"数字化生存"的概念，值得关注和研究。疫情后部分需求可能会出现"永久性减少"，比如过去参会需要坐飞机、住酒店、在餐馆就餐，但现在都在网上开会，这些需求就难以恢复。

宏观政策调整需关注资金流向

在此次疫情应对中，中国财政货币政策的"度"把握得较好，既保持了充足的流动性，也没有搞"大水漫灌"。但6月份社融和M2增速均创近年新高，和GDP增速的差距明显拉大。在危机中释放流动性，以保持流动性不中断，这是一种"生存性的放松"；当生存问题大体解决之后，增发货币的流向值得关注。

近期股市火爆显然不是业绩的支撑，一些城市也出现房价上涨的苗头。美国在这方面表现更为明显，一些股指已创新高，股市泡沫的上升速度甚至快于病毒的传播速度。

从货币操作上来看，收回释放出去的流动性是很困难的。我们既要考虑到中远期的债务兑付问题，也要考虑到近期如何对付泡沫，以及资金流向问题。有些方向我们不希望资金流入，甚至会采取措施防止流入，比如房市、股市；有些方向我们希望资金流入，比如实体经济，但政策预期和人的行为有时是较着劲的，这是目前面临的难点。

只要疫情存在，就会有疫情防控的"成本折扣"。三季度之后，疫情虽未完全消除，但经济会逐步恢复到常规增长轨道，宏观政策也要相应调整，回到常态。当然，就目前来看，政策不宜明显收紧，但也要考虑防止泡沫、资金流向等问题。

要发挥结构性潜能的作用

如果把疫情冲击下的经济增长分为上、下半场，上半场以宏观救助、恢复增长为主，在经济逐步转到正常轨道之后，下半场的宏观政策就要退居次位，让"结构性潜能"担纲主角。

所谓结构性潜能，是指中国作为一个后发经济体，在技术进步、产业结构和消费结构升级、城市化进程等方面的发展潜能。具体表现在两个方面：一是追赶或跟跑的潜能。目前中国人均收入约1万美元，发达经济体多在4万美元以上，美国是6万多美元，这中间至少有3万美元的差距。发达经济体已经做了，中国也应做但尚未做的事情，就是中国的增长潜能所在。二是新涌现的潜能，即与发达经济体同步，有可能并跑甚至领跑的潜能，如数字经济和绿色发展。

结构性潜能的内容很多，且相互关联。在此，我想提出一个以都市圈、城市群建设为龙头，以产业结构和消费结构转型升级为主体，以数字经济和绿色发展为两翼的"1+3+2"结构性潜能框架。

"1"指以都市圈、城市群的发展为龙头，为中国下一步的中速、高质量发展打开空间。由于都市圈、城市群能产生更高的集聚效应和更高的要素生产率，所以今后10年，中国70%—80%的经济增长潜能都将来自这一范围。目前人口流动已经反映出这样的规律。

"3"指实体经济方面，现阶段我国经济循环过程中的三大短板：基础产业效率不高、中等收入群体规模不大、基础研发能力不强。第一，基础产业仍存在不同程度的垄断，下一步要开放竞争、提升效率。开放竞争不仅可以促进投资，更可以降低全社会生产、生活的基础性成本。第二，消费结构和产业结构要转型升级。在消费升级方面，低收入阶层的消费重点是增加商品消费，中高阶层的消费重点是扩大服务消费。在产业升级方面，要通过优胜劣汰、重组创新，提升中国在价值链中的位置、提高要素生产率。第三，高端领域要加强基础研发、源头创新的能力建设，为长期创新打下牢固基础。补上这三大短板，将是实现高质量发展的新的三大攻坚战。过了这一关，中国才可能跨越中等收入陷阱。

"2"指以数字经济和绿色发展为两翼。数字经济和绿色发展是横向的、对全社会各领域都会发生影响的要素。比如街头卖水果都普遍使用微信支付，这种"地摊数字经济"实际上就体现了数字化对经济的系统化改造。绿色发展也是非常重要的一个领域，它会形成新的增长动能。

最近欧盟，特别是德国和法国，提出经济复苏过程中的"两个支柱"——数字技术和绿色发展。所以"两翼"是全球范围的新潜能。而中国有更为先进的理念，有超大规模的市场条件，完全有机会在这"两翼"形成新的竞争优势。数字经济和绿色发展不仅为追赶进程提供支撑，也可为全球范围内发展方式的转型提供引领。

所以总结来说，"1+3+2"的内涵即一个龙头引领，补足三大短板，两个翅膀赋能。

发挥结构性潜能应进一步深化改革

释放结构性潜能需要进一步深化改革。除宏观政策的制定，还需要抓住"1+3+2"的重点，提振市场信心和预期，落实"要素市场化配置"和"完善社会主义市场经济体制"两个文件的精神，推出一些重大的改革开放措施。

针对"一个龙头"要强调两大改革。第一，要深化农村土地制度改革，推进集体建设用地入市，创造条件让宅基地有序流转。第二，要推动空间规划和公共资源配置改革。空间规划（包括城市规划）要坚持市场在资源配置中的决定性作用，尊重人口流动的市场信号。

最近几年人口流入最多的城市是杭州和深圳，背后反映出市场的力量。城市化要坚持"以人为中心"，按人口流向分配用地指标、财政补贴资金等，并依照人口布局变化定期调整城市规划。

补足"三大短板"应推出针对性的措施。石油天然气、电力、铁路、通信、金融等在内的基础产业领域，在放宽准入、促进竞争上，要有一些标志性的大动作，比如，石油天然气行业，上中下游全链条放宽准入，放开进口；通信行业，允许设立一两家由民营资本或包括国有资本在内的行业外资本投资的基础电信运营商。这样的改革可以带动有效投资，更重要的是降低实体经济和全社会生产生活的基础性成本。

改进和完善社会政策，加强公共产品供给体系的改革和建设，在"保基本"基础上，重点转向人力资本"提素质"。把中等收入群体倍增作为全面建成小康社会后的另一个重要战略。中国虽然有超大规模的市场，但消费能力从哪儿来？我们应该特别强调把消费能力转化成生产和创新能力。近几年数字经济的发展，首先是基于中国庞大的消费市场形成商业模式，利用收入的增长推动生产能力和创新能力的提升。

中国不仅应成为世界上最大的消费市场，更应成为产业链条效率最高、应变能力最强、最具生产力的生产基地和创新大国。把消费能力转化为生产和创新能力，是中国超大规模市场的基本着眼点，也是内循环的一个基本含义。

在创新居于前列、科教资源丰厚的若干城市，如杭州、深圳等城市，像当年办经济特区一样，创办高水平大学教育和研发特区，突破现有体制机制政策的不合理约束，在招生、人员聘用、项目管理、资金筹措、知识产权、国籍身份等方面实行特殊体制和政策。西湖大学开了头，应该支持鼓励更多的类似大学和研究机构脱颖而出，营造有利于自由探索、催生重大科学发现的机制和文化，吸引全球一流人才，产生诺贝尔奖级的成果，形成一批有中国特色、与国际一流水准接轨的新型大学教育和研发机构。

对外开放应谋划一些更具想象力和前瞻性的重大举措。在国际上反对单边主义、保护主义，在国内要防止狭隘民族主义和民粹主义，面对"卡脖子""脱钩"的压力，要利用好中国超大规模市场的优势，以更大力度、更聪明的方法推动开放，对国际上的某些势力形成有效制衡。在必要的时候，可以打出"三零"（零关税、零壁垒、零补贴）这张牌，实际推动很难，但要站上制高点，争取国际博弈的主动权。我国的贸易优势与关税保护没有多大关系，要在全球化的理念和意识形态上、规则制定上走到前面，至少争取道义上的支持，在博弈中处于有利位置，对全球开放发展起到引领作用。

本文为作者在2020年7月19日召开的2020·金融四十人年会暨专题研讨会"疫情冲击：变局中开新局"平行论坛专场一"经济复苏的前景"上的发言

周天勇 ///
疫后走出经济困境的
改革、发展和调控
之策

　　疫情影响下，从各主体来看，中小微企业资金链因营收归零与工资房租固定支出而断裂、订单因职工不能上班而丢失等导致停业甚至倒闭的不少；居民不能外出务工就业，没有固定工资的家庭，吃有限的存款，消费、房租和房屋还贷付息等吃紧，甚至正常开支受到影响；政府在疫情中税收等收入减少，但其固定开支无法压缩，与疫情有关的额外支出却加大。从行业来看，交通、餐饮、零售、家政、旅游受到重创；农产品流通和销售受到阻碍，一些农村扶贫项目也趋于停止；工业则因订单减少，供应链、分工协作链、价值链阻断，虽然复工可能快一些，幸存率也高一些，但受冲击也很大。从时段和经济开放关系看，疫前两三年中土地建设城管及一些地方政府一刀切、扩大化的拆违已经给全社会创业、就业、收入和消费造成过重创。就现在及全球看，中国有提前走出疫霾的优势，而世界其他地区刚刚进入暴发期。有利的是，中国经济可以先行恢复；不利的是，由于其他地区的交通封闭和企业停产，国际订单会减少，与开放有联系的产业的采购（进口）链和销售（出口）链会被阻断。

因此，中国要依靠人口大国、产业链齐全和有较大的回旋余地等优势，特殊时期产业关联方面，内部进行自我弥合；需求方面，要以增加内部居民收入和振兴内部消费为主；内外经济平衡方面，进行战略收缩，压缩外部项目投资规模和停止不必要的外援，以国内经济建设和恢复自我经济为主，以使自己早日走出困境。

中国疫情后宏观调控面对的两个关键问题

受疫情影响，全球经济衰退的可能性加大。首先需要比较的是，这次中国及全球经济衰退的人口增长放缓、经济主力人口收缩和老龄化原因，与20世纪30年代的由于资本分配过多和劳动者分配过少、消费不足而生产过剩的经济危机有所不同。许多国家用扩大赤字、投放货币、增加需求的凯恩斯主义需求刺激工具调节，效果并不理想。大部分国家都陷入了"低通胀、低利率、低增长、高负债"的境地。疫情使经济下行压力更大。而为了应对，全球各国间又陷入了开闸放货币、再压利率和更多负债的扩张等政策竞争。那么，中国的宏观经济调控，究竟处于什么困局？

1. 农民收入水平低、有效需求不足与工业品产能过剩

经济下行的直接压力是工业品产能过剩，疫情后可能会加重。按2018年产能利用率计算，工业品产能过剩在11万亿元左右，除去中间产品，其中消费品保守估计为5.5万亿元。经济主力人口的逐年减少，也导致"创业就业—可支配收入—消费能力—工业产能—经济增长"的规模相对收缩、过剩和下行，并形成常态化，而疫情又使过剩程度加深。

通过增加出口来平衡国内工业品产能过剩的空间日趋狭小，疫情影响更会重创出口。中国出口占GDP比重已经从2006年的35%降到2018年的18%，比率减少了近一半，发达国家再工业化战略与贸易保护主义政策都在努力减少对中国出口产品的需求；一些发展中国家学习中国过去出口导向发展模式，也在全球性竞争中挤压我国出口市场。随着中国承诺

更大力度开放国内市场、扩大进口，未来寄希望于扩大开放来平衡国内工业产能过剩日益困难。疫情期间，中国出口减少。中国暴发疫情之后全球接续暴发，又使中国订单和供应链受到影响。

城镇户籍居民工业品消费已经到了工业化的后期，收入增加很难去平衡工业产能过剩。2018年城市户籍居民约6亿人，人均可支配收入在4.3万元，收入总规模为25万亿元左右，收入消费率为60%，但对工业品的消费基本饱和，从对收入增长对国家统计局统计的家宅耐用工业品消费的需求分析看，弹性很低，大部分产品已经消费饱和，要靠提高城镇居民收入来平衡工业品产能过剩，既不现实也不可行。

农村户籍居民工业品需求满足水平处在工业化的中期阶段，是平衡工业品过剩的主力，但农村户籍居民收入水平过低。2018年农村户籍人口8亿，在外务工生活人口2.3亿多，人均可支配收入为2.2万元，农村常住人口5.6亿多，人均可支配收入1.4万元，收入总规模只有12.9万亿元，收入消费率在80%以上。从数据分析，农村常住人口和务工人口收入增长对工业品的消费需求弹性大，每百个家庭汽车普及率也只有22，许多耐用消费品拥有率远低于城市居民，住房、装修、厕所、厨房等条件还很差，耐用工业品和居住消费水平，只是到了工业化的中期，但收入水平却远低于城镇户籍居民，有支付能力的消费需求严重不足。

农村户籍8亿人消费能力不足在于财产性和创业性收入少。农村户籍居民的收入来源主要是务农和务工收入，前者微利甚至亏损，后者比城镇居民水平低并且不稳定。就城乡居民间比较，财产性收入差距为12∶1，财富差距为18∶1。与日韩和中国台湾地区农民相比，差距在于农民基本不能用地和以地创业，土地不能交易，不能抵押融资，不能入股，不能吸收外部投资，也就没有不动产财产性收入。

随着制造业转移、城市建设和争创文明城市、拆旧建新、整顿市容，疏解了相当数量的农民回乡，农民自己也在农村进行了各方面的创业和自谋就业；而疫情前两三年中土地建设城管大规模地拆大棚、拆农家乐、拆农业加工厂、拆乡镇县郊农贸市场，几乎损失了500万到600万的个体和小微经济体，减少了1 000万到2 000万人的就业机会，也使回乡农民多年积累的创业本钱归零，许多还背上了沉重的债务。而这次疫情，不能外出务工，不能销售产品，更使他们雪上加霜。

2. 宏观调控放货币、高负债和无资产保证的高风险

全球应对疫情加剧的经济衰退，不得不再行货币扩张之策。中国也不得不参与这次全球货币扩张的竞争。但是，需要特别提醒的是：借债搞基建、扩大货币投放必须有增加资产来保证。增加赤字、上基建项目、扩大福利、发行买卖国债、银行发放信贷等，其刺激经济投放的货币，必须有经济增长的商品、不动产、外汇、黄金等财富和资产来保证，因为从整个国民经济负债表来说，资产是负债的平衡基础。

中国政府、居民和企业负债占GDP比率已经很高。2019年底中国非金融部门负债占GDP比率为260%，与2018年的美国相当，但低于日本的375%。但是，也特别需要提醒的是，总体负债率虽然相对不高，但债务质量很差。中国国有企业债务效益低，呆滞债务比例大，已经有过一次大规模剥离资产和核销呆坏账的经历；房地产企业负债率高，销售、价格、土地成本、宏观政策、需求预期等与其债务间关系链非常脆弱；地方政府债务与其收入相比，规模大，还款能力弱，陷于借新还旧的恶性循环，而政府可交易和可变现资产不多，新官不理旧账，地方政府债务诚信度也不高；而居民房价收入比太高，其债务还本付息受疫情和失业的影响也较大；总体上看，由于整个经济主体间诚信度较低，呆坏账较多，赖账者不少，债务拖欠普遍，债务周转速度慢，迫使货币相对于一定规模债务的供应量却很大。

缺乏资产地投放货币，经济危机的风险会加大。自2008年以来，中国投放的M2快速增加，已经从47.5万亿元增长到2019年的199万亿元，是当年GDP的200%。而发行世界货币美元的美国，这一数值为72%。现实的困境是：负债超过资产时间太长和规模太大，无资产保证的货币投放越来越多，不动产价格快速上涨压力加大，汇率币值可能发生跳水，货币、金融和经济体系，也可能会发生危机。

小结问题，中国国民经济运行和增长面临的最严峻困境是：工业产

能过剩与疫情后8亿农村户籍居民收入水平低和工业品消费能力不足。调控国民经济趋于产需平衡和稳定增长的困局是：在无资产保证下继续增加负债，为应对疫情影响和经济下行压力而供应放量货币，经济发生大振荡的风险会越来越大。

稳定增长需要寻找新思路和安排针对性对策

美国之所以在建国后，能够在经济上独立于英国，逐步稳定美元币值，并在世界货币霸权之争中，使美元逐步替代英镑，形成世界以美元为主要结算、支付、储备的一般等价物的金融体系，得益于其国土的兼并扩张，西部调水200亿立方米，数次大开发以扩大可利用土地，特别是土地的市场化配置和资产化，使巨额土地资产成为美元发行和稳定之锚。

因此，深化土地市场化配置改革和调节水资源分配，扩大可利用土地，既使我们在疫情后放手让农民自我创业、自雇就业，增加农村户籍居民收入，增强其有支付能力的消费需求，解决生产过剩，又能扩大投资、投放货币、刺激经济增长，有足够的资产基础，稳定货币币值和金融体系。如此则一通百畅，国民经济运行和增长全盘皆活、皆稳。

1. 深化土地资产化改革

城乡土地资产化是货币刺激政策的基础保证：我们通过影子价格方法估算，农村的已利用土地，价值约474万亿元；城市一半为无偿划拨土地，协议出让和招拍挂出的土地价格也很低，总价值估计在300万亿元，即便其中50%可交易，也可恢复150万亿元的价值。这些资产如果放开价格、恢复价值，鼓励创业、投资信贷进入，资金城乡双向流动，就可以吸收货币，并促进货币流通，增加国民经济流动性。土地通过其配置的市场化改革，将为中国未来宏观调控中的货币刺激政策，提供巨额的资产保证。

农村户籍居民财产和创业性收入低的体制根源：改革开放以来，仅城市、工矿、交通和水利建设从农村转移了1亿多亩土地，划拨土地保守估计占50%多；1998年以来，土地协议和"招拍挂"出让改革，到2019年，地方政府累计收取土地出让金50万亿元之巨，其中补给农民的非常少。一方面，农村土地由政府征用，城市、交通和水利等建设面貌一新，制造产业成长为世界最大规模，城镇居民获得了不动产财富及财产性收入，富裕了起来。另一方面，农村土地限制交易和不能以地为本创业，农民既没有得到土地城市化和工业化配置的红利，收入偏低，也使其守着土地要素优势而没有财产性收入和创业收入。

进一步深化土地改革来增加农民的收入和消费：坚持土地国有和集体所有不变，明晰和确定农村土地使用财产权，进一步在农村土地改革试点的基础上深化改革，使其可交易而能定价成为资产，更大力度延长土地使用年期，扩大农民在自己土地上的创业、投资和建设权。这样的改革，按上述农村土地价值总量计算，如果交易其中的1.5%，就可以产生7.1万亿元的收入，交税40%，农民可得近4.3万亿元财产性收入。如果再按照其中5%以地为本创业形成实物资本投资，10%的产出率也可形成2.37万亿元的创业投资收入。按照收入80%的消费率，可以形成5.4万亿元左右工业品为主的消费支付能力，基本可以平衡5.5万亿元过剩的消费品工业产能。

2. 调节水资源分配和扩大可利用土地

疫后应当加大通过调水改土投资开发，来增加货币投放的土地资产。我国已利用土地占国土总面积比率约为71%，低于世界许多国家。比如农业用地方面，美国国土总面积937万平方千米就有耕地面积25亿亩，印度国土总面积不到300万平方千米就有23亿亩耕地，而中国国土陆地面积约960万平方千米，却只有20.3亿亩耕地。如果中国能将国土利用率再提高5%，就可以增加7亿亩可利用土地，结构可以安排为5亿亩耕地、1亿亩园地、1亿亩建设用地。分16年推进，按现影子价格平均7.7万元/亩与3%的年溢值率计算，就可创造出近90万亿元的可利用土地资产。按1：1或1：1.5来投放货币，扩张性财政和货币政策的资产基础每年就可在5.6万亿—8.5万亿元之间。

3. 宏观调控借力于土地改革和调水改土的独有优势

中国经济要素组合劣势和增加可利用土地的必要性。与世界许多国家比较，在劳动力、土地和资本要素结构中，中国劳动力相对较多，装备资本相对过剩，土地要素又相对较少。从要素最优组合的比例来说，我国非常有必要通过调水改土的方法来增加土地要素供给，补齐国民经济的这一短板。

通过土地改革增加居民收入，并以增加土地和土地资产化稳定货币的国际比较。从全球经济看，美国、欧洲、日韩的土地市场化程度已经很高，基本实现了价值化，用土地增值的政策刺激经济没有空间；欧美日韩，包括印度的国土利用率已经很高，也没有改造国土面积再增加货币发行基础资产的空间；加拿大、澳大利亚、俄罗斯因为劳动力数量少而土地多，根本没有改造扩大可利用土地资产的必要。

这一轮疫后抗击世界性经济衰退的中国独有优势。唯有中国，既可以通过建立统一的城乡土地市场、推进土地要素市场化配置改革，恢复土地的资产属性，增加货币投放的资产基础，也可以调节水资源分配，改造未利用土地，增加货币投放的土地资产，从而释放农民有支付能力巨大的工业品消费需求，平衡工业品生产过剩，挽救和做强制造业，延长工业化发展阶段，寻求一个未来中偏高的经济增长速度，成为世界经济复苏的领军者。

结　语

布局的核心是：下决心坚决推进土地要素市场化配置改革，扩大基建应当偏重于调水改土这样的可以形成资产的重大和配套项目，以增加土地要素；以土地体制改革盘活农村巨额的低利用资产，使农民能使用和发挥自己土地要素的优势，调动他们创业的积极性，较快地增加他们的收入；用农民还有对耐用消费品、汽车和舒适住宅的需求，延长工业化时间；推进市民化的城镇化，一方面获得经济增长的空间聚焦推动力，另一方面土地适当集中，提高农业和农村经济的效率。

需要说明的是，我们团队也设计和比较了其他疫后走出困境的思路和办法，难点在于均无法同时满足解决"经济增长乏力，但是找不到推动潜能；工业品过剩，农村又需要，找不到显著增加农民收入的途径；走出下行，需要实施扩张的货币政策，但从中国目前货币供应规模、债务质量和GDP下行压力大格局看，再继续大投放，货币体系可能崩盘"三对两难问题的需要。因此，除此思路和对策外，似乎找不到其他更好的布局办法。

作者为东北财经大学国民经济工程实验室主任，中央党校（国家行政学院）国际战略研究院原副院长

刘俏 ///
疫后中国经济政策
如何选择

什么样的政策组合有助于中国经济的疫后突围？中国经济核心逻辑发生了哪些变化？这一轮的新基建，与2008年的四万亿有何根本差异？减税、发券、给补贴，如何操作才能激活企业投资和居民消费？疫情给国家财政带来的"增支减收"压力，怎么破？

本报告来自北京大学光华管理学院"光华思想力"宏观经济预测课题组，由刘俏、颜色执笔。刘俏是光华管理学院院长、教育部长江学者特聘教授；颜色是光华管理学院应用经济系副教授。

2019年底开始肆虐至今的新冠肺炎（COVID-19）疫情让中国经济"在风暴中体验风暴"。在经历了疫情暴发早期的进退失据之后，一个过去曾多次经历各类危机的国家展现出了强大的组织动员能力，湖北人民的巨大牺牲和全国人民的高度配合与服从，使得我们逐渐增强了战胜疫情的信心，有效防止疫情继续肆虐扩散。目前，新冠肺炎在全球快速扩散，已经演进为全球流行病，[①]但国内的总体防控形势向好，政策重心也由针对疫情的应急性措施逐渐转向疫后经济复苏。在2020年2月23日的统筹推进新冠肺炎疫情防控和经济社会发展工作部署会议上，最高层明确指出，新冠肺炎疫情虽然给经济运行带来明显影响，但中国经济长期向好的趋势不会改变，要统筹做好疫情防控和经济社会发展工作。至此，疫后经济政策的目标表述得已经非常清晰：一方面，政策需要全面对冲疫情对经济的影响，打好三大攻坚战，全面做好"六稳"工作，力保经济和社会发展目标的实现；另一方面，出台的政策要有助于深化供给侧结构性改革，推动中国经济转换动能、优化结构、改变增长模式。

基于上述多重政策目标，什么样的政策组合有助于中国经济的疫后突围？目前众多专家学者从不同角度提出的政策建议大多把"保增长""全面对冲疫情对经济的影响"作为出发点，采取更大规模甚至更为激进的经济刺激政策大有成为共识之势。我们认为，在经济政策存在多个目标时，政策设计的逻辑应该符合经济学里的"激励相容"原则——既能解决迫切需要解决的主要问题（稳增长进而实现短期经济社会发展目标），又不会导致意想不到的负面政策后果（政策导致长期结构性问题恶化）。按此原则，结合中国经济核心逻辑已经发生变化这一现实，我们对疫后中国经济突围的政策组合及其实施路径应该有新的思考。

具体而论，经济政策讨论一方面需要仔细分析疫情对经济社会的影响有多大，从而避免"过度对冲疫情对经济的影响"；另一方面，需要根据中国经济核心逻辑的变化明确政策侧重，选择合理的政策手段，把握政策力度和节奏，避免不期待结果的出现。因此，我们认为在制定疫情之后的经济政策时应当把握中国经济的核心逻辑，坚持高质量发展理念，回到中共十九大、十九届四中全会和中央经济工作会议部署上来，做到短期目标和长期目标的激励相容。

---

① 当地时间2020年3月11日，世界卫生组织认为新型冠状病毒肺炎已构成全球性流行病。——编者注

新冠肺炎疫情对经济的影响有多大？

中国虽然通过强力措施有效抑制了疫情扩散，但是疫情已经对经济造成了巨大的冲击。这次疫情首先从需求端直接冲击第三产业。其中，受冲击最严重的交通运输仓储、批发零售、旅游、住宿、餐饮、线下娱乐、农林渔牧等行业，加在一起已经占到GDP的36%。此外，因为恢复生产过程所需要素供给受到疫情冲击，人流、物流、资金流堵点没有完全打通，产业链、供应链不能顺畅运转，疫情对经济的影响已经波及供给端如制造业、房地产、进出口等领域。根据国家统计局数据，2月份中国制造业PMI（采购经理人指数）为35.7%，比1月下降14.3%；非制造业PMI从1月的54.1%下滑到29.6%。制造业采购经理人指数是与GDP高度相关的领先指标，其2月份的数据表明中国总体经济下行程度或超出预估。

目前，专家、学者和政策分析师们对于疫情对总体经济的影响存在分歧。相对悲观者甚至认为2020年第一季度中国经济增长可能为负，如果没有大规模的需求刺激政策配合，中国经济达成2011—2020年这10年GDP翻番所需的全年5.5%—5.6%的GDP增长将很难实现。当然，市场上更为普遍的估测是这次疫情对第一季度GDP增速的影响在2—3个百分点，对全年增长的影响在0.5个百分点左右。

我们认为在积极有效的政策（我们稍后分析什么是积极有效的经济政策）的保障下，疫情对中国经济造成0.5个百分点的影响是一个合理的估测，原因如下：

· 许多学者和政策分析师详细测算了疫情对交通运输、批发零售、旅游、住宿、餐饮、线下娱乐等直接受影响的行业所造成的损失，规模在1.3万亿—1.8万亿元之间，考虑到GDP统计的是增加值而非营业收入，商家的营业收入只有一定比例可被列为增加值，因此，实际的GDP损失应该远小于1.3万亿—1.8万亿元。

· 计算GDP时，统计局对很多行业使用收入法，即使这些行业员工不能正常返工返岗，甚至运营中断，但是企业发放的工资、缴纳的税费等仍旧计入GDP核算，反映出的GDP减速并不像人们感受的那么大。

· 考虑到正在和陆续将要出台的各项对冲政策的影响，在经历第一季度的经济回落后，二、三季度经济数据会显著回弹，疫情对全年数据影响的程度可能进一步收窄。

0.5个百分点的GDP损失与IMF（国际货币基金组织）估测大致相当。此前在评估疫情对全球经济影响时，IMF称新冠肺炎疫情会使其3.3%的2020年全球经济增幅预期降低0.1个百分点。考虑到中国经济总量占到全球经济总量的16%左右，0.5个百分点的中国GDP下降大约对应着0.1个百分点的全球GDP损失。这里我们假设疫情在中国境外的有限扩散也会造成一些经济损失。

如果0.5个百分点的估测大致合理，那么2020年中国GDP增速将在5.6%左右，经济增长仍在合理范围，能够实现两个"翻一番"的战略目标。当然，必须指出，我们的分析假定疫情不会演变为全球性的传染病。如果疫情在全球蔓延并持续，那么它对中国和全球经济的影响将是一幅可怕的场景。这种情况下，全球供应链和产业链将会出现堵塞甚至断裂，全球经济秩序被彻底打乱，这一轮的经济全球化甚至可能被迫按下暂停键。如此，疫情对经济的影响将超越文献中所分析的一般重大公共卫生事件对经济社会的影响，将对全球经济形成持续的深度的冲击。一旦出现这种极端情况，中国经济社会发展的目标将不得不大幅修订，而我们政策讨论的话语体系将会彻底不同。

暂时放下此种极端情况不论，我们上面关于疫情经济影响的总体判断可以从全球资本市场对疫情的反应中得到一些实证支持。图1给出了2020年1—2月上证指数、恒生指数和道琼斯工业指数的变化。如图1所示，在2月下旬疫情在全球范围扩散之前，新冠肺炎疫情的影响主要在中国。这段时间股市变化有两个显著特点：其一，恒生指数和上证指数的变化重合度较高，其间，疫情对股市的负面冲击在2月初一次性释放后，股市总体呈现上升趋势，上证指数2月20日几乎已经恢复到疫情暴发前的水平。恒生指数虽然回升幅度不如上证指数，但是总体上升趋势在2月20日前非常明显。需要指出，这段时间新冠肺炎疫情的影响主要在中国，在海外迅速扩散的报道尚未出现。其二，道琼斯指数在1月底疫情汹涌时有过窄幅调整，但总体趋势平稳，2月20日前并未受到中国疫情的明显影响。

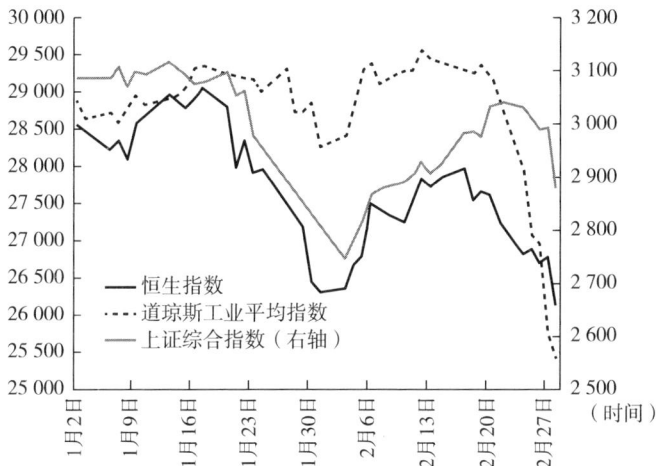

注：节假日用直线连接

图1　2020年以来A股、港股和美股走势

资料来源：万得，北京大学光华思想力课题组

显然，1月2日至2月20日的股市在因疫情而生的市场恐慌情绪一次性释放之后，逐渐回复到疫情前水平，表明资本市场认为疫情对中国经济基本面的影响基本可控，疫后中国经济总体形势向好趋势在疫情带来的不利影响被市场消化后不会改变。这段时间道琼斯指数的变化同样表明全球市场认为疫情对中国经济的影响有限。基于中国居于全球供应链的核心节点这一关键事实，我们不认同某些分析师得出的中国对全球经济的影响被严重高估这一判断——道琼斯指数在2月20日前的相对波澜不惊显示全球市场认为中国政府有足够大的宏观政策施展空间去对冲疫情带来的影响，正因为这样，疫情的经济影响局限于短期且相对有限。

疫情对经济的影响是一个内生变量。它的影响程度取决于疫情的控制情况以及我们是否采取有效的对冲政策。我们上述分析显示疫情如果没有演变为全球性传染病，它对中国经济社会发展目标的实现并不构成大的威胁。这种背景下，政策选择应该避免通过大水漫灌全方位刺激的方式来过度拉高疫后GDP增速。这种过度对冲既透支了未来增长潜力，还将进一步恶化目前已经很严重的杠杆率高、投资资本收益率低等经济社会发展中的结构性痼疾。

中国经济核心逻辑发生了哪些变化？

在经历了40年的高速增长之后，中国经济的核心逻辑正在发生深刻的变化。改革开放后中国经济取得的巨大成功可以按照现代增长理论来解释。根据美国经济学家罗伯特·索洛（Robert Solow）提出的"索洛增长模型"，一个国家的经济增长最终可以归因于要素（主要包括资本和劳动力）增长和TFP（全要素生产率）的增长。

劳动力方面，过去40年，大量的劳动力源源不断地投入到中国的工业化进程中，对中国经济增长起到很大的推动作用。资本方面，我们通过基建、房地产、土地等投资，形成了大量固定资产，再以这些资产为抵押品形成银行信贷，极大地推进了中国社会信用扩张，加速了中国经济货币化和资本化程度，为中国经济提供了非常稀缺的资本要素。全要素生产率方面，中国全要素生产率因为工业化进程的快速推进，保持极高的增速。与美国比较能说明问题。美国1870—1970年完成工业化进程这一百年间，全要素生产率的平均增速是2.1%；而中国过去40年的表现非常出色，1980—1989年，增速平均为3.9%；1990—1999年增速为4.7%；2000—2009年平均年增速为4.4%。当然2010—2018年这段时间，增速开始出现下滑，大约降到年均2.1%左右，中国全要素生产率增速在这个阶段下降与中国基本完成了工业化进程有密切关系。

目前，在中国工业化进程几乎已经结束的背景下，中国经济增长的核心逻辑正在发生变化。以大量的要素投入为基础的增长变得不可持续，增长的驱动力正向全要素生产率倾斜。中国全要素生产率水平现在相当于美国的43%左右。根据我们的测算，到2035年中国基本实现社会主义现代化时，中国的TFP水平即使只是达到美国的65%，也需要全要素生产率的年均增速超过美国1.95个百分点，即未来16年需要保持每年2.5%—3%的增速水平。这是中国经济面临的一个很大的挑战，因为在全球经济史上，还没有哪个国家在完成了工业化进程之后，还能保持2.5%以上的全要素生产率年增速。

我们认为，中国在推动TFP增长过程中仍有很多有利的结构性因素。

第一，中国经济的"再工业化"，即通过产业的数字化转型，利用互联网大数据、人工智能驱动产业的变革，可以带来TFP的提升空间。

第二，新基建——再工业化所需的基础设施。围绕产业变革、产业互联网所配套的基础设施建设，如5G基站、数据中心、云计算设备等将推动TFP增长。

第三，大国工业。到现在为止，虽然中国已经建成全世界最完整的工业门类，但在关键部件或技术上还无法形成闭环，大国工业还有发展空间。未来诸如民用航空、飞机发动机、集成电路等的发展为全要素生产率提升提供可能。

第四，更彻底的改革、开放带来的资源配置效率的提升。除技术外，进一步改革和更大的开放能形成制度红利空间，创造出保持全要素生产率较高增速的奇迹。

对于一个现代化的经济体，实证研究显示全要素生产率增长一般贡献一半以上的经济增长。如果中国能够再创造一个经济奇迹，实现高质量发展，将全要素生产率增速保持在2.5%以上，那么我们或许可以实现一个5%左右的长期经济增长率——这是中国经济核心逻辑正在发生的最大变化。

中国经济的核心逻辑的变化还反映在其他方面。例如，中国的产业结构正在发生巨大的变化。2019年我们的第三产业比重已经占到了GDP的54%，贡献了将近60%的GDP增长。此外，消费，而非固定资产投资，已经变成经济最重要的动能——2019年，消费拉动了57.8%的经济增长，明显超过投资对增长31.2%的贡献。

中国目前农业的GDP占比只有7%多一些，但是，农业用了27%的劳动力。到2035年，中国农业的比重将降至3%左右，农业就业人口占劳动力总量的比例不过4%。未来16年，中国将有20%—25%的就业人口需要从农业、低端制造业流向高端制造业与服务业。大规模的劳动力将重新进行配置，也在改变经济的格局和增长逻辑。

我们正面临人口老龄化的严峻挑战。根据我们的测算，到2035年，中国65岁以上的人口比重会达到23%，人口老龄化程度恶化，一方面引起消费端的变化，对医疗、养老、财富管理、社会保障体系等提出更多更高的要求；另一方面，人口老龄化意味着储蓄率的下降，这对我们未来保持高投资率构成巨大挑战，动摇我们已经习惯的以投资来驱动增长这种模式的基础。

收入分配的格局在未来也将发生巨大改变。中国目前基尼系数是0.467，收入分配中居于后50%的人口收入只占总收入的15%，前10%收入群体的人均实际收入是后50%群体的14倍。这一比例远高于法国（7倍），略低于美国的收入差距水平（18倍）。如果我们未来的增长不能实现包容性和普惠性，如果我们不能够让庞大的中等收入群体收入合理增长，让低收入群体从经济和社会发展中受益，我们对全球化的认知、对市场经济的认知会不会在未来发生根本逆转？反智、反全球化、反市场经济的情绪是否会逐渐泛滥？

现在国民产出在国家、企业和个人之间分配并不合理——2019年中国人均可支配收入只有3万元多一点，平均每月2 500元，而我们的人均GDP接近7万元。收入在国家、企业、个人之间的这种分配结构是否有利于支持消费增长？而且，我们目前对制造业产品的消费高峰期即将结束，服务消费需求在上升。这次疫情也反映出我们公共卫生服务的供给严重不足，而事实上从低到高、各类型服务业供给不足是当前国民经济面临的突出的结构性问题。

再看城镇化率。到2035年，中国的城镇化率或能从目前的60%提升到75%甚至80%。城镇化的推进确实能够带来大量的投资机会，但是我们必须明确未来投资的流向，提升投资的效率。我们的研究中有一个重要的发现：中国目前约有88%的地级城市人口规模其实是严重不足的——实际人口不到经济意义上最优人口规模的40%。人口不足，服务业很难发展，新兴产业很难涌现。更重要的是，大量的伴随城镇化的房地产、基建设施、公共服务等投资不可能有太高的效率，盲目的大量投资最终变成无效投资。

中国研发的GDP占比已超过2.19%，达到高收入国家平均水平。但我们规模巨大的研发大量投向研发的"发"，对基础科学研究的投入不到研发规模的6%——没有对基础科学和底层技术的大量、长期投入，我们很难摆脱对其他国家的关键技术依赖，形成产业供应链上的相对闭环。

中国的人均资本存量（含建筑）现阶段只是高收入国家的三分之一至二分之一，这意味着未来我们还有很大的投资空间，然而人口老龄化带来的储蓄率下降会给我们未来保持高投资率带来挑战。中国经济的微观基础（企业）正面临债务率高（非金融企业债务高达GDP的1.5倍以上）和投资资本收益率不高［A股上市公司过去21年平均的ROIC（投入资本收益率）只有3%］的痼疾。提升ROIC、摆脱对以债务来驱动高投资率的增长模式的依赖亟待破局。其中，企业税负重以及营商环境的结构性痼疾是企业ROIC不高的主要原因之一。

中国过去40年经济高速发展受益于积极参加全球产业链的分工布局。但是，我们目前在全球产业链分工布局的位置并不高。中国目前价值链上游程度（本国中间品出口占总出口的比重减去本国出口中包含的外国中间品比重）仅为0.01，低于四十个开放经济体的平均水平0.04，更是远低于美国价值链上游程度（0.29）。这表明中国在全球产业链中位置并不理想，关键零部件、技术仍受制于其他国家。

以上中国经济核心逻辑的变化提示我们，在当前考虑制定疫后经济复苏政策时，不应该因为疫情造成的短期冲击而进退失据，从而再走回放水刺激漫灌的老路，而应该充分吸取这次疫情冲击的教训，反思中国经济体系的核心短板，聚焦中国经济发展的核心逻辑，制定一整套符合经济学激励相容原则的政策组合，既能有助于实现短期决胜小康的政策目标，也能够为长期可持续发展、实现2035年和2049年的伟大战略目标奠定坚实基础。

这一次，政策思路应该不一样

某种程度上，现在有两个中国经济：一个是反映为GDP规模和增速的中国经济，目前正经历着增长速度、动能及模式的巨大变迁；另一个是反映在经济社会结构层面上的中国经济——以全要素生产率增速、产业和就业结构、微观经济活力、收入分配格局、居民生活质量、全球价值链定位、研发强度和创新能力、ROIC等呈现。在中国经济的核心逻辑发生变化的大背景下，反映在经济社会结构层面上的经济更真实地反映了中国的经济社会发展。

回到这一轮新冠肺炎疫情。疫情防控目前形势向好，我们前面的分析也显示疫情对中国经济影响可控，大概率不会对中国经济社会目标的实现构成太大的不确定性。基于此分析，结合中国经济核心逻辑的变化，我们的结论是这一轮经济政策的逻辑应该与过往不同——其侧重应该放置在对冲疫情对中国经济的结构性影响方面。

因为中国经济核心逻辑的变化，这次疫情的影响更多地体现在两个方面：（1）对经济微观基础企业尤其是中小微企业的影响；（2）对就业的冲击。既关乎效率，又关乎民生。疫情期间经济政策的重中之重是帮助中小微企业渡过难关，而疫后政策的侧重应该放在应对中国经济核心逻辑的变化上，并围绕着提升全要素生产率的增速出台相应政策。

我们的政策建议

基于对疫情经济影响和中国经济核心逻辑变化的分析，我们对疫后中国经济突围的经济政策建议围绕下面几个维度展开：

1. 基建与新型基建。2019年中国GDP增速为6.1%，然而基建投资的增速只有3.8%。疫后经济突围，大规模增加基建投资是很自然的政策选择。传统基建虽仍有发力空间，但疫后基建投资也切忌重走上一轮刺激政策老路——因为地方政府财政行为缺乏约束、金融体系承担"准财政"功能、国有企业隐性担保机制、产业政策诸多弊端的存在，造成地方政府债务、银行坏账风险加大以及大面积的产能过剩等问题。

（1）围绕"再工业化"的"新基建"，涉及跟产业变革以及跟产业互联网相配套的基础设施建设，如5G基站、数据中心等。中国经济目前面临的最大挑战是保持全要素生产率的增速。"再工业化"（产业互联网）以及围绕再工业化而进行的"新型基建"有助于提升TFP增速。从5G的建设需求来看，将会采取"宏站+小站"组网覆盖的模式，2017年中国4G基站达到328万个，而5G基站总数量将是4G基站的1.1—1.5倍。若将来建设宏站475万个，小站950万个，则预计到2026年中国5G基础建设投资规模将达到1.15万亿元，其中2020年需新增的投资额约为2 300亿元。5G还将通过产业间的关联和波及效应，间接带动国民经济各行业。因此我们通过投入产出表，根据各行业之间关联程度，测算了三大部门对GDP直接拉动作用和间接产出影响。经测算，到2030年，预计5G将带动直接产出3.4万亿元，间接产出6.2万亿元。按照2017年投入产出表中各行业的增加值率转换为增加值口径计算后，2030年5G将直接拉动GDP 1.3万亿元，间接拉动2.1万亿元，总和3.4万亿元。

（2）出于应对中国经济核心逻辑变化的需要，"新型基建"必须涉及跟民生相关的基础设施投资，如旧城改造、租赁住房、城市公共设施的投资等。城市改造等基础设施建设规模庞大，可带动较为可观的投资。其中多数老旧小区居住环境差，配套设施不齐全，已严重影响居民生活水平，亟待改造。据统计全国各地需要改造的小区达到17万个，涉及建筑面积40亿平方米。据目前各试点城市老旧小区改造投入资金情况来看，平均每个社区改造所需资金约850万元，每平方米所需改造资金280元。平均两种计算方法可得老旧小区将拉动投资约1.3万亿元，若分5年推进，每年可新增投资2 600亿元。此外，租赁住房也切实关乎民生投资方向，不仅有助于解决低收入家庭住房问题，推动形成多主体供给、多渠道保障、房地产长效机制建设，也可落实"房住不炒、租购并举"的中央决策。

（3）同样，"新型基建"也涉及中心城市和都市圈的基础建设及公共服务设施建设。通过推进基础设施一体化和基础服务均等化，增大了城市集聚效应和城市所能容纳的最优人口规模，促进统一大市场的形成，将更多的人纳入市场，通过集聚实现人均收入增长，通过集聚实现中心城市与周边城镇的差异互补发展，最终缩小发展差距。并且此次疫情暴露出了城市基础设施及公共服务中的不足与短板，亟待改进，以提高中心城市的治理能力。

2. 持续为企业减税。如前所述，中国经济核心逻辑最大的变化之一在于增强企业尤其是民营企业的活力变为重中之重。新冠肺炎疫情给企业特别是中小微企业带来了较大的冲击，税收政策的调整也是帮助企业渡过难关的重要手段。我们认为，近年来已多次下调企业增值税，可考虑下调企业所得税进一步为企业减负。2018、2019年都曾下调增值税，2019年全年减税降费超过2.3万亿元，最主要的减税税种就是增值税。2020年针对疫情，中央进一步将3—5月小规模纳税人增值税税率由3%降为1%，湖北省免征3个月。但是增值税的税基是营业收入，是消费者分担的流转税，而企业所得税是对纯利征税。若企业受疫情影响营业额大幅下降，降低增值税对企业的纾困作用就不如降低企业所得税，因为后者会直接增加企业的留存利润（表1）。

我们建议对所有档的税率同时下调，原因有四个：第一，目前企业所得税的分档方式本身就包含了对国家需要重点扶持的高新技术企业、集成电路等企业的税收优惠部分，如果调整中再次分档对待有可能扭曲产业结构激励。第二，这次疫情波及多个产业链，不应单独考虑只减免某些特定行业。第三，武汉的三大支柱产业是光电子信息、汽车及零部件、生物医药及医疗器械，如果考虑对这些产业的扶持，直接加大对湖北的支持力度即可。第四，每档企业所得税在企业所得税税收总额中的占比并没有公开数据，一些复杂测算反而会不够精确。

表1　企业所得税的分档税率

税目	税率
企业所得税税率	25%
符合条件的小型微利企业（2019年1月1日至2021年12月31日，应缴所得额不超过100万元的部分，减按25%计入；应纳税所得额超过100万元但不超过300万元的部分，减按50%计入应纳税所得额）	20%
国家重点扶持的高新技术企业	15%
技术先进型服务企业（中国服务外包示范城市）	15%
线宽小于0.25微米的集成电路生产企业	15%
投资额超过80亿元的集成电路生产企业	15%
设在西部地区的鼓励类产业企业	15%
广东横琴、福建平潭、深圳前海等地区鼓励类企业产业	15%
国家规划布局内的重点软件企业和集成电路设计企业	10%
从事污染防治的第三方企业（从2019年1月1日至2021年底）	15%
非居民企业在中国境内未设立机构、场所的，或者虽设立机构、场所但没有实际联系的，应当就其来源于中国境内的所得缴纳企业所得税	15%

资料来源：北京大学光华思想力课题组

　　我们建议所有档企业所得税税率在未来3个月下调20%，对应一般企业所得税的税率由25%降为20%。由于湖北的企业所得税总额只占全国总额的3%，所以在税率调整中对湖北的特殊优待产生的测算敏感性可以忽略。基于2019年3—5月全国企业所得税总额合计12 848亿元，假定2020年3—5月全国企业所得税的税收额不变，则可以为企业节约税金为12 848×20%=2 570（亿元）。在企业所得的中央与地方的上缴比例上，2018年数据显示中央为63%，地方为37%。且此比例近几年波动不大。所以对于减税部分，对中央财政影响为2 570×63%=1 619（亿元），对地方财政影响为2 570×37%=951（亿元），对湖北省的财政影响为951×3%=28.53（亿元）。

　　3. 补贴低收入群体，激发消费潜力。考虑到消费已经成为中国经济增长重要动能，疫后政策应该特别着力于对冲疫情对居民消费能力和消费信心带来的冲击。连月的疫情防控工作大幅抑制了居民正常消费需求。虽然居民消费具有较强弹性，但此次疫情影响地域范围较大、延缓复工时间较长，居民可支配收入或有大幅减少的可能，预计疫情过后消费反弹力度或不及预期。居民消费能力和消费信心的恢复既关乎2020年决胜小康目标的实现，又能够有效促进中长期高质量发展战略的推进。对此，我们认为最直接的激发消费潜力的办法就是通过减税和补贴的方式对低收入群体进行补助。

第一，可考虑提高个人所得税起征点、降低税率等途径刺激居民消费。在实现全面建成小康社会的关键一年，财政可通过加大减税力度，进一步降低个人所得税刺激消费，以减少疫情对经济增长的影响。2019年个税改革通过上调起征点、拓宽低税率税档、增加专项附加扣除，大大优化了税率结构。针对降低个人所得税，我们认为应加大对中等、高收入群体的减税力度，提高起征点，降低税率水平。在保持个税税率级距不变的情况下，将税收起征点由5 000元/月调高至6 000元/月，降低36 000元/年至144 000元/年各税档预扣率1%，144 000元/年至660 000元/年各税档预扣率降低3%，超过660 000元/年部分降低5%。

根据张连起的测算，2019年个税起征点调整之前纳税人数为1.87亿人，调整后纳税人数在6 375万人左右。我们推测中国实际纳税人口占就业人数的20%左右。若调高缴税起征点至月收入6 000元，全国纳税人数将减少1 609万人，全年共减少2 926亿元个人所得税征收。重新计算税改后速算扣除数和每档纳税人数后，5 000—6 000元/月就业者将免交个人所得税，约减少个人所得税上缴86.9亿元。月收入在18 000—31 000元/月就业者的减征所得税总额最高，达1 174亿元。

第二，可考虑采用消费券政策，补贴低收入就业人群，促进内需回补。我们建议对受疫情影响较重的低收入就业人群发放消费券补贴，并向疫情严重的湖北省倾斜，湖北省就业人群全员发放消费券。消费券政策可以向民众传达抗击疫情的信心，号召共度时艰。通过提供补贴，弥补因疫情影响导致的收入下滑，保障基本生活，刺激消费。

发放消费券可借鉴香港特区政府补贴政策，香港拟以现金补助形式向18岁及以上市民每人派发1万港元。香港总人口750.7万人，预估18岁及以上市民约有700万人，共需支出约700亿港元，2018—2019年香港政府财政总收入为5 997亿港元，总支出5 318亿港元，盈余679亿港元，因此本次"补贴"支出对其财政收支压力相对有限。由于并未设定用途、面向特定人群，香港补贴政策难以保证补贴直接回补消费，政策效力大打折扣。

我们对发放消费券政策有如下建议：

不能全民发放，需要面向特定人群。2019年全国人口为14亿人，若以1 000元为标准发放消费券，则需要高达1.4万亿人民币左右，将大大加重财政负担。我们建议对受此次疫情影响较大的收入较低、民生负担较重的就业群体，给予补贴，既可立竿见影地帮助受疫情冲击较大的群体渡过难关，维护社会稳定，也有助于稳定消费。

我们建议消费券政策考虑向重点地区（湖北等疫情严重地区）倾斜。湖北省是疫情重灾区，防控疫情至今仍是湖北省最重要的工作，企业复工复产率较低，严重影响了当地居民的收入水平，为保障抗疫一线人民群众的生活水平，应当对湖北省就业人群全员发放消费券。

我们建议消费券金额为1 000元。借鉴香港做法，按照内地月最低工资标准水平发放。根据人社部2019年发布的全国最低工资标准，上海月最低工资2 480元居全国之首，青海省为最低，最低工资标准为1 500元，其中，湖北的标准为1 750元。目前全国各地已积极复工复产，真正影响企业生产和居民收入的周期可估算为2—3周时间，因此按照最低月工资标准的一半左右（即1 000元）发放消费券较为合适。

针对消费券补贴政策，采取现金补助的形式发放消费券1 000元，对湖北省就业人口全员发放消费券，除湖北外全国的低收入就业群体发放消费券。人社部数据披露，中国的就业人数于2019年12月已达7.747 1亿人，劳动参与率为7.7471/14=55.34%。若将月收入3 000元以下就业人口视为低收入群体（见图2），该群体占比31%。据此估算，除湖北外低收入就业人群约为（14-0.5917）×55.34%×31%=2.299 3（亿人），湖北省就业人口约为3 273.88万人。

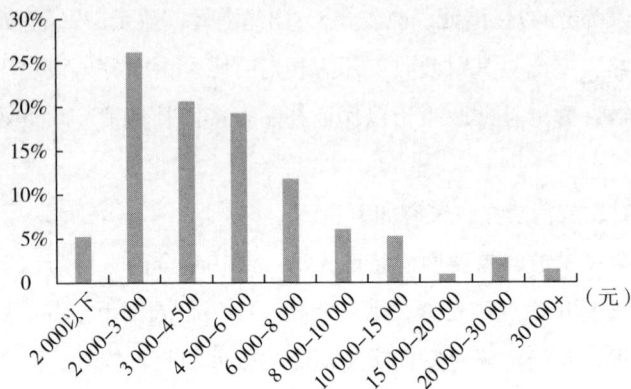

图2 中国劳动人口工资收入分布

资料来源：万得，北京大学光华思想力课题组

因此消费券补贴金额为：除湖北外低收入就业人群补贴金额+湖北省就业人群补贴金额=22993万×1000元+3273.88万×1000元=2626.68亿元。

财政政策更加积极有为的资金保障

疫情冲击下各类减税补贴等政策给财政带来增支减收压力，稳定经济发力基建也需要资金支持。我们建议可以积极探索多样融资渠道，降低地方政府债务压力和金融系统风险，避免增大基建投资力度加剧结构性问题。

1. 加大专项债发行力度。专项债可以成为财政发力的主要来源。我们建议：第一，2020年扩大专项债发行至3.5万亿元。2019年新增专项债21 297亿元，为了应对疫情、稳定经济增长，我们建议可将专项债发行额度扩大至3.5万亿元，较2019年增加约1.4万亿元左右。第二，提高专项债投向基建比例。过去土地储备和棚户区改造是专项债主要投向，投向基建部分仅为26%。我们认为可对专项债结构进行调整，增大投向基建领域的占比，以支持政策发力基建。专项债规模的20%可作为重大项目资本金，起到撬动资金的杠杆作用。若基建投资占比能达到40%，并且其中30%左右可以满足重大项目要求，项目资本金比例为20%，则1单位专项债可以撬动0.88单位的基建投资（0.4×0.3×5+0.4×0.7=0.88），1单位投向基建的专项债可撬动2.2单位的基建投资（0.3×5+0.7=2.2）。若2020年专项债发行额度扩大至3.5万亿元，则投向基建的资金规模可达到1.4万亿元（3.5×0.4=1.4），较2019年增加8 000亿元左右的基建规模，撬动3.08万亿元的基建投资。

2. 可充分发挥住房公积金在基础设施建设中的作用。2018年底，住房公积金缴存余额扣除个人住房贷款余额等仍有8 000亿元左右结余，我们认为可以尽快制定公积金制度改革方案，引导公积金参与供给端建设。2018年末，住房公积金已向373个保障性住房建设试点项目发放872.14亿元贷款。我们认为2020年可以适当盘活部分公积金闲置资金，利用2 000亿元左右的结余基金发放试点项目贷款，支持老旧小区改造、住房租赁、保障性住房及城市基础建设。

3. 可考虑大力推进基础设施REITs（房地产投资信托基金）融资。中国基础设施投资资金来源以财政支出和银行债务为主，证券化率很低。使用REITs可以盘活中国巨大的基础设施存量资产，收回前期投资，降低企业与地方政府杠杆率，让更多社会资本参与进来。截至2017年，中国基础设施累计投资额为113.68万亿元，若能在中国鼓励和推广基础设施REITs，1%的证券化率即可以达到万亿级市场规模。目前REITs可以优先支持铁路、收费公路、干线机场、水电气热等市政工程，污染治理、仓储物流等基础设施补短板行业，信息网络等新型基础设施，以及高科技产业园区和特色产业园区等。其中收费公路现金流稳定，是较为合适的REITs基础资产，累计建设投资额已达8.23万亿元。若2020年可重点推动基础设施REITs的建设，收费公路领域达到1%的证券化率，即可盘活800亿元左右的资金。基础设施REITs可以聚集重点地域、重点行业和具有较高收益率的优质资产。我们提出以下建议：第一，加快推动公募基础建设REITs的试点。从海外经验来看，基础资产较严格的准入条件是市场发展成功的重要环节，应选择现金流增长稳定的优质存量基础设施。第二，税收优惠。建议监管部门根据基础设施REITs"公众拥有、公众使用、公众收益"的特性，在企业所得税、增值税、印花税等方面给予配套支持。

4. 可考虑适当划转上市国有企业股权。目前A股上市公司3 799家，其中，中央与地方国有企业共1 104家，总市值为27.5万亿元，占A股总市值的40.6%，年度累计分红总额占总市值的2.2%。2019年国务院已做出全面推开划转部分国有资本充实社保基金的工作，划转比例统一为企业国有股权的10%，在执行过程中积累了划转经验并取得了成效。我们建议可考虑适当划账上市国有企业股权，获取股权分红以补充财政缺口缓解压力。若统一划转国有企业股权10%左右股权，则可划转市值2.75万亿元，每年可获得分红收益600亿元。

5. 必要时可考虑发行特别国债。历史上中国曾两次发行特别国债：1998年发行2 700亿元特别国债用于补充四大行资本金，以应对1997年亚洲金融危机；2007年发行1.55万亿元特别国债用于成立中投公司。我们认为在当前疫情冲击下，经济增长存在较大不确定性。若经济受损严重，则需要加大逆周期调节力度稳定经济。为了应对政府收入下降、支出大幅上升的财政缺口，特别国债低成本、长周期的特点是为财政收支缺口融资的较为理想的方式。由于受多年来经济快速发展需求升高与通货膨胀的影响，必要情况下可考虑发行2万亿元左右特别国债。

面对疫情冲击，我们需要加强逆周期政策对冲力度稳定经济，但也不应再走"大水漫灌"的老路，而需要根据国内外疫情影响对增长目标做出适当调整。目前全球多个国家疫情愈演愈烈，若新冠病毒扩散为全球性重大事件，则其影响或将类似1997年和2008年金融危机，致使多国经济增速放缓，外需下滑，将对中国出口造成严重冲击。因此短期内，我们需要增强逆周期调节，加大减税补贴力度，财政政策更加积极有为，货币政策更加灵活适度。但我们认为，在中国核心增长逻辑变化的情况下，面对危机时更应该坚持关注结构性问题。疫情暴发前期，央行已及时通过MLF（中期借贷便利）降息、大量逆回购等操作提供了充足的流动性支持，我们认为此时央行不应进行"大水漫灌"，而是应该以精准施策的方法支持实体经济，满足真实的信贷需求。为了保障中国经济长期健康增长，可适当下调当年增长目标至5.5%，从而制定更加科学与符合经济发展核心逻辑的政策。

作者为北京大学光华管理学院院长

彭文生 ///

疫苗后经济何时重回正轨
——不同步的全球时间线

如果说新冠肺炎疫情的蔓延决定了2020年全球经济和政治的走向，那么新冠疫苗的大规模接种必将对2021年全球发展产生重要影响。而谁会最先拿到疫苗？全球疫苗接种会遵循什么样的时间线？哪些国家会领跑社会生活重回正轨？对全球经济增长有什么影响？这些问题不仅决定着2021年全球发展特征，也会影响对可能风险的判断。本文希望厘清相关决定因素，寻找上述问题的可能答案。

一　疫苗已成抗疫关键

截至2020年12月2日，全球累计新冠病毒感染人数超6 000万人，死亡近150万人。作为一场负向的供给冲击，疫情的蔓延让许多生产活动陷于停滞，供给决定需求，疫情期间全球经济受到严重冲击。跨国家比较而言，人群中感染比例越高的国家，国民经济受到的冲击也就越大。

新冠病毒的感染比例每增加3倍，GDP的增速就会被拉低大约1个百分点（图3）。

（%）　　　　各国2020年二、三季度GDP缺口与新冠确诊比例关系

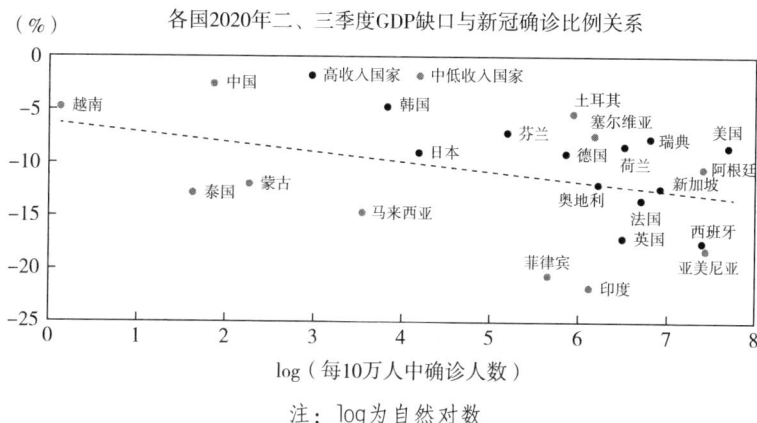

log（每10万人中确诊人数）

注：log为自然对数

图3　新冠确诊人群比例越高，对各国经济的拖累越大

资料来源：万得，美国达拉斯联邦储备银行，中金研究院

从2020年10月开始，高收入国家暴发二次疫情，新增感染人数再次快速增长。而中低收入国家第一波疫情还未完全结束，11月又出现了新增感染人数再次上行的趋势（图4）。

	高收入国家	中低收入国家（不包括中国）
累计感染人数	0.24（亿人）	0.30（亿人）
2019年人口数	12.04（亿人）	50.02（亿人）
感染比例	1.99%	0.60%

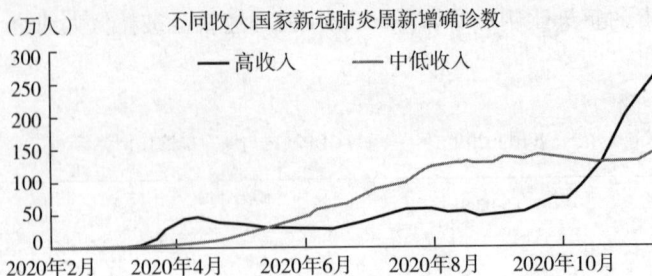

注：根据世界银行定义，人均国民总收入（GNI）低于1 036美元为低收入国家，1 036—4 045美元为中等偏下收入国家，4 046—12 535美元为中等偏上收入国家，高于12 535美元为高收入国家。本文中高收入国家与世行定义一致，中低收入国家指不包括中国的中等偏上收入国家、中等偏下收入国家和低收入国家，总人口只包含有疫情记录的国家。数据截至2020年11月16日

图4 2020年四季度高收入国家疫情进入新一轮暴发期

资料来源：欧洲疾病预防控制中心，OurWorldinData，世界银行，中金研究院

有效疫苗能否大规模接种已经成为全球回归正常的关键。首先，尽管全球总确诊人数不断攀升，但各国人口中的感染比例依然很低，想依靠病毒感染实现群体免疫，将意味着更多的人员死亡，并不现实（图4）。其次，疫情再度暴发后，多国政府曾寄希望于收紧社交隔离措施以限制病毒扩散，但遭到了大量厌倦社交隔离和经济萧条的民众反对，社交隔离措施实行阻力越来越大。最后，如果全球疫情不消退，没有任何国家可以独善其身，疫情控制较好的国家仍要消耗大量社会资源"外防输入，内防反弹"。因此，通过大规模有效疫苗接种形成群体免疫，已成为让全球经济生活重回正轨的关键。

虽然疫苗最终能否上市取决于各国监管机构是否核准，但根据全球新冠疫苗研发进展判断（图5），多支新冠疫苗将从2020年底开始陆续上市几无悬念。除了辉瑞/BioNTech（德国生物新技术公司）、Moderna（美国莫德纳公司）的新冠疫苗大概率会在12月开启大规模供应以外，中国国药、科兴、强生等公司也计划在2020年底前发布Ⅲ期数据，预计在2020年底或2021年初开始供应疫苗。强生的疫苗虽然采取与辉瑞（Pfizer）和Moderna不同的技术路线，但都是以新冠病毒的刺突蛋白作为目标，因此其疫苗取得较高有效性的可能同样较大。如果试验一切

顺利，我们预计更多的新冠疫苗可能在2020年12月下旬通过临床Ⅲ期试验，并获得紧急使用授权。不同疫苗厂商齐头并进，2020年底至少部分国家新冠疫苗的大规模接种将开始落地。

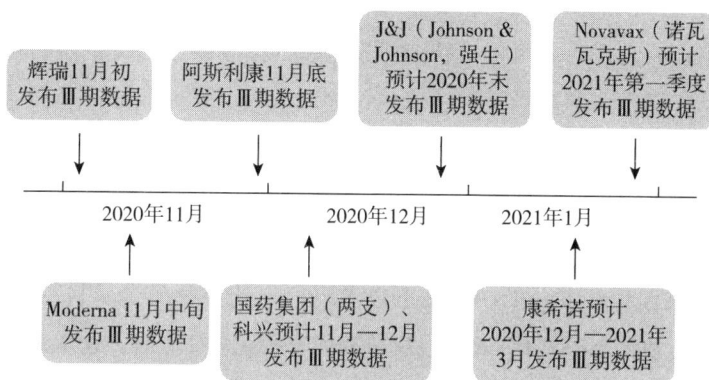

图5　研究速度较快的9支疫苗公布临床Ⅲ期结果路线图

资料来源：阿斯利康，辉瑞，Moderna，J&J，Novavax，纽约时报，金融时报，路透社，国药集团，中金研究院整理

二　新冠疫苗消退疫情的三个优势

当前新冠疫苗具备三个优势，让依靠大规模接种疫苗消退疫情成为可能。

第一个优势，新冠疫苗短期内不会因病毒变异而失效。一方面，病毒变异速度相对较慢；另一方面，即使病毒变异，核酸疫苗新技术可以快速重建针对变异病毒的疫苗。2020年9月《自然》杂志发表研究称，由于新冠病毒的"校对酶"机能能够修正可能的复制错误，新冠病毒变异速度比其他RNA（核糖核酸）病毒更慢。该研究发现，一个典型新冠病毒基因组在一个月内会积累两个单碱基突变，这个变异速度是普通流感病毒的一半。同时，新冠病毒目前大部分的突变不会使疫苗失效。当前出现次数最多的变异是D614G变异，出现次数第二高的基因变异是同义突变，这两种突变均不会影响抗体与新冠病毒刺突蛋白的结合。约克大学在10月8日发表的研究也证实，D614G变异不会影响疫苗的有效性。此外，核酸疫苗新技术让人类可以更快应对病毒变异造成的风险。本次疫苗研发存在一个亮点，就是核酸疫苗新技术得到了有效推广和使用。核酸疫苗一大优点是可以被快速研发制备，因为研究人员只需要将有效抗原的DNA（脱氧核糖核酸）或RNA序列放置于质粒载体或者递送载体中，就可以重制出疫苗。如果病毒变异，重建新疫苗的过程会较快，研制成本也较传统疫苗更低。

第二个优势，已公布临床III期试验结果的新冠疫苗表现出很高的有效率，很大程度上降低了达成群体免疫所需的接种门槛。目前，辉瑞/BioNTech和Moderna研发的新冠疫苗有效率都在95%左右，这就意味着要达到群体免疫所需的新冠疫苗接种率要求可以比FDA（美国食品药品监督管理局）的标准降低接近一半。有个简单的公式：$V_c = (1-1/R_0)/E$，可以帮助我们粗略估算要达到群体免疫所要接种疫苗的人群比例。其中V_c表示达到群体免疫所需的接种率；R_0表示病毒的再繁殖率（即一个感染病例平均可以引发多少个继发感染病例）；E表示疫苗有效率。按照萨姆·阿伯特（Sam Abbot）等人设计的新冠病毒再繁殖率（R_0）模型，截至2020年11月4日大多数国家新冠病毒R_0的均值低于1.5，上界低于2。假设最终上市的新冠疫苗有效率接近90%，而新冠病毒再繁殖率控制在1.5—2，那么接种率在40%—60%左右即可抑制疫情蔓延。

第三个优势，新冠疫苗的保护期可能长达数年，有助于社会更快恢复正常。11月2日，一项由英国新冠病毒免疫学联合会（U.K. Coronavirus Immunology Consortium）主导的研究发现，曾感染新冠病毒的轻症或无症状患者，半年后其体内的T细胞仍对新冠病毒有反应，且有症状患者比无症状患者的反应更强烈。伦敦帝国理工学院免疫学主席查尔斯·班厄姆（Charles Bangham）指出："这意味着虽然自然感染病毒后，新冠病毒的抗体可能会在感染后几个月内降到可检测水平以下，但身体一定程度上仍保持对病毒的免疫力。"

这也与珍妮弗·M. 丹（Jennifer M. Dan）等专家2020年11月15日发表

的研究相吻合。在这篇深入研究新冠病毒免疫细胞的报告中，研究人员认为大多数患者感染新冠病毒6—8月后，体内仍有足够多的免疫细胞可以阻止新冠病毒入侵，防止再次感染。这些细胞缓慢的衰退速度进一步表明这些免疫细胞有可能在人体内存在数年甚至更长的时间。新冠疫苗接种可以使人体产生强于由病毒感染导致的免疫力，还可以改善个体感染病毒形成的免疫细胞能力强弱有别的问题，更有利于群体免疫的形成。

哈佛大学斯蒂芬·M.基斯勒（Stephen M. Kissler）等人发现如果新冠疫苗的保护期小于40周，疫情将有可能在每年冬天暴发（图6），但如果疫苗保护期能持续100周，那么新冠肺炎疫情更可能隔年暴发，且暴发规模、严重程度将小于初次冲击（图7）。

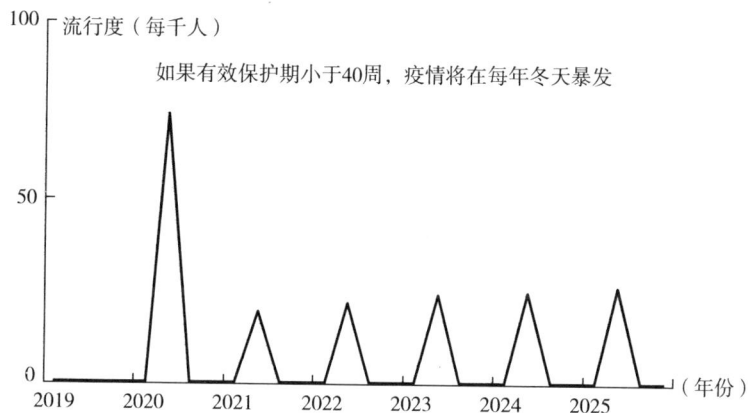

图6 疫苗保护期小于40周疫情暴发频率及流行度

资料来源：Kissler, S., Tedijanto, C. et al. Projecting the transmission dynamics of SARS-CoV-2 through the postpandemic period, Science, 22 May 2020: Vol. 368, Issue 6493, pp.860-868. DOI: 10.1126/science.abb5793, 中金研究院

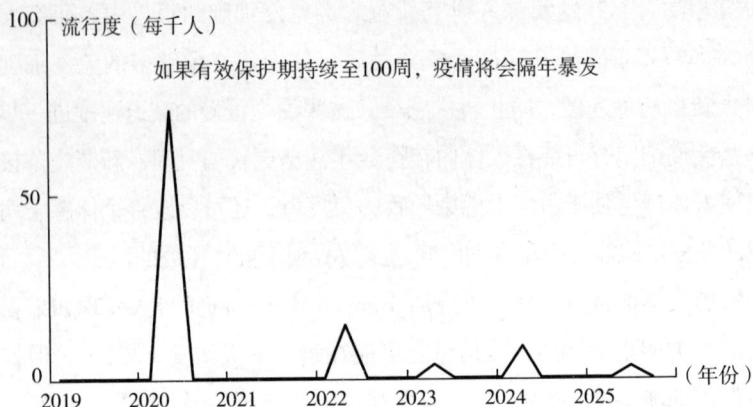

图7　疫苗保护期持续至100周疫情暴发频率及流行度

资料来源：Kissler, S., Tedijanto, C. et al. Projecting the transmission dynamics of SARS-CoV-2 through the postpandemic period, Science, 22 May 2020: Vol. 368, Issue 6493, pp. 860-868. DOI: 10.1126/science.abb5793, 中金研究院

　　尽管不同技术路线新冠疫苗的保护期究竟有多长，还需要更多数据才能判断，但至少部分新冠疫苗的保护期并不会很短，或许是个合理的假设。这也意味着疫苗大规模接种可以降低疫情暴发的频率和严重程度，增强人们恢复生产生活的信心，使社会更快回归正常。

三　各国民众接种意愿均较高

　　要想通过新冠疫苗阻碍病毒传播，首先需要有足够比例的人群愿意接种疫苗，而从全球疫苗接种民调来看，各国民众多数愿意接种疫苗。

　　根据美国华盛顿大学2020年6月的民调结果，各国愿意接种新冠疫苗的平均比例超过74%（图8），其中中国的接种意愿最高，法国、波兰和俄罗斯稍低，但也超过了50%。有调查显示，2020年9月美国民众的接种意愿只有50%，但主要原因在于对特朗普政府政治干预疫苗研发的不信任。随着拜登政府上台，我们估计美国民众接种意愿很可能会回升到2020年6月的水平（75%），事实上，2020年11月的调查显示，美国民众愿意接种比例已回升至58%。

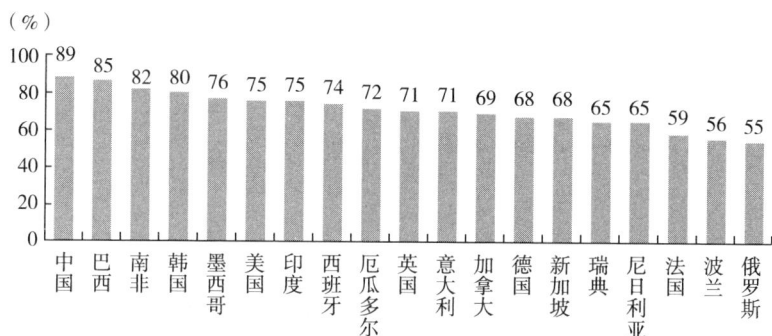

（%）

中国 89
巴西 85
南非 82
韩国 80
墨西哥 76
美国 75
印度 75
西班牙 74
厄瓜多尔 72
英国 71
意大利 71
加拿大 69
德国 68
新加坡 68
瑞典 65
尼日利亚 65
法国 59
波兰 56
俄罗斯 55

图8　疫苗有效前提下，19国民众新冠疫苗接种意愿平均值超74%

资料来源：Nature, Lazarus J V, Ratzan S, Palayew A, et al. Hesitant or not? A global survey of potential acceptance of a COVID-19 vaccine[J]. medRxiv, 2020, 中金研究院

此外，美国俄亥俄大学在2020年6月的一项研究表明，疫苗越有效、人们对感染情况越了解、疫情越严重、感染可能性越大，民众的接种意愿就会越高（图9）。2020年冬天全球新冠肺炎疫情的再度暴发，会让更多的人了解新冠肺炎的危害，也会进一步提高各国民众的疫苗接种意愿。

该研究还发现，美国不同背景人群都表现出较高的接种意愿，其中年龄超65岁的人群接种意愿相对较高，接近80%（图10）。这表明，如果疫苗供应充足，那么65岁以上年龄人口的接种率可能将非常高。

接种疫苗的决定因素

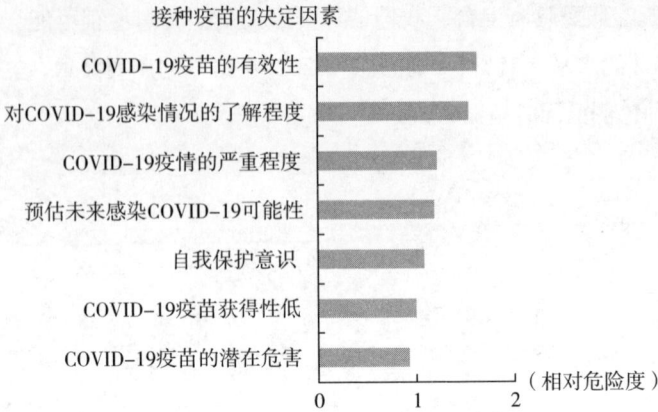

- COVID-19疫苗的有效性
- 对COVID-19感染情况的了解程度
- COVID-19疫情的严重程度
- 预估未来感染COVID-19可能性
- 自我保护意识
- COVID-19疫苗获得性低
- COVID-19疫苗的潜在危害

（相对危险度）

注：相对危险度（Relative Risk, RR）指的是暴露组的危险度与对照组的危险度之比，数值越大，表明暴露因素与结局的相关性越大

图9　决定人们接种意愿的因素

资料来源：Reiter P L, Pennell M L, Katz M L. Acceptability of a COVID-19 vaccine among adults in the United States: How many people would get vaccinated?[J]. Vaccine, 2020, 38（42）: 6500-6507，中金研究院

美国不同人群中愿意接种新冠疫苗的比例

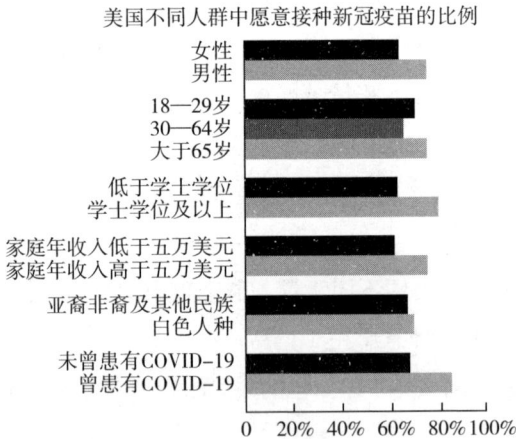

- 女性
- 男性
- 18—29岁
- 30—64岁
- 大于65岁
- 低于学士学位
- 学士学位及以上
- 家庭年收入低于五万美元
- 家庭年收入高于五万美元
- 亚裔非裔及其他民族
- 白色人种
- 未曾患有COVID-19
- 曾患有COVID-19

图10　剔除政治因素美国不同人群接种比例

资料来源：Reiter P L, Pennell M L, Katz M L. Acceptability of a COVID-19 vaccine among adults in the United States: How many people would get vaccinated?[J]. Vaccine, 2020, 38（42）: 6500-6507，中金研究院

四 谁先获得疫苗？高低收入国家先后有别

如同疫情初期全球口罩供不应求一样，疫苗在上市初期是稀缺资源，无法立刻满足全球市场所有需求。但谁先获得疫苗，谁就会获得消退疫情的先机，这对2021年世界发展具有重要的宏观意义。在国际维度上，高收入国家2021年将最先获得疫苗，而中低收入国家疫苗不足问题可能将持续到2021年底；在社区维度上，各国将普遍采取先高危人群后普通人群的接种路径。

（一）疫苗初期产量只能满足部分人群

我们整理了截至2020年12月2日，疫苗研发机构预估的各自疫苗上市时间和产能规划（表2）。从各医药厂商的产能规划来看，全球疫苗总产能将呈现上升趋势。但由于疫苗产量累积需要时间，在全球新冠疫苗上市初期会出现需求大于供给的情况。2020年底前，海外有统计的疫苗产量只有7 000万支。

表2　10支进入临床Ⅲ期试验的疫苗研制进程及相关公司估计上市时间及产能规划

地区	公司	Ⅰ期时点	Ⅱ期时点	Ⅰ/Ⅱ期时点	Ⅲ期时点	公司预计上市时间	预计产能
英国	阿斯利康/牛津大学			4月23日	6月11日	2020年底	与全球制造商合作，声称2020年10月已搭建好20亿支年产能
美国	Moderna	3月16日	5月29日		7月27日	2020年底	2020年底前生产2 000万支，2021年底前预期产能5亿—10亿支
中国	武汉生物研究所/国药集团			4月12日	7月16日	2020年12月底	2020年底前国内产能6.1亿支，其中国药集团2021年底前生产10亿支，科兴2020年底前生产1亿支，2021年起年产3亿支
中国	北京生物研究所/国药集团			4月27日	7月16日	2020年12月底	
中国	科兴			4月16日	7月6日	未公布	

续表

地区	公司	I期 时点	II期 时点	I/II期 时点	III期 时点	公司预计 上市时间	预计产能
俄罗斯	Gamaleya	6月 17日			8月 11日	9月投产	2020年底前生产230万支
德美	辉瑞/ BioNTech				4月 23日	2020年底	2020年底前约生产5 000万支，2020年4月前生产3亿支，年产13亿支
中国	康希诺	3月17日	4月12日		9月2日	未公布	2021年起每年产3亿支
美国	J&J			7月 15日	9月 5日	未公布	2021年底之前生产10亿支
美国	Novavax		8月17日		9月28日	未公布	2021年起年产能20亿支

资料来源：阿斯利康，辉瑞，Moderna，J&J，Novavax，纽约时报，国药集团，中金研究院整理

根据公开信息，图11统计了海外最有希望推出疫苗的五大医药厂商（辉瑞、Moderna、J&J、阿斯利康、Novavax）在2021年的累计产量路线图。由于疫苗生产的先发优势，这五大疫苗厂商的生产基本可以代表未来近一年海外疫苗的总供给。我们预计2021年一季度海外疫苗累计产量为8.2亿支左右，到了二季度疫苗累计产量约为22.5亿支，这个产量显然无法同时满足全球的接种需要（图11、表3）。

不过到了2022年初，这五大医药厂商累计的新冠疫苗产量可能接近70亿支，到那时疫苗供给不足的问题或许将得到缓解。

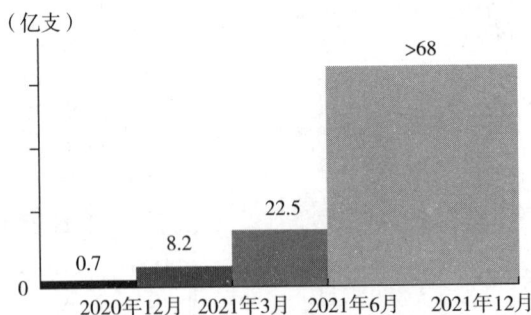

注：数据截至2020年12月2日

图11　全球疫苗累计制造量估算

资料来源：阿斯利康，辉瑞，Moderna，J&J，Novavax，CNBC，路透社，经济时报，中金研究院

表3　疫苗累计制造量估算过程

	2020年12月	2021年3月	2021年6月	2021年12月
辉瑞	0.5	3	6	13
Moderna	0.2	1.2	2.5	5
J&J	0	2	5	10
阿斯利康	0	2	4	20
Novavax	0	0	5	20
累计产量	0.7	8.2	22.5	68

资料来源：中金研究院

（二）分配的国际次序：先高收入国家，后中低收入国家

在疫苗上市初期累计产量受限的情况下，高收入国家抢先预订了2021年初大部分的疫苗产量。截至2020年12月2日，有潜力研发生产新冠疫苗厂商的订单也基本被高收入国家囊括（图12）。以辉瑞和Moderna这两家最先供应疫苗的厂商为例，它们的疫苗订单基本已被高收入国家垄断（图13）。而美国、英国、欧洲、加拿大和日本更是预订了辉瑞2021年超过80%的产能。

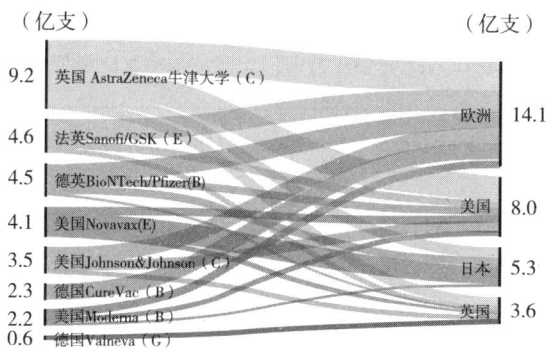

（亿支）　　　　　　　　　　　　　　　　（亿支）

9.2　英国 AstraZeneca牛津大学（C）　　　　　　欧洲　14.1
4.6　法英Sanofi/GSK（E）
4.5　德英BioNTech/Pfizer(B)
4.1　美国Novavax(E)　　　　　　　　　　　　美国　8.0
3.5　美国Johnson&Johnson（C）
2.3　德国CureVac（B）　　　　　　　　　　　日本　5.3
2.2　美国Moderna（B）
0.6　德国Valneva（G）　　　　　　　　　　　英国　3.6

注：数据截至2020年12月2日

图12　高收入国家预订大量疫苗

资料来源：阿斯利康，Moderna，辉瑞等，中金研究院

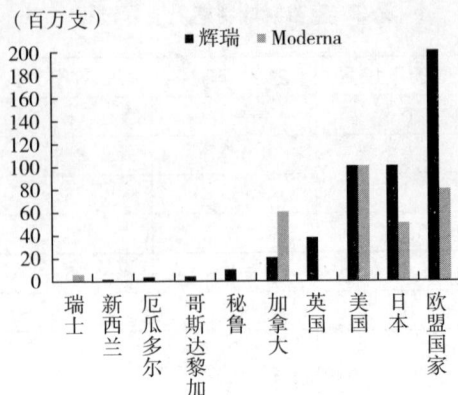

（百万支）

■ 辉瑞 ▒ Moderna

注：不包含供应量未知的订单，数据截至2020年11月16日

图13　各国预订辉瑞和Moderna疫苗数量

资料来源：Duke Global Health Innovation Center，中金研究院

除了订单以外，高收入国家还通过协议享受疫苗供应的优先权。比如，美国通过OWS（Operation Warp Speed，曲速行动）计划，与辉瑞、阿斯利康等多家疫苗厂商达成合作协议，保证这些厂商的疫苗一旦获得监管生产许可，最先生产出来的疫苗将优先供应给美国民众（表4）。

根据图11保守估计，至2021年6月，高收入国家获得的疫苗数量可能超20亿支，这基本可以满足高收入国家所有人口的接种需求。

表4　美国OWS计划支持药厂生产疫苗将优先供应美国

加入OWS的疫苗开发商	接受资助金额	优先供给协议内容以及最新预计产量或产能
J&J	3月20日资助4.56亿美元 8月5日资助10亿美元	优先为美国提供1亿支，之后美国可以选择继续购买2亿支；将近10亿支/年
阿斯利康/牛津大学	12亿美元	优先为美国提供至少3亿支，首批疫苗原计划于2020年10月开始交付；2021年底之前生产20亿支
Moderna	4月16日资助4.83亿美元 7月16日资助4.72亿美元 8月11日资助15亿美元	原计划2020年三季度起优先为美国提供1亿支，美国可以选择继续购买；2021年生产5亿—10亿支，之后5亿支/年

续表

加入OWS的疫苗开发商	接受资助金额	优先供给协议内容以及最新预计产量或产能
辉瑞/BioNTech	未接受OWS资助，但参与OWS计划	优先为美国和欧盟提供，美国可以提议19.5亿美元购买1亿支，之后美国可以选择继续购买5亿支，会为欧盟提供多达3亿支；2020年底之前生产0.5亿支，2021年底之前生产13亿支
Merck and IAVI（默克和国际艾滋病疫苗行动组织）	0.38亿美元	原计划2020年底之前生产百万支
Novavax	16亿美元	原计划最早2020年底开始优先为美国提供1亿支 计划于2021年中以后产能达到20亿支/年
Sanofi and GlaxoSmithKline（赛诺菲和葛兰素史克）	21亿美元	优先为美国提供1亿支，之后美国可以选择继续购买5亿支

资料来源：美国卫生与公众服务部，路透社，Fiercepharma，彭博，欧洲新闻电视台，中金研究院整理

相比之下，中低收入国家/地区获得疫苗的进程将远远落后于高收入国家/地区。从疫苗预订的数量来看，目前大部分中低收入国家/地区的人均疫苗预订量不足0.5支/人，远少于高收入国家/地区（图14）。为了保障中低收入国家/地区公平获得新冠疫苗，GAVI（全球疫苗免疫联盟）、CEPI（流行病防范创新联盟）和WHO（世界卫生组织）共同推动了COVAX（新冠肺炎疫苗实施计划），旨在为参与计划的国家/地区提供新冠疫苗，但COVAX计划在2021年之前只能提供最多20亿支疫苗。即便考虑到个别中低收入国家/地区额外预订疫苗，面对新兴国家/地区本身近50亿的人口数量（不包括中国），其预订的疫苗量远远无法达到完全接种的需求。此外COVAX项目所获得的疫苗更多依靠高收入国家/地区捐助而不是其他公平的分配项目，这更增加了中低收入国家/地区获取疫苗的不确定性。

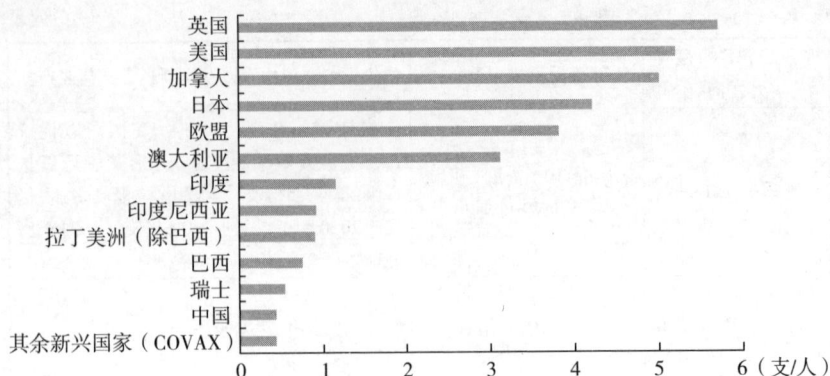

注：数据截至2020年11月9日

图14　低收入国家/地区人均疫苗预订量远低于高收入国家/地区

资料来源：德意志银行，《自然》杂志，Airfinity，中金研究院

从疫苗获取时间上来看，中低收入国家/地区也远落后于高收入国家/地区。由于2021年二季度之前大部分海外疫苗产能已经被高收入国家/地区预订，大多数中低收入国家/地区获得大批量疫苗的时间将延迟至2021年二季度之后。以印度为例，其卫生部部长哈什·瓦尔登（Harsh Vardhan）在2020年10月估计直到2021年三季度，印度才能最多获得5亿支新冠疫苗，满足印度20%人口的接种需求。中低收入国家/地区，大量获得疫苗的时间将慢于高收入国家2—3个季度。

（三）分配的社区次序：先高危人群，后普通人群

在初期接种能力有限的情况下，为了最大限度利用疫苗来控制疫情并降低疫情对社会生活的冲击，各国政府采取先高危人群后普通人群的最优接种策略。例如美国在获得疫苗后的第一阶段，会优先将疫苗分配给一线的医护工作者、急救人员等感染风险高的人群，以及有基础疾病或65岁以上等高危人群。待疫苗更为充裕后，再开展其他阶段的人群接种计划（图15）。

	阶段1a	阶段1b	阶段2	阶段3	阶段4
大致人口比例	5%	10%	30%—35%	40%—45%	5%—15%
	■ 一线医务工作者 ■ 救护车司机 ■ 清洁人员 ■ 急救人员	■ 有潜在疾病的易感人群 ■ 2种或多种慢性病患者 ■ 65岁及以上的群居老人	■ 教师 ■ 儿童保育员 ■ 公共部门从业者 ■ 65岁以下处于监狱、看守所的人员	■ 年轻人 ■ 儿童（如果证明疫苗对儿童安全） ■ 旅馆、银行、高等教育、工人从业人员	■ 此前未获得疫苗的人员

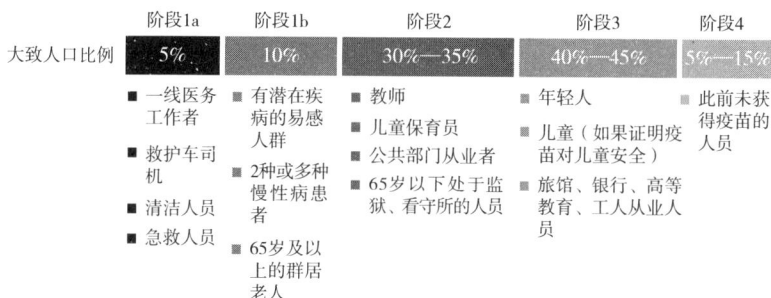

图15　最优接种路径——先高危人群，后普通人群

资料来源：欧盟统计局，美国国家统计局，National Academy of Medicine，中金研究院

五　高收入国家疫苗接种快于中低收入国家

除了疫苗数量，疫苗接种的速度也会决定各国达到群体免疫的时间长短。新冠疫苗的接种速度取决于两个因素：一个是疫苗的运输与分发速度，另一个是提供终端注射服务的能力。从这两个环节来看，即便在相同疫苗供给水平上，高收入国家的接种速度也将快于中低收入国家。

（一）高收入国家疫苗接种体系完善，接种速度快

本次新冠疫苗研发存在一个闪光点，核酸类疫苗（mRNA、DNA、腺病毒载体）首次登上人类应用的舞台，并且获得远超预期的有效率。但是最先推出的mRNA疫苗，无论是辉瑞/BioNTech的疫苗还是Moderna的疫苗对运输和存储环节的冷链要求都非常高，其中辉瑞疫苗储存温度低至−70℃（图16）。这严重分化了高低收入国家接种疫苗的速度。

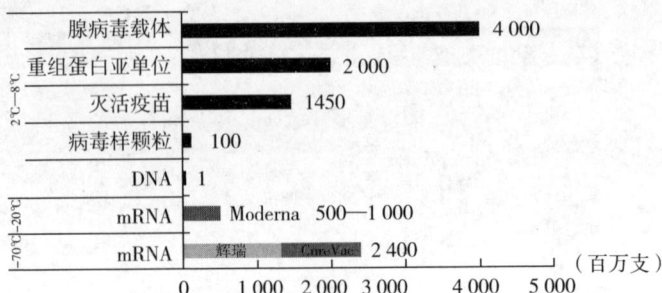

图16 至2021年末，不同技术路线疫苗的储存温度和产能

资料来源：DHL：Delivering Pandemic Resilience, September 2020., 中金研究院

    在低温疫苗分发系统建设上，高收入国家体现出更强的组织和动员能力。一方面，为了应对新冠疫苗的分发，高收入国家从社会组织层面提前做了规划。比如美国卫生与公众服务部于2020年9月颁布了新冠疫苗接种的指导手册，提供了一套完善具体、集中调控的新冠疫苗运输方案（图17）。

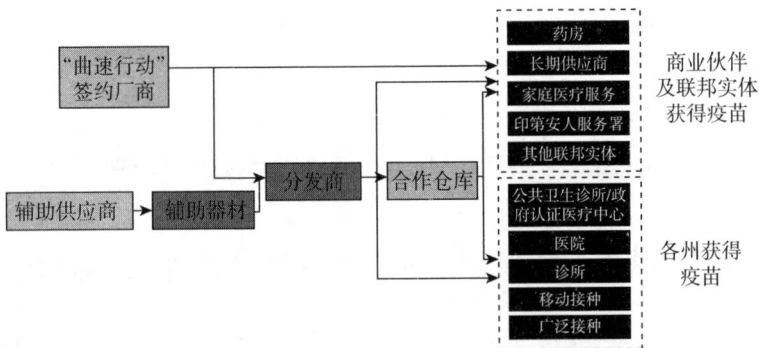

图17 美国新冠疫苗运输体系

资料来源：The OWS Strategy for Distribution a COVID-19 Vaccine，美国卫生与公众服务部，中金研究院

    另一方面，高收入国家已经提前对冷链运输的基础设施进行标准化建设。极冷条件下运输新冠疫苗需要使用大量干冰，这对低温控制提出了苛刻的要求（图18）。针对这个问题，美国卫生与公众服务部在2020年10月更新的指导手册中，强化了新冠疫苗冷链运输的器械标准要

求。相对于目前大多数制造商采用的冰点不足-70℃的纯丙二醇温度监控装置，CDC（疾病预防控制中心）推荐每个疫苗储存单元使用数字数据记录器来实时监测疫苗温度。而制药厂商也积极筹备极冷运输的硬件设备，比如辉瑞公司自行设计的可在10天内保持-70℃低温的容器（图19），以便利疫苗的快速运输和分发。

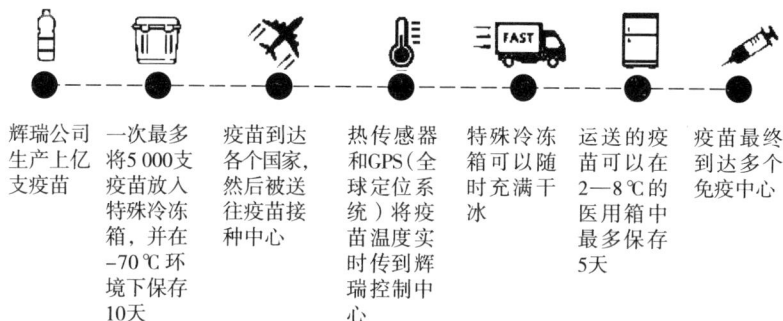

| 辉瑞公司生产上亿支疫苗 | 一次最多将5 000支疫苗放入特殊冷冻箱，并在-70℃环境下保存10天 | 疫苗到达各个国家，然后被送往疫苗接种中心 | 热传感器和GPS（全球定位系统）将疫苗温度实时传到辉瑞控制中心 | 特殊冷冻箱可以随时充满干冰 | 运送的疫苗可以在2—8℃的医用箱中最多保存5天 | 疫苗最终到达多个免疫中心 |

图18　辉瑞疫苗分发的物流流程

资料来源：辉瑞，卫报，中金研究院

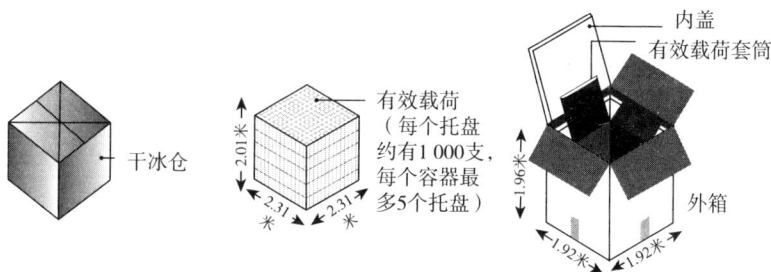

图19　辉瑞专用容器可极低温保持10天

资料来源：辉瑞，中金研究院

更重要的是，高收入国家具有成熟的疫苗接种基础设施，可以为新冠疫苗的快速大规模接种提供支持。以美国流感季接种速度为例，CDC于2020年10月发布的一项针对美国流感疫苗覆盖率的研究显示，在流感高发季节，美国的流感疫苗接种单月可以覆盖20%人口，在半年内就能覆盖近50%的人口，且接种速度和接种率都呈现逐年上升的趋势（图20）。按照美国2019—2020年度流感季疫苗接种数据，流感接种最繁忙

的时候，美国最慢的州一个月可以接种13%的人口，最快的州可以接种
近30%的人口（图21）。

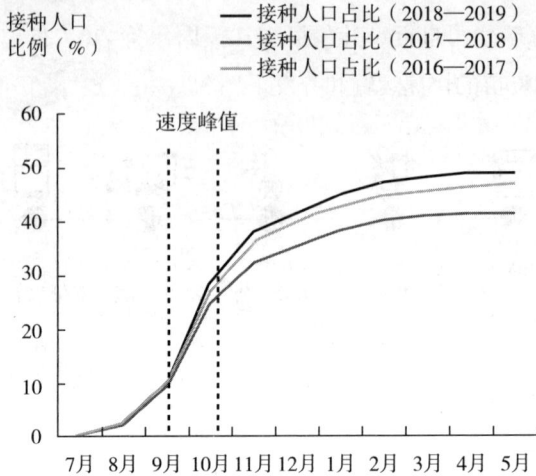

接种人口
比例（%）

——接种人口占比（2018—2019）
——接种人口占比（2017—2018）
——接种人口占比（2016—2017）

图20　美流感疫苗接种速度

资料来源：CDC（2020）. 2019-20 Influenza Season Vaccination Coverage
Report，中金研究院

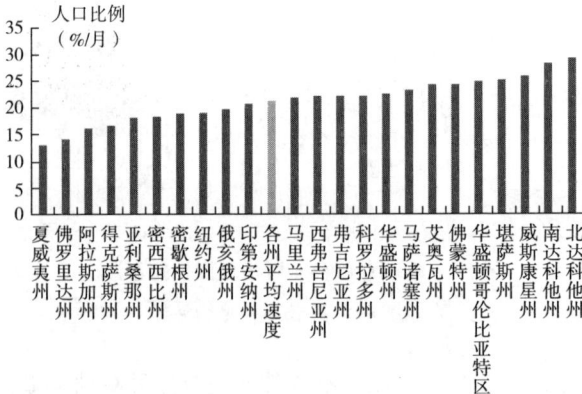

注：此图包括美国各州与华盛顿特区的疫苗接种速度的月度数据（2018—2019）

图21　美各州流感疫苗月度接种速度峰值

资料来源：CDC（2020）. 2019-20 Influenza Season Vaccination Coverage
Report，中金研究院

与美国类似，根据2017—2018年、2018—2019年度流感季疫苗接种数据推断，英国具备单月接种至少36.5%高危和重点人群的能力（图22）。

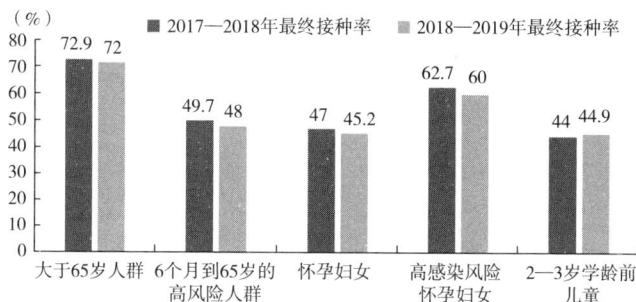

注：英国流感疫苗接种对象主要为65岁以上老人、高风险感染者、孕妇、学龄前儿童。假设新冠疫苗接种与流感疫苗接种顺序相似，可以使用流感疫苗接种速度近似估计新冠疫苗接种速度。此处取英国高危人群的最高接种速度作为疫苗接种速度峰值。则接种用时=高危人群总体/疫苗接种速度。流感季时长取2个月（从历史数据看，每年9月、10月是接种率提高的主要时间段，10月之后接种率增长非常缓慢），则接种速度峰值=72.9%/2=36.5%

图22　英国2017—2018年、2018—2019年流感疫苗接种率

资料来源：PHE（2019）Seasonal influenza vaccine in GP patients: winter season 2018 to 2019，中金研究院

（二）中低收入国家疫苗接种体系落后，阻碍大规模接种快速推进

中低收入国家新冠疫苗的大规模接种面临基础配套设施的挑战。一方面，中低收入国家需要时间更新疫苗供应链系统以满足新冠疫苗输送的要求。2014年WHO一项针对低收入国家的调查显示，大部分参与调查的低收入国家无法达到WHO对疫苗供应链要求的最低标准（图23）。尽管过去10年全球冷链在高收入国家快速发展，但是欠发达地区的冷链发展却非常有限。

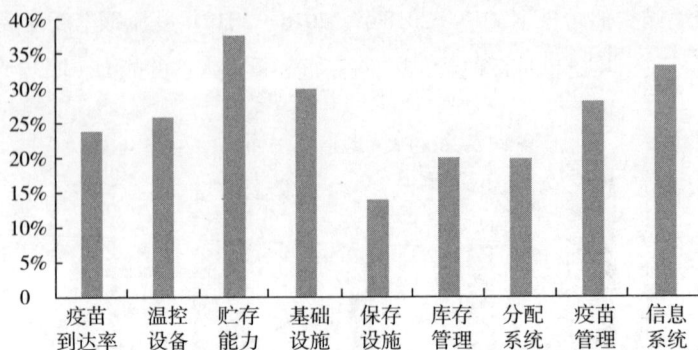

图23　2014年65个低收入国家的疫苗供应链评估达标比率

资料来源：WHO（2014）Effective Vaccine Management，中金研究院

　　新冠疫苗对冷链基础设施的严格要求，更加大了中低收入国家疫苗接种难度。以需要储存在-70℃环境中的辉瑞疫苗为例，尽管辉瑞特别设计了专用容器运输，但该容器冻结一次仅能将最多5 000支疫苗在-70℃保存10天，并且每天不能打开容器超过两次，每次不能超过3分钟。在缺少极低温冰箱情况下，10天内将这些疫苗分发、运输到中低收入国家的各个地区基本是不可能完成的任务。以印度为例，其疫苗运输系统里的冷链基础设备目前只能达到2℃—8℃的温控环境，所以对于运输温度要求严格的新冠疫苗，印度可能需要进行运输系统的改造。

　　即便部分新冠疫苗（比如阿斯利康疫苗）只需在2℃—8℃的温度中保存，对中低收入国家的基础设施而言仍是巨大挑战。以印度为例，2013年WHO针对印度冷链运输设备的检测中发现，抽查样本中分别有18%—36%和0%—66%的运输盒是暴露在0℃以下或8℃以上的非理想环境中，说明印度原有冷链运输体系尚有亟待完善的地方。根据测算，为了顺利完成新冠疫苗的接种，印度还需要额外投入10万台冰箱和1.2万辆冷藏卡车。进一步完善与接种相关的医疗设施需要时间，这将减缓中低收入国家接种新冠疫苗的速度。

　　另一方面，中低收入国家的疫苗终端注射服务存在短板，同样会降低疫苗大规模接种速度。比如印度目前的疫苗接种系统——UIP（全民免疫计划），主要是用来服务每年2 670万新生儿和2 900万孕妇（仅为印度人口的4%）。印度计划依靠UIP系统来完成新冠疫苗接种，这意味着未来印度其他成人将和孕妇、儿童共用同一套体系。然而在2020年1月到8月期间，印度只有1 200万儿童接种了疫苗，是原计划接种量的67%。在这样的基础上，如果印度政府把重心移向新冠疫苗的接种，无论是成人、儿童的日常疫苗接种还是新冠疫苗接种都有可能达不到预期进度。印度的医疗指数在中低收入国家中已经相对靠前，那么其他中低收入国家可能面临着更严重的注射服务短板问题，这将进一步减慢新冠疫苗在中低收入国家接种的进度。

六 全球疫苗接种不同步的时间线

高低收入国家获取疫苗能力的不同、运输和接种能力的差距，注定了2021年高低收入国家间不同步的接种时间线。根据各国不同年龄段人口数量以及疫苗的接种能力，我们认为高收入国家从2021年初将快速推进大范围接种，一季度即可完成高危人群的接种，到明年夏天基本完成接种任务；但中低收入国家，如南亚和拉美等国家的接种进程可能落后于高收入国家3—4个季度。

2021年一季度的疫苗产能应能满足高收入国家高危人群接种需求。欧美国家第一阶段接种人群主要包括：一线医护工作人员（5%）、65岁以上老年及高危群体（10%—19%）共计1.7亿人，其中英国近1 600万，美国近5 000万，欧盟近1.1亿人。按每人接种2支计算，需要至少约3.4亿支，而欧美第一季度的疫苗预订量能够满足这一需求（图24）。

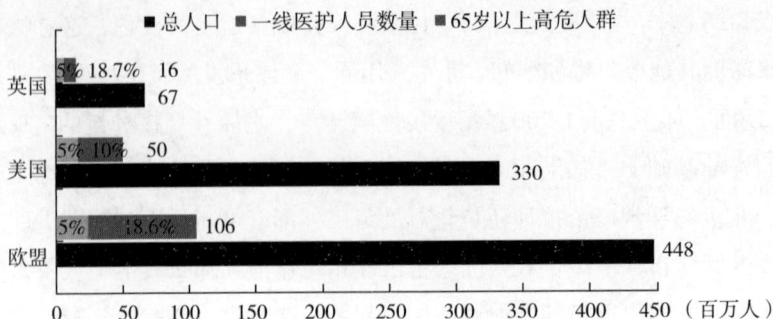

图例：■总人口　■一线医护人员数量　■65岁以上高危人群

英国：5% 18.7%　16　67
美国：5% 10%　50　330
欧盟：5% 18.6%　106　448

横轴：0　50　100　150　200　250　300　350　400　450（百万人）

图24　高收入国家第一阶段人群疫苗需要量统计

资料来源：欧盟统计局，Office for National Statistics，National Academy of Medicine，中金研究院

在疫苗生产情况符合预期的情况下，高收入国家只需1个季度就可以完成第一阶段重点人群接种。

根据欧美流感疫苗接种的数据，美国2019—2020年度流感季疫苗接种速度峰值为单月接种全部人口的21.4%，而英国为单月接种全部高危人群的36.5%。

这与英美近期公布的目前新冠疫苗接种的预计速度也相吻合。美国OWS计划负责人蒙塞夫·斯拉维（Moncef Slaoui）于11月13日称，2020年12月将有2 000万美国民众接种疫苗，之后每月能完成2 500万至3 000万人的接种。英国首相鲍里斯声称在2021年复活节（4月4日）之前，利用三个月时间完成全部高危和重点人群的接种。而据英国官员透露，英国国家医疗服务体系（NHS）高峰时刻有可能每天为最多达100万人接种疫苗。按照这一接种速度，考虑单人需要接种两针新冠疫苗的情况，高收入国家预计2021年第一季度就能完成第一阶段重点人群接种任务，三季度左右基本完成大规模接种。鉴于高收入国家的接种意愿在59%—75%，美国的流感疫苗接种率高于50%，而新冠肺炎的高死亡率会提高人们接种疫苗的比例，因此我们认为高收入国家新冠疫苗的最终接种率或在70%左右。

与高收入国家疫苗接种时间线相比，中低收入国家完成大规模疫苗接种或将延至2022年。目前中低收入国家主要通过COVAX项目获取疫苗，按照该项目计划，到2021年底中低收入国家有20%左右的人口将得到接种。尽管部分中低收入国家可以自行购买疫苗，但购买量仍然有限。如印尼已向中国科兴公司购买4 000万支疫苗，并预计2021年3月交付，但这只覆盖了印尼7.6%的人口。中国预计2021年新冠疫苗产能为13亿支，如果这个产能变动不大，那么即便中国生产的疫苗全部供应给中低收入国家，也只能覆盖其约10%的人口。中低收入国家至少需等至2021年二季度以后才可能成规模地开展疫苗接种，到年底实际接种率可能略高于20%。不过从2022年下半年开始，随着高收入国家接种的完成，以及全球疫苗产量变得更为充裕，中低收入国家接种速度加快，预计到2022年中或有50%—60%的接种率。

根据疫苗获取先后时间、疫苗需求量和疫苗接种能力，我们可以画出高收入和中低收入国家分化明显的新冠疫苗接种时间线（图25）。

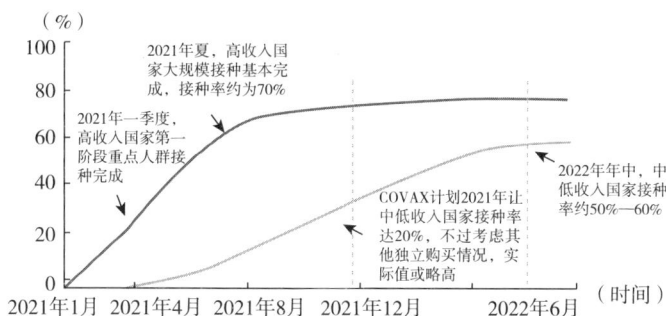

图25　高收入国家与中低收入国家接种时间线
资料来源：中金研究院

七　2021全球经济复苏——中国继续领跑

2021年随着疫苗的大规模接种，不同国家的疫情有望逐步缓解，各国经济也将踏上复苏的征程。但接种路径的差异和摆脱疫情的先后，将使得各国复苏强度不尽相同。那么不同国家的复苏路径会呈现什么特征？谁又会在这一过程中领跑呢？

（一）高收入国家2021年一季度后经济将加速增长

由于新冠的高死亡率主要集中在高危人群（如图26中的年长人群），随着2021年一季度重点人群接种完成，高收入国家新冠死亡率有望出现明显下降，这将增加高收入国家复工、复学、复产的需求。在继续扩大接种范围的同时，高收入国家可能会进一步放松生产、生活领域的社交隔离措施，经济或将在2021年一季度后形成明显的加速趋势，而且这种加速的势头有可能会延续至2021年下半年。随着生产生活逐渐恢复正常，高收入国家之间的人员交流与国际贸易也日趋活跃，并将带动相关国家产业链的复苏。

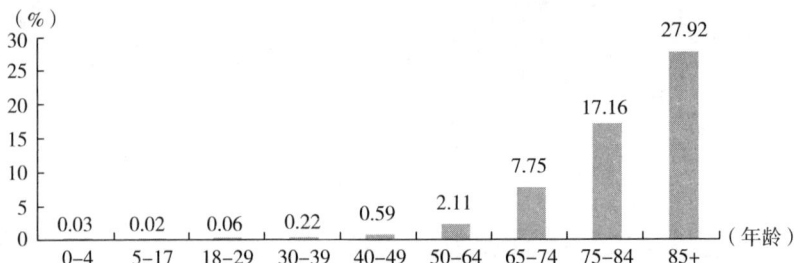

注：死亡率等于CDC统计的所在年龄段的新冠肺炎死亡总人数/该年龄段新冠肺炎确诊总人数，数据截至2020年10月

图26　美国各年龄段新冠肺炎病例死亡率
资料来源：CDC，中金研究院

进入2021年夏季，高收入国家将基本实现群体免疫，生产和社会活动回归正常。在消费"跨期替代"和宽松货币政策的双重作用下，2021年底高收入国家经济甚至可能出现过热的苗头。以美国为例，疫情期间，美国民众的消费受到抑制，随着经济重回正轨，生产恢复正常，在消费"跨期替代"效应下，民众的消费需求将被强化，并导致生产出现乘数效应。此外，为了应对疫情，美联储采取了极为宽松的货币政策。

其资产负债表的规模从2020年3月的4.3万亿美元增加到8月的7万亿美元，M2增速也达到二战后最高水平（图27）。考虑到货币政策传导时滞大概为3—4个季度，明年夏天美国宽松政策的货币刺激作用开始显现，进一步拉动美国经济增长。

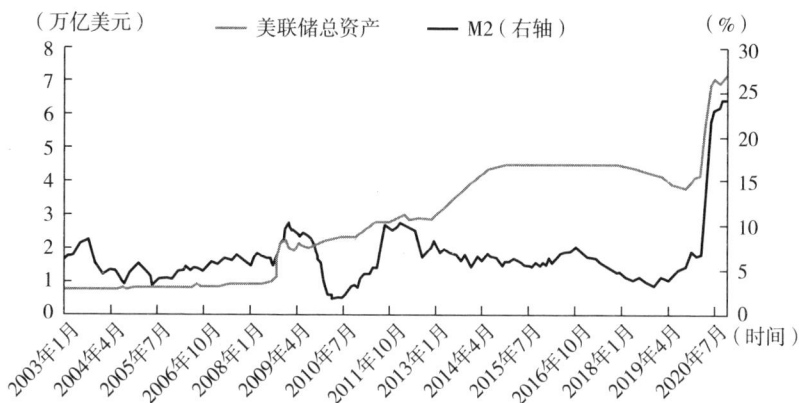

图27　疫情期间美联储资产负债表规模和货币供给快速上升
资料来源：万得，中金研究院

（二）中低收入国家复苏进度将慢于高收入国家

中低收入国家较慢的疫苗接种进度，造成其与高收入国家在社交隔离、贸易避险和航空管制等方面的差异，减慢了复苏的步伐。

由于存在疫情再次暴发的风险，中低收入国家无法迅速撤销社交隔离措施，这限制了其经济复苏力度。尽管部分中低收入国家具有人口更年轻的优势，但由于较差的医疗条件，中低收入国家的新冠死亡比例并不明显低于高收入国家（图28）。因此在形成群体免疫之前，中低收入国家无法完全放弃用社交隔离手段来阻止疫情蔓延。而中低收入国家很可能要到2022年中才能形成群体免疫，这也就意味着社交隔离措施将在2021年继续抑制中低收入国家生产活动的恢复。

每10万人中新冠死亡人数
■ 高收入国家/地区　■ 中低收入国家/地区

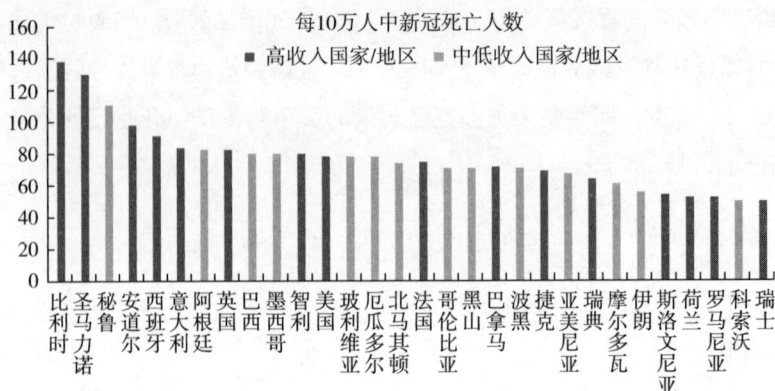

图28　新冠死亡人口比例最高的30个国家/地区

资料来源：Johns Hopkins Coronavirus Resource Center，中金研究院

　　另一方面，新冠肺炎疫情在中低收入国家再度暴发的可能，将支撑国际进口商的避险情绪，减慢国际贸易订单回流中低收入国家的速度。如孟加拉国的服装制造业在疫情期间流失了来自欧洲约15亿美元的订单，且少数未取消订单的厂商也提出了更严苛的付款条件。如果中低收入国家存在疫情再度暴发的可能，国际进口商为了降低生产风险，对这些国家的订单，特别是劳动密集型产品的订单，可能将继续保持在较低水平。

　　与此同时，中低收入国家与高收入国家接种不同步，可能会使前者面临"航空隔离"的困境，这将增加中低收入国家跨境旅行的耗时，减慢这些国家的贸易复苏节奏。疫情期间，多个国家施行国际旅行禁令，各国的航运量大幅度减少。以印度为例，直到2020年9月，其国际航空运输活动仍远远低于疫情前水平（图29）。而少部分仍然开放的航线在到达目的地后也需要隔离，这极大增加了通航耗时。Vox Eu（一个英文经济学网站）新近发表的一篇研究报告认为，如果国际旅行耗时上升50%，将会减少20%左右的国际贸易（图30）。2021年底之前，中低收入国家大概率仍无法消除疫情，这就意味着高收入国家可能继续对中低收入国家采取一定程度的旅行禁令，比如减少航班次数，要求疫苗注射证明等。这些额外"航空隔离"的存在有可能拖累中低收入国家的经济恢复。

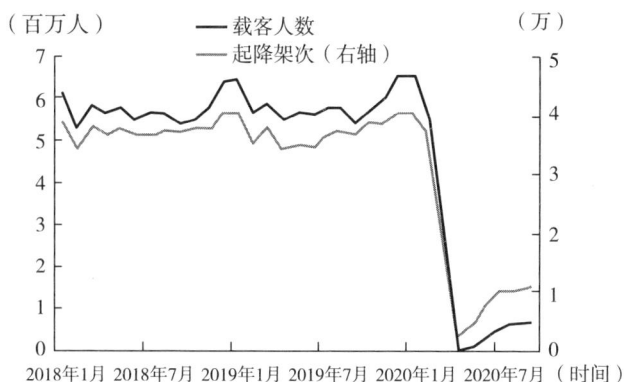

注：时间截至2020年9月

图29 印度国际航空运输远未复苏至疫情前水平

资料来源：万得，中金研究院

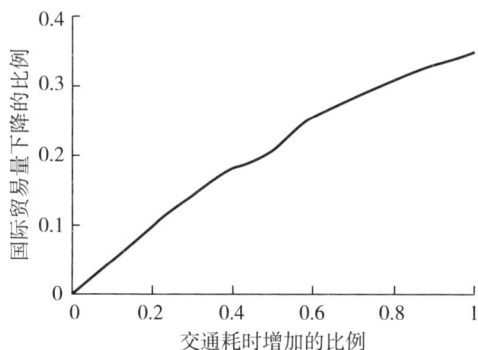

图30 航空旅行限制对国际贸易的负面影响

资料来源：https://voxeu.org/article/impact-travel-restrictions-trade-during-covid-19，中金研究院

（三）受益于上述分化，2021年中国经济有望保持较好复苏态势

在不依赖疫苗的情况下，中国已率先控制住疫情，为制造业复苏取得了先机，并可能进一步受益于2021年高收入与中低收入国家不同步的接种时间线。

　　从内部因素来讲，中国的服务业尚未完全恢复，随着明年内外防疫压力的减弱，中国的服务行业有望加速回暖。2020年中国第三产业前三季度的同比增速仅为0.4%，远远低于往年平均增速，2021年第三产业的增长预计将逐步恢复到7%左右的正常水平。

　　从外部因素来讲，一方面，2020年的疫情抑制了高收入国家的工业生产（图31），导致全球部分相关产业链陷于停滞。对高收入国家而言，2021年二季度开始的经济加速复苏将会带动高收入国家产业链的恢复，并很可能拉动参与到高收入国家产业链的中国相关产业（图32）。

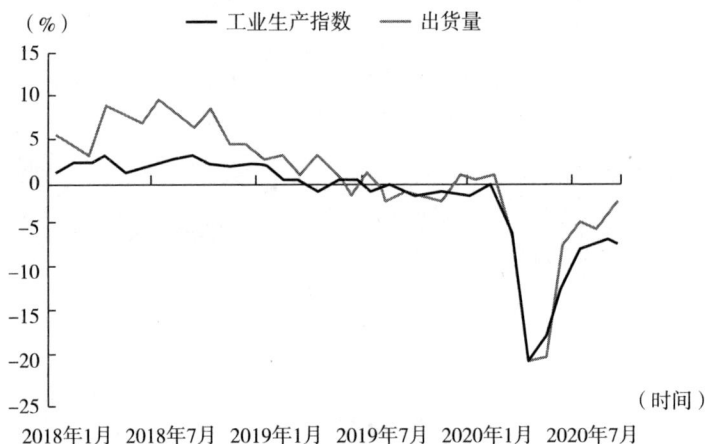

注：时间截至2020年9月

图31　疫情导致美国生产和制造业出货量低于正常水平

资料来源：万得，中金研究院

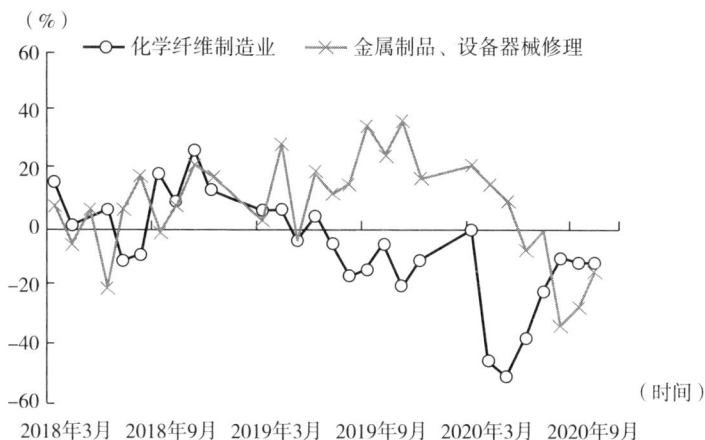

注：数据截至2020年9月

图32 中国面向高收入国家的产业链或受拉动

资料来源：万得，中金研究院

　　另一方面，随着中国与高收入国家之间航空运输业的开放，中国与高收入国家的贸易连接将进一步得到强化。以亚太地区疫情控制较好的高收入国家和地区为例，日本于10月30日宣布放松对中国、澳大利亚、韩国等六个疫情控制较好的国家和地区的旅行限制。当高收入国家疫情得到控制后会陆续撤销旅行禁令，与疫情形势较为稳定的中国之间的航空往来或将最先恢复正常，这会让中国的国际贸易得到进一步支撑。

　　同样重要的是，中国由于疫情控制良好，疫情期间部分中低收入国家外贸订单流入中国，使得中国劳动密集型产品的出口在下半年的表现好于往年（图33）。2021年如果中低收入国家接种速度较慢，那么出于趋避风险的考量，部分流转至中国的劳动密集型订单需求仍会留在中国，可继续支撑中国劳动密集型行业出口，拉动中国经济增长。

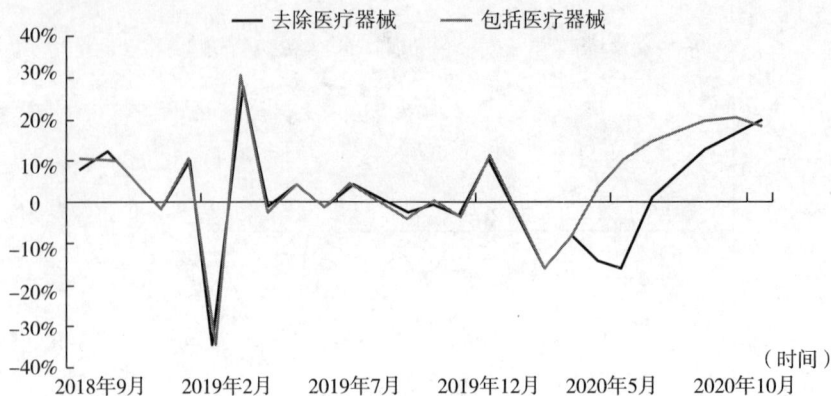

注：数据截至2020年10月，劳动密集型行业按照商务部口径定义

图33　中国劳动密集型行业出口同比增速

资料来源：万得，中金研究院

八　疫苗落地后经济扰动可能增大的关键节点

在全球疫情尚未完全消退的情况下，出于防疫需要，新冠疫苗的接种凭证很可能会成为各国在人员跨境交流过程中重点审核的文件。在这种情况下，一国的疫苗接种凭证能否被国际认可，对于其融入全球经济贸易活动具有重要意义。不同国家和地区往往有不同的疫苗审核和监管体系，比如美国的FDA、英国的MHRA（药品和保健产品监管局）和中国的国家食品药品监督管理总局。美国辉瑞疫苗目前已经获得英国MHRA的紧急使用授权，但仍未获得美国FDA的批准。尽管中国的疫苗尚未申请FDA审核，但已经获得了在阿联酋、土耳其使用的授权。在不同的疫苗核准体系下，各国的接种凭证能否获得他国认可，将成为2021年影响该国更好地融入世界贸易体系的重要因素。

高收入国家何时完成大规模接种，何时实现群体免疫，何时生产回归正常，也将成为影响全球经济预期的三个重要节点。根据全球接种时间线，预计第一个节点可能发生在2021年一季度末，第二个节点在2021年二季度末，第三个节点在2021年四季度（图34）。

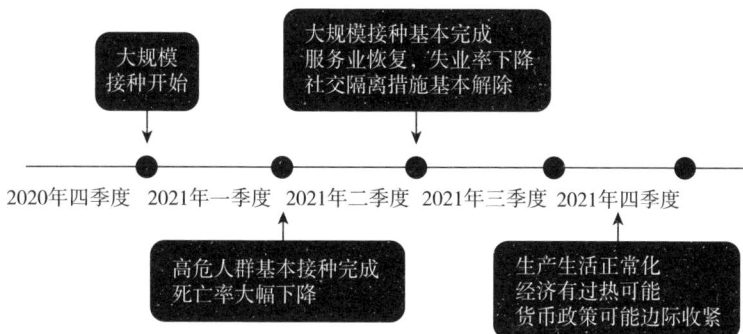

图34 高收入国家疫苗落地后的关键时间点
资料来源：中金研究院

而这几个时间点基本可以将疫苗落地后的经济运行分成三个阶段（图35），我们需要关注各个阶段中可能出现的不同风险。

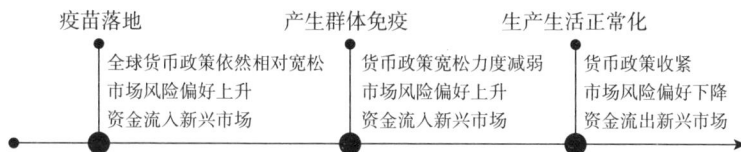

图35 疫苗落地与经济演化的三个阶段
资料来源：中金研究院

在第一阶段，高收入国家高危人群基本接种完成，随着死亡率下降，大量的社交隔离措施开始取消。此时全球宏观政策依然相对宽松，但投资者对未来复工复产、实体经济复苏预期强烈，市场风险偏好加大，风险资产价格上涨，资金持续流入新兴市场，美元指数可能走低，需警惕风险资产泡沫和新兴市场国家货币快速升值的压力。

在第二阶段，高收入国家有可能达到群体免疫，疫情蔓延得到控制，社交隔离措施基本取消，失业率下降，经济加速修复。高收入国家之间的航空基本打开，接种凭证或成国际旅行必需文件。此时宏观政策宽松力度减弱，风险资产价格上涨的势头可能减弱，国际资金流向新兴市场速度可能放缓。

在第三阶段，高收入国家经济消费需求旺盛，经济可能出现过热的苗头，市场对央行政策边际收紧的讨论可能升温。此时，全球市场风险偏好开始下降，美元资产的需求或上升，资金可能从新兴市场中流出。在这一阶段，需要注意国际金融市场波动和新兴市场国家货币贬值的风险。

作者为中金公司首席经济学家

李奇霖 ///
出口之王

两次世界大战,让美国成为头号强国。战火把很多国家烧成一片废墟,工业生产和农业种植停滞,有限的资源还得优先用于制造武器和军需物资,存在着巨大的进口需求。

当时放眼全球,主要大国里只有美国本土没有遭受炮火的轰炸,安全的生产环境和强大的生产能力,让美国可以源源不断地出口武器、粮食和工业品,并提高制造业的生产效率,满足源源不断的订单需求。

所以,美国在二战后综合国力大增,顺势成为世界霸主,和以下几个原因是分不开的:

· 全球基本只有美国的制造业可以正常生产。

· 全球其他地方陷入战争,有巨大的进口需求,尤其是军备层面的进口需求。

· 全球都需要借美元消费,美元输出使美国成为全世界最大的债权国。

· 订单饱和+制造生产能力满负荷,演化出强烈的技改和制造业升级的诉求，生产率的提高为后续打冷战和军备竞赛奠定了强大基础。

2020年初突如其来的新冠肺炎疫情，在海外不断扩散，目前还没有看到拐点出现。对比战争，新冠病毒的杀伤力要小得多，但每天五六十万例的新增确诊，还是让很多国家的生产放缓甚至停滞。为应对疫情，发达国家出台了大规模的刺激政策，满世界都是钱，订单在找能够生产的企业。和平时企业到处求着找订单不一样，现在出口已经从买方市场变成了卖方市场。

中国是最早走出疫情的，生产也最先恢复，还长期是世界工厂。面对满世界的订单，中国开足马力生产，出口同比增速不断提高，10月达到了11.4%，前10个月的累计增速也有0.5%。

全世界到处是钱，全世界又只有中国的生产能力是最正常的。

因此，现在中国的制造业和美国二战时的有相似之处。只有一点有较大的区别，人民币目前不是国际化的货币，中国没法在全世界到处当债权人，只能通过出口换来不断贬值的美元。

当然，人民币国际化现在又重新提上日程了，只是避免上次汇改和步子迈太快的教训，用了"稳慎"二字。

相比于宏观的出口数据，一些偏中观的行业指标，更能体现出口的火爆。最典型的是出口集装箱运价指数，疫情前这个指标不太受关注，主要是航运圈的人在看，金融机构有时也会通过它来跟踪出口情况。

但现在这个指标变得很火，因为它实在是上涨得太快了，6月初至今，不到半年的时间里，CCFI（中国出口集装箱运价指数）上涨了36%。有些热门航线运价的涨幅更大，比如同期美西航线运价上涨幅度达55%（图36）。

图36 6月以来CCFI持续上涨，部分热门航线涨幅更大
资料来源：万得

除了航运价格暴涨，出口用的集装箱，现在也是一箱难求。国际航运巨头马士基的发言人表示，7月到10月已经把所有能找到的集装箱全部出租了，现在租赁市场已经"干涸"，市场上没有箱子了。

出口这么强势，成为复苏经济和稳定就业的重要力量，这是4月海外疫情刚扩散时万万没有想到的。当时对出口的预期都比较悲观，因为人们在判断未来时，很容易套用自己的经验，认为海外在疫情扩散和封城后，会和我们一样出现需求的断崖式下滑，这将给中国的出口带来冲击。

但实际上，海外疫情扩散，反而推升了中国的出口。下面我们详细解释一下出口能持续超预期的原因。

起初支撑出口的是海外对防疫物资和线上办公的需求。

由于海外疫情的持续时间和扩散程度，都比之前预料的要严重得多，导致它们对中国生产的防疫物资和线上办公用品有很强需求。

记得海外疫情暴发初期，有个医学博士用模型做了个预测，认为海外日新增确诊的峰值会到达10万人左右，看到这个预测结果后，不少人觉得太悲观了。但实际情况要比这严峻多了，11月20日新增确诊病例达到了创纪录的67.6万人，由于疫情拐点还没有出现，日新增确诊很可能会再创新高。

因此，海外在防疫物资和线上办公用品方面有巨大的供给缺口。而中国作为工业门类最齐全的国家，在扩张应急物资的产能上很有优势，可以源源不断地向海外出口这些物品。

以最基本的防疫物资口罩为例。2019年中国口罩的产能是每天2 000万只，2020年2月29日提高到了1.1亿只，而到了4月24日中国仅用于出口的口罩，日规模就超过10.6亿只。根据国家统计局的数据，2020年前10个月包括口罩在内的纺织品出口超过9 000亿元，同比增速在30%以上。

除了直接的防疫物资和线上办公用品需求外，支撑中国出口的，更重要的是海外生产被疫情困住了，订单向中国转移。

疫情发生后，欧美国家和中国采取了不同补贴方式。中国主要是在生产端，包括加大对企业的信贷支持、减税降费、社保费用延期缴纳等，相比之下，给居民发放的消费券规模几乎可以忽略不计，因此国内生产恢复要比消费快得多。

也就是说，中国保的是生产端。

而欧美国家刚好相反，通过财政货币化直接向全社会发钱，消费比生产更快恢复，去库存化较快，需要扩大进口来弥补缺口。

所以，我们可以看到，美国零售端的库销比相比于批发商和制造商的库销比，下降要快得多，足够说明消费需求很旺盛，但生产还没回归。而且这么低的库销比，后续肯定还要靠补库存来满足消费的需求，还得继续扩大进口（图37）。

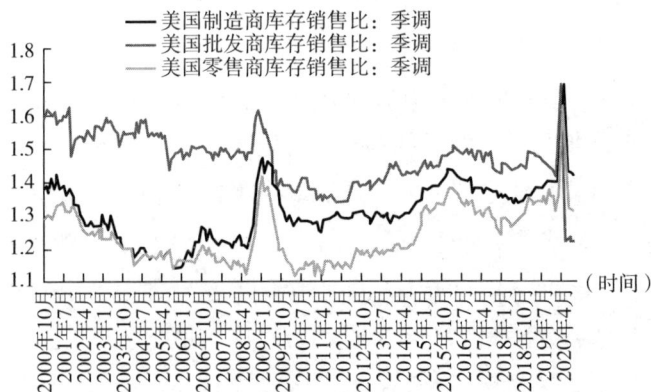

图37　美国零售端的库销比下降最快

资料来源：万得

在发达国家消费需求强劲，需要进口的同时，新兴市场国家也深受疫情的困扰。截至11月24日，新冠累计确诊数排名前20的国家里，有13个是新兴市场国家。金砖四国除中国外的三个，即印度、巴西和俄罗斯，累计确诊病例数都进入了前五（图38）。

（万人）

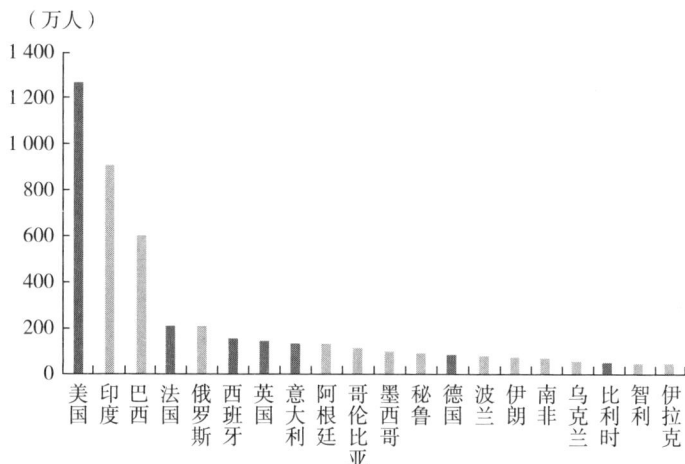

注：数据截至2020年11月24日

图38　新冠累计确诊病例数前20的国家里，有13个是新兴市场国家

资料来源：万得

新兴市场的产能没有恢复，导致的结果是出口份额向中国转移。其他新兴市场国家，受制于疫情扩散，本身就有很多产品存在缺口，何谈扩大生产并出口到欧美这些发达国家？而中国作为最先摆脱疫情影响的制造业大国，自然就成为很多国际订单最理想的转移地。

订单转移最典型的例子是纺织业。10月有媒体报道称，新冠肺炎疫情给印度的纺织业造成很大冲击，部分订单转移到了中国，国内有些纺织企业新接订单的生产排到2021年5月。纺织业出口订单的激增，在柯桥纺织外贸景气指数上也得到了体现，这个指数从8月开始，就持续超季节性上涨（图39）。

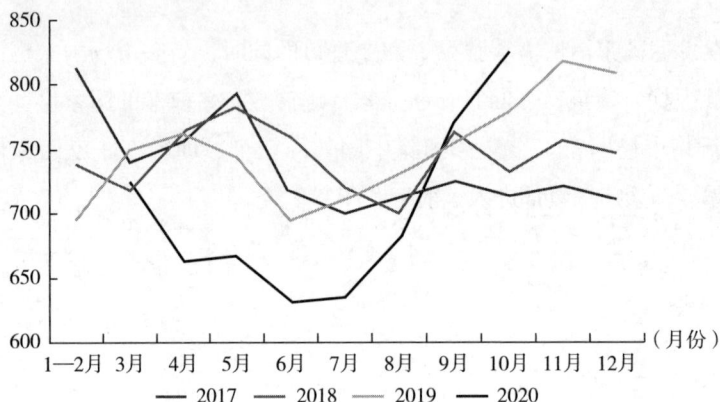

图39 柯桥纺织外贸景气指数8月开始持续超季节性上涨
资料来源：万得

同样面对欧美消费市场，2020年二、三季度中国出口同比增长4.6%，要比出口导向型经济体韩国和其他主要发展中国家的出口表现好得多。这从宏观上印证了，它们的出口份额向中国转移的事实（图40）。

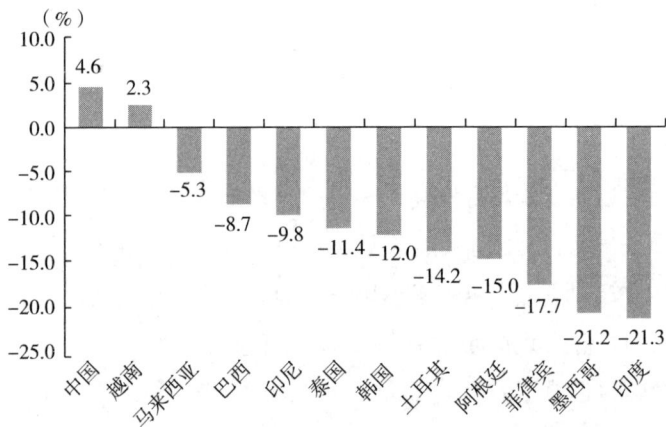

图40 2020年二、三季度，中国出口表现非常亮眼
资料来源：万得

解释过去容易，难的是预测未来。中国出口高增速能够维持多久？这个问题的答案，对预判经济形势和制定政策，都有决定性意义。

从总量层面看，决定出口能否维持的，是海外的总需求情况。2020年为应对疫情，海外已经通过货币政策和财政政策放了这么多钱出来，后面宽松也很难退出，需求改善是能够持续的，也就是说，国际贸易总的盘子要比前几年大得多。

这次应对疫情，和2008年金融危机时很不一样。金融危机爆发后，美国以救助金融机构为主，给实体的信贷支持并不多，流动性主要以超储的形式存放在美联储那里。而本次疫情中，美国商业银行体系给实体的信贷支持力度要明显大于金融危机时期，应对危机的财政政策也更为积极，通过多种形式直接给企业和家庭发放现金（图41）。

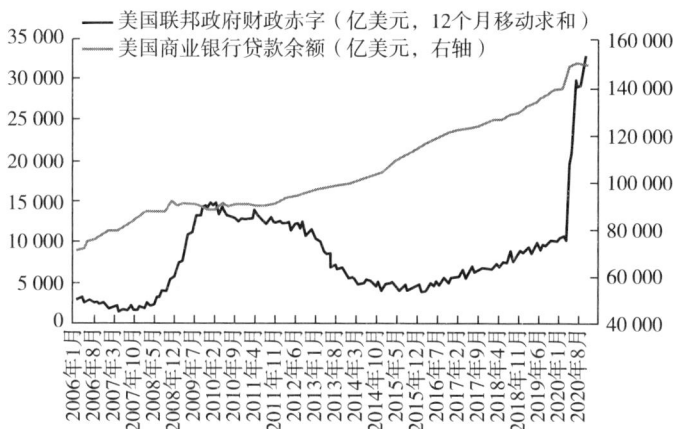

图41　对比2008年金融危机，美国应对疫情的信贷投放和财政刺激力度都更大
资料来源：美联储，万得

刺激政策使得美国家庭和企业部门的存款激增，2020年5月开始，美国商业银行存款同比增速都在20%以上，远高于正常水平。这些存款背后的购买力，在推动消费恢复的同时，也成为消费回暖可持续的保障（图42）。

（%）

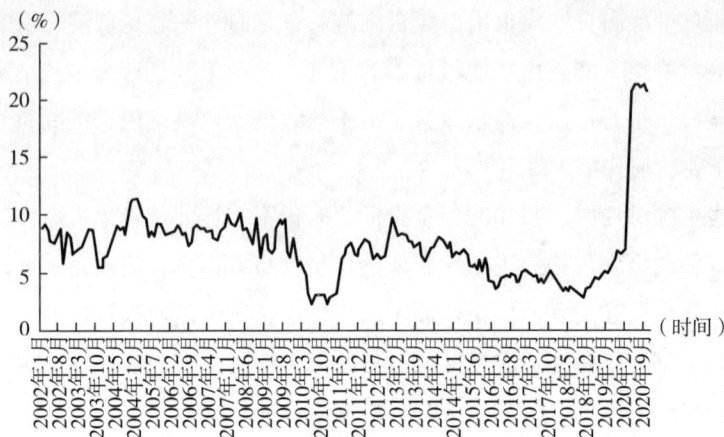

图42 2020年5月开始，美国商业银行的存款激增
资料来源：美联储

货币宽松的环境，叠加疫情冲击下富人和中产阶层改善型的购房需求（郊区独栋别墅要比城区的楼房安全），也让美国房地产市场变得火爆起来。全美地产经纪商协会公布的成屋签约销售指数同比，从5月的-10.4%跳升到6月的11.8%，此后继续回升，最新公布的是9月数据，为21.9%（图43）。

（%）

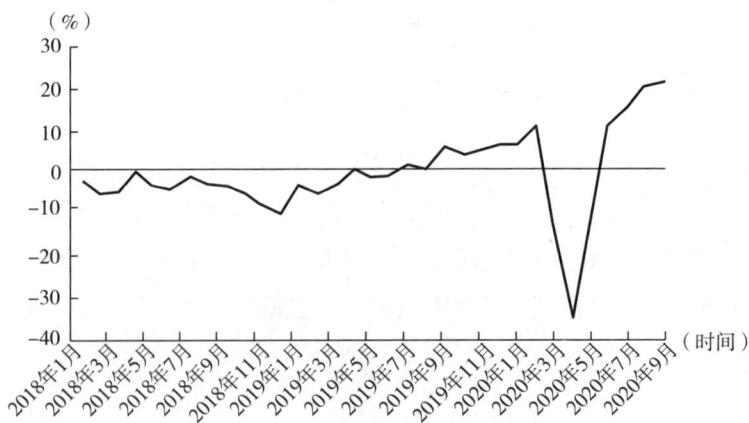

图43 2020年5月开始美国楼市变得火爆
资料来源：万得

从这个角度看，中国制造的地产后周期产品，如家用空调、冰箱和洗衣机这些，出口将继续有韧性（图44）。

图44　中国的地产后周期产品出口在改善

资料来源：产品在线

这些放出去的钱，短期是很难退出的，会滞后于经济基本面恢复。美联储的平均通胀率政策目标，也给了货币宽松延迟退出更大自由。最近在盛传拜登将提名美联储前主席耶伦担任下一任美国财长①，她认为经济需要财政支出的刺激。流动性盛宴和财政扩张、美国消费景气将支持中国的出口。

有人会说，疫苗出来后，如果订单从中国转移走，即使总的盘子在做大，也会让中国的出口面临较大压力。

对这一点，我们认为由于新冠疫苗大面积接种从发达国家开始，而发展中国家大面积接种会明显滞后，订单回流是需要时间的，不会像订单转移到中国来时这样自然。因此，订单回流对中国出口的拖累，也是个渐进过程。

目前全球有10余款新冠疫苗处在Ⅲ期临床试验中。部分疫苗进入了使用阶段，比如国药集团的两款，还有的在近期取得重大进展，比如辉

① 珍妮特·耶伦现在已成为美国财长。——编者注

瑞和Moderna的疫苗Ⅲ期临床试验的有效率都在95%左右。如果试验进展和审批流程顺利，2020年年底或2021年年初，新冠疫苗将大批量上市和接种。

疫苗将优先在发达国家使用，发展中国家大面积接种的时间要晚一些。除中国外，目前新冠疫苗研发进入Ⅲ期临床试验的，都是美英德法这些发达国家的知名药企。疫苗订单也主要来自发达国家，疫情肆虐下，这些知名药企也表示优先向本国供应疫苗。而广大发展中国家，缺少采购疫苗的资金，加之储藏和运输疫苗的设备匮乏，大面积接种要比发达国家晚，甚至有可能从2022年才开始。

发达国家大面积接种后，群体免疫能力提高，经济活动加速回归正常。而发展中国家受疫情困扰的时间更长，生产恢复到疫情前的水平还需时日。这样的接种顺序意味着，向中国转移的订单，不会在疫苗出来后就很快回流。

除了接种疫苗不同步外，还有两个因素，也决定了订单回流是个缓慢过程。

一个是合作习惯，客户对供货商的需求往往是有依赖性和黏性的，疫情影响的时间越长，全世界对中国供应能力的依赖度就越高。

另一个是技改后的成本优势。面对订单的短期激增，企业除了多雇人、多投入原材料外，也有动力去做技改，要不然根本应付不了突然激增的订单需求。

我们看到，2020年工业机器人产量有不错表现，同比上涨甚至一度高达50%以上（图45）。制造业大规模使用工业机器人本身就是企业技改加速的信号之一，而制造业企业技改会带来效率提升和单位生产成本下降，这对中国出口企业的长期竞争力有直接的好处。

（%）

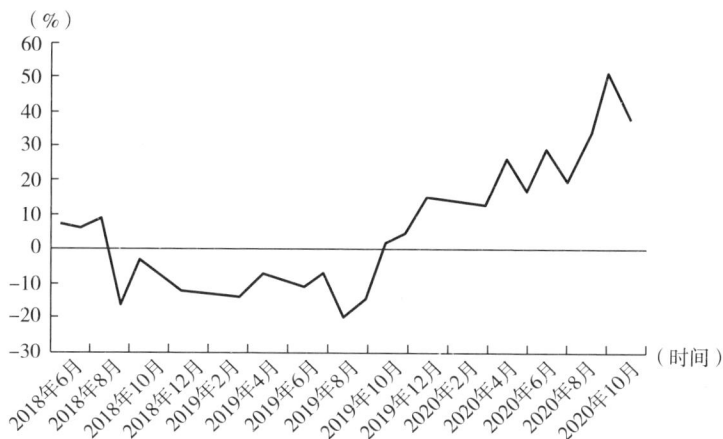

图45　2020年工业机器人产量明显上升

资料来源：万得

5月末以来的这一轮人民币对美元升值，对后续出口的压制也可控。5月末至成文时，不到半年的时间，以中间价衡量的人民币对美元汇率，升值幅度达8.5%。很多人担心人民币这样迅速地升值，会不会给中国后续出口带来比较大的拖累。

我们认为，现在还无须过度担忧人民币升值的影响。

海外的供需缺口，决定了中国制造对它们来说就是刚需。前面分析了，疫苗出来后，如果发展中国家没有大面积接种，那么海外对中国生产的商品依然会有很强需求。

这半年左右的时间里，人民币对美元不断升值，但通往美国的航运价格不是一直在上涨吗？这说明在需求缺口面前，汇率因素的影响并没有那么大。

因此，这一轮人民币升值可能会挤压出口企业，尤其是美国市场占比高的出口企业的利润率，但它对这些企业出口量的拖累并不明显。

在人民币对美元快速升值的同时，一揽子汇率目前还比较稳定。人民币对美元的快速升值，既有中美两国经济和货币政策分化、中美利差不断走扩的推动，也有美元贬值的影响。5月末至今，美元指数从100左右跌到了92左右，美元贬值会导致大多数经济体的汇率出现升值，明显出口受损的其他新兴市场也不例外。从一揽子汇率来看，人民币一揽子汇率升值幅度是相当有限的，在过去两年的震荡范围内（图46）。

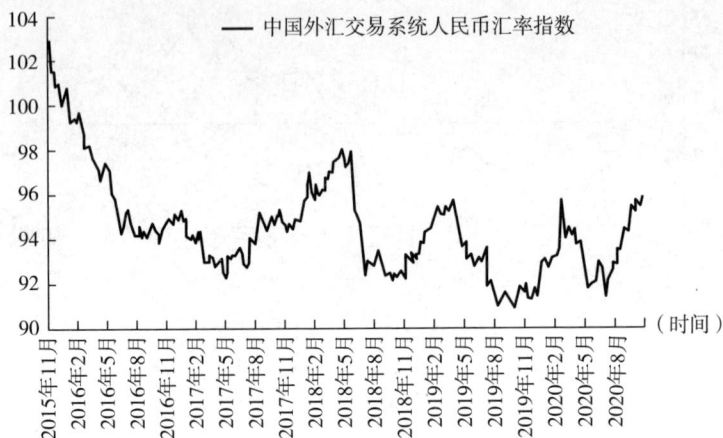

图46 一揽子汇率目前还比较稳定，在最近两年的震荡范围内

资料来源：万得

从单边汇率看，5月末至11月，除对美元和日元外，人民币对主要发达国家货币的升值幅度并不大，对澳元和新西兰元甚至是贬值的（图47）。

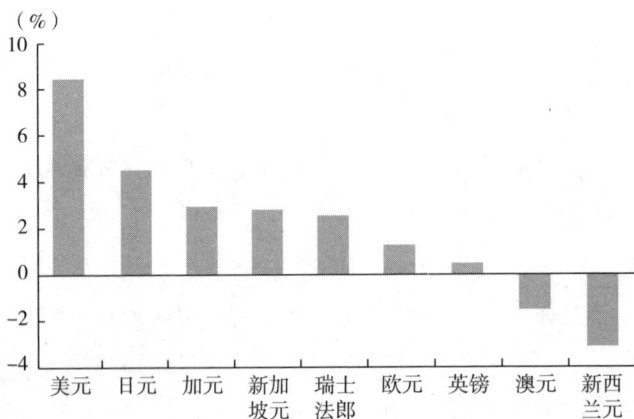

图47 2020年5月末至11月，人民币对主要发达国家货币的升/贬值幅度

资料来源：万得

按当前中国经济基本面在全球范围内的相对优势，人民币汇率升值的幅度并不算大。

上面几个都是偏短期的因素。从中长期角度看，海外疫情失控，除了给中国带来转移的订单外，还会有产业链转入。

疫情发生前，跨国企业根据比较优势理论，在全球布局产业链，谋求利润最大化。中国由于人力成本和租金成本都上升得比较快，确实面临着一些企业外迁的压力。

但这次疫情，让跨国企业继续追求利润最大化的同时，也开始更加重视产业链的稳定性。比如疫情发生后，某国停产，交不了货，很可能导致位于其他国家的上游和下游都没法继续生产。一个完整的产业链，在应对全球性的突发事件时，应能够保证生产的连续性。

中国原本就是唯一一个经联合国认证的具有所有工业门类的国家。这次疫情发生后，无论是抗疫时期，还是疫后经济恢复阶段，都展现出了惊人的效率，这会提高中国对跨国企业的吸引力。

我们看到，2020年中国实际使用的外商直接投资同比增速，整体是在往上走的，这和最近几年外资青睐的越南走势相反（图48）。当然我们不是想说越南不受外资喜欢了，而是想通过这个对比，来说明中国对外资仍然有很强的吸引力。

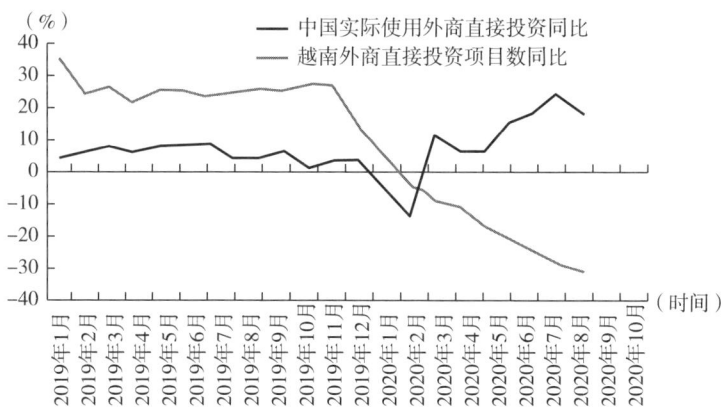

图48　2020年中国实际使用的外商直接投资同比增速往上走，和越南刚好相反
资料来源：万得

转移过来的产业链，短时期内不会走，会为中国的出口做贡献。

出口高景气持续，除了能够直接为经济复苏提供动力外，还会带动制造业投资，制造业投资将是中国经济回升的下一个动力。

这两年制造业投资一直在拖累经济，之前是贸易摩擦使得预期很悲观，2020年是形势变化太快了。一季度国内停工停产，很多企业没了现金流，二季度国内疫情得到控制后，海外又暴发了，给制造业企业，尤其是海外市场占比高的企业的信心造成很大打击。

现在出现了很多积极变化。外贸环境方面，最新消息是，美国政府已经开始办理交接，主流预期都认为拜登上任后，中美经贸关系会改善。而本月15国签署的RCEP，使得中国制造业的优势有了更大舞台，对制造业企业信心也会有提振。

外需方面，出口订单集中到中国后，一些企业甚至出现了产能不足的问题。我们调研得知，一些订单多的企业，现在订单生产都排到2021年年中以后了，只能优先给自己的VIP（贵宾）客户生产。

面对这么猛的需求，有些企业开始主动补起了库存。现在有了订单，企业可以选择扩大产能，也可以选择通过技改提升生产率来接订单，以保证利润最大化。

但后续企业通过技改提高生产率的概率要更高一些，因为前几年产能过剩的教训太惨痛了，而且人力成本和原料价格的刚性成本压力还在，通过技改提高生产率的同时还可以降低成本，更可能被企业接受。

从贷款的角度看，制造业投资也有回升基础。信贷供给方面，2020年政府工作报告中明确提出大幅增加制造业中长期贷款。央行数据显示，前三季度制造业新增的中长期贷款为9 675亿元，同比多增6 362亿元。9月末，制造业中长期贷款的余额同比增长30.5%，这一增速比2020年年末高了15.7个百分点，已经连续11个月上升。

如果说制造业中长期贷款高增长有政策的引导作用，那么贷款需求指数更能够真实反映制造业企业自发的贷款意愿。对比央行统计的分行业贷款需求指数，可以发现2020年有个显著的特点是，制造业企业的贷款需求，首次超过了基础设施的，制造业企业的内生性贷款需求也在快速回升（图49）。

图49　2020年制造业的贷款需求指数首次超过基础设施的

资料来源：万得

出口景气和制造业企业投资能带动就业，1—10月全国城镇新增就业1 009万人，提前完成了全年目标任务。10月城镇调查失业率为5.3%，明显低于政府工作报告中确定的目标6.0%。这些都说明就业压力已经有所下降了，在旺盛的订单面前，现在部分企业甚至开始反映"招工难"。

就业好转后，后续就能看到更广泛的消费和服务业复苏。我们知道上半年消费其实就复苏了，但复苏的结构性特点非常明显，主要集中在部分奢侈品消费，这是流动性泛滥的结果。

但当出口产业链的好转带动就业好转后，从越来越多的数据中可以看到更广泛的消费被带动起来的迹象。

限额以上企业社零占社会消费品零售总额的比例，从9月的37.9%回落到34.0%，回到2019年的水平。这说明限额以下企业的零售在加快恢复，中小型的批发和零售企业处境在改善，这很可能与线下消费的回暖有关。

非制造业PMI的服务业就业分项显示，服务业就业开始加速回暖。就业一般是滞后指标，就业的好转确认意味着服务业的消费已经明显复苏（图50）。

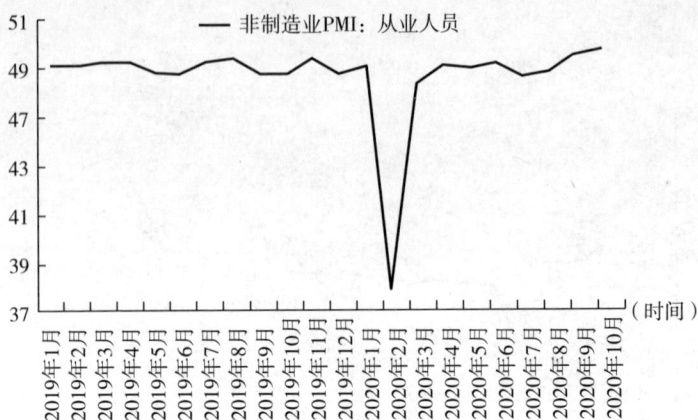

图50 服务业就业加速好转
资料来源：万得

前面也提到过，由于出口很好，经济需求强，我们发现企业开始主动补库存。很明显，近期上游各类工业品的价格非常强势。有限产压力的焦煤、焦炭就不说了，连供给相对过剩的苯乙烯（对应家电和汽车的需求）都开始大幅上涨，需求的强劲可见一斑（图51）。

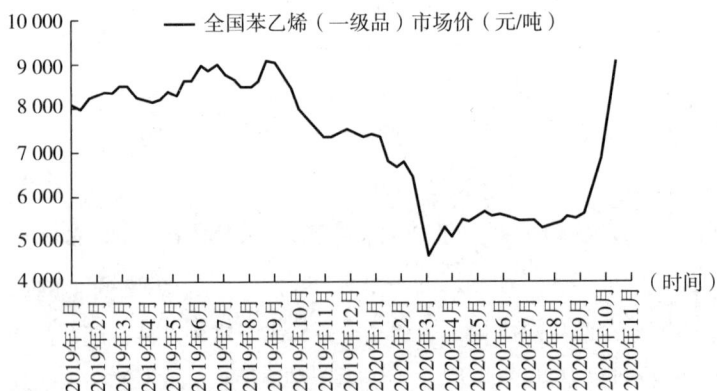

图51 苯乙烯价格明显上涨
资料来源：万得

主动补库存促使原料价格抬高，主动补库存后形成的产出品在原料价格的助推下，尤其是看到总需求不弱的情况下，肯定有涨价的动力，要不然利润都被上游吃了，岂不是白干？所以这会导致面向下游消费者的终端产品价格上涨。也就是说，继续演化下去，经济会有通胀压力。

通胀压力不一定必然体现在CPI上，这个指标严重受到猪肉价格和2019年基数的干扰。但只要是有生活经验的人都清楚，生活中供给稍微受点约束的产品，价格涨幅都是比较明显的。

到了这一步，政策收紧的概率越来越大，尤其是针对地产-土地产业链。也就是说，继续通过走老路来刺激地产和基建稳增长的必要性大为下降。

以前为什么政策偏向走老路呢？主要是不得已而为之，外需不行，有稳就业的考虑，经济下行只能不断释放地产和基建产业链，通过地产和土地抵押融资，创造出信贷和财富，拉动经济增长，关键是要把就业给保住。

但这条路径的问题很多，比如：

1. 要靠地产和土地产业链这两个信贷抵押品推动经济，那房子价格得有明显上涨才有效果，要不然信用创造不出来，所以2009年、2012年、2016年这几年一谈稳增长，房子马上就涨，跑得比收入快多了。

2. 虽然就业可以保住，但收入分配问题比较突出，有房和没房的差距大幅扩大，会产生一些社会问题。

3. 因为靠的房子-土地抵押融资创造信用，那经济的杠杆肯定会推得很高，居民买房要按揭，政府搞基建要借钱，企业扩大产能也要借钱，而且为了能够快速借到钱加杠杆，还得保证刚兑（图52）。

4. 增长对信贷敏感度是非对称的。增长对信贷的依赖度大幅上升后，信贷弱了，增长很快就弱了，但信贷起来了，经济不一定能起来，对信贷投放量越来越依赖。

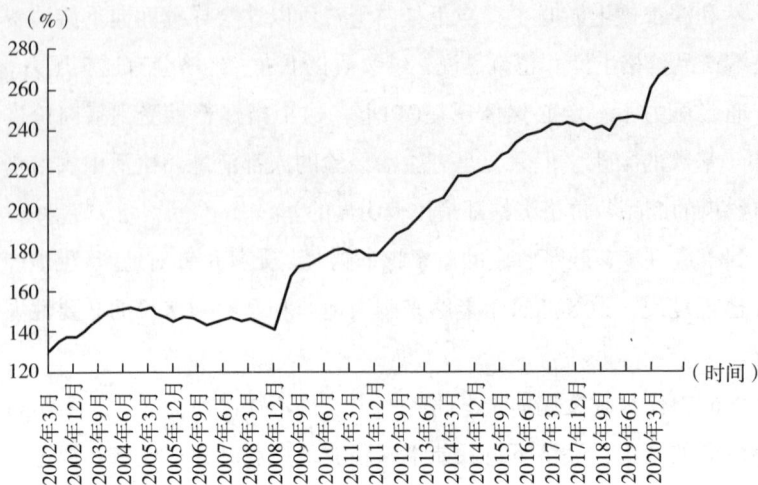

图52　实体杠杆率明显推升

资料来源：万得

　　但现在有了出口和后续制造业投资及消费这几个顺周期动力，相比于房地产和基建这两条老路，它们创造的现金流能惠及更多企业和居民，也更容易形成良性循环，负面作用更小。企业有了现金流，杠杆也容易消化。

　　更重要的是，为了抑制潜在的涨价压力，肯定是要对房子-土地产业链下手了。因此，可以确定明年对房地产调控的力度只会严不会松。基建的力度也会相应收缩，比如让赤字率回到3%或者3%以内，专项债发行压降（大概在3万亿—3.5万亿元之间），对隐性债务扩张更加从严治理，等等。

　　这也解释了为什么最近敢打破刚兑（对逃废债行为肯定是要强烈谴责的）。因为对房子-土地产业链依赖度下降后，没必要保留过去的刚兑融资结构。而且现在强调制度型开放，制度型开放的背后是要素的自由流动，如果不破掉刚兑，长期看金融机构一定会对民企融资不感冒，破掉了刚兑，对企业的融资才会真正关注财务报表，而不是背后的实控人。

　　要堵房子-土地产业链的口子，可以确定的是，2021年金融监管一定会加强，货币政策除了保留对小微企业的支持外，其他领域的流动性支持会逐步退出。明年是一个监管大年，资管新规也会在明年年底结束过渡期，对地方城投、产能过剩国企和地产的结构化融资的监管也会加码。

所以，现在的债券市场还没度过最艰难的时刻，未来将面对的是信用和货币双紧的局面。顺周期驱动的逻辑下，利率风险是没有释放完毕的。而随着刚兑压力的弱化，叠加从严的金融监管趋势，后续部分高度依赖信用再融资存续的发行人压力也会比较大，信用风险还没释放完。

股票市场的顺周期，短期看是没问题的，但到了明年，一定要关注对房地产和背后的土地产业链依赖度系统性下降后，房地产融资继续收紧的政策风险和基建增速低于预期的风险。不过到了这个时候，利率债就会率先否极泰来了。

作者为粤开证券首席经济学家，国家金融与发展实验室特聘研究员

解码双循环

楼继伟 ///
实现双循环新发展
格局的关键在于
结构性改革和法治

本文根据作者2020年9月15日在"中国经济50人论坛研讨会"上的发言修改而成。

以国内大循环为主的双循环是大型开放经济体的内在逻辑

一个经济体对国内国际循环依赖程度可以有不同的度量方法,这里用贸易依存度[①]度量。小型开放经济体,如新加坡、中国香港可以达到200%以上。长期以来,美国国内储蓄率极低,存在巨额贸易逆差,贸易依存度在20%左右,得益于发钞国优势,不具可比性。欧洲大型经济体贸易依存度较高,比如德国在60%以上,这是因为欧洲统一市场的效用,比较价值也不大。俄罗斯、巴西等以大宗商品为主的国家同我国经济属性不同。还有一些大型经济体开放度很低(图53)。

---

① 贸易依存度是指一国对国际贸易的依赖程度,一般用进出口总额与国内生产总值的比例来表示,即贸易依存度=进出口总额/国内生产总值。——编者注

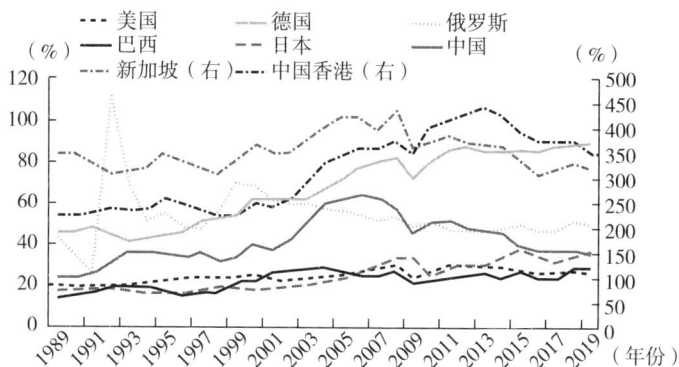

图53　主要国家和地区的贸易依存度
资料来源：万得

相较而言，最有可比性的是日本。在1990年以前，日本的贸易依存度长期不足20%，在此之后逐步上升，现在约为30%。日本的变化很有启示意义。日本1955年加入GATT（《关税与贸易总协定》），这是向自由贸易过渡的国际协定，允许签约国保留贸易保护，同时承诺解除保护的过渡期。日本加入GATT时，对制成品贸易保护度很高，而美国出于扶植，对其削减保护十分宽容，日本一段时间大力引进技术，并且通过"引进、消化、吸收、再创新"，发展本国高水平制造业，同时外资企业很少。以九大商社为中心的贸易、银行、制造综合体，在全球投资采购大宗商品，在银行的支持下加工制造成从汽车到家电等各类制成品，满足国内需要的同时，销向全世界，形成巨额贸易顺差。由此导致日本的单位贸易额产生的GDP高或者说贸易依存度极低，一直小于20%；产业链高度分布于国内。巨额贸易顺差，特别是对美巨额顺差，终于被西方大国所不容，日本于1985年签订的《广场协议》，要求日元升值，解除贸易保护，更为尊重知识产权。

在此时点后，日本的确削弱了产业政策，快速减少了制成品贸易保护和加强知识产权保护，并加快对外投资。产业链、供应链从以国内为基础更多地延伸到全球，贸易依存度由此逐步抬升，目前在30%左右，成为全球化条件下大型开放经济体的常规形态（图54）。我国贸易依存度近几年

在35%左右波动，因中国经济体量和国际形势的影响，估计今后还会略有
下降。

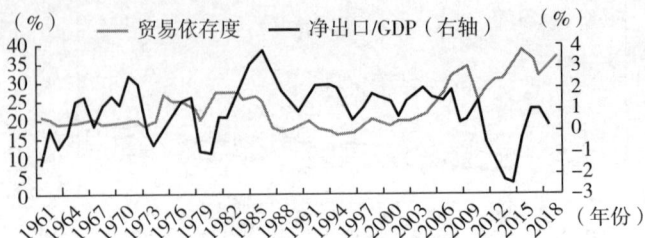

图54　日本贸易情况

资料来源：万得

我国贸易依存度变动的过程和原因

1978年以前，我国贸易依存度不足10%，是典型的封闭型经济体。
改革开放之后，早期通过补偿贸易和吸引外资，贸易依存度抬升，到
1985年达到了23%。这一年《广场协议》签订，日本企业一改对我国投
资的不重视，转为在重化、冶金、汽车、家电等各行业，全面到中国寻
找投资机会，带动韩国也来扩大投资。国务院办公厅调研室观察到这一
现象，分析认为我国整体改革还没有开始，基础设施也不完备，但应当
抓住这一次以日本为主的对外产业转移机会，可利用沿海地区机制相对
灵活、基础设施相对完善的条件，扩大开放，大力吸引外资，并在当年
形成报告。领导层提出，我们应当实行沿海地区国际大循环战略，对此
加以肯定。这是一个重要节点，贸易依存度逐步提升到1993年的32%，
这一时期多数年份处于贸易逆差。

1994年是另一个重要节点。这一年推行全面综合配套改革，其中外
汇、外贸体制改革是重要内容。从这一年开始贸易依存度在波动中抬
升。2001年年底经过一系列解除贸易和投资保护的改革，加入WTO（世
界贸易组织），进一步融入全球化，使贸易依存度逐年抬升，到2006年
达到顶点67%。而且每年都是顺差，最高的年份，贸易顺差在GDP中的占
比达到了9%以上，其间贸易摩擦加剧。

2007年全球金融危机爆发，海外需求萎缩，其后基础设施投资带动国内投资大增，消费需求增长，再加上其他因素，贸易依存度逐年下降，到2019年为35%，贸易顺差在GDP中的占比多年不足2%（图55）。我国已初步成为国内大循环为主、国际国内双循环相互促进的大型开放经济体。

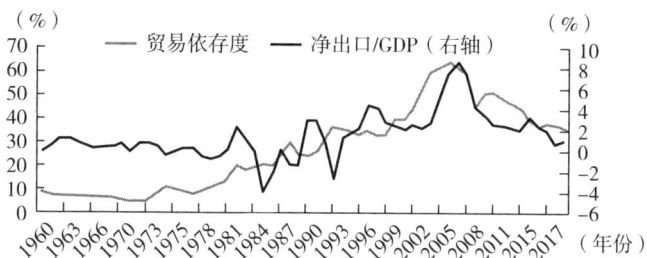

图55 中国贸易情况
资料来源：万得

从几个重大节点可以看出改革和重大政策的关键作用，当然还有其他方面的原因，总结起来有：

第一，改革开放是最大的推动力。1985年推出的沿海地区国际大循环战略，尽管完全有必要，也是因全面改革还未展开的无奈之举。1994年的全面配套改革和加入WTO前后的解除保护措施，都说明改革开放是大型经济体提质增效的关键。

第二，我国和日本的变化过程说明，大型开放经济体应以内循环为主体，过高的贸易依存度很难持续，过度的贸易顺差会对全球造成太大的冲击，还需恢复常态。同时，只要坚持扩大开放，企业绝不会放弃国际市场，会做出相应的调整，满足境外需求，谋求自身在产业链中的位置。从国民经济角度看，积极参与国际大循环，会增加国民收入，也会增加国内需求。

第三，我国一度过高依赖外需也是国内资源配置扭曲的结果。特别是城乡二元体制结构造成城市化水平过低，国内需求释放不足。直到2019年，我国常住人口城市化率虽为61%，但户籍人口城市化率仅为

44%，而人均1万美元GDP的其他大型经济体城市化率平均超过65%。过低的户籍人口城市化率使得大量农业人口不能够真正转移，消费和居住需求被压抑，也是初次收入分配差距过大的主要原因。

第四，2007年以后贸易依存度急剧下滑，还因刘易斯拐点提前到来，农业劳动力转向其他部门趋势性放缓，劳动力成本快速上升，"农民工红利"逐步消失。"两头在外"等更适用于小型经济体的国际大循环方式受到制约，劳动密集型产业加速向外转移。近10年来，快速老龄化和低人口生育率进一步推动了上述进程。

第五，1998年后，大力投资基础设施，以及近10年来具有准公共设施性质的互联网平台快速发展，改善和创造了国内循环的渠道，国内需求得以释放。

结构性改革和法治是关键

刘易斯拐点提前出现，人口快速老龄化，都是客观因素，逆全球化潮流也是我们必须面对的现实。回到20世纪90年代中期开始十余年的国际大循环模式，国内环境不支持，也不被国际所接受。加大改革开放，以及良好的基础设施，完全可以支撑国内大循环为主体、国内国际双循环相互促进的新发展格局。重要的是解决好制约双循环的堵点。

第一，坚定地推进供给侧结构性改革。供给侧是生产要素一侧，结构性改革是制度性变革。但常常看到的是，将下指标"去产能、去库存""关停并转升"调结构等行政手段调整称为供给侧结构性改革。2020年4月9日，党中央国务院发布《关于构建更加完善的要素市场化配置体制机制的意见》（以下简称《意见》）。《意见》实际是供给侧结构性改革的纲领性文件。《意见》中有些措施还属于探索性的，要加速落实、加速探索，这对于动员国内需求是最为根本的。

第二，坚定地推进依法治国。我国一度过多依赖国外需求的原因之一，是国内法治环境不佳，对产权保护不足，信用社会还未建立起来。"补偿贸易"或面向海外市场的企业在经营中往往还款信用高，知识产权侵权少。本次疫情期间，一些面向外需的企业不得不转向内销，就感到货款回收难，产品仿冒维权难。又如，为了完成某项任务，基层政府先拆、先关，不谈如何补偿，法不溯及既往观念淡漠，等等。当然，基层也有其难处，任务刚刚下达，检查、巡查就来了，一些要求并不是实事求是的，而是形式主义的。基层不顾法治落实任务也是不得已。没有良好的法治环境、信用环境，国内大循环就会被堵塞。十八届四中全会的主题是依法治国，大量的任务应当真正加以落实。

第三，要降低基础设施和准公共设施的用户成本。基础设施适度超前是必要的，但有些方面过度超前，抬高了用户成本或不可持续的公共部门债务。互联网平台虽是私人部门运作，但有准公共性，垄断带来高用户成本甚至市场进入障碍，这两个方面都要有所控制。目前大家热议的"新基建"，其中包括发展5G。但现有5G技术很不成熟，数千亿级的投资已经布下，而且运营成本极高，找不到应用场景，今后消化成本是难题。这些成本要逐步降下来，不然会是国内大循环的堵塞点。

第四，要坚定地维护和改进国际规则。自由放任的全球化时代已经过去了，今后全球产业链分布不会只由利益驱动，公共安全风险、节点集中度风险等会被充分考虑，会成为效率和风险之间平衡的新形态，甚至会被政治意愿扭曲，产业链、供应链会收缩，但基于通行规则的对外开放应坚定不移。下一步的规则会被政治化，在规则制定上应主动作为，争取共识，形成新的国际经贸规则。要坚持发展中国家的定位，这符合实际，但也要准备应对差别化地位的挑战和更难应对的结构性议题的挑战。

第五，也是作为总结，学习贯彻好2020年9月1日中央深改委第十五次会议精神。在这次会议上，习近平总书记强调，"加快形成以国内大循环为主体、国内国际双循环相互促进的新发展格局，是根据我国发展阶段、环境、条件变化做出的战略决策，是事关全局的系统性深层次变革"。他还强调，"要继续用足用好改革这个关键一招……推动更深层次改革，实行更高水平开放，为构建新发展格局提供强大动力"。前文所述就是表明，这一战略决策，基于历史、现实和内外环境，是符合客观规律的。真正的供给侧结构性改革，基于规则的对外开放和依法治国，应当是要点。特别要提醒，既然是客观规律，政府有意按双循环优化产业链布局是做不到的，竞相动用公共资金抢占技术新高地是做不好的，得不偿失，还会引起国内外的误解，需要的是真正学习理解新发展格局的要义和改革开放措施的落地。

作者为全国外事委员会主任，财政部前部长

彭文生 ///
如何理解内外双循环

全球经济面临百年不遇之变局，尤其在国际经济贸易摩擦加剧、新冠肺炎疫情带来巨大冲击且未来演变仍有很大不确定性的环境下，近期中央提出以国内大循环为主体、国内国际双循环相互促进的新发展格局，引发了很多讨论。如何理解两个循环之间的关系？新发展格局下经济可持续发展的路径是什么？面临哪些机遇与挑战？本文结合主流经济学思维的演变做一些探讨。

过去100年经济学两大流派周期轮回，反映社会主要矛盾的演变。凯恩斯学派认为生产和消费不能自动匹配，有时需要总量导向的政策干预，比如外需下降时促进内需，可以说是"量的循环"；古典经济学认为供给创造需求，市场竞争包括比较优势形成的国际分工和产业链促进资源配置的效率，强调"质的循环"。两大流派没有绝对的对错，质和量的循环也是相互影响，互为因果。

当下来讲，全球经济储蓄过剩更加严重（总量失衡），全球产业链面临收缩压力（不利效率），经济的内外循环、质和量的循环遇到新的挑战，是否应对得当将对经济发展格局产生深远影响。以内部循环为主体，内外部循环相互促进意味着兼顾经济运行的质和量，宏观政策要有跨周期的视角和机制，更要求重视中长期的结构改革。

以内循环为主的关键在于扩大消费。在卡莱斯基提出的四大增长模式中，出口、财政支持基建与刺激地产投资三个渠道日益举步维艰。作为大国，中国扩大内需的乘数效应较大，既帮助全球经济复苏又有正向反馈，同时扩大内需应该主要靠消费，降低对投资的依赖，尤其是坚持"房住不炒"。促进消费的中长期之策是改善收入分配，包括金融让利和降低收入差距的财税改革措施。

以内循环为主需要更高水平的对外开放和供给侧结构性改革。封闭运行对经济的真正打击不在于损失需求的量，而在于拖累生产效率。强调内循环为主，需要深入推进供给侧结构性改革：对内进一步放松管制，打破行业准入的壁垒，推进国企改革、促进竞争中性，通过强化内部竞争提升效率；同时加大对外开放的力度，保持通过外部竞争推动效率提升的渠道。

后疫情时期，需要重视数字经济在内外循环相互促进方面的作用。量的角度，在新基建投资之外，引导数字经济朝着改善劳动者收入的方向发展，有利于扩大消费。质的层面，在内，数字产业化和产业数字化有助于提升全要素生产率；对外，数字经济提升了服务业可贸易性，有可能成为外循环新动向、提升生产率新动力。

数字经济带来两个新挑战。一是大数据资源的垄断问题。大数据采集、加工、储存与使用具有规模经济与网络经济性，赋予了数字经济龙头垄断、自我强化特征。二是数据产权和数据主权问题。数字经济活动中个人数据产权应如何界定？隐私权如何保护？一国数字经济活动产生的数据归属是否涉及主权甚至是安全问题？这些是数字经济时代内外双循环面临的新问题。

近期，"以国内大循环为主体"越发成为资本市场热议的焦点。市场对这个新提法十分关注，但也存在诸多的认识分歧，譬如内、外循环的含义与两者之间如何互动，如何理解"以国内大循环为主体"与"双循环相互促进"的逻辑联系？在本文中，我们将结合新冠肺炎疫情给经济带来的新挑战，对这些问题进行讨论。

一　经济循环与两大思想流派

经济活动可以分为生产、分配、交换、消费四个环节，所谓经济循环大致可以理解为这四个关联环节的循环往复。其中，生产和消费是最为关键的两个环节，代表经济的供给能力和最终需求，对这两个环节关系的认识不同衍生出了经济学的两大对立流派。

一个视角是供给和需求总量的平衡。凯恩斯经济学认为，生产和消费无法自动匹配，经济无法自动实现四个阶段的循环往复。由此，宏观政策有必要对整体的供、求平衡进行干预，现代的逆周期调节政策框架基本上就是建构在这种总量平衡的理念之上的。由于凯恩斯主义主要从总量视角阐述"量的循环"逻辑，因此通常被称为宏观经济学。GDP是宏观经济学的核心概念之一，从支出法角度看，GDP可以拆解成投资、消费和净出口，其中国内投资和消费等内需通常被看作内循环，净出口对应的外需通常被看成外循环。

与宏观经济学相对的是微观经济学，其思想根源是远早于凯恩斯主义的古典经济学。古典经济学对于供求问题的经典阐述是萨伊定律，即供给自动创造需求。因此古典经济学不担心供需总量之间的循环不畅，而是关注如何实现资源有效配置，提升经济的供给能力。古典经济学对"质的循环"的认识，主要体现在这样一个理念上，即市场竞争引导资源在供给（生产）的不同环节有效配置。按照这个逻辑，内循环方面，打破垄断、促进竞争有助于提升效率；对于外循环，基于比较优势的分工协作有助于提升整体的生产效率。在古典经济学的时代，外循环比较初级，主要体现为最终消费品的国际贸易。伴随着技术进步、运输成本下降等因素，国际间的分工日益细化，产业内贸易大量出现，外循环逐步升级到全球产业链、价值链的形态。

虽然学术领域存在两大思想流派的对立，但真实经济的循环中，量与质的关系远没有那么割裂，而是互相联系、不可分割的。例如，长期失业不利于人力资本积累，意味着总量循环持续不畅可能会影响资源配置效率；通过出口扩张外需和通过地产刺激内需，似乎在总量循环方面可以相互替代，但它们在质的循环方面具有截然相反的含义。因此，在讨论真实世界的经济循环时，需要兼顾循环的质与量。

更重要的是，理论是灰色的，现实之树常青。凯恩斯主义和古典经济学之间并没有严格的对错之分，只是为了满足经济发展的时代需要应运而生。20世纪30年代大萧条之前，古典经济学占据主导地位。大萧条暴露了供求难以自动平衡的问题，凯恩斯主义实现了对古典经济学的"革命"。20世纪70年代的滞胀危机引发了大家对政府过度干预的反思，主张自由竞争的新古典综合派成为主流经济学，基于国际分工的全球化正是这一时期的重要成果之一。

从实践驱动理论变革的角度看，我们似乎又处在一个需要反思经济思想的十字路口，新冠肺炎疫情暴露了全球化的产能缺陷，正在引发人们对供应链安全的反思。这和100年前很相似，1918年大流感的暴发，以及随后出现的国际贸易冲突，都让当时的"全球化"一度倒退，20世纪30年代的大萧条更是将对古典经济学自由放任思想的反思推向高峰，卡莱斯基理论就是在这样一个背景下出现的。

二 量的循环：扩大消费与"以国内大循环为主体"

（一）卡莱斯基的四种增长模式与扩大消费

在国际贸易受阻的环境下，卡莱斯基于20世纪三四十年代提出了自己对如何促进一国经济增长的思考。从量的循环角度，他提出了四种增长模式：出口拉动经济增长；扩大财政支出；使用低利率或减税政策支持投资；社会分配要增加穷人的实际收入，以消费驱动增长。这样一种反思更大的意义在于它明显具有结构性改革的含义，卡莱斯基主张通过二次分配等方式提高中低收入者的实际收入，以驱动经济增长。

反思过去40年，中国几乎已经将前三种增长模式发挥到极致。2008年全球金融危机前，中国主要靠出口拉动增长，随着人口红利渐行渐远、工人工资增长、汇率升值压力增大，出口对中国经济的拉动作用逐步减小。次贷危机之后，中国开始以房地产为主要载体刺激私人部门投资，伴以基建为主的财政支出扩张，这导致房价飞涨、财产性贫富分化日益加剧，影子银行、地方政府债务问题不断累积，宏观杠杆率急剧上升。

当下，前三种增长模式日益举步维艰，我们又遭受了百年罕见的新冠肺炎冲击。与SARS（非典）相比，新冠肺炎传染性很强、容易反复，意味着在后疫情时期各国经济即便走向复苏阶段，也面临需求复苏慢于供给复苏的态势，这对已经受储蓄过剩困扰的全球经济而言，无异于雪上加霜。在这种背景下，对大型经济体而言，依靠贸易顺差化解储蓄过剩是不现实的，需要扩大内需。

与此同时，以卡莱斯基理论来看，上述三种增长模式举步维艰恰恰是为增加工资在分配中的比例以实现消费驱动提供了潜力。比如出口拉动的驱动方式，往往需要压低工人工资以提高产品竞争力；而基建推动型的财政扩张必然强化了政府在收入分配中的比例；房地产为主的投资驱动也会挤出居民的其他消费。这也就意味着，中国之前的增长范式都在抑制中国的消费潜能，这为实际工资上涨、拉动消费提供了巨大空间。

（二）促进消费的短、中、长期政策探讨：有所为，有所不为

着眼于当下，新冠肺炎疫情给传统的宏观政策的传导效率带来新的挑战。相对于损失可预测、可量化的风险而言，新冠病毒带来的更多是

损失不可预测、不可量化的不确定性。疫情演变、经济影响、政策应对都存在不确定性，导致预防性储蓄增加，抑制私人部门当下的消费和实体投资。常规货币政策（降息降准）、非常规货币政策［QE（量化宽松）与前瞻指引］都难以消除过剩储蓄和流动性陷阱，而且容易带来金融风险，基建投资等传统财政政策的乘数效应也会减弱。因此，扩内需需要打破惯性思维，可以考虑针对疫情的非常规财政政策，尽可能消除不确定性，增加消费和投资的动机。

Arrow–Debreu模型（阿罗–德布鲁模型）是该方面举措的一个较好的模型，通过在不同状态下兑现不同承诺，可以降低不确定性和预防性储蓄，平滑跨期消费，实现社会福利最大化。从具体举措来看，政府可以通过在还款条件中嵌入与疫情发展或经济恢复程度相对应的帮扶承诺，达到降低不确定性的目的。从具体工具来看，可以是央行准财政性质的再贷款（政府承担风险）而非信贷性质的再贷款（银行承担风险），也可以是财政对金融机构的信贷损失担责。比如，在家庭购车或企业投资时，政府可以承诺，如果一定时间后病毒感染人数仍处于某一高位的话，借贷者可以暂停还本付息；再比如，政府承诺借贷者可以按未来各期收入的比例偿还贷款。这些举措可以降低私人部门未来收入的不确定性，刺激当下的消费或投资。临时性的超常规财政刺激，比如临时性降低增值税（一年后恢复）提升消费者对未来的价格上涨预期，发放有时效性的非必需品消费券，都可以起到激发当下消费的作用。

强调扩大内需和内循环为主，还有一个中周期平衡，也就是金融周期的视角。近期财政和货币等宏观政策在两个维度上的导向值得关注，一是横向方面，注重结构影响，精准滴灌，引导社会资源支持实体经济，关键是保民生、保就业；二是纵向方面，强调跨周期设计和调节，避免短期需求刺激以加剧中长期失衡为代价。这两个维度都要求坚持"房住不炒"，扩大内需不能靠拉动房地产需求，因为房价和信用相互促进，短期看起来似乎扩大了内需，但高杠杆风险不可持续。

2008年全球金融危机引发大衰退，一个重要教训是非政府部门的杠杆是不稳定的，非政府部门过度加杠杆意味着整个经济的系统性风险日益累积。在延长金融周期的情况下实现投资增长，恰恰意味着非政府部门需要持续加杠杆。以非政府实体部门的宏观杠杆率为例，中国由2008年的112%大幅攀升至2019年的205%，同期美国则由168%下降至150%。

金融周期还加剧贫富分化，抑制消费，从而降低了需求扩张的可持续性。因此，在当下如果将扩大内需简单理解为过去常见的、投资主导的逆周期调节，理解为依靠房地产和信贷扩张拉动需求，则与"实现更加强劲可持续的发展"的理念相背离。

最后，在传统的逆周期调节之外，更重要的是着眼于长期的结构性改革，通过放管服增加市场主体的活力，促进直接融资以降低对信贷的依赖，金融让利，加快落实财政税收制度改革。其中，以下几个方面的措施尤其重要：（1）限制垄断、鼓励竞争，继续推进劳动友好型数字经济发展。（2）百年不遇的疫情在经济层面的冲击并不平衡，接触型经济、劳动密集型经济、低收入阶层受到的影响更大，需要在二次分配中，进一步加大对中低收入者的转移支付，特别是针对疫情冲击的救助。（3）进一步推动增值税改革，降低中低收入者的流转税税负。（4）过去十几年中国财富基尼系数快速攀升，背后是房价和信贷相互促进带来的金融顺周期性的影响，存量资产取代流量收入越发成为中国收入分配差距的主要推动力，是扩大内需面临的最大挑战，在合理制定减免范围的基础上，推进开征房产税。

三 质的循环：更高水平对外开放与"国内大循环为主体"

（一）新冠肺炎疫情暴露外循环风险

如前所述，从凯恩斯主义的视角看，出口只是一个扩张总需求的量化管理方式，但从古典经济学的视角看，出口有更多质的含义。如果出口占GDP的比重比较高，则意味着这个经济体深度参与了国际产业链的分工协作。参与国际市场竞争可以促进企业提升生产效率，提高质量，降低成本；通过出口加入全球产业链通常会带来知识转移，有助于缩短与先进企业的技术差距；虽然发达国家和新兴经济体的企业都可以通过出口提升效率，但出口对新兴经济体效率提升的作用更显著。

经济体的规模对于出口占比的大小可能有重要影响。比方说新加坡、韩国等中小经济体，有效率的生产方式是专注于具有比较优势的行业，在贸易格局上形成大进大出，在促进了全球分工更加精细化的同时，也形成了对全球价值链、产业链的高度依赖。中国在20世纪80年代初期发展两头在外、来料加工贸易时，也有类似的效果。

随着经济规模的增大，中国不只是参与了全球分工，而且是深度重塑了全球产业链。中国已经跃居全球第二大经济体，也是全球制造业产能最大的国家，中国不只是像中小经济体那样单向依赖全球产业链，世界也高度依赖于中国的制造业产能。例如，在新冠肺炎疫情全球蔓延背景下，上半年包括口罩在内的中国纺织品出口增长了32%。相比于其他大型经济体而言，中国出口占GDP的比重较高，体现了中国在全球产业链中的重要角色。

新冠肺炎疫情作为一种来自自然的不可抗力，暴露了全球化下各国本土化产能裕度不足的问题，尤其是当这些短缺的供给恰是应对自然灾害必需品的情况下，更增加了各国对内循环的重视。这样一种动向可能会促使生产和消费的空间联系增加，全球产业链面临缩短的风险，这对所有国家包括中国的供给侧的外循环带来挑战。因此，从新冠肺炎疫情所暴露的全球产业链的脆弱性看，此时强调内循环也是合理的。

（二）质的循环要求更高水平对外开放

但从"质的循环"角度看，有个数据值得重视。以2017年海外营收占一级行业上市公司总营收的比重为例，前两位依次是电子元器件40%、家电35%，与此同时，房地产、石油石化、非银金融、电力及公用事业、煤炭、银行等行业上市公司的海外营收占比分别位列倒数1—6名。前两位外需占比较高的行业是高科技或优秀制造企业的代表，后面六个内需占比较高的行业则是金融周期的直接受益者或者制度性垄断行业。研究表明，对内需主导的行业而言，由于面临的竞争环境远不如出口型企业激烈，非出口型企业的效率通常要低于出口型企业。

国际经验也表明，外部融资依赖度高且抵押品较少的制造业，在地产与金融业过度扩张时期受到挤压较多。这些行业主要包括制药、计算机、航空航天、通信设备。同时，地产与金融业过度扩张会挤占优秀人才资源，造成R&D（研究与开发）密集型行业人才流失，拖累全要素生产率下行；此外，R&D密集型行业优秀人才机会成本上升，企业偏向从事低生产率的经济活动，进一步拖累行业全要素生产率下行。R&D密集型行业主要包括计算机、医疗器械、航空航天等。因此，作为一种典型的不可贸易品，以房地产为主要载体的泡沫经济过度发展，会通过抑制技术进步对潜在增长率产生不利影响。

综上，由于非贸易部门的生产率通常低于贸易部门，因此如果将内循环理解为仅仅依靠内需、封闭起来运行，它对中国经济的真正打击并不只是损失多少个百分点的外需和GDP，而且是丧失了一个提升循环质量的重要源泉。因此，当前背景下提出内循环为主的命题，凸显了深入推进供给侧结构性改革，增加国内市场竞争和更高水平对外开放的重要性。对内应进一步放松管制，打破行业准入的制度性壁垒，推进国企改革、实施竞争中性，通过强化内部竞争提升效率；对外需要同时促进出口和进口，保持通过外部竞争推动供给侧效率提升的渠道。

四　数字经济：质、量并举，"构建双循环相互促进"

如前所述，由于经济循环同时具有质和量两个属性，因此"以国内大循环为主体"意味着通过促进消费来扩大内需，与更高水平的对外开放是并行不悖的，在"以国内大循环为主体"的同时，还要重视"双循环相互促进"。当前，中国已经进入以数字经济为主的新经济时代，新冠肺炎疫情对数字经济应用场景的拓展，促进了以无接触经济为代表的数字经济的发展。

通常而言，在线互动的效果可能没有面对面互动那么好，但疫情下的大隔离导致人和人当面互动的成本大幅上升，使得疫情时期转为在线、转为无接触经济具有了较高的性价比。这次疫情把数字技术的潜能显性化了，随着技术的进步，人们在线互动、远程互动的成本不断下降，意味着数字经济应用的范围、广度和深度将不断增加，即便在疫后也有可能对接触式经济形成替代。因此，着眼于后疫情时期，从质、量并举去理解内、外循环相互促进，尤其需要重视数字经济发展带来的影响。

（一）数字经济下的内外循环新机遇

新卡莱斯基学派的理论贡献，不只是在于认为实际工资上升，可以导致消费需求增加从而刺激经济增长。他们还发现，当经济中存在剩余生产潜能时，企业针对需求增长时的最优反应是增加生产，而不是提高产品价格，这就会导致企业为了追逐利润最大化而进行新的投资从而带动经济增长。数字经济恰恰因为数据生产要素复制成本低，具有较强的规模效应和范围效应，从而可以产生较大的低成本的剩余产能，从而刺激新基建投资。

不过，从量的角度看，数字经济更重要的意义在于从初次分配层面改善了劳动者收入，有利于扩大消费，增强内循环的动能。中美虽然都是数字经济大国，但在需求和供给侧均存在显著不同。需求侧看，人口总体规模是数字经济时代新的红利，中国大城市数量多、人口密度高、网络效应大，比如在中国送外卖有规模效应，而在美国送外卖的收益和成本难以匹配；供给侧看，美国劳动力成本高，投资更多是替代劳动力的模式；中国劳动力成本低，投资更多是与劳动力互补的模式。

传统理论认为，从制造业向服务业转化，劳动者工资是降低的。很多人用这个解释为何发达国家贫富差距扩大。但数字经济在中国的发展似乎对这样的经验关系提出挑战，劳动者从制造业转向服务业，报酬是上升的，这是因为数字技术使得同一个劳动者在一段时间内服务的客户增加。

简要来讲，美国发展的是资本友好型数字经济，中国数字经济则带有很强的劳动友好型特征，例如外卖、快递等数字经济下的新型就业机会，其收入往往超过传统制造业。中国社科院的调查研究也显示，互联网使用对提升中低收入人群的收入有显著帮助。因此，劳动友好型数字经济的发展可能对过去几年中国收入差距缩小发挥了积极作用，有助于促进消费。

从质的角度看：在内，从计算机到互联网、智能手机，再到大数据、人工智能、云计算、物联网、区块链等，技术加速迭代更新和数据应用场景日益丰富，促使中国数字经济迎来大发展，数字产业化也就是新型商业模式尤其平台经济的发展，和产业数字化也就是数字技术日益渗透到经济活动的各方面，都有利于促进效率的提升。

在外，疫情期间数字经济的加速发展向我们展示了疫后服务业可贸易性增强的广阔前景，改变了我们对外循环是工业制成品对外贸易的刻板印象，在制造业贸易面临供应链缩短的风险下，由数字经济带来的服务业可贸易化，有可能成为外循环的新动向，服务业贸易有望成为提升生产率的新动力。从这个角度看，我们还有很多事情值得做，比方说传统贸易指标不能很好地衡量数字经济下的可贸易服务业，我们需要给予这些新兴的服务业贸易针对性的分析和重视。

因此，在新经济时代大力发展数字经济，有利于同时提高经济循环的质与量，有助于形成以国内大循环为主体，国内国际双循环相互促进的新发展格局。不过，与美国数字经济的硬技术特点相比，中国数字经济主要是在平台经济等商业模式上获得了快速发展。未来，中国要进一步促进数字经济的发展，需要补上技术的短板，这就要求重视发展直接融资。因为新经济通常具有轻资产和初创时期风险较大等特点，风险偏好较低、资产抵押要求较高的间接融资并不能完全适应新经济大发展的需要，这个重任更多地需要直接融资来完成。

事实上，资本市场已经在2020年的疫情中体现出了对数字经济的青睐。无论是中国还是欧美，即便在疫情诱发的股市大跌期间，那些为无接触经济、为数字经济服务的上市公司，股价表现胜过传统行业。除此之外，近期资本市场改革明显加快，诸如推进创业板注册制改革，深化退市制度变革，严厉打击虚假信息、打击造假行为，强化民事赔偿和刑事追责力度，落地中国版集体诉讼机制等，这些都有利于提升以信息披露为基础的风险定价效率，为资本市场更好地支撑新经济发展打下了制度基础。

（二）数字经济带来的两大挑战

首先是，大数据资源的垄断问题。数据是数字经济时代的核心生产要素，虽然企业起步时需要大量投入以获得初始数据，不过一旦业务顺利展开，数字技术就会使数据成为生产过程的副产品。更重要的是，数字经济下大数据采集、加工、储存与使用具有明显的规模经济与网络经济特性，也即伴随着参与主体数量的日益增多、主体间联系的日益广泛，单位数据生产成本将以更快速度下降，数据质量将以更快速度提升。这种特点决定了数字经济中的垄断企业，将凭借不断自我增强的大数据优势来实现行业垄断地位的不断固化和增强。对潜在竞争者而言，这种由占据了大数据资源造成的进入壁垒，仅靠资金投入难以短时间突破。因此，近些年欧美频频对FANG［Facebook（脸书）、亚马逊、网飞、谷歌］等数字经济龙头发起反垄断调查。

其次是，数据产权和数据主权问题。作为数字经济时代的核心生产要素，数据产权的界定还存在模糊性。从个人的角度看，数字经济活动中所产生的个人数据及处置、受益等产权究竟应该如何界定，在经济利益之外的隐私权又应该如何保护？从国家的角度看，一国的数字经济活动所产生的数据归属是否涉及主权甚至是安全问题？以Facebook为例，根据2019年一季报披露，每天有15.6亿用户活跃在Facebook的社交平台上，每月有23.8亿用户频繁使用Facebook的网络产品，就人口和地域而言远远超出了一个主权国家覆盖的范围。以至于即便Facebook宣称Libra

（Facebook推出的虚拟加密货币）要挂钩美元，美国国会依旧对其抱有较为谨慎的态度，因为Facebook的大数据壁垒已经坚固到在商业上难逢对手甚至可以对公权力形成挑战的地步。此外，美国和印度近期对中国数字经济企业的不友好做法，固然存在政治层面的原因，也有可能开启全球对数字经济带来的数据主权争议的新讨论。

最后作为本文的总结想说，疫情凸显了构建人类命运共同体的重要性。中国只用了不到三个月就基本控制住了本土疫情的快速蔓延。但此后入境病例不断，舒兰、北京、大连等地出现的本土疫情反弹，也与海外病毒输入密切相关。这说明对中国这样一个全球性大国而言，我们没法在地球村独善其身。聚焦到经济层面，人类命运共同体意味着，以内循环为主非但不是要封闭运行，而是对开放提出了更高要求，是要通过繁荣国内经济"带动世界经济复苏"，让全球分享中国释放庞大内需的红利，实现中国发展与世界发展的正反馈。实际上，作为全球性大国，中国对世界的贡献越大，中国自己也就越受益。

作者为中金公司首席经济学家

姚洋 ///
如何理解中国经济的双循环

双循环是现在的一个热词，但怎么去理解双循环，有两句话非常重要。

第一句是"要牢牢把握扩大内需这个战略基点"。中国扩大内需已经持续了大约10年时间，但是这次将扩大内需作为"战略基点"，把扩大内需提到战略的高度，是一个很大的变化。过去10年里中国的内需已经在增长，而且增长速度比较快。今天我们确定要把扩大内需作为一个重大战略时，如何进一步挖掘内需就成为非常值得思考的问题。

第二句话是"加快形成以国内大循环为主体、国内国际双循环相互促进的新发展格局"。中国出口在GDP中的比例于2006—2007年达到顶峰，之后就开始下降。因此，过去10年，国内大循环已经成为主体。这句话要特别强调的是，形成国内和国际双循环相互促进的新发展格局。

要更好地理解这个重大战略及其意义，我想从三个方面来讲。

第一是2010年以来针对中国经济的再平衡，也就是国内循环做了哪些事情。在了解这一点的基础上，我们才能更加深刻地理解双循环。

第二是国际环境的变化对中国经济的可能影响。我个人觉得，当下的媒体对这个问题有点儿夸大，把国际形势对中国经济的影响看得过高。如果按照这样的理解来制定我们的政策，方向上容易出现失误。对国际环境的认知问题，我想重点讨论两点：一是"去中国化"是不是发生了？二是有没有或会不会形成两个平行体系？我对这两个问题的回答都是没有。清楚这两个问题之后，我们才能正确地实施双循环，才能实现国际国内双循环相互促进的新发展格局。

第三是在理解前两点的基础上，思考中国接下来应该做什么。

一　中国经济的再平衡

2001—2010年：狂飙突进的十年

过去20年，中国经济基本上可以分成刚好相等的两个阶段——前十年和后十年。前十年是经济狂飙突进式增长的十年，后十年是震荡下行调整的十年。

从2001年中国加入世界贸易组织到2008年金融危机，中国出口在这7年时间里以平均每年29%的速度增长，7年增长5倍，外汇储备也激增。从全球范围来看，年均两位数的GDP经济增长速度无与伦比。北京和很多大城市面貌最大的变化就发生在那十年，城市建设迎来十年的大前进。

另一方面，那十年也出现了周其仁所说的"水大鱼大"。"水大"就是经济增长非常快，"鱼大"指的是巨额财富的创造和集中。中国的财富创造速度是惊人的，但集中度也高，少数人拥有极多的财富。整个国家的收入分配报告显示，我们的收入分配非常不平均。另一个问题是结构失衡，表现为储蓄过度、消费占比下降。

2011—2020年：调整的十年

过去的十年是中国经济调整的十年，结构性变化很大。第二产业（工业）占比下降，工业化的高峰已过。当然，工业化高峰过去不代表中国不再发展工业，而是无论从增加值比例还是总量占比而言，第二产业的比例都在下降，第三产业（服务业）占比上升。同时，出口占GDP的比例，以及出口对GDP贡献的比例，都在持续下降。

如果以GDP的三驾马车来看，消费占GDP的比例在不断上升，储蓄率不断下降，投资和出口增长对经济增长的贡献显著下降。

过去几年里，消费增长对GDP的贡献都在70%以上，已经非常接近美国的水平，高位甚至到75%。因此，可以说内需推动的经济其实在过去几年已经形成，中国已经不再是一个外需推动、投资推动的经济体，国内循环早已经占据主导地位。所以，在我看来，以国内需求推动经济增长的空间已经所剩不多，这个判断很重要。

从具体数据来看，图56的曲线是出口占GDP的比例，这条线的最高峰是在2006年和2007年，之后持续下降。柱状图显示的年出口总额，除了2009年、2015年、2016年这3年有所下降，其他年份都在上升。中国现在的出口总额将近2.5万亿美元，是英国或者法国GDP的总量。英法是世界主要国家，还是联合国的常任理事国，中国的出口量和这两个国家的GDP相当，这证明中国的出口量惊人。

出口/GDP

出口额（亿美元）

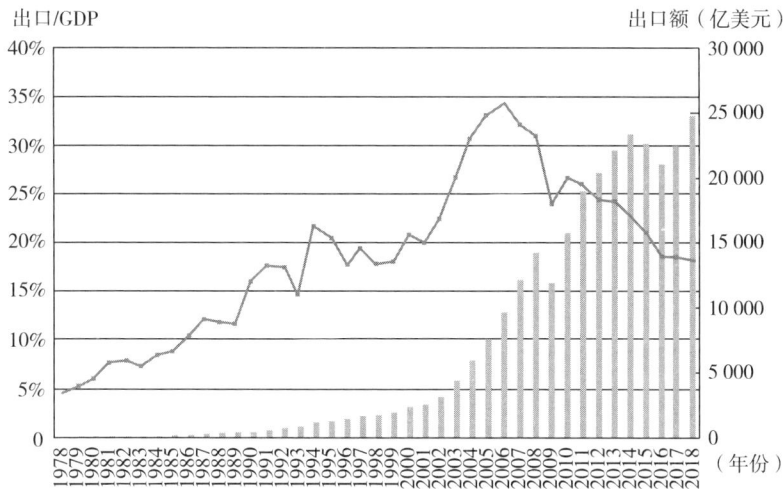

图56　年出口额及出口/GDP比例波动曲线
资料来源：国家统计局

消费占比上升，储蓄占比下降。图57是储蓄和资本形成占GDP的比例，因为储蓄与消费是对立的，储蓄上升了，消费就下降，这是21世纪头十年发生的事情。储蓄下降了，消费占比就上升，2010年是个转折点。

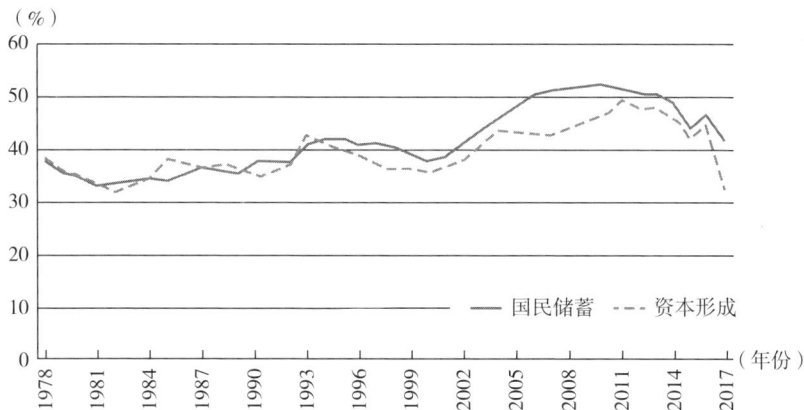

（%）

国民储蓄　---资本形成

图57　国民储蓄、资本形成占GDP的比例
资料来源：国家统计局

提升国内消费不能靠降低储蓄率

综上可知，提升国内消费的空间是有限的。自2010年以来，中国消费率每年提高0.86%，目前已达到55%。与之相反的是储蓄率降到45%。如果保持这个下降速度，10年到15年之后，中国储蓄率将低于韩国现在35%的水平，而韩国现在的人均GDP是3万多美元，按照可比价格计算，已经超过美国人均GDP水平的一半，但估计15年后中国的人均GDP还达不到美国的一半，要等到2049年或者最快2045年才能达到这一水平。

因此，中国的储蓄率下降最好不要这么快，而是应该努力保持适度的储蓄率，因为经济增长离不开资本积累，技术进步也需要储蓄支撑。韩国的研发投入占本国GDP的4%左右，中国是2.2%。中国作为一个大国当然不需要达到4%，但是按比例算中国仍然低于美国的2.8%。

援引这几项数据想说明的是，国内消费对GDP的贡献已经很高，从占比的角度看，剩余的空间已经不大，但不代表没有结构化的空间。下一步要提升的重点不是消费对GDP的占比，更不能简单地靠降储蓄来刺激消费，否则容易出现方向性错误。

对于如何才能更好地提升国内消费，后面再具体讲。

二 国际环境变化对中国经济的影响

前面回顾过去20年的中国经济发展史，尤其是结构上的变化，主要是帮助大家理解中国经济的内在调整。

接下来，还要分析一下中国外部环境的变化，因为外因对中国的影响也很大，这一点同样非常重要。

这一部分主要讲两大问题：

第一，"去中国化"发生了吗？"去中国化"就是企业撤离中国，中国被排除在全球供应链之外。

第二，会形成两个平行体系吗？这是指在技术和金融领域分别形成以中国和美国为中心的平行体系。

先给出我自己对这两个问题的结论，都是否定的。对于"去中国化"问题，世界对中国的依赖度还在提高，而不是下降。对于平行体系问题，中国在技术领域确实已经跟美国有部分的脱钩，但这不意味着中国和全世界都在脱钩。在金融领域，除了中国到美国的投资在下降之外，中国和美国的金融黏性都有增无减。

（一）为什么说没有发生"去中国化"

中国重回美国第一大贸易伙伴身份

受贸易战的影响，中美贸易2019年降幅很大，比2018年下降了10.7%。2020年上半年仍然在下降，比2019年上半年下降了6.6%。所以这两年来，贸易战的确使中美贸易有大幅度下降。但是2020年因为疫情，美国和世界其他国家的贸易往来也都出现下降。因此，一个有趣的现象是：2019年因为贸易战，中国已经不再是美国的最大贸易伙伴，但2020年4月份开始，中国又重回美国第一大贸易伙伴的位置。

由此可以看出，所谓美国要跟中国脱钩，对此其实美国人并没有形成一个统一的战略。这一点是我着重要强调的：美国没有形成一个对华经济和技术的统一逻辑和一致战略。

中美的贸易不平衡在2020年急剧上升，也就是美国对中国的贸易赤字急剧上升，因为中国对美国的出口在维持，但是美国对中国的出口下降了。所以，特朗普真是搬起石头砸了自己的脚，他的本意是缩小中美贸易的不平衡，但贸易战打下来，实际结果是贸易不平衡不减反增。中国失去的这些出口转移到了东南亚、墨西哥等其他国家，而美国的整个贸易状况没有任何改变，甚至出现恶化。

中国在世界经济中的份额将再度增加

疫情对世界贸易的影响非常大, WTO预测2020年全球贸易将下降13%—30%。中国上半年的出口下降3%。实际数据显示, 6—8月份出口正增长非常快, 8月份出口已经转正。进口早在6月份就已经转正, 8月再度转负的根本原因是国内需求还没有完全恢复, 相对偏弱。

总体而言, 一般预测中国2020年全年出口将正增长3%, GDP正增长2%左右。^①全世界的贸易都在下降, GDP也在下降, 因此中国在世界经济中的份额将再度增加。

全面的产业链断裂没有发生

全球产业链的确在部分高科技企业身上产生了断裂, 也就是美国列入实体清单的190多家实体, 受影响非常大。如果2021年华为还是不能获得高端芯片的供应, 华为高端手机的生产就难以为继。这对华为来说是巨大的挑战, 因为其手机业务销售额已经占到全部销售额的一半。但是总体而言, 我觉得形势可控, 全面的产业链断裂并没有发生。

一般的企业是否受到了美国制裁的影响? 大部分都没有。这说明190多家企业、大学占中国经济的份额比较小。即使是华为, 我也想强调, 2020年9月15日禁令生效以来, 美国的Intel (英特尔) 还有AMD (美国超威半导体公司) 已经获得了继续向华为供货的许可, 这意味着华为的电脑业务和平板业务不会受影响, 只有最高端的芯片受到影响。因此, 即使从华为一家企业来看, 美国政府其实也没有形成一致性措施, 并不是非要把华为彻底打趴下, 给华为全部断供。

外资企业并未大规模撤离中国

外资企业是不是在大规模撤离中国呢? 美国企业基本上是雷声大、雨点小。另外是我们日常用的很多产品都是国外品牌, 包括中华牙膏,

———————————

① 中国2020年实际出口增长4%, GDP增长2.3%。——编者注

其实也是联合利华的，后者是欧洲品牌。这些企业愿意离开中国吗？中国这么大的市场，它们绝对不愿意轻易离开。另一个例子是沃尔玛，它利用中国的生产网络以及廉价劳动力，生产了很多产品，卖回美国，卖到全世界。同时，沃尔玛也早已经扎根在中国的零售业，甚至深入一些县级城市。它愿意搬离中国吗？当然不愿意。

日本政府出资150亿元鼓励日资企业撤离中国，但资金规模很小，只有80多家企业响应。而且这些企业也未必都是完全搬离中国，只不过回日本再设一个厂而已。

当然，我们经常会看到报道说一些企业正搬到东南亚去，越南对美国的出口已经增长20%，有些中国人开始着急。只要认真看看数据就会发现，中国的出口总量是2.5万亿美元，越南的全部出口只是中国的1/10。越南出口美国所增加的20%，即使全都转自中国，也只能造成中国的出口下降2%，更何况越南的出口增长中有相当一部分是自己内生的出口，并非源于中国的订单转移。另一方面，越南对美国、欧洲的出口虽然增加，但中国对越南的出口也在增加，因为这是一个生产网络。越南生产服装鞋帽进行出口，需要从中国进口棉纱、棉布，这本质上也是国内服装鞋帽生产的升级，是中国实现了大规模的自动化纺纱纺布，这是好事。我考察过江苏的一个纺织大镇，那里的纺纱企业已经位列世界五百强。所以，这样的出口转移，我们没必要过于担心。

中国在世界经济中的份额上升

数据显示，中国GDP和出口占世界经济的份额一直在上升，明年还会继续上升。按照名义量计算，目前中国占世界GDP约17%，出口占世界的14%。

具体而言，GDP增速方面，2009年中国的GDP总量只有美国的1/3，2019年达到美国的2/3强，2020年可能会达到美国的73%，因为美国会下降，而中国还有增长。世界五百强企业数量方面，2008年中国包括香港地区企业在内只有37家，还比不上日本，当年日本五百强企业有40多家。2019年我们已经达到119家，2020年达到124家（仅大陆地区），超过了美国。

我们也有了全球领先的公司，包括技术领先的公司和产量领先的公司。

在技术上领先的有华为、阿里巴巴、腾讯、百度、大疆，10年前我们没有，现在这些企业都进入了"无人地带"；在产量上领先的有格力、美的、联想等，都是各自领域里的领先企业。

尽管目前中国的经济增长速度下降了，但是过去10年中国的技术水平在提高，中国的市场在扩大。这是事实。

中国对世界的依存度下降，世界对中国的依存度上升

根据麦肯锡的调查数据，2000年至2017年，世界对中国经济的依存度在提高，中国对世界经济的依存度在下降。

包括东南亚对中国的依存度也在上升，因为它们生产低端产品，中端产品大多来自中国。东亚地区以中国为核心的生产体系也没有改变，只不过中间做了一些调整。

国际分工和贸易的逻辑没有改变

国际分工和贸易的逻辑，就是一件产品不是由一个国家生产，而是多个国家的企业共同生产。由此形成产品内贸易，而国际贸易中近90%是中间品贸易。

中国的优势除了世界第一的市场规模以外，还有强大的生产网络，拥有联合国工业分类中的全部工业门类。中国的生产能力很强，产业链日趋完善，这方面没有一个国家有能力跟中国竞争。

不仅如此，中国的人力资本和技术水平还在不断提高，还有潜力可挖。

西方国家政府对企业的影响力受限

我们也不能高估西方国家政府对企业的影响力。在西方，政府不能

命令企业做事情，政府影响企业的唯一途径就是立法。但是在西方国家想要立法，涉及的面很广，需要平衡各种各样的利益，耗时极长。

政府也可以给予企业补贴，但非常有限，因为政府财力有限，同样还会涉及利益平衡。以是否脱钩为例，西方企业是不是要离开中国，是不是要跟中国断链，它们自己才是最后的决策者。我们不能只听西方政府说了什么就以为要发生什么。在西方法治程度高的国家，企业没有义务听政府的，反而是企业对政府的影响力不可忽视。

（二）技术完全脱钩不会发生

为什么说技术完全脱钩不太可能发生？我认为有几个现实的问题难以突破。

首先是现代技术的复杂性。一个国家想控制整个产业链几乎不可能。比如，特朗普政府几个月前发起组建5G联盟，最后不了了之。特朗普甚至还下了一道总统行政令：凡是有华为参加的国际会议，美国企业不能参加。结果发现反而是美国企业被排除在外，因为华为掌握了40%的5G技术，5G技术的会议如果没有华为参加就无法进行。

实力决定了话语权，特朗普政府最后只好取消这条禁令。

其次是标准问题。在现代技术越来越复杂的情况下，统一的标准变得越来越重要。因为一个产品的中间环节是由不同国家生产的，各国必须遵循统一的标准。在这种情况下，想要隔断产业链或者垄断整个技术，难度非常大。

国际标准是由头部企业制定，而不是由国家制定的。以前有个说法，谁掌握了标准，谁就掌握了市场。其实这句话需要一个前提，就是只有技术强大者才能掌握标准。在5G领域，不用国家出面，华为就把标准掌握住了。所以在标准问题上，世界也不可能分成两个平行体系。

最后是美国企业的作用。中国市场如此之大，任何一个美国企业都不可能轻易放弃。华为每年将700亿美元用于对外采购，其中140多亿美元付给了美国的企业。美国高通一半以上的销售都在中国。如果美国再下一道命令说高通不能对中国出口芯片，高通可能很快就无法生存，因为芯片行业全靠销售额支撑，如果没有销售额就不可能跟得上研发和技术的大潮流。正是这一原因，使得美国对华为的禁令曾经一再延期，现在虽然实施了，但Intel和AMD很快就取得了供货许可，高通也在努力争取许可。

良性竞争是技术领域的最好结局

现在美国采用的是一种我称之为Tanya Hardin（丹耶·哈丁）的手段。Tanya Hardin是20世纪90年代美国的一名花样滑冰选手，她出身工人阶级，滑得不是很好，她的竞争对手出身于中产阶级，滑得也比她好。为了参加奥运会，她买通黑帮把竞争对手的脚踝敲坏了。事情很快败露，她的竞争对手无法上场比赛，而Tanya本人不仅无法上场比赛，还进了监狱。这就是"杀敌一千，自损一千五"。

美国现在做的不少事情也基本上属于这个逻辑。美国业界没有多少人支持特朗普政府的这种行为，主要是特朗普政府中的鹰派主张如此策略。美国政府里还有一些温和派、理性派，对谈判的进展也能起到关键性作用。所以我的判断是，技术竞争不可避免，因为地缘政治竞争是不可避免的。中国要寻求的最好结局，是在统一的标准和规则之下进行开放的、良性的竞争，而不是主动脱钩，自我闭关。

（三）金融也不会完全脱钩

金融会不会脱钩？中国会被排除在SWIFT之外吗？SWIFT是一个多边电报协议，一个多边支付的协助体系，自身并没有支付能力，美国对此也没有控制权，与美元也无直接的关系。

美元结算体系CHIPS（纽约清算所银行同业支付系统）、CLS（持续连接结算系统）等是美国能够掌握的。只要进行国际贸易或买卖资产中用到了美元，最后的结算都要通过纽约的CHIPS结算。因此美国可以完全把一个交易方排除在外，也可以对其进行监控。

美国是否会把中国排除在美元体系之外呢？对此，我们要换位思考一下，从美国人的角度想想，这么做对他们有什么好处和坏处。

不会把中国整体排除在美元体系外

首先，中美之间的贸易额是6 000亿美元，如果中国被排除在外，那么中美贸易无法结算，也就无法进行。对美国人来说，用美元的国家越多越好。美元是一个国际硬通货，对于使用美元的国家，美国就可以"割他们的韭菜"。从1971年布雷顿森林体系解体开始，美国就不断通过美元贬值的方式来"割韭菜"，1971年，1盎司黄金价值35美元，今天价值高达1 900美元，可以想象美元贬值了多少。所以，从美国人的角度来说，绝对不想把中国排除在美元体系之外。

当然，这并不能排除美国会把中国的个别企业或银行排除在美元结算体系之外，甚至是SWIFT外。这是有先例的，伊朗和俄罗斯的一些银行就被排除在外，但是美国都找到了貌似正当的理由，比如称伊朗违反了伊核协议，俄罗斯兼并了克里米亚。所以，中国也要做好应对这种情况的预案，如果美国用某种"正当"理由把中国的个别企业排除在外，中国该如何应对？对这一点要提前有所思考和准备。

中美之间的金融联系没有中断

一方面，2020年中国企业赴美上市不减反增，已有20家中国公司在美上市，筹集资金40亿美元，超过了2019年全年在美IPO（首次公开募股）筹集的35亿美元。

另一方面，美国企业在华投资增加。这得益于中国新的《外商投资法》，很多美国金融企业到中国来开设合资机构，比如PayPal（贝宝）收购了国付宝70%的股份，成为在华第一家在线支付的外国公司。按人民币计算，2020年上半年美国对华投资增长6%。由于人民币升值，如果按照美元来计算，这一增长速度更快。

央行数字货币预期

中国央行现在发展数字货币，这能否应对美国的金融脱钩？央行数字货币的优势是点对点的分散式交割，也可以离线使用，所以如果成功了就可以绕开SWIFT。并且，数字货币使用方便，手机下载App（应用程序）即可使用。发行数字货币对人民币国际化有辅助作用。

问题是，数字货币在根本上仍然是人民币，所以仍然面临人民币面临的所有问题。

有人设想过，在一个平台上跑一个数字货币，两头都是本国货币。比如中国向津巴布韦出口100万人民币的产品，津巴布韦的买家用津巴布韦币换成平台上跑的数字货币，数字货币再换成人民币，所以津巴布韦的买家支付的是津巴布韦币，中国的卖家得到的还是人民币。听上去似乎可行，但仔细一想，这个办法是行不通的。因为中国对津巴布韦持有大量贸易盈余，这就会导致大量津巴布韦币积累在这个平台上。鉴于津巴布韦的超高通胀率，用这种办法虽然脱离了美元陷阱，但其实又落入了津巴布韦币陷阱。

举这个例子是想说，问题的关键还是世界是否接受人民币，人民币国际化之后，中国的数字货币才能起作用。因为数字货币仍然是人民币，没有脱离货币的本质。

中国央行发行数字货币可能有两个理由，一是为未来的技术做准备，因为纸币最终会消失，中国每年制造纸币的成本是200亿元到300亿元，发行数字货币也可以节约成本；第二就是与支付宝、微信支付共存，补充它们的作用。

这一部分的总结是：国际环境确实发生了深刻变化，特朗普政府的行为也的确对中国创新环境，特别是最顶尖的创新环境有影响，但是我们不要把这个影响夸大。如果按照夸大的影响来做决策，可能要出问题。

三 实现双循环新格局应该做什么

（一）走出疫情，迎接新的景气周期

未来5年到10年中国经济怎么走？我个人的判断是，如果疫情不反复，2020年后半年中国经济增长率达到5%—6%是可能的，2021年达到7%—8%也有可能。从2021年开始，中国经济将进入一个新的景气周期。其实，2016—2017年中国新的景气周期已经开始，但由于"去杠杆"和疫情的影响，景气周期被打破，我认为明年能够接续。

如果较高水平的增长能够维持，这对中国对美国的追赶就非常有利。

假设美国的增长率为2.2%，通胀率2.0%，而中国按高、中、低三种情况预测增长率分别会达到6.5%、5.5%和4.5%。中国以美元计算的通胀率，包括了升值的成分，5年以内中国即使保持6.5%的高增长率也赶不上美国。但是10年之后，以预测的中速度就能超过美国，即使按预测的低增长率，也跟美国比较接近（表5）。

表5　对中美两国增长水平的预测

	假设		预测（万亿美元）	
	增长率	通胀率	2025年	2030年
美国	2.20%	2.00%	27.40	33.66
中国				
高预测	6.5%	3.72%	26.07	42.41
中预测	5.5%	3.32%	24.14	36.84
低预测	4.5%	2.92%	22.34	31.95

大体而言，中国应该会在2025—2030年之间超过美国，成为第一大经济体。

（二）关键领域要有自主创新

习近平总书记在2020年8月24日主持的专家座谈会上说，越开放越要防控风险。我个人认为风险主要在技术领域，技术领域形成自主技术是国内循环的关键。如何去搞自主创新？在我看来，大有可为。

让市场做创新主体

绝大多数情况下，市场应该起决定性作用，是创新的主体。

十一届三中全会和十八届三中全会都以改革为主调。十一届三中全会是中国1978年改革的起点，十八届三中全会是新的改革蓝图发布。座谈会还提到，应该是市场在资源配置中起决定性作用。在常态下，利用国际合作是技术进步的最佳路径，无论如何中国都要争取一个开放共融的国际环境。

在关键领域，美国要卡我们脖子，我们的政府就要增加投入。但是首先，要科学地确定哪些是关键领域，不能泛泛防止"卡脖子"。比如，圆珠笔的笔头是瑞士的一家小公司生产的，如果它不供应，我们就无法生产圆珠笔。那么，是不是中国就一定要努力自己研制笔头？我认为没必要，"卡脖子"并非唯一标准，关键标准应是这个领域是否足够重要，同时是否面临美国人完全断供的风险。

其次，政府资金最好是雪中送炭，投入到那些技术路线比较明确但缺少资金的领域，而不是那些从0到1的创新领域。现在，很多地方政府投大量资金搞从0到1的创新，但失败太多。这其中绝大多数都是在浪费金钱，无任何意义。最近有人统计各省对芯片企业和转产芯片企业投资的增长率，其中西北地区某省增长约500%，是个天文数字。芯片是个高举高打的行业，不是人人都能干，没有一点技术积累就去做，一定行不通。

芯片领域全工序投入很难

在我看来，芯片要做，但中国是不是道道工序都有能力做？这个问号也很大。

芯片生产有四个主要工序：设计、晶圆材料、晶圆加工、封测。

中国在设计方面已经达到世界先进水平，华为的麒麟芯片，寒武纪陈氏兄弟两个年轻人设计的AI（人工智能）芯片，还有紫光的芯片等，都属于世界领先。但是，中国在设计领域只有"半条腿"，因为芯片设计的辅助软件以及很多知识产权都被外国掌握。这次美国英伟达收购英国ARM（英国一家半导体知识产权提供商），又给我们敲响警钟。英国人也反对这次收购，因为这意味着英伟达对芯片设计辅助软件的完全垄断。

即使中国能做辅助软件，IT（信息技术）方面还有很多我们不可能完全做到。

制造芯片的晶圆材料方面，中国高度依赖日本进口。好在我们不用太担心日本卡我们，因为中国和日本之间有更多谈判空间。

晶圆加工有两个重点，一个是光刻机，一个是加工。光刻机方面，中国的领头羊是上海微电子，它在明年可以推出28纳米的光刻机，但世界领先的阿斯麦已经可以做5纳米的光刻机，中国落后了10年以上。加工方面，中芯国际已经可以做14纳米级，但是与台积电的5纳米级仍有两代技术差距。本来中芯国际订购了7纳米的机器，但是美国动用瓦森纳协定禁止阿斯麦出口。

封测方面，中国的差距相对小一些。

总体而言，想把上述四个领域做全很难。中国现在提出的目标是在2025年把芯片自给率从1/3提升到7/10，我认为难度很大。

中国是否要做芯片的全行业闭环，值得慎重考虑，更可行的做法是在一些关键点上先做出突破。

中国不完全掌握最先进的芯片，这对中国经济的影响有多大？短期的影响其实微乎其微。例如，受美国禁令影响，华为明年可能无法制造最先进的手机，但是国内其他几个手机领头羊如小米、VIVO、OPPO没受制裁，它们可以购买别人设计的5纳米芯片来制造。因此，如果禁令延续到明年，中国的高端手机领域可能要洗牌。总之，对中国的总体影响没有我们想象的那么大，但是对中国技术最领先的企业华为影响会很大。

评判一个企业是不是一个伟大的企业，我的标准就是它敢不敢投资一些目前没有任何商业赢利可能性但是长远来说对人类的知识积累有益的科研。曾经的IBM（国际商业机器公司）是一个，现在的华为是一个。

在技术领域，中国要在关键领域搞自主技术，但是要想好具体怎么去做。

（三）提高低收入群体的收入和消费

要扩大国内消费，应该怎么做？开头已经说过，全面扩大消费已没有多少空间，最重要的是做结构调整，尤其是提升低收入群体的收入和消费。

图58是2016年全国的家户收入分配，来自我们北大国发院的中国家庭追踪调查，我是这个调查的发起人之一。我们从2010年开始做连续性调查，每两年做一次，2018年的数据还未整理完毕，这是2016年的数据。这两年数字有变化，但是整体分布没有太大变化。

调查显示，10%为最高收入家庭，占有全国收入的35.5%。50%为低收入家庭，只占有全国总收入的16%，他们的平均收入不到全国平均收入的1/3。10%为最低收入家庭，只占全国总收入的0.4%，也就是说，最高收入家庭平均收入是最低收入家庭的87倍。事实上，最低收入的那部分家庭人口是在欠债生活，如果不算上住房，他们的净资产是负数。

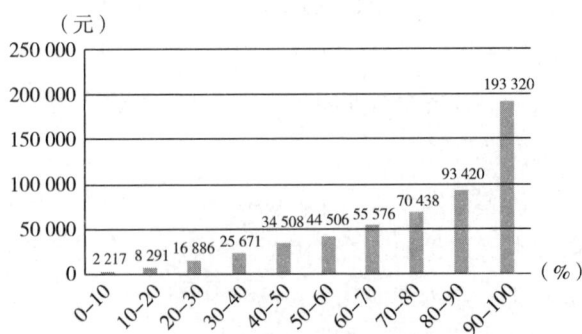

图58　2016年家户收入分布

资料来源：中国家庭追踪调查

推进社保体系建设

如何提升低收入群体的消费呢？中国的一次分配已经在改善，而且会继续改善，因为中国经济增长正在向西部地区、农村地区推进。中国城乡之间、东部和中西部之间的收入分配差距最大。在我看来，中国东部沿海地区和世界最发达地区的差距，小于中国西部地区和东部沿海的差距。同时，服务业正在替代第二产业成为非农业就业的主力部门，服务业的工资水平相对高一些，这有利于一次收入分配的改善。

不过，二次分配还需加力。中国的第二个百年目标是到2049年建成社会主义现代化强国，这期间的阶段性目标是到2035年基本实现现代化，这是十九大提出的目标。除了收入方面之外，我想全民社保是实现现代化的一个必要指标。基本实现现代化之后，不能像美国那样还有2000多万人没有医保。中国台湾地区在20世纪90年代末就实现了全民社保，到2035年大陆的平均收入会超过台湾20世纪90年代末的收入水平，我们更有理由实现全民社保。

全民社保的具体措施，个人有以下设想：

首先，若想实现全民社保城乡统筹，暂时不能以城市居民所享受的社保及医保作为全国统一的标准，这样难度极大，我的建议是建立统一但分级的社保体系，也可称为菜单式社保计划。

其次，建立临时性贫困人口救助体系。这次疫情突显了社保体系的漏洞，许多失业人口和半失业人口没能得到及时救助，这也是中国现在消费增长比较慢的原因之一。目前，我们消费的复苏远远低于生产面复苏的水平。

低收入人群的消费对社保非常敏感。我们的研究表明，加入新农合后，低收入农户的消费可以增加10%—20%。他们的收入很低，又没有保障，在获得保障之后他们才敢去消费。

因此，中国未来在消费上的调整应该是结构上的调整。

（四）加速城市化步伐

中国城市化滞后，应该加速城市化步伐。目前，中国名义城市化率是60%，但是这包括了那些进了城却没有城市户口的人。如果把这部分人去掉，我们的城市化率不足45%。同时，农村人口占全国总人口的40%，但农村劳动力只占全部劳动力的28%。按劳动力占比算，中国真正的城市化率应该达到72%以上，恰好是日本20世纪70年代、韩国20世纪90年代中期的水平，并且，中国现在的人均收入和这两个国家那时候的人均收入相当。

中国下一步的目标是到2035年城市化率达到75%—80%，城市化率相应增速应该达到每年增长1.3%—1.4%。然而，过去这40年每年的城市化率增速才1%左右，中国的城市化速度应该再加快一些。

城市化怎么推进呢？习近平总书记主持的座谈会上，九位发言的专家里最年轻的是陆铭，他的研究领域就是城市化，尤其是都市化，他主张着力发展大城市。在我看来，这个观点与国家未来的城市化战略并不违背，今后就是要着力推进城市化。我建议发展以大城市为中心的城市群，而不仅仅是大城市。所有国家的城市化都是这样的过程，所谓"大集中、小分散"。人口会向少数城市化区域集中，在这个城市化区域里面又会分散。

目前区域城市化或城市群发展得最好的是珠三角和长三角，区域内有巨型城市、大型城市、中等城市，还有很多小城市，形成一个城市网络。中国几大城市群未来最终可能集中中国60%—70%的人口。

四　小　结

首要的一点，不要把底线思维变成常规政策。中国确实要防范国际上可能越来越多的风险，为此做充足的准备，但也不能把这个底线级的准备变成常规政策。中国在20世纪60年代基于底线思维搞过三线建设，因为要应对可能的战争，把很多经济建设挪到了西南地区，但后来战争风险解除之后，底线思维演变成了常规政策。

其次，以国内循环为主不等于放弃国际循环。以更大的开放来对冲特朗普政府的围堵，才是正解。在金融领域，应让美国更多的金融企业到中国来设立独资企业，以增加美国脱钩的成本。

最后，在国际舞台上，中国应该建立以规则为基础的新交往方式。有人说现在中国在国际上的一些外交困难是因为中国没有坚持韬光养晦的政策。我认为这种判断是不对的。今天想坚持韬光养晦已经行不通了，10年前我们给中央的一个报告中就写：大象难藏身于树后。以前我们是一只小绵羊，躲在树后没问题，现在是一头成年的大象，树已经挡不住我们了，再韬光养晦已不可能。

中国一定要有所作为。以前中国是国际规则的接受者，很多规则对我们不利。现在，美国想重构全球化，重构世界秩序，恰好中国经济体量排全球第二，于是在很多问题上美国就冲着中国来。中国应该抓住这个时机，跟美国去谈新的世界秩序，并让这个秩序成为新的国际秩序，这方面的空间还很大。当然，在这个过程中，我们要改变心态，要做好牺牲一些自己利益的准备，因为规则制定者肯定不能像以前一样只讲自己的利益，而要讲全球的利益。我想中国已经做好了这个准备，在"一带一路"上已经承担了许多核心义务，在规则制定方面中国也同样可以承担更大的义务。

作者为北大博雅特聘教授，北大国发院院长，北大中国经济研究中心主任，教育部长江学者特聘教授，北大南南合作与发展学院执行院长。本文根据作者2020年9月29日在九三学社第36期发枝荟沙龙暨北大国发院公开课第14期上的主题演讲整理而成

李伟 ///

双循环与中国经济
发展

在最近一段时间的中国经济语汇中，双循环绝对是一个重要的存在。那么，什么是双循环？

根据官方媒体的报道，2020年5月23日，"习近平看望参加全国政协十三届三次会议的经济界委员并参加联组会。他深刻分析国内国际形势，指出面向未来，我们要把满足国内需求作为发展的出发点和落脚点，逐步形成以国内大循环为主体、国内国际双循环相互促进的新发展格局"。这也就是说，第一，要把内需放在首位，把国内大循环做成主体；第二，国内国际双循环相互促进。

此后，习近平又在一系列场合提及了双循环并强调其重要意义，例如，2020年7月21日，"在企业家座谈会上，习近平进一步阐释了提出构建这一新发展格局的主要考虑，并强调了'大循环'与'双循环'的内在逻辑关系"。

为什么要在这个时候提出这样一个说法呢？这与中国经济当前的发展态势有着密不可分的联系。自改革开放以来，中国逐步由一个较为封闭的经济体走向了对外开放，而且开放度日益提高。进入21世纪之后，

中国经济的对外依存度更是达到了史无前例的高度。但在最近10年，中
国经济又开始重拾内需，而且对内需的依赖与日俱增。

　　由图59可知，从2003年到2008年，中国出口占GDP的水平是高于全
球平均水平的，其余时候则低于全球平均水平。由图60可知，自1994年
以来，中国经常账户差额占GDP的比例从来都是一个正数，在2007年的
时候这个数值甚至接近10%，这意味着中国有相当于10% GDP的可贷资金
资源通过经常账户顺差的形式对外输出。对一个社会融资成本高、民营
企业融资难、人民收入尚未能比肩美英日等发达国家的大国来说，这是
非常惊人的数字。在当时就有很多专家指出这是不可持续的，事实也的
确如此，2019年这一数字已降至1%左右。

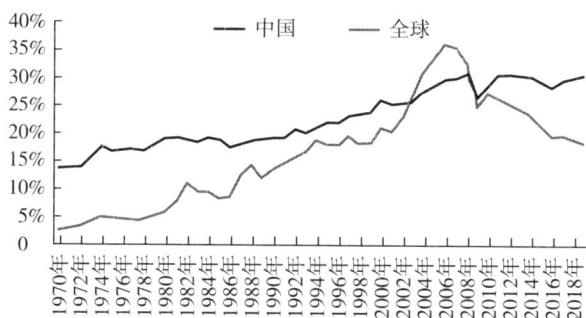

图59　出口额占GDP的比例

资料来源：世界银行

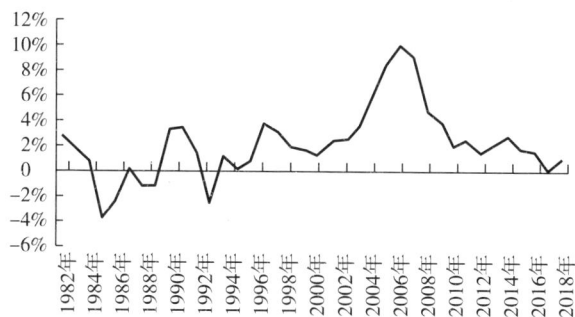

图60　中国经常账户差额占GDP的比例

资料来源：世界银行

用经济学的内在逻辑来分析中国曾经经历过的大幅经常账户顺差，我们就能很快意识到这个现象既不合情也不合理。

首先，任何一个国家在和世界上其他国家发生商贸和对外投融资等经济关系的过程中，其外汇资金的来源和应用必须平衡。这就是国际收支平衡表。这个平衡关系之所以存在是因为在我们生活的现实世界里，任何一个国家（其政府、企业或居民）不能合法地创造别国的主权货币（即外汇），当然也不会随意去消灭外汇资金。用通俗的语言来说，我们在现实世界里既找不到无缘无故地喷射外汇财富的无限源泉，也培育不出有口无肛、只招境外财宝而从不外吐的貔貅，所以在需要用外汇的时候，我们要么赚外汇，要么借外汇，要么招外商来投资。总之，外汇资金的流入和流出必须平衡。

所以，一个国家在某一年的经常账户顺差（盈余）自然就成了其在该年对外净输出资本的总额。对外输出资本可以分为两大类。第一类，簿记在官方金融账户上，是一个国家的央行在该年增持的外汇储备资产，比如，美国、日本和一些欧洲国家的国债。第二类，簿记在私人资本和金融账户上，是本国企业和居民在该年净收购（即买入减去卖出）境外资产的规模大于境外企业和居民在同期净收购的境内资产。因此，中国在2007年实现经常账户顺差接近10%的GDP，就意味着中国在2007年对外输出资本的净额，也就是说中国对外投资额减掉外国对中国投资额，接近当年中国GDP的十分之一。经常账户顺差也因此意味着中国的一部分可贷资金放弃了有更高投资回报率的国内项目，投资到了回报率更低的境外。

读者或许会问，中国各级政府一直在积极地招商引资，外企在中国的投资在2007年时难道会小于中国企业在境外的投资？答案肯定是否定的。由于相对比直接投资业务，中国对跨境证券和银行业务的限制要多，中资和外资企业的跨境直接投资是国际收支平衡表里非官方的资本和金融账目下的主要项目。中国的官方数据（图61）显示，2007年外资在中国的直接投资远大于中资在外国的直接投资。

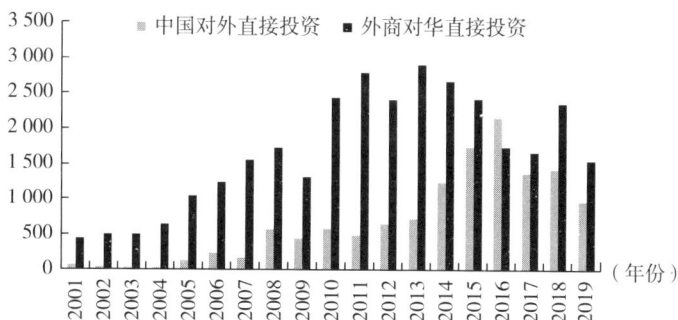

图61 外资在中国的投资与中资在外国的投资
资料来源：国家外汇管理局

　　但是中国在2007年对外投资的大头，不是中资企业也不是中国居民，而是中国人民银行。事实上，长期以来，中国的经常账户都是顺差状况，资本和金融账户在刨除央行外汇储备的变动后也是一个顺差的状况，所以资本输出的重任就落到了官方的头上，具体来说就是中国央行。这等于说央行把每年大量流入的外汇资金，转手又抛向了海外金融市场。

　　图62就表示了这种情形。在图形中，正值表示顺差，也就是资金的流入，负值表示逆差，也就是资金的流出。我们从图中可以看得很清楚，自1994年以来，经常账户差额一直是流入的状况，资本和金融账户的差额（刨除了外汇储备的变动额）在大部分时候也是流入的状况。那么流出的主要是什么呢？就是央行增持作为中国外汇储备的境外资产（比如美英日等国的国债）。

■ 外汇储备变动额占GDP的比例
■ 资本和金融账户差额（刨除了外汇储备变动额）占GDP的比例
■ 经常账户差额占GDP的比例

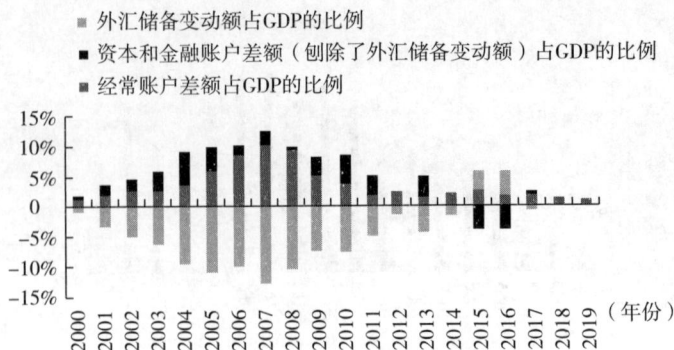

图62 中国的资本输出
资料来源：国家外汇管理局、世界银行

假如中国是一个像日本那样的发达国家，其资本在国内已经很难找到高回报的项目了，那么这种资本流动是有道理的，但我们的数据表明现实并非如此。长江商学院自2011年以来每月对自己的校友企业做问卷调查，发现这些企业的融资环境指数经常处于低位，也就是说这些企业存在较为明显的"融资难、成本高"的问题（图63）。

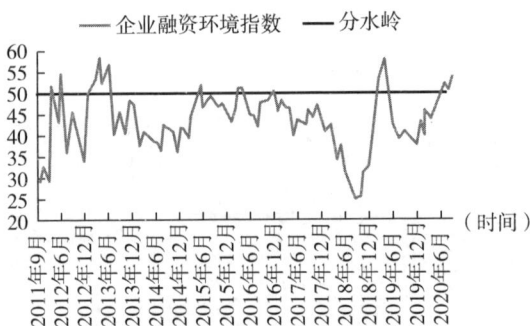

图63 受访企业的融资环境指数
资料来源：长江商学院案例研究中心与中国经济和可持续发展研究中心

需要强调的是，受访企业大多数是行业内的优质企业的问题。因此，中国不是不差钱，相反，中国的好企业还很缺钱。中国的问题不是一个简单的钱多钱少的问题，而是缺乏机制让资金流入优秀企业的问题。最后不得已让资金通过经常账户等方式外流，并购买了大量发达国家的低收益债券。这就是我们经济失衡的实质问题。

外需曾经对中国经济增长发挥过重要作用，但时至今日，其局限正日益凸显，其中最大的问题就是中国拥有庞大的产能，不可能也不应该通过外需去解决。反过来说，虽然自改革开放以来中国经济有超过40年的快速增长，但中国仍然是一个发展中国家。

由图64可知，时至2019年，以美元现价衡量，中国的人均GDP仍未达到全球平均水平。尽管以美元现价衡量可能会对中国的GDP产生低估的影响，但有一点是无疑的，就是我们离发达经济体还有很远的路要走。一般来说，在这样的情况下，中国国内应该有着旺盛的需求才对，怎么可能那么依赖外需呢？出现如此怪异的现象，恐怕一个直接的原因就是我们经济中的某些结构性的因素导致了我们对外需的依赖。

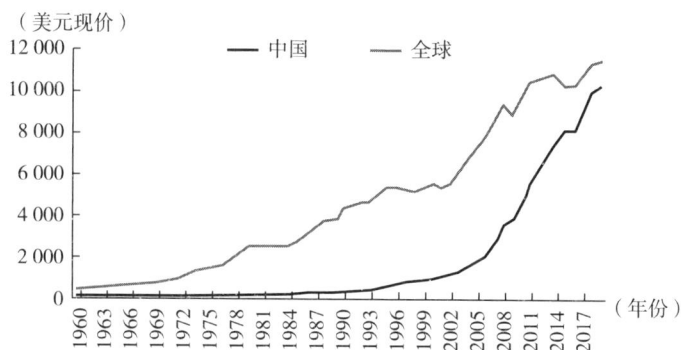

图64　中国历年人均GDP

资料来源：世界银行

例如，之前我们强烈地依赖外需，实际上是一种不平衡的发展模式，现在从内外需的角度来说，中国经济平衡了很多，但从内需本身来说，中国依然是非常不平衡的，这方面一个标志性的指标就是居民消费在GDP中的占比。

居民和服务居民的非营利机构之最终消费在GDP中的占比

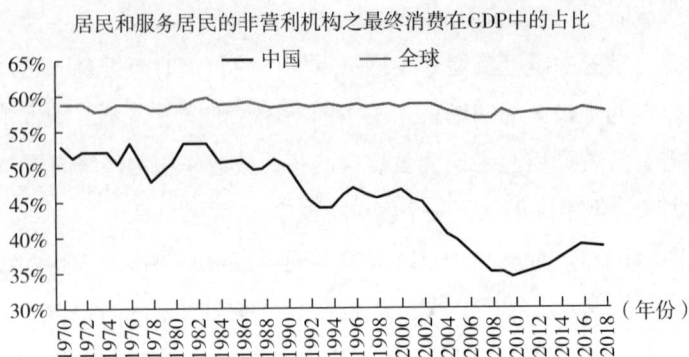

图65　居民和服务居民的非营利机构之最终消费在GDP中的占比

资料来源：世界银行

图65显示得很清楚，相对于全球平均水平来说，中国的居民消费水平低了将近20个百分点，这是很大的差距。改革开放40多年了，为什么中国老百姓依然不敢消费呢？难道我们已经成了像日本那样的低欲望社会了吗？答案肯定是否定的。要转化成以依赖内需为主，那么未来肯定要以居民消费为主。原因很简单，我们发展经济的目的就是吃喝玩乐，就是满足居民们日益增长的物质文化需求。世界大国的发展历程也说明，只有以满足居民消费为目标，经济才能获得持续健康的发展。

未来要保持经济持续健康地增长，就要逐步把增长动力转移到居民消费上来。那么造成居民不愿消费的原因何在呢？笔者认为很大程度上来源于公共服务的不足。人们在医疗和教育等方面存在较大的支出压力和不确定性，因此只能减少消费，增加储蓄。那为什么中国会缺少公共服务呢？笔者认为这与地方政府的行为模式有关。

在中国，中央政府每年对地方政府进行一系列指标的考核，以此来决定奖惩。在这一系列指标中，最重要的就是GDP增速。在这种体制下，中央政府激励了地方政府发展经济的积极性。当经济发展水平较低时，这大体上是符合公共利益的。但当经济发展到一定水平后，其弊端就显示出来了。

我们可以看到在这个体制下，地方官员热衷于招商引资，热衷于投资拉项目，待商人如座上宾，但公共服务是花钱的东西，自然他们对此兴趣不大。换句话说，公共服务对地方政府的政绩作用不大，却要耗费他们手中的资源，因此地方政府对公共服务的态度自然容易看出。这样一来，投资的比例自然远高过消费的比例。

还有一点就是税源的问题。中国的很多税都是出在生产环节，例如增值税，有投资项目就会产生更多的税收，有更多的税收就可以做更多的事情，从而推动本地的经济发展。从这一点来说，地方政府也愿意在投资上使更多的力。

那么这个格局应该如何破解呢？笔者认为征收房地产税是一个办法。其基本逻辑是假如地方政府想征收更多的房地产税，那么它们就必须吸引更多的外部人口流入，以此来抬高租金和房价。要吸引外部人口的流入就必须提供更好的公共服务，当有了更好的公共服务后，外部人口流入，房屋升值，地方政府就可以从中收取更多的房地产税。更多公共服务—更多外部人口流入—房屋升值—房产税增加—更多公共服务，从激励机制上说，这就是一个提供公共服务的正循环。

除了缺乏公共服务之外，中国还有一个问题限制了消费，就是收入不平等。虽然并无权威的数据去衡量中国的收入平等问题，但有一点是有共识的，即中国的收入不平等是很严重的。2020年5月28日，在十三届全国人大三次会议记者会上，李克强总理强调中国有6亿中低收入及以下人群，他们平均每个月的收入也就1 000元左右。富人的收入高，又愿意投资房地产，随着过去20年中国房价的高涨，有房族获得了高额回报，造成了"贫者愈贫、富者愈富"的局面。我们知道富人的消费倾向是低于穷人的，因此这也是限制中国提升消费的一个因素。

不过从眼前来说，中国提出双循环还有受外界环境所迫之因素。近年来，美国对中国的遏制力度不断加大，尤其是特朗普上台后，从贸易战开始，各种打击中国的手段层出不穷，所以纠正经济失衡不仅是中国需要主动为之的事情，也是外部压力下的求变之策。

下一个话题是国内国际双循环相互促进。我们强调内需，强调内循环，并不是要削弱外循环，尤其在外商的问题上，我们仍要继续改善它们的营商环境。说实在话，中国虽然是个发展中国家，但仅从资金的角度来说，中国并不需要外资的钱，中国仅外汇储备就有3万多亿美元，外商投资每年那点钱确实不值得看。

改善外商营商环境有两方面的意义，一是改善中国自己的营商环境，这方面曾有一个鲜活的例子就是入世改善了中国的营商环境。在入世之前，中国由于税收等方面的原因，地方保护主义盛行，当时西方发达国家惊奇地发现在经济上中国原来不是一个国家，而是大大小小几十个"国家"，到处都充斥着充满歧视色彩的规章制度。为了入世，中国必须遵守不得歧视外资的原则，为此中国政府推出了大量的改革举措，而中国国内的地方保护主义问题也得到了一定程度的缓解。

二是外商不只带来了钱，它也带来了品牌和技术，提高了国内市场的竞争程度，鞭策了国内企业的发展，是一条鲇鱼。这方面的一个典型就是特斯拉，特斯拉作为全球电动车第一品牌，它在中国投资建厂对所有的中国电动车厂商都是压力，不过反过来说这也是动力。我们在改革开放的历史上看到过无数次本土企业打败外资巨头的事情，例如阿里巴巴旗下的淘宝在早期看似比eBay（亿贝）中国要弱很多，但最后的赢家却是淘宝。外资不但没有消灭中资，相反还让中资变得更强大，更自信。

有一点笔者认为中国需要注意，美国是全球金融中心，这赋予了美国在金融领域内的强权，它要是想制裁谁，谁就会倒霉，朝鲜和伊朗就是前车之鉴。因此假如中国想避免美国的金融制裁，那就得加快金融开放的步伐，让美国的金融公司参与到中国市场中来，以此大幅提高中国的金融安全。

总之，国内国际双循环要相互促进，归根结底要营造一个公平公正开放的市场环境，让企业去干企业擅长的事情，政府做好公共服务，而不要越俎代庖。只有这样，市场才是最有效率的，经济增长也才是最可观的；也只有这样，中国经济才能继续维持一个中等高速的增长，人民生活水平才会持续提高。

作者系长江商学院副院长，经济学教授

张明 ///

构建双循环新格局的
六大内外支柱

2020年7月，习近平总书记提出了构建以国内大循环为主体、国内国际双循环相互促进的新发展格局。构建双循环新发展格局有望成为贯穿未来10年中国结构性改革的逻辑主线，也将成为"十四五""十五五"规划时期的战略重点。目前，国内对双循环新发展格局讨论很多，成果斐然，但同时也存在一些错误理解。如有观点认为，以内循环为主体，意味着对外开放变得不再重要，甚至意味着中国可以仅凭国内需求搞封闭式发展。为了澄清这些错误认识，必须进一步加强对双循环新发展格局的学术与政策讨论。本文首先简要分析双循环新发展格局提出的历史渊源与现实背景，然后重点论述构建双循环新发展格局的内外支柱。

双循环新发展格局的历史渊源与现实背景

从历史渊源来看，双循环新发展格局承接的是20世纪80年代末期以来的"国际大循环"发展理念。后者的提出者是国家发改委的王建研究员。国际大循环发展理念的主要内容包括：充分利用廉价劳动力优势发展劳动密集型行业，大力引进外资，发展"两头在外"的行业，等等。该理念的核心就是通过国际大循环带动国内大循环，实现以外促内的目标。

国际大循环的发展理念在中国的运用非常成功，尤其是在2001年加入WTO后，中国淋漓尽致地发挥了自身的比较优势，迅速成为全球的制造工厂，在全球生产链上扮演着极其重要的中枢节点角色。

然而，在2008年全球金融危机爆发之后，发生了两大变化。一个变化是国际的，另一个变化是国内的。这两大变化使得我们不得不将发展理念从国际大循环转为双循环。

从国际来看，2008年全球金融危机之后，全球经济增速不升反降。这一现象被美国经济学家萨默斯概括为"长期性停滞"（Secular Stagnation）。

在笔者看来，全球经济陷入长期性停滞的原因，一方面与全球技术进步的速度放缓有关，另一方面则与全球范围内收入和财产分配状况不断恶化有关。全球经济长期低增长，导致民粹主义、孤立主义、单边主义与保守主义盛行，全球经贸摩擦加大。实际上，在2008年至2019年这11年间，全球贸易年均增速略低于全球经济年均增速，这与2008年之前的20年间全球贸易年均增速是全球经济年均增速的2倍，形成了鲜明的对比。2018年3月中美经贸摩擦爆发，这进一步压低了全球贸易增速。

换言之，全球需求疲软和国际经贸摩擦加大，使得中国很难继续依赖外需去带动国内经济增长。

从国内来看，中国经济在经历了长达40年的高速增长之后，自身体量迅速扩大，要再靠外需带动庞大的国内经济增长，也逐渐变得力不从心。中国外贸依存度（进出口总额占GDP的比重）在2006年一度达到65%的历史性峰值，而目前已经下降至32%左右。从"三驾马车"对经济增长的贡献来看，在20世纪八九十年代，净出口对中国经济增长的贡献在高的时候能够达到4个百分点，而在2008年全球金融危机之后至今，净出口对经济增长的贡献均值为负。

综上所述，双循环新发展格局的提出，既是为了应对外部环境的挑战与复杂性加剧的不得已选择，又是国内经济发展壮大而必须要做的选择。

构建以国内大循环为主体的新发展格局的三大支柱

那么，怎么构建双循环新发展格局呢？可以分两个层次来讨论：第一个层次是如何构建以国内大循环为主体的新发展格局；第二个层次是如何构建国内国际双循环相互促进的新发展格局。

如何构建以内循环为主体的新发展格局呢？笔者认为，构建以内循环为主的发展格局，需要三大支柱的支撑：一是消费扩大与消费升级；二是产业结构升级和技术创新；三是要素自由流动与区域一体化。

1. 支柱一：消费扩大与消费升级

要形成以国内大循环为主体的发展格局，消费扩大（指消费规模的扩大）和消费升级（指消费水平的上升）都非常重要。这需要我们同时从需求层面和供给层面来进行变革。

从供给层面而言，要促进消费升级，就要向中国居民提供更高质量、更多类型的消费品，包括制造品和服务品，因此，要大力发展先进制造业和现代服务业。此外，更重要的是增加目前有着很强消费需求，但得不到满足的优质公共服务的供给，比如教育、医疗、养老。上述产品要显著增加供给，就必须打破国有企业对上述行业的事实性垄断。

从需求层面而言，要促进消费扩大与消费升级，就必须持续提高居民部门收入。笔者认为，要在不加剧政府债务或通货膨胀的前提下持续提高居民部门收入，至少需要做好以下五方面工作：

一是在国民收入初次分配领域，通过特定举措让国民收入分配更多地向居民部分倾斜。目前居民收入占国民收入的比重，跟改革开放初期相比有很明显的下降，尽管中国政府一直在通过再分配政策进行调整，但是调整后的居民收入占比依然显著偏低。这意味着，经济增长的收益更多地被政府与企业拿走了。因此，应通过一系列措施的实施，在国民收入初次分配领域让资源更多地从政府部门和企业部门流向居民部门。这一方面意味着中国政府应该降低中国居民的整体税负水平，另一方面也意味着中国国有企业应该将更高比例的税后红利上缴给社保体系。

二是加大收入再分配政策力度，以有效缓解居民部门收入分配失衡。自2008年全球金融危机爆发以来，中国社会零售品消费增速呈现出波动中下行的趋势，与此相伴随的，是城乡居民可支配收入增速的下降。后者的下降固然与中国经济增速下行有关，但也与收入分配差距持续扩大有关。要持续扩大居民消费，必然要扩大中低收入群体的收入，因为中低收入群体的边际消费倾向更高。但不能让所有群体在同时都显著扩大收入，因为这样做要么会导致政府债务上升，要么会导致通货膨胀加剧。这就意味着必须加大再分配政策的力度，例如征收各种类型的财产税。在发达国家，遗产税、房地产与资本利得税都是比较典型的用于调整收入分配状况的财产性税收。目前，中国居民部门的税负主要以基于当期收入的所得税为主，而个人所得税具有典型的"累退"特征，即居民收入越高，越有办法规避个人所得税，实际上承担的税负越低。在未来，中国政府引入基于财产的、具有典型"累进"特征的财产性税收，将会是大势所趋。

三是努力构建"房住不炒""因城施策"的房地产调控长效机制。相关研究发现，2015年是一个分水岭。在2015年以前，居民购房总体上是挤入消费的；而在2015年之后，居民购房总体上是挤出消费的。要避免房地产畸形繁荣对消费增长的挤压，当前的房地产调控政策必然会长期持续。当然，最好的调控方法是市场化举措，例如在房价上涨较快的城市显著增加土地与房产供给等。但是，如果其他约束条件导致市场化举措难以推进的话，当前以限购限贷政策为核心的行政管控措施也不能贸然放松。中国政府的房地产调控措施已经发生根本性转向，未来不会再度依赖刺激房地产来稳定中国经济增长，中国政府将会致力于构建更可持续的房地产调控长效机制。

四是加快取消户籍制度，推进公共服务均等化，推进农地流转，最终显著扩大农民群体的消费。李克强总理在2020年全国"两会"上指出，当前中国有6亿人月均收入低于1 000元。北京师范大学教授李实团队的研究指出，当前中国有9亿人月均收入低于2 000元。上述低收入群体大多数分布在农村。如果农村居民的收入不能持续增长，那么全国范围内的消费扩大就是一句空话。例如，陈斌开与陆铭的一篇论文指出，在控制了其他因素之后，一旦给农民工所工作城市的户口，农民工的人均消费就会上升40%左右。又如，制约农民工消费的一大掣肘因素，是农民工家庭在城市不能享受到与城市家庭平等的公共服务（例如教育、医疗、养老等）。再如，财产性收入的匮乏是农民工收入增速缓慢与消费倾向偏低的重要原因。因此，取消户籍制度、推进公共服务均等化、推进农地流转，能够对症下药地解决上述问题，最终促进农民群体的消费。

五是要打破国进民退的局面，就必须让民营企业发展壮大。民营企业对中国经济的贡献有"五六七八九"的说法，即民营企业贡献了中国税收的50%、经济增长的60%、技术创新的70%、就业的80%和新增就业的90%。如果民营企业不能发展壮大，大多数老百姓的收入增长就难以为继，持续的消费扩大与消费升级也就无从谈起。然而，实际上在2008年全球金融危机爆发后至今，出现了数轮国进民退的局面。要打破这一局面，一方面应该对国有企业和民营企业一视同仁，向民营企业开放更多过去被国有企业控制的行业；另一方面应该通过金融发展与金融创新，改变民营企业融资难、融资贵的状况。此外，中国政府也必须坚定不移地加大对各类合法产权的保护力度。

要形成以国内大循环为主的发展格局，消费扩大（指消费规模的扩大）和消费升级（指消费水平的上升）都非常重要。

2. 支柱二：产业结构升级和技术创新

以内循环为主体，并不代表外循环不重要，现在我们希望的是"以内促外"。因此，保障中国在国际产业链的核心地位至关重要。但是，其中有些因素是不以我们的意志为转移的。比如，新冠肺炎疫情暴发后，一些发达国家发现自身在产业链上过度依赖中国，这会使得它们在特定情况下变得比较脆弱，因此要寻找可以替代中国的其他核心节点；又如，新冠肺炎疫情的冲击让一些国家发现，全球产业链太长容易遭受冲击、脆弱性太强，它们就会选择适当缩短产业链，实现产业链的本地化和区域化。

考虑到未来5—10年内全球产业链可能变得更加本地化与区域化，中国政府应该更加重视跟周边国家的合作。我个人认为，在未来10年，经略好东盟和"一带一路"对中国而言至关重要。为什么东盟对中国很重要呢？举个例子，在中美经贸摩擦加剧后，中国有很多出口事实上是借道东盟来进行的。东盟国家加起来人口超过10亿，经济总量也很大，总体而言在发展程度上要比中国低一个层次。因此，东盟是中国天然的贸易伙伴与产业链合作对象。但是，到东盟去仔细调查就会发现，日本已经在东盟深耕了数十年。未来在经略东盟方面，中国将会面临着和日本的竞争。

不过，要推动国内产业结构升级，除了依赖国内技术自主创新，中国政府依然要寻求与发达国家之间的合作。当前，美国的确加大了对中国在高新技术出口方面的审查力度，但中国可以寻求与欧盟国家、英国、日韩、澳新等发达国家的合作，力求通过与发达国家企业的合作来提升自己的技术实力与产业水平，实现"东方不亮西方亮"。

要进一步激发国内技术自主创新，就必须强化相关激励机制，包括加强对知识产权的保护、改变国进民退的现象（受企业内部激励约束机制的影响，民营企业的创新热情普遍高于国有企业）、促进教育理念的转变（由强调一致性思考的"工程师思维"转向鼓励独立性、原创性、批判性思考的"创新思维"）等。

3. 支柱三：要素自由流动与区域一体化

创建国内大循环的第三大支柱，是以要素自由流动为抓手，推进要素流动与要素聚集，借此来推动新一轮区域一体化，带动相关都市圈与城市群的发展。基于区域一体化的都市圈与城市群建设，有望成为未来10年中国经济最重要的增长极之一。

2020年4月，党中央、国务院出台了一份非常重要的改革文件，核心是鼓励要素的市场化定价和自由流动。如果要大力推进要素自由流动的话，就必然会出现新一轮要素聚集与区域一体化。

笔者的相关研究认为，有五个增长极在未来10年对中国至关重要：第一是粤港澳大湾区，这里的最大特点是市场经济氛围浓厚，金融和创新两方面都很强，有望成为中国版的硅谷；第二是长三角，长三角的特点是区域一体化程度最高，国有企业和民营企业发展相对均衡；第三是京津冀，迄今为止京津冀的最大问题在于"没有冀"——河北的发展显著落后于北京与天津，但京津冀的特色在于总部经济，科技创新能力很强，而且是资源分配的中心；第四是中三角（武汉、郑州、合肥），这里是高铁时代最大的获益者，它处在另外四个增长极的中间，必然成为物流的核心地带和生产链的重要中间环节；第五是西三角（成都、重庆、西安），相对而言这里教育科研比较发达，且人力资本的成本较低，能够很好地承接从东部转移来的产业。

必须指出的是，加快区域一体化看起来很美好，但也是有成本的。这必然会导致区域间发展差距的再次拉大。现在我们面临一个两难选择：是要阻止要素进一步聚集、阻止超大城市的形成，人为地拉平各地发展水平呢？还是要放开要素流动的束缚，让要素自由聚集，让超大城市继续变大，造成一种差序发展格局，再通过转移支付让先进者帮助后进者？选择的走向迄今为止还不是非常明朗。2020年4月份的文件是向后者迈了一大步，我们对发展前景拭目以待。

构建内外循环相互促进的新发展格局的三大支柱

如何构建内外循环相互促进的新发展格局呢？笔者认为，构建内外互促的发展格局，也需要三大支柱的支撑：一是在贸易层面通过构建双雁阵模式来强化中国在全球产业链的地位；二是在金融层面以新的思路推动人民币国际化；三是在开放层面以风险可控的方式推动更高水平的开放。

1. 支柱一：在贸易层面通过构建双雁阵模式来强化中国在全球产业链的地位

在贸易层面，应该通过构筑国际、国内两个雁阵模式来强化中国在全球产业链的核心地位。新雁阵模式的形式，跟全球产业链在新冠肺炎疫情后的重塑有很大关系。

国际版雁阵模式是以东亚产业链为核心，头雁是中日韩，第二雁阵是东盟和"一带一路"沿线相对而言发展水平较高的国家，第三雁阵则是东盟和"一带一路"沿线相对而言发展水平较低的国家，它们之间可以形成国际版雁阵模式。

国内版雁阵模式就是以粤港澳大湾区、长三角、京津冀为龙头，中三角、西三角为第二雁阵，全国其他区域为第三雁阵。国内版雁阵模式的构建有助于更好地实现以南促北、以东促西。如果我们沿着瑷珲–腾冲线一画，国内雁阵全在东边，西边没有一个。沿着中国地理中轴线一画，西边只有西三角。从中可以看出中国经济发展的巨大区域不平衡，这既是问题，也是潜力。

2. 支柱二：在金融层面以新的思路推动人民币国际化

在金融层面，要推动新一轮人民币国际化。人民币国际化在2010年至2015年上半年期间进展迅速，在2015年下半年至2018年期间发展陷入停滞。在2018年之前，中国政府在用所谓的"三位一体"策略促进人民币一体化，也即鼓励跨境贸易和直接投资的本币结算、发展香港为代表的离岸人民币金融中心，中国央行和其他央行签署了很多双边本币互换协议。在上述模式下，表面上人民币国际化发展得很快，但背后有很多跨境套利和套汇的因素。因此，随着人民币由升值预期转为贬值预期，以及境内外利差大幅收窄，人民币国际化的发展速度必然会放缓。

从2018年起，中国政府推进人民币国际化的策略似乎已经发生了转变，笔者将其概括为新的"三位一体"，也即大力发展以上海人民币计价石油期货交易为代表的人民币计价功能，向外国机构投资者加快开放本国金融市场,以及在"一带一路"沿线和周边国家培养关于人民币的真实需求。

在新"三位一体"策略推动下,人民币国际化的发展速度可能会更慢一些,但可持续性会显著提升。更有意思的是,贸易层面的支柱和金融层面的支柱可以相互匹配,也即让国际版雁阵模式的构建和人民币国际化相辅相成,相得益彰。

3. 支柱三:在开放层面以风险可控的方式推动更高水平的开放

最近几年来,中国对外开放的速度明显加快。例如,迄今为止我们已经有18个省级自贸区和1个省级自贸港。看起来很美,因为一半以上国土都有自贸区了。但实际上,目前除了上海自贸区,其他自贸区在核心竞争力与发展特色方面都乏善可陈,没有看到结合自己资源禀赋的、富有特色的开放案例。就连上海自贸区的发展,在一定程度上仍然受到跨境金融套利的驱动。又如,海南自贸港的蓝图看起来很美,但目前海南一来缺乏好机制,二来缺乏好企业,三来缺乏市场化运作新思维,要实现快速发展谈何容易?因此,在开放领域的重点工作之一,就是要尽快把自贸区、自贸港做实,做到各有特色的多元化开放格局,而不是再来一次低水平重复竞争。中国政府可以考虑在不同的自贸区,分别推进不同种类的政策创新与开放试验。

最近几年来,中国金融市场的对外开放步伐也很大。2019年9月,国家外汇管理局取消了QFII(合格境外机构投资者)与RQFII(人民币合格境外机构投资者)的投资额度限制。到2020年年底,中国将会出现更多的外资独资商业银行、信托公司、资管公司等各种类型的金融机构。中国金融机构未来会越来越多地面临外资金融机构的竞争。

加快开放无疑是正确的,但我们应该注意到,很多新兴市场国家快速发展的路径被打断,都是因为系统性金融危机的爆发。因此,在加快金融开放的同时,一定要注意风险防范。例如,在金融市场向外国机构投资者加快开放、金融机构股权比例向外国投资者加快开放的同时,中国政府在资本账户开放方面应该格外审慎。资本账户管理是中国经济防范系统性金融危机爆发的最后一道"防火墙"。我们千万不要在当前错综复杂的国内外环境下，基于一些主观上特别乐观的理由，轻易地把防火墙给拆了。

结 论

双循环新发展格局承接的是20世纪80年代末期以来的"国际大循环"发展理念。2008年全球金融危机爆发之后，全球需求疲软和国际经贸摩擦加大，使得中国很难继续依赖外需去带动国内经济增长。在经历了40年高速成长之后，中国经济体量的迅速放大，也使得通过外需来拉动国内经济增长变得难以为继。双循环新发展格局的提出，既是为了应对外部环境的挑战与复杂性加剧的不得已选择，又是国内经济发展壮大而必须要做的选择。

要构建双循环新发展格局，第一个层次是构建以国内大循环为主体的新发展格局；第二个层次是构建国内国际双循环相互促进的新发展格局。构建以国内大循环为主体的新发展格局有三大支柱：一是消费扩大与消费升级；二是产业结构升级和技术创新；三是要素自由流动与区域一体化。构建国内国际双循环相互促进的新发展格局也有三大支柱：一是在贸易层面通过构建双雁阵模式来强化中国在全球产业链的地位；二是在金融层面以新的思路推动人民币国际化；三是在开放层面以风险可控的方式推动更高水平的开放。

作者为中国社科院世界经济与政治研究所国际投资研究室主任，研究员

李奇霖 ///

内循环靠什么

内循环是2020年7月市场讨论得比较多的话题。7月30日召开的政治局会议，也明确提到"我们遇到的很多问题是中长期的，必须从持久战的角度加以认识，加快形成以国内大循环为主体、国内国际双循环相互促进的新发展格局"。这个新发展格局，将是未来一段时间内制定宏观政策的基本出发点。

要理解内循环，首先需要了解中国增长模式和近年越来越强烈的逆全球化。外部环境的剧烈变化，是我们转向内循环的大背景。

一　外循环推动中国经济腾飞

新中国成立时，百废待兴，第一产业占据主体，中国是典型的农业国。让人民过上好日子的朴素愿望，加上当时风起云涌的国际政治环境，都需要中国尽快完成工业化，使国家强大起来。

但工业和农业不同，需要大量原始资本，在工业化初期发展重工业时更是如此。经历了多年战争，当时国内没有什么资本积累，也没有条件可以通过外部形式完成原始资本积累。为了实现工业化，只有在发展中索取内部剩余了。

新中国成立到改革开放前，即1949年到1978年，中国实行的是计划经济。通过工农业剪刀差，压低农村福利，为城市工业部门提供低廉的原材料，加速工业部门的盈余积累。同时在农村推行农业集体化，无须再向农户挨家挨户征收，降低了积累过程的交易成本和难度。

改革开放后，工业化的剩余积累仍然是建立在压缩农村福利的基础上进行的。一是工农业剪刀差继续，并没有因为外向型经济的发展而完全消除。二是大量劳动力从农村转移到城市，但同工不同酬的现象长期存在，在社保等方面更是如此。三是土地征用，农村集体土地只有通过地方政府征用，转为国有建设用地后，才可以出让土地使用权，而农村集体用地和国有建设用地之间有着明显的价差。

地方政府在GDP竞争考核压力下，为了扩大招商引资，以相对低廉的成本把土地提供给工业部门。加上廉价劳动力、廉价原材料，以及利率管制下的廉价资金，工业部门很快就发展起来了，并开始出现产能过剩。

产能过剩的原因多样，其中一个是廉价的要素投入。一方面，在扭曲的低廉的要素投入下，企业会倾向于多生产，使得工业产能高于最优的均衡水平。另一方面，则是劳动力和土地要素的成本一直被压制，消费起不来，农民没有社会保障和财产性收入，而城镇居民部门的剩余又贡献给了房地产。

这个时候，加快融入世界，打开世界市场，对中国而言至关重要。20世纪90年代中期，中国确立了要扩大出口贸易规模、利用好国外市场、获取外汇盈余的战略。经过多年的艰难谈判，2001年中国正式加入WTO，正是这一战略的具体部署。

世界市场被打开后，中国经济加速腾飞。以和出口直接相关的工业为例，2000年中国工业增加值全球占比只有5.9%，和德国的5.8%接近，远低于美国的24.7%和日本的17.2%。只用了10年时间，即到了2010年的时候，中国工业增加值规模就超过了美国，位居世界第一。2018年，中国工业增加值全球占比接近四分之一，遥遥领先其他国家（图66）。

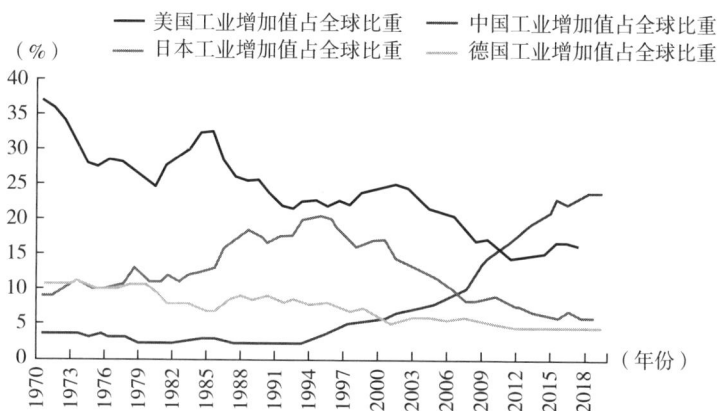

图66　加入WTO后，中国工业增加值全球占比迅速上升
资料来源：万得，粤开证券研究院

　　除了规模扩大外，融入世界市场，也为中国企业创新提供了资金和动力。众所周知，创新是需要资本投入的，而且要承担失败的风险。市场规模越大，企业越容易完成创新所需的资本积累，也越有动力去创新来获得更高的市场份额。全球市场的打开，加快了中国的创新步伐。根据哈佛大学增长实验室的数据，中国出口产品的复杂性指数（可以作为衡量产品技术含量的指标），从2000年的全球第39名，上升到2018年的第18名（图67）。

　　因此，事后来看，当时利用外循环来解决国内产能过剩的问题是成功的。过剩的工业产能被国际市场消化，由此也产生了持续的贸易盈余和外汇储备积累，再用好国内的市场规模和外汇积累，引进国外技术，然后消化，模仿，创新，替代，再出口。这也是中国经济腾飞的关键一环。

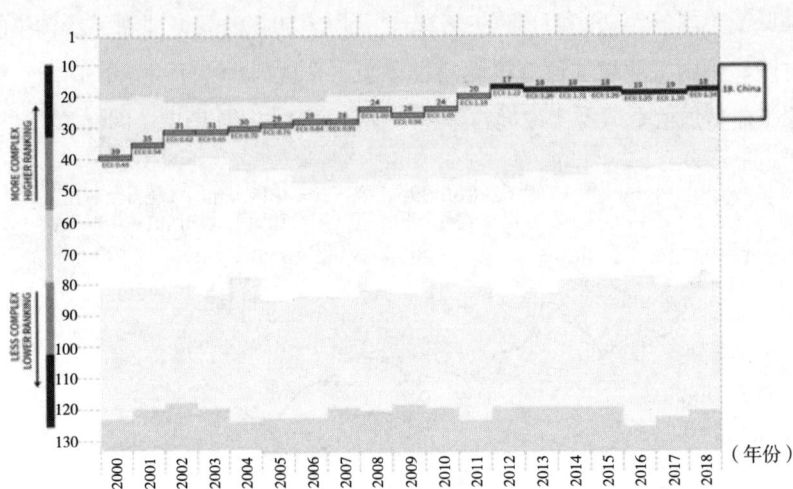

图67　中国出口产品复杂性指数，从2000年的全球第39名上升到
2018年的第18名

资料来源：哈佛大学增长实验室，粤开证券研究院

　　但现在这条路越来越难走了。一些研究认为，全球化的核心是经济全球化，全球进口额占GDP的比例，可以用来测量（逆）全球化的程度。通过这个指标可以看到，2008年是全球化的巅峰，2009年到2020年这12年间，我们实际上都处在逆全球化过程中（图68）。

图68　2008年是全球化的顶峰，之后出现倒退

资料来源：CEPII、WTO、世界银行，粤开证券研究院

最近几年逆全球化的趋势越来越明显。政治层面看，英国脱欧、特朗普当选美国总统，都是逆全球化的标志性事件。经济层面看，贸易争端越来越频繁。美国在和中国发生贸易摩擦的同时，也向它的传统盟友——欧盟和加拿大——挑起了贸易争端。短期来看，逆全球化趋势很难逆转。

逆全球化对中国的影响，可以概括为两点：一是出口没有以前那么顺畅了，海外市场将是收缩的；二是进口产品和技术，尤其是高技术含量的，没那么容易了。

二　如何推动内循环

对比外循环对中国经济增长的促进作用，我们认为推动内循环，至少包括扩大内需和推动创新两方面的内容。

（一）扩大内需

2020年7月30日召开的政治局会议，对扩大内需的定调发生了一些变化，指出"牢牢把握扩大内需这个战略基点"。这不是首次提出，最早是在2011年中央经济工作会议上，把扩大内需作为战略基点。但近年中央层面的会议，对扩大内需的定位是战略，比如2020年4月的政治局会议。时隔多年重提"扩大内需战略基点"，表明扩大内需的战略地位更加基础和更加重要。

扩大内需，不外乎从消费和投资两方面着手。和以往短期刺激消费、拉动投资的各类政策不同，推动内循环需要建立能够促进消费和投资的长效机制，让各类主体自发地去消费和投资。

1. 促销费

先来看消费。促消费，关键是提高居民的购买力，我们认为具体的长效举措包括以下三点。

第一，收入分配向普通劳动者倾斜，尤其是低收入群体。劳动力价格被低估，而房价一直涨，贫富差距扩大，压制了边际消费倾向。因此要激活内需，需要先把低收入的城市底层和农民工的收入拉动起来。

2019年中国户籍城镇化率为44.38%，按总人口14亿来算，农村户籍人口还有7.8亿人。如果这7.8亿人的月收入都能提高1 000元，农村户籍人口每年的总收入就能提高9.3万亿元，这对消费的促进作用是巨大的。

第二，促进居民消费的配套政策改革。比如教育、医疗和养老这三大支出，是压制居民消费的几个关键因素，加快这几个基本公共服务的改革，提高财政支出用于它们的比例，能够提高居民的消费意愿。再比如通过税制改革，让一些消费税的征收环节从生产阶段后移到消费阶段，这会提高地方政府改善消费基础设施的积极性。

第三，严格落实"房住不炒"政策。高房价的负面影响显而易见，对消费的拖累更是如此。

举个例子，2020年7月百城样本住宅平均价格为1.55万元，按每套面积90平方米计算，一套就是139万元。2019年全国城镇居民人均可支配收入4.23万元，如果房价上涨3%的话，从平均意义上讲，买一套房多花的钱，就和一年的收入持平了，相当于一年白干了，这会压制购房刚需人口的消费需求。长远来看，也扩大了金融体系的风险敞口。

近两年，尽管出现了局部性的地产调控放松，但"房住不炒"的总基调没有变。在推动内循环的战略下，后续在中央层面放开地产调控的概率也很小。

2. 扩投资

再来看固定资产投资。内循环中投资的重点是促进更具生产性的制造业投资，而传统逆周期调节中常用的房地产和基建，需要和新型城镇化结合起来。

制造业投资最显著的特点是，它是由民企所主导的。作为最具市场化特征的主体，民营企业家对未来的预期，是决定制造业投资最核心的因素。要达到这一点，一是需要改善营商环境，朝着市场化的方向推进；二是落实减税降费政策，让企业切实看到生产经营成本的下降；三是在推动出口转内销的同时，也要积极开拓新的国际市场。

房地产和基建，是以往短期稳增长中最常用的投资工具。推动内循环时，这两种投资要想焕发新活力，需要和新型城镇化结合起来。

21世纪初期，为缩小中国区域间的发展差距，中国相继提出了西部大开发、东北振兴和中部崛起战略。这些旧式的区域发展战略，本质上仍然是在利用行政力量作为经济指挥棒，践行区域均衡主义。

从区域间的实际发展情况看，一味追求均衡或许并没有带来期盼的结果，中西部省份的GDP占比提高并不显著，各区域的人均GDP绝对差距仍然在持续扩大。与此同时，旧式区域发展战略中促成区域均衡的两大关键手段——基于转移支付的财政安排以及倾斜于落后地区的优惠政策，还带来了激励机制扭曲和资源错配的问题。

正是因为这些问题的存在，2013年开始，中国逐渐摈弃传统的"均衡"思维，积极调整区域战略方向，旨在率先撬动以城市群等为核心的经济增长极，重塑中国经济大格局，为中国整体经济发展注入活力。

与此同时，人口流动也出现了新趋势。2010年后，中国人口向发达地区聚集的趋势越发明显，表现为人口主要向一、二线城市聚集，向长三角、珠三角等地区聚集。

在这样的背景下，城镇化战略发生了调整，以人为本的新型城镇化出现。近年的土地制度、户籍制度不断调整，资源分配也和人口流动的趋势一致，公共资源按实际服务管理人口规模配置。在5月18日印发的《中共中央、国务院关于新时代加快完善社会主义市场经济体制的意见》中，还提出"探索实行城市群内户口通迁、居住证互认制度"，新型城镇化过程中引导城市群发展的政策意图明显。

如果我们放眼全球，会发现"集聚性"和"非均衡"也是世界经济发展的主流。人均GDP更高的国家,人口聚集效应往往也更强。比如2018年,美国、日本、韩国人口超过100万的城市群总人口占国内人口比例,分别为46%、65%、50%,都位居世界前列。

也有特殊情况,比如图69虚线方框内的众多欧洲国家,包括英国、法国、德国,以及瑞典、芬兰等北欧国家。它们的经济发展水平高,但大城市群人口占比并不高。部分原因可能是欧洲国家内部各区域间的经济地理条件差异较小,并且在历经了百余年发展后,各地区都已经经历了比较充分的发展,这使得集聚效应不再那么突出。

但尽管如此,这些国家也有自己的城市集聚区,如伦敦城市群、巴黎城市群等。

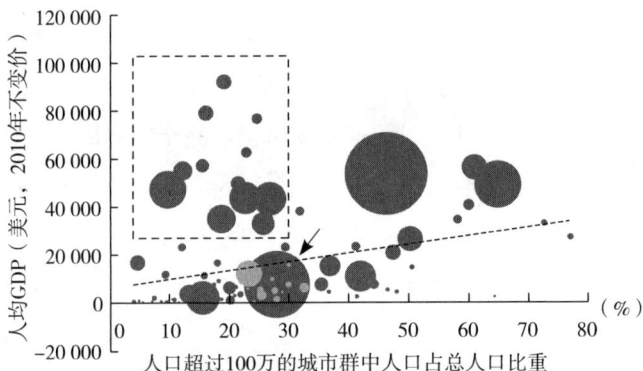

注: 本图中剔除了部分数据缺失的国家,
气泡大小反映各国实际GDP大小,箭头所指气泡为中国
图69 2018年世界各国人均GDP和大城市群人口集聚性正相关
资料来源: 世界银行,粤开证券研究院

因此,发展城市群是中国新型城镇化的未来选择。在推动规模经济扩张的同时,也会带来一些固定资产投资需求:

房地产方面,建设用地指标分配和人口流动趋势相一致,人口净流入的一线和二线城市所获得建设用地指标上升。

基建方面,城市群的发展,会让城市群内部各城市的连接更为密切,对基础设施的需求也将增加。比如在粤港澳大湾区各城市之间的交通连接已经较为便利的情况下，2020年8月3日粤港澳大湾区城际铁路规划获批，计划建设13个城际铁路和5个枢纽工程项目，近期建设项目总投资约4 741亿元。

（二）推动创新

推动创新，可以从提高金融支持创新能力、强化基础研究和加大产学研合作力度这几个方面着手。

1．提高金融支持创新能力

由于创新活动存在比较大的不确定性，这使得它所需的金融支持，和传统的以间接融资为主的金融体系不相匹配。未来要提高创新活力，需要打造更有利于科技创新的金融生态。

第一，发展多层次资本市场。资本市场可以为创新活动提供资金，也能够为科技企业提供最直接的激励。近年来这方面已经做了很多突破，比如科创板设置了更具包容性的上市条件、创业板试点注册制，都让更多高科技企业可以登陆资本市场。很多高科技企业推行了员工持股，一旦上市将为员工带来丰厚的资本回报，这样的安排能够提高员工创新的积极性。

第二，风险资本是科技企业在初创期重要的融资渠道之一，因此也需要扩大风投市场规模。通过壮大本土风投机构、私募机构，以及引进更多国际创投资本，来培育更多"科技独角兽"企业崛起。

第三，可以探索新型银行经营模式，提高间接融资对科技创新的支持力度。比如可以出台政策鼓励科技信贷机构与风投机构间形成投贷联动模式，共同对科技型创业企业提供融资支持，并且强化两者的合作互助关系，风投机构可以弥补银行在投资价值评估、风险筛查方面的能力不足，信贷机构则可以为创业企业提供更持续稳定的资金支持。

2. 强化基础研究

一条完整的创新链条，基础研究是前端，产业应用开发是后端，不能将基础研究与产业创新割裂开。基础研究尽管成效较慢，但只有基础研究做好了，才能拥有更强的原始创新能力，实现产业技术的重大突破。否则，很容易受制于人。因此，走自主创新之路，必须要具备极强的原始创新能力，这就要求在基础研究这一科技创新本源工作上发力。

要提高基础研究水平，一是要发挥政府在科研活动中的带动作用，加大财政资金投入力度，尤其是增加在基础研究领域的投入规模。二是利用企业创新力量强大的优势，利用财税杠杆，引导企业根据需求适当增加在基础研究领域的研发投入。

3. 加大产学研合作力度

从发达国家的经验来看，产学研合作被证明是一种比较高效的创新模式。但国内传统的产学研模式往往是由高校先形成研发成果，然后再与企业需求进行对接，进而实现商业化开发和成果转化，但是有大量科研成果并不能为企业所用，导致产学研效率偏低。

尽管产学研最后的落脚点是以市场为导向，但政府在其中也应当发挥重要作用，通过改良制度环境、完善相关法律法规，提升企业、高校参与产学研合作的意愿，为产学研提供更便利、更有保障的合作条件。

作者为粤开证券首席经济学家，国家金融与发展实验室特聘研究员

钟正生 ///
促进内循环的关键
抓手

中国经济的内循环和外循环，从哲学上来说，是主要矛盾与次要矛盾的关系，用"皮之不存，毛将焉附"来描述最形象不过。但如何理解内循环主要矛盾的定位，如何促进双循环有机耦合的生成，却是个仁者见仁智者见智的问题。本文从四个视角探讨中国经济双循环，旨在应对新冠肺炎疫情和外部不确定性下的新常态提供一些有益镜鉴。

一 提升居民消费能力和意愿是促进内循环的逻辑起点

理论上，居民有足够的消费意愿和能力，企业生产的产品和提供的服务才有广阔的市场，各种生产要素才能充分有效地动员，企业才能在激烈竞争的现实和更上一层楼的理想驱使下扩展投资、升级技术。而企业在"有进有出、能进能出"的市场竞争下优胜劣汰，有效率、有前瞻性和有担当的企业持续涌现，才能提供最广泛、最多元的就业机会和形态，从而进一步夯实和提升居民的消费能力，由此形成一个"消费—投资—就业—消费"的"波浪式上行"的良性循环。

实现上述消费引领型的中国经济，并不在于数据层面上消费占比的提升，或是消费增长的提速。其最终落脚点应在于消费对国内投资的带动作用上，体现为一国产业结构应围绕满足居民消费需求来布局，而不是出口导向或投资引领。

历史上，韩国和美国都有一个消费对产业带动作用增强的阶段。20世纪七八十年代，韩国处于一个储蓄率快速提升、依靠投资实现经济赶超的阶段，当时消费增长明显慢于制造业产能扩张，二者并无明显的关联性。20世纪90年代后，韩国储蓄率进入一个相对稳定的范围，消费的重要性开始显现，表现为消费增长与制造业产能扩张相匹配，且消费增长呈现出一定领先性。美国消费占GDP比重从1970年开始就稳定在80%以上，但美国消费主导型经济也是经过20世纪80年代的产能出清和经济转型后才得以成型。美国奉行凯恩斯主义的经济刺激政策，在70年代时曾引发了三轮大的滞胀，到80年代里根任期推行供给革命，才实现了过剩产能的出清。90年代后，消费对于美国工业产能扩张的领先带动作用才逐渐强化。

中国正在加速走进这样一个阶段，尤其在中美贸易摩擦和全球供应链调整的影响下。改革开放以来，中国经济依靠出口和投资主导，这奠定了"中国奇迹"的基石，也是中国经济发展阶段的历史必然。20世纪90年代以来，中国固定资产投资增速在多数时候均高于居民最终消费支出增速，呈现出明显的投资先行特征。但全球供应链追求"韧性"而非仅仅"效率"的倾向、产能出清和技术变迁过程中企业持续面临的调整、地方政府财政收支压力增加和投资回报下行的叠加，以及中国宏观杠杆率在高位上的波动，令中国投资和出口主导型增长模式难以为继。简言之，下一步中国经济增长和产业升级，最可依靠就是国内消费潜力的崛起。

二　增强企业投资空间和意愿是促进内循环的关键载体

如前所述，企业在消费引领型的内循环经济中扮演着至关重要的"中枢"角色：既是产品和服务需求的响应者，又是市场就业的"蓄水池"。笔者非常认可"保民生就是保就业，保就业的关键在于保市场主体"这一观点，就是基于这一考量。

抽丝剥茧地分析，就会发现最关键的中枢就是制造业投资（或者民间投资）。一方面，中国的房地产投资、基建投资具有一些政策属性，受政府逆周期调控诉求的影响很大。但在整体固定资产投资中占比很高的制造业投资，更具有内生性特征，除了跟经济周期有关外，还跟中国经济转型有关。另一方面，新冠肺炎疫情和全球供应链重塑的冲击下，制造业投资回报恶化最快、受创最重，而制造业投资里超过八成都来自民营企业。因此，如何夯实企业家信心、稳定民间投资，是未来制造业投资能不能企稳和修复的关键。

这波新冠肺炎疫情冲击前，民营企业的利润增长比国企和股份制企业要快，在疫情冲击之后，民企利润下滑幅度要比国企利润下滑幅度更小。简单地说，民营企业利润增长的表现要比非民企利润增长的表现更好。从两组数据里可以看得出来原因：一组数据是工业增加值里面的出口交货值增速，现在民营企业出口表现要比国有企业出口表现更好。另一组数据是，工业增加值里民营企业工业增加值的反弹比国有企业工业增加值的反弹更快。可见，民企在出口和工业这两个领域都表现出更强的稳定性。一个最主要原因是，民企比国企有更强的追逐利润的动力，它有更强的求生欲望，所以它能在更短的时间内，在更大的程度上维持较高的产量，复工复产。

但民企的利润增长与民企的投资回报还不是一回事。可以观察非金融上市公司的可比口径的投入资本回报率。民企投入资本回报率在2019年下半年以来有一定的回升，但仍然低于国企；疫情冲击之下，投资回报又毫无疑问地变差。在历史上比较国企和民企的投入资本回报，其实能看到一个常态。这个常态就是，民企的投资回报要比国企的投资回报更好。但是，有段时间是例外。2013年至2015年，正值严重的产能过剩时期，行业洗牌给民营企业带来极大冲击。当时民企的投资回报率下降得很快，民企投资回报落到国企之下。2016年供给侧结构性改革开启，对国企的投资回报冲击很大，国企的投资回报开始明显下跌，这个时候民企的投资回报反而表现相对稳定，并重新开始超过国企。可见，在市场（政策）冲击下，民企调整速度比国有企业更快。它们最先受到冲击，但也最先在冲击之下稳定下来。

从2017年三季度之后，国企的投资回报又开始超过了民企投资回报，可以说又偏离了此前的常态。这是非金融上市公司的样本，但整体行业的投资回报情况差不多。2019年，彼得森国际经济研究所的学者尼古拉斯·拉迪写过一本书，非常看好中国经济的前景。他的理由是，民企大部分时间要比国企表现更好，如果中国的国企改革在市场准入方面有进一步推进，让民企发挥更多更重要的作用，那么整个经济的投资回报和增长潜力都会起来。虽然结构性供给侧改革之后，国企投资回报蹿升很快，但拉迪觉得这只是一个短期扰动，扰动过后其实民企投资回报更胜一筹的常态还会回归。事实上，中国经济内循环的题中应有之义就是让资源在市场化原则的基础上，配置到更有效率的地方。而按照上述分析，在中国企业投资上还是有很多资源重新配置空间的。

三　做大做强都市圈是促进内循环的关键一役

除了上述企业投资层面的资源重新配置空间以外，还有一个空间或者说地理区位层面的资源重新配置空间也不可小觑，甚至是中国在构建内循环为主的经济系统中可以依赖的为数不多的新经济增长点之一。这就是都市圈发展，及其给房地产市场带来的机遇。

事实上，从2019年政府"不将地产作为短期刺激经济的手段"开始，社会公众对房地产市场的预期就已悄然改变："房地产绑架了中国经济"的根深蒂固的认知，已经转变为如何将房地产从"一收就死，一放就乱"的治乱循环中解脱出来，即如何寻求房地产市场的平稳转型之路。猝然来袭的新冠肺炎疫情冲击下，中国经济可以说遭受了"急刹车"，但中国的房地产却在短期受挫后迅速修复，交出了一张非常平稳的成绩单，甚至可以说是为数不多的超预期的经济数据之一。

为什么中国房地产市场有"超预期"的表现？这主要有以下原因：一是竣工周期的支撑。2018年新开工面积增速持续上升一年，其后温和回落。房屋的施工周期正常是18个月左右，因而竣工面积回升会贯穿2019下半年到2020年上半年，之后的回落也会比较温和。因此，疫情停工过后，竣工周期回归，会对房地产施工形成有力支持。二是土地购置费的支撑。全国土地购置总价款稳定领先土地购置费大约1年。从其领先性来看，2019年底到2020年初，土地购置费注定会有一段比较明显的回落，对房地产投资构成一定的拖累；但2020年3月之后即会企稳回升，全年来看对房地产投资仍会构成比较有力的支撑。三是货币宽松的支撑。历史上，房地产销售与房地产按揭贷款利率水平之间有明确的反向相关性。截至2020年6月，全国首套房平均贷款利率5.28%，二套房平均贷款利率5.6%，均比2019年末下降了0.24个百分点。货币环境的宽松，带动了广东等部分地区房地产市场出现过热迹象，也触发了调整政策的边际收紧。在房地产开发投资资金来源中，与货币金融环境相关的——国内贷款、个人按揭贷款和自筹资金（对应表外融资），均已恢复到2019年同期水平。但上述因素贡献的可持续性仍需观察，房地产市场的可持续发展需要另觅空间。

笔者认为最根本也最可持续的因素在于，中国城镇化率依然有很大的提升空间，都市圈依然有很大的差序发展空间，这实际上也为中国房地产提供了几乎同步的、错位发展的空间。以美国城镇化进程为例：1920—1950年，美国城镇化率从51.2%提高到59%，增加7.8个百分点，主要推动力为单个城市规模的扩张；1950—1980年，美国城镇化率从59%进一步提高到73.7%，增加14.7个百分点，主要推动力为都市圈的发展。2019年，我国城镇化率为60.6%，大致处于美国1950年左右时候的城镇化水平，仍有很大的提升空间。中国能否像当时的美国一样，从主要依赖单个城市的规模扩张转变为都市圈的发展，为城镇化的进一步推进提供新动力，为房地产的错位发展提供新空间呢？

习近平主席在2019年《求是》杂志上撰文，高瞻远瞩地指出要"推动形成优势互补高质量发展的区域经济布局"。未来要"促进各类要素合理流动和高效集聚……增强中心城市和城市群等经济发展优势区域的经济和人口承载能力，增强其他地区在保障粮食安全、生态安全、边疆安全等方面的功能，形成优势互补、高质量发展的区域经济布局"。2019年中央经济工作会议指出，"推进京津冀协同发展、长三角一体化发展、粤港澳大湾区建设，打造世界级创新平台和增长极"。2020年两会政府工作报告指出，"发挥中心城市和城市群综合带动作用"，而国家发改委《2020年新型城镇化建设和城乡融合发展重点任务》等即对这一精神的具体落实。

可以说，高效的内循环在空间上的表现就是都市圈发展。都市圈发展，为房地产的平稳转身创造了巨大空间，避免房地产突然失速带来的震荡（毕竟房地产在中国是带动产业链最长最广的产业之一）；为土地、劳动力、资本、技术、数据五大生产要素的有序流动、有效增值、合理分配，提供最自发、最充分、最优化的"坩埚"。常言道，"水往低处流，人往高处走"，资源向大城市都市圈的集聚，必将成为未来中国经济转型和产业升级换代的常态，也是我国构建"内循环为主"的经济系统可以因势利导、做大做强的必争、可争之地。

四 做稳做实外贸基本盘是构建双循环的关键节点

前三部分分析了中国经济以内循环为主的几个抓手，但不要因此产生一种错觉：内循环就是闭循环。那就无可救药地陷入了"闭关锁国"的困境。中国经济已深度融入世界经济，中国世界供应链中的地位亦有目共睹。外循环的夯实和拓展，既是内循环深化广化的自然延伸，所谓"由内而外"，也是内循环提质增效的重要保障（外部需求的诱致效应、外部竞争的鲇鱼效应、参与国际规则制定的耦合效应等），所谓"由外而内"。

内外循环的枢纽或关键节点，无疑就是中国在世界供应链中的角色。中美贸易纷争叠加新冠肺炎疫情暴发，逆全球化渐有自我强化之势：各国均在不同程度上试图打造一条相对独立的制造业链条，尤其是在战略物资和关键技术上；跨国公司也从过去一味追求效率，转而开始对所谓的韧性赋予更高的权重。就此而言，从头开始，或者做好"备份"，成为虽然成本高昂但却具有战略意义的选项。在此背景下，作为制造业大国的中国，关键技术上可能被"卡脖子"，劳动力成本低的比较优势正在弱化，多边经贸规则正让位于日益分裂的双边或区域贸易规则，挑战不可谓不大，未来不可谓不艰。

但我们不必太过悲观，中国供应链（或者说中国制造）依然有韧性、可提升，从而加速形成和深化"国内国际双循环相互促进的新格局"。

其一，中国制造业仍具有足够竞争力，而东南亚国家和地区不管在体量还是效率上都难以承接取代。2018年，中国制造业在全球的份额达到30.4%，中国制造业出口在全球出口的份额达到11.9%。而马来西亚、越南、泰国、印度等东南亚国家的体量完全不能相提并论，其制造业在全球的份额分别为0.3%、0.59%、1.03%和3.1%，人口受教育程度、研发能力、生产率也弱于中国。

其二，中日韩区域合作有望得到进一步加强。根据WTO的《2019年全球价值链发展报告》，全球大致存在三大生产网络：美墨加为核心的北美产业链、德法意为核心的欧盟产业链、中日韩为核心的东亚产业链。到2017年，以复杂价值链划分（complex GVC trade networks），这三大供应链之间已经比较独立，不存在关键性的直接联系。因此，率先走出疫情阴霾的中日韩，有加强产业链协作的基础；而仍然需要全球布局的跨国公司，亦可能优先保障东亚地区的物资供应和生产配置。事实上，这是一个中国可以受益良多的更大的内循环！

其三，"以开放、合作、共赢胸怀谋划发展"（习近平主席语）就是最大的底气。据世界银行《全球营商环境报告2020》，中国营商环境全球排名从2018年第78位跃升至2020年第31位，连续两年跻身全球改革步伐最快的前十个经济体之列；据美中贸易全国委员会（USCBC）发布的《2020中国商业环境调查》，尽管中美关系持续恶化，鼓吹经济脱钩之声不绝于耳，但被调查的在华美国企业对中国市场前景的态度近5年来没有发生较大变化。2020年仍有83%的企业将中国市场的重要性排在其全球战略的首位或是前五名；近70%的企业对中国未来5年的投资环境态度乐观；有87%的受访企业没有将生产线搬离中国的计划，而其余有计划迁移生产线的企业主要将美国、泰国和墨西哥作为备选地（当前跨国公司的主要目标是活下去，很难想象其会在短期内扩大资本开支）。

正是这种"我自岿然不动"的定力和气魄，中国出口在全球出口中的份额才能稳居13%左右的高位，2020年以来中国出口才能在全球经济和贸易跌入低谷之际有"超预期"表现。

作者为平安证券首席经济学家

洞见"十四五"

徐林 ///
以全方位创新推进
"十四五"高质量
发展

我国正面临所谓百年未有之大变局和大挑战，国际环境错综复杂，挑战因素不断增多，崛起过程中的大国间战略利益博弈复杂激烈，二战后形成的国际体系将面临艰难重构，国际贸易和投资格局、全球产业分工格局也将受到新的冲击。新冠肺炎疫情的全球蔓延导致了全球性经济衰退，经济恢复常态变数不断、困难重重，未来全球经济增长将更加依赖创新形成的新动能。

我国国内生产和发展要素条件正趋于恶化，人口老龄化、债务杠杆、生态环境、气候变化、结构失衡等边界约束条件日益收紧，发展过程中的制度性结构矛盾更加突出。如何在复杂的国内外环境下延续改革开放以来的经济增长和繁荣，更好谋划并启动"十四五"发展，需要我们看透基本态势，直面突出挑战和问题，寻找科学合理的出路，实施坚定有效的举措。

一 合理引导未来增长预期

明确发展目标从来都是国家发展规划面临的头等大事，这是引导未来预期和政策资源配置的重要依据。

（一）从供给侧宏观增长模型看趋势

按照新古典增长模型，经济增速是由技术进步增速、资本投入增速和劳动力投入增速共同决定的。

从我国目前趋势看，我国老龄化程度日益提高，60岁以上人口占总人口比例已经超过18%，65岁以上人口占总人口比例已达到15%，在上海等超大城市老龄化程度已经达到30%以上。一些人口学者甚至认为我国人口数量状况比官方统计数据更不乐观。由于计划生育政策的集中影响，老龄人口比例还在快速上升。预计到2025年，我国60岁以上人口占总人口的比例将超过20%，65岁以上人口比例将接近18%。

随着老龄化程度不断提高，总体储蓄率逐渐下降。我国总储蓄率过去几年已经由51%左右下降到了46%左右，虽然与世界其他国家相比仍属较高之列，但还在继续快速下降。按照国际货币基金组织的预测，到2025年，中国的总体储蓄率会进一步下降至40%左右。储蓄资源增速下降，加之资本产出率增速也在下降（白重恩教授研究表明，我国资本产出率增速由2008年前30年的年均3.94%下降到了2008年后的年均0.62%），市场主体的投资意愿降低，尽管政府不断采取措施企稳投资，我国固定资产投资增速还是由过去的两位数增长下降到6%左右的个位数增长。

从劳动力供给看，老龄化毫无疑问会降低劳动力供给增速。过去几年我国劳动年龄人口（15岁—60岁）平均每年净减少300万人左右，劳动力供求关系因此发生明显变化，这使得我国过去10年劳动力成本年均提高约12%左右，不少劳动力密集型加工制造业因此退出或转移到劳动成本更低的国家和地区，产能转移溢出效应十分明显。

我国劳动生产率增速也开始下降，由过去10年年均增长9%左右下降到过去5年年均增长5%左右。从技术进步率（全要素生产率）增速看，也存在下降趋势。清华大学白重恩的研究表明，我国全要素生产率增速由2008年前30年的年均6.24%下降为2008年后的年均3.18%。

（二）从供给侧部门模型看趋势

从供给侧部门模型看，GDP是由各部门国内生产增加值加总构成的。各部门增加值的增速及其权重共同决定了GDP的增速。从不同产业门类变动看，由于制造业普遍存在的产能过剩问题并未真正实现市场出清，制造业传统部门和农业生产增速会比较稳定甚至有所下降。在制造业众多门类中，过去5年实现两位数以上年均增速的只有医药制造业、汽车制造业、计算机和通信类电子产品制造业、废弃资源综合利用和金属制品业、机械和设备修理业。其中汽车制造业增速在2019年开始出现负增长，新冠肺炎疫情的影响使不少汽车企业陷入亏损困境。与互联网、大数据等创新应用相关的新兴部门或新经济部门增速相对较高，一些部门甚至超过两位数增速，但由于对传统模式具有替代效应，未必会产生对整体行业增速的全面实质性提升。比如，网上零售过去5年虽然年均增速达到30%左右，但全社会商品零售总额增速不但没有提高，反而从10%左右下降到了只有8%左右。服务业增速高于制造业和农业增速，特别是服务业中文化娱乐、信息服务、体育健康等部门增加值增速超过两位数，增长的收入弹性很高，具有持续稳定的扩张性，这与居民消费结构中服务消费比重提高的升级趋势是一致的。其中，信息传输、软件和信息技术服务业过去5年的年均增速超过了18%。总体来说，产业结构性增速的差异是十分明显的，大量传统部门增速相对较慢甚至在下降。

（三）从需求侧宏观模型看趋势

GDP=C+I+（X－M），其中C为消费，I为投资，X为出口，M为进口。这说明支撑GDP增速的是所谓"三驾马车"——消费、投资和净出口的增速。从目前态势看，我国国内消费增速逐年下降，已经由过去10%以上的两位数增长下降到8%左右的个位数增长；固定资产投资增速也由高点期30%左右的增速，下降至如今6%左右的增速。由于投资收益总体上趋于下降，市场投资增速难以出现新动力；净出口因全球经济衰退和贸易环境、贸易条件恶化、国际分工结构调整等因素，面临越来越大的不确定性，总体呈下降趋势，出口恐难有大的增长作为。国内制造业景气的逐渐收缩会逐步蔓延至服务领域，从而导致就业增速的转弱，失业人数可能会有所增加，疫情的延续也会使居民对未来的就业和收入预期下降，并进而使居民消费变得更加谨慎保守。因此，未来支撑经济增长的需求动力似乎也在进入弱化的通道。

总体结论：综合上述多重因素及其变动趋势得出的基本推论是，即便是假定全要素生产率增速保持稳定且不进一步下降，未来我国经济的潜在增长率将进一步下降。如果我们假定劳动参与率和劳动生产率增速基本稳定，综合考虑我国劳动力和资本投入的变动趋势，未来5—10年我国经济潜在增长率会下降至5%左右，甚至可能低于5%。因此，研究设定"十四五"增长预期目标，可能不得不将预期增长目标，确定在相比"十三五"规划6.5%的增长目标而言更低的增长区间，最好就在潜在增长率水平5%左右。

从过去的经验看，国家五年规划预期增长目标的选择，对各省区市设定各自的五年规划预期目标具有重大导向性影响。出于稳定信心而确定过高的预期增长目标，一般会使各级地方规划预期目标跟随性加码提高，最终会导致因整体目标过高而在实施过程中采取不必要的刺激性政策，产生杠杆攀升、违约增多、产能过剩、泡沫加大等副产品，最终会影响增长的质量和可持续性。因此，实事求是地确定"十四五"增长预期目标，对引导高质量发展、提高增长效率、降低债务杠杆，具有重要意义。

二　稳定经济增速的主要出路和举措

既然未来潜在增长率已经落入5%左右的区间，如何更好地稳定并延长经济增长平台期，是需要认真考虑的政策和改革重点。从目前的基础条件看，由于要素条件的改善并不容易，必须花更大力气采取措施，提高要素配置效率，进而通过提高全要素生产率增速来推动并稳定增长速度。实际上，我们仍有较大空间通过包括体制机制创新和科技创新的全方位创新，来改善资源配置效率，实现更长时间的经济稳定增长，并通过更有效的创新激励，缓解因要素红利逐步减弱、外部环境更加恶化导致的降速压力，持续提高经济运行效率、整体竞争力和抗风险能力。

（一）以全方位创新为核心深化供给侧结构性改革

供给侧结构性改革是国家"十三五"规划明确的发展主线，这一任务不可能在5年内完成历史使命，需要在"十四五"期间继续深入推进，核心是推进全方位创新。

1. 努力稳定并改善劳动力供求关系。化解劳动年龄人口减少的主要做法包括：一是延长退休年龄至65岁。这是很多国家应对人口老龄化、减轻社保养老支出压力的通行做法，我国也到了采取类似做法的时候。二是让进城农民工和城市间流动就业人口落户。我国有2.7亿左右的农业转移人口在各类城市就业，近1亿在城市间流动就业的城镇人口，他们大多数人没有就业所在地户口，农业转移人口一般在男50岁、女40岁左右就离开工作岗位回到老家并逐渐退出劳动力队伍，如果能让这批人获得就业所在地户口，一般能延长劳动年限5—10年，可以有效增加城市的各类劳动力供给。三是让体制内退休官员和科技人员更好发挥作用。我国现行制度对退休官员特别是高级官员再就业有严格的限定，不允许他们退休后被企业等有关机构有偿聘用，这导致很多有很强专业能力和专业经验积淀的政府精英人才被闲置浪费。这些措施从反腐角度看似乎合理，但制度设计过于简单，如果对相关制度进行细化完善，允许他们在一定条件下被企业或相关机构有偿聘用，而不是一刀切地被禁止，完全可以增加我国的高素质劳动力供给并提高人才资源利用效率。四是在一对夫妇可以生两个孩子政策基础上，完全放弃法定计划生育政策，尽快实施家庭自主生育政策，必要时视情况采取措施鼓励年轻人多生育，以扭转人口快速老龄化和过低生育率带来的国家人口结构失衡问题，以及相应的经济社会问题。

2. 提高劳动力素质和质量。应对劳动力数量减少的另一个有效措施是提高劳动力素质，以质量提高弥补数量不足。这需要强化实用型技术教育和培训投入，为更多劳动力提供更高质量的免费技术培训和技术教育，通过更专业的技术培训解决结构性就业难题。应该加快教育实质性改革，给予学校更大的办学自主权，让大学教育能够针对产业发展和结构调整的需要优化专业设置，有针对性地提供技术员工教育和培训服务，并强化专业课程设置与国家发展需要以及市场需求的对接，缓解高校毕业生结构性失业导致的人才浪费。要全面提倡专业精神，减少教育的功利性，真正培养个人专业兴趣，形成行行出状元的专业至上文化，提高各领域专业人员、技术工人的社会待遇和认可度，提高新型职业农民的社会认可度，使不同专业技术岗位的专家和工人都能成为更受尊敬和尊重的职业人士。

3. 强化全方位科学技术创新。从研发投入规模和专利申请数量看，我国已经是一个全球研发大国，研发经费投入已经超过欧盟所有国家研发投入的总和，研发投入强度也接近2.2%，年注册专利数已连续多年名列世界第一。但从研发质量和核心竞争力来说，我国还远不是研发强国。从创新效果看，我国专利数量虽然名列前茅，但科技成果转化率大致只有10%左右，远远低于发达国家40%左右的平均水平。从产业体系看，我们很多产品和服务在品质上不能满足消费者消费升级和消费多样性、精细化的需求，很多领域不具备与海外先进技术、产品和服务竞争的能力，一些高端产品和核心技术还完全不能自主研发并生产，必须高度依赖进口，受到发达国家制裁和禁运时处于十分被动的局面。

在自由贸易环境下，通过互通有无和比较优势形成全球产业分工体系和产业链，这原本不是问题，况且我国还属于贸易顺差国，总体上处于有利地位。但不幸的是，目前多边自由贸易体系正在经历前所未有的挑战，我国还面临以美国为首的西方国家以国家安全保障、意识形态差异、制度体制差异、保护竞争优势等为借口且带有敌意的高技术封锁禁运和发展遏制。和平时期不应该出现的技术禁运在美国主导下正在进一步强化。

在外部压力遏制下，任何对全球化产业链和技术链抱有期待、幻想和依赖的技术和产业政策，都显得过于天真，在政治现实上也难以被接受。我们还需要在部分关键领域继续采取以进口替代为目标的科技和产业政策，加强核心技术和产品的国内研发和进口替代，以摆脱对进口产品和技术的严重依赖，尽快突破发达国家的技术封锁。因此，科技创新和创新驱动应该成为深化供给侧结构性改革的重中之重。

相对于自然资源而言，我国在科技领域更具备国内循环为主的条件，值得为之努力也具有紧迫性，是构建新发展格局的重要内容。这相应地需要进一步完善创新激励体系，提高政府在全社会研发投入中的比例，强化政府对基础研究和核心技术短板的研发支持力度，鼓励企业更多投入资源用于研究开发，加强知识产权保护和知识产权激励，形成更加开放、包容、自由的创新环境。在构建科技创新的新型举国体制时，要更多利用市场机制激励对科技研发的人、财、物投入，让投资者和科研人员更多分享研发成果商业转化形成的收益。与此同时，我们依然需要加强产业技术研发和创新领域的国际合作，创造条件，更多更好利用国际上最优秀的创新和研发资源。要形成更具激励性的系统性产业技术创新和研发环境，以及推进研发成果商业化的天使投资、创业投资和股权投资发展环境。

4. 深度推进全面对外开放。过去中国的高速增长得益于对外开放，未来的发展依然离不开对外开放，但必须是更广泛更深入的高水平全方位对外开放。我们应该深刻认识到,今后外部国际环境可能给中国带来诸多挑战,甚至可能持续较长时间。中美之间的贸易摩擦看起来是中美双边贸易不平衡问题,实际上是两个超级大国之间战略利益博弈和意识形态争端的激化,并可能继续演变为多个领域的矛盾和斗争。在某些方面,可能也是我国与整个西方国家之间的矛盾和问题所在。

这些新挑战要求我们的对外开放不能仅限于货物与服务市场的准入开放,可能还涉及体制机制更全面地与国际惯例和国际规则接轨,对等开放将成为未来我国参与构建多边、区域或双边自由贸易协定的基本条件。此外,企业用全球视野配置资源和要素将成为高水平对外开放的重要内涵,出于科学合理的决策需求,这需要让市场主体全方位了解各类海内外传媒信息,需要对海外媒体信息的更广泛更及时的获得。这是因为我国的自然禀赋缺陷和已全面开放的市场和经济体系,需要中国企业更多参与国际市场竞争和贸易投资往来,更多以全球视野配置资源,构建我国的全球利益分布。

这自然涉及跨国间基于规则的公平竞争和对国内外参与主体法律保护的一致性,政府应该为企业和投资者全球化配置资源提供更全面的信息支撑和服务。但做到这一点,可能会颠覆我们过去的一些传统思维、习惯和做法。因为一国在使用产业政策工具时,所使用的政策手段特别是政府补贴等手段,极可能违反世界贸易组织反补贴协议,使受补贴企业相对于不接受类似补贴的企业形成不公平的贸易竞争优势,并导致贸易扭曲。所以,在一个开放环境下,出于对国际规则的尊重,任何一个国家都有权基于国际规则对他国可能扭曲贸易和公平竞争的国内政策发表看法。

因此,从产业政策角度看,出于对国际规则的尊重和提高政策手段实际成效的考虑,我们需要更好发挥竞争机制对市场主体的激励作用,而不是简单利用政府各类补贴予以支持,避免给别国采取贸易保护措施或反补贴、反倾销措施留下话柄。又比如,资本市场对外开放后,国内投资者要对境外资本市场进行投资,就需要及时掌握海外信息特别是被投企业的足够信息,如果不能从海外媒体获得及时信息,将可能影响投资决策并导致失误，这需要解除对海外媒体和信息的现行封锁。在服务领域，中国需要进一步扩大服务业对外开放，通过国外先进和高品质服务模式的引进，促进国内服务业市场的高水平竞争，通过竞争尽快提高国内服务业的服务品质和服务能力。

5. 加快优化能源结构并强化节能。能源是现代经济增长发动机的燃料，能源革命和创新对中国的安全发展和可持续发展来说至关重要。我国是一个能源消费大国，但传统能源资源的人均自然禀赋明显不足。目前，我国人均能源消费为3.2吨标准煤左右，与美国人均11吨标准煤、俄罗斯人均13吨标准煤的水平有很大差距，只相当于能源利用效率最高的日本和德国人均消费水平的一半左右。

随着居民人均收入水平的提高，消费行为会进一步向发达国家居民消费行为趋同，人均能源消费水平最终也会趋同。我国能源资源条件不允许我们向美国和俄罗斯趋同，但即便是向日本和德国趋同，我国人均能源消费还可能提高约1倍，但前提是达到日本和德国的能效水平。这也意味着中国能源消费总量最终会在现有基础上翻一番甚至更多，这将给中国带来能源安全和减排方面的双重挑战和压力。我国石油对外依存度已经超过73%，天然气对外依存度已达到43%，且还在进一步上升。相对于粮食安全而言，由于战略储备严重不足，中国的能源安全更具有真实的风险敞口特点，在特殊时间极有可能演变成安全危机。

解决能源问题和挑战的出路只有两条，一是全方位加大节能力度，特别是在建筑领域和制造领域加大节能力度，用更有效的激励机制鼓励各类用能主体加大节能技术开发和推广应用，更多鼓励提高能效的投资，进一步提高国家整体能效水平。二是尽快优化能源结构，重点提高能够自给的清洁能源特别是可再生能源比重，加大对风能、光能、氢能相关的材料技术、储能技术、智能电网等技术的研发和商业推广，提高转化效率，在此基础上加快推动经济社会的电气化和电动化，推进分布式清洁能源体系建设和能源互联网建设，实质性减轻对煤炭、原油和天然气的生产和进口依赖。这是因为我国在风能、太阳能、核能、生物质能发电方面，还有较大空间通过技术创新和开发模式创新扩大电力供给，这一替代不仅具有绿色低碳、实现碳中和目标的减排意义，还具有降低能源对外依存度、提高能源安全保障能力的长远战略意义。

6. 深化市场化和法治化改革。这是供给侧结构性改革最核心最关键最复杂的内容，目的是减少市场主体对未来的不确定性担忧，增强对未来的信心和恒心。一是更好依法保护各类产权特别是私有产权，我国民营经济占比已经大大超过大半壁江山，民营经济对就业、创新的贡献日益显著，都超过了70%。经济发展进入创新驱动阶段后，民营经济和企业家的作用将变得更加重要，通过加强产权保护和产权激励，可以稳定私营部门企业家的长期预期，更好激励民营企业和研发人员投入创新、投资未来，在实体经济并为资本市场造就更多面向未来、创新驱动、依法经营，更具创新动力和竞争力的百年老店。

二是要创新性化解主流意识形态与经济基础之间的结构性矛盾。我国经济基础的民营比重还在继续提高，资本市场特别是股票市场发行主体民营企业越来越多，但部分民营企业家缺乏足够的安全感和对未来的信心。越来越多民营企业选择海外上市，或在国内上市后变现部分资产转移出境，而不是将经营利润更多转化为投资继续发展，是这类担忧的一种响应性表现。现在需要执政党进一步予以重视并实事求是、创新性地加以探索解决。这是一个十分敏感但又不容忽视、无法回避的历史性话题，值得立足长远，认真研究，找到可行的根本出路。

三是强化统一市场制度建设，扫除妨碍全国统一市场内要素自由流动，企业公平竞争的任何不合理规定和做法，规范地方政府补贴招商引资的不合理竞争行为，废除各类地方政府实施的地方保护和区域分割行为，使我国具备的大国经济统一大市场优势得到更充分发挥。

四是依法行使政府治理和管制，减少政府决策、监管和管制过程中的不透明性和随意性，减少政府对微观主体市场经营行为的随意干预，降低制度性交易成本，真正改善基于规则和法治的可预见的政府监管和服务，促进形成更加便利可靠、透明清洁的营商环境。

五是减少各级政府和国有企业对资源特别是要素的直接配置，让各类民营企业获得真正平等的资源获取权，让市场对资源和要素配置发挥决定性作用，让政府的作为更多聚焦在公共服务、信息引导、秩序维护、基础设施等领域。

（二）以放松管制为重点释放并稳定内外需增长

形成以国内循环为主，国内国际双循环相互支撑的新发展格局，从需求侧来看，依然需要提高内外需对增长的贡献，但发力点不见得就在需求侧，也不在于简单增加消费补贴和扩大政府投资，功夫实际上依然在供给侧，与供给侧制度的改革、开放、创新更密切相关。

1. 基于就业和收入预期稳定的内需扩大。国内需求总体上是就业和收入的函数。促进国内消费需求稳定增长的根本措施是保持就业的持续稳定增长，而稳就业的根本措施在于在制度上放水养鱼，养活更多的企业。这需要不断改善企业经营环境和创业就业环境，特别是城市中小企业和个体工商户的发展环境。在中国，尤其要注重发挥超大城市、特大城市和大城市的规模经济带来的创业和就业效应。国内部分城市试图通过控制外地务工人员流入的做法控制城市规模，实际上扼杀的是城市内生的就业和创业机会，这样做的城市早晚会面临困境。

从企业税费负担来看，我国间接税为主的税制导致企业税负偏重，在前期降低企业税负的基础上，还可以进一步研究降低企业社保和公积金负担，并通过更多划拨国有资本经营收入增加社会保障资金来源，以更好地通过稳定就业、优化保障来稳定居民收入预期，减少居民扩大消费需求的后顾之忧。从长远财税制度建设和财税制度国际竞争角度看，应该进一步深化财税体制改革，完善税收结构，改变以间接税为主的税收结构，逐步向以直接税为主的税收结构过渡，使我国的企业税费负担具有国际竞争力。

为了使降税具有可持续性并不对政府民生支出形成挤压，需要进一步优化并精简政府支出项目，削减不必要的政府支出，特别是削减那些锦上添花的政府支出项目、面子工程和政府自身的行政管理开支，逐步降低预算内经济建设支出特别是竞争性领域财政支出的比例，提高民生福利和社会发展支出的比例，"十四五"期间，各级政府将面临财力不足和还债刚性支出压力，要带头勒紧裤带过紧日子。

2. 基于深度城市化的城乡融合发展。从发达国家的经验看，城乡融合发展主要靠工业化和城市化的拉动以及城市化基本稳定后的城乡公共服务均等化制度的安排。我国城市化进程尚未基本稳定，较大的城乡收入和福利差距，以及农业与非农产业劳动生产率差距，依然是推进城市化的根本动力。

从国际国内经验看，城乡居民收入差距小于2倍后，城市化动力才减弱并趋于稳定。我国目前城乡收入差距还在2.7倍左右，落后地区城市人均收入与发达地区城市人均收入的差距更大，城乡之间的公共服务和社会福利差距还十分明显。

从三次产业劳动生产率差距看，农业劳动生产率只相当于工业劳动生产率的26%左右，服务业的35%左右，劳动力从农业向非农产业转移就业的动力依然较强。这明显的差距说明我国还远未到逆城市化的阶段，城市化的红利依然值得挖掘。为此，需要继续消除城市化的体制障碍，为城市化的自然发展创造条件。坚持以人为核心推进深度城市化，本质上属于供给侧改革和创新的内容，有利于缩小城乡收入差距和公共服务差距，还具有扩大国内需求的积极效应。

我国现有统计制度下的城市化水平并不能真实反映城市化实际水平，很多城市常住人口并非真正意义上的城市居民。应该采取措施允许2.7亿进城农民工和近1亿城市间流动就业的城镇人口自主选择获得就业居住所在地户籍并享受同等公共服务。政府应相应调整财政支出结构，更多用于进城落户人口的城市保障房建设和公共服务支出，将有利于流动人口稳定未来预期，扩大消费支出，形成政府支出改善与消费需求持续增长之间的国内良性循环，对经济持续增长的效应要强于简单增加基础设施投资支出，对社会结构的改善和公平正义的维护也具有积极作用。考虑到更多的创业机会和服务业就业机会都在城市特别是特大城市和超大城市，应该完善城市社会治理模式，禁止城市政府采取限制外地人流入或是以疏散为名驱赶外地人的错误做法，还城市社会应有的开放包容姿态。这在经济减速、失业增加时显得格外重要，是服务业扩大就业的根本保障，有利于改善民生和家庭服务，更有利于构建内循环为主的新发展格局。

在深度城市化过程中，要进一步完善城市建设用地供地机制和农村建设用地的高效配置机制，使建设用地特别是住宅建设用地的增加与城市常住人口特别是落户人口的增加相适应，使进城落户农民工的农村闲置宅基地有更好的入市变现通道和市场化权益价值实现机制。政府财政转移支付规模也要与人口流入地的人口流入规模特别是流入人口落户规模相适应，形成对吸纳转移就业人口落户地区的正向激励机制。在城市房地产调控模式方面，要改变目前通过行政管制限购限价的扭曲市场供求关系和价格信号的不合理做法，通过税收手段调控抑制不合理炒作行为，使正常的基本住房需求和因收入提高形成的改善型住房需求都能够得到有效释放和满足。只有城市化进程基本稳定了，城乡融合发展和乡村振兴的时机才会真正到来，此前对新农村建设和乡村振兴的大规模投入，很大一部分最终会因为农村人口的流失成为浪费。在城市化快速上升期，城乡融合发展的支出不如更多投入在城市，更好地解决进城落户农村人口面临的现实问题。

3. 基于城市群和都市圈的区域协调发展格局。我国未来城市化率将达到80%以上，主要城镇人口将分布在胡焕庸线以东20个左右的城市群和都市圈地区，这主要是由自然条件和资源环境承载力决定的。如果城市群和都市圈内部的协调发展做好了，国家区域协调发展的大格局就形成了。以往以东部率先、中部崛起、西部大开发和东北老工业基地振兴为主的"四大板块"区域战略，加上点菜单式碎片化区域政策，经过20年左右的实施已经取得阶段性成果，但也存在过于碎片化、效率不高等问题，留下了值得总结的经验和教训。考虑到任何一个板块内部还存在不同省区市之间的较大差异，延续如此大尺度的区域战略或过于碎片化的区域规划和政策指导，实际操作性、精准性和市场有效性都面临挑战，最后极有可能沦为不同板块之间争相寻求中央优惠政策的政治借口，并导致不必要的资源错配和浪费。

事实上,从他国以及我国自身经验看,真正有利于促进区域协调发展的恰恰是市场机制,因为有效的市场机制会允许各类要素自由流动,并产生要素报酬均等化的趋同效应。而我国最大的制度不同就是城乡和区域分割的户口制度,以及基于户口制度的差异性福利分配制度,这一制度制约了人口的自由流动和公共服务的平等配置。因此,好的区域战略和政策应该基于统一市场下的要素自由流动和要素聚集机制,做顺势而为的引导而不是逆势而为的干预。因此,应该根据人口流动的趋势,将原有的以四大板块为主要构架的区域战略和政策,转变为以城市群和都市圈为空间单元的城市化格局优化战略,通过市场要素自由流动、基础设施网络共建、生态环境协作补偿、基本公共服务均等化等机制,促进城市群和都市圈内部不同规模城市和城镇之间的相互协调发展。只有这样才会实现真正有市场效率的区域协调发展格局,在要素分布和经济分布空间协调基础上实现区域人均收入差距和公共服务差距的收敛,而区域人均收入差距的缩小最终还会有利于内需的稳定扩大。

从大的城市群格局看,中国最具活力和潜力的全国性城市群主要是粤港澳大湾区城市群、长三角城市群、环渤海大湾区城市群、成渝城市群和长江中游城市群。在当前南北经济发展差距不断扩大的背景下,环渤海大湾区可能是中国北方地区基础条件最好、创新能力最强、集聚效应最显著、城市城镇最密集、发展潜力最大的地区。这一地区有北京、天津等超大核心城市,还有大连、沈阳、青岛、济南、天津滨海新区、河北雄安新区等知名中心城市和新区,以及众多中小城市和小城镇。如果在这一地区结合东北亚自由贸易区建设实施深度对外开放,其将是缩小国内南北发展差距,最值得发力并最有可能取得成功的地区,具有缩小区域差距特别是南北差距的全局性战略意义,值得中央政府认真对待、前瞻性谋划。要以沿海一线城市或都市圈、内陆新一线城市为重点,以国际化大都市为标准提高城市发展品质和国际化程度,培育具有更强参与国际竞争能力和海外要素吸引力的国际化大都市。

4. 基于宏观审慎的财政货币政策优化。在面临外部环境急剧变化导致的外部需求剧烈波动或萎缩时,为避免对经济增长的实质性强烈冲击，可考虑采取扩张性的宏观经济政策来对冲外部冲击导致的明显波动。但在考虑货币政策和财政政策组合时，依然需要顾及我国经济的货币累计发行量偏大、债务杠杆率偏高的隐患，在货币政策和财政政策组合中让财政政策扮演更积极的主导作用。

货币政策主要是在流动性供给方面保持适度宽松合理的配合，使债务工具的发行利率保持在合理的较低水平，为地方政府和企业的到期债务置换创造有利条件。化解巨大存量债务问题，主要靠时间换空间的办法解决，通过债务展期和借新还旧等机制来防止出现系统性违约和因此导致的市场恐慌。对债务超标的地区应该实行严格的债务总量限制，通过严禁新增债务逐步降低杠杆率。在金融监管和金融工具更好地为实体经济服务方面，一方面要通过强化监管防范可能出现的系统性和区域性金融风险，另一方面还要细化优化金融监管举措，为实体经济创新发展、绿色发展提供更加便利的融资服务，特别是提供有利于降低债务杠杆率的股权融资服务，为各类股权投资机构的市场化募资和投资运营提供更好的发展和激励环境。

要进一步优化政府支出结构，将更多支出用于与深度城市化相关的大城市住房保障、城市轨道交通网络、城市群和都市圈城际快轨、数字智慧城市设施、生态环保设施和公共服务设施，依据区域人口密度完善基础设施网络规划和建设，减少在偏远地区和人口稀少地区的不合理基础设施投入和浪费，减少锦上添花类基础设施项目，消除导致地方政府债务不断累积的重要因素。中央政府还应该严控新城新区的数量和规模，这是因为新城新区建设数量多、规模大是导致一些地方政府债务飙升的主要原因。

5. 基于高水平开放的出口稳定增长。一国持续保持贸易顺差后，进一步开放本国货物和服务市场是化解贸易摩擦的必由之路。以国内循环为主也需要外部循环而不是放弃外部循环。必须继续全方位深化对外开放。但今后的高水平深度对外开放不仅是对外国产品、服务和投资的市场准入放开，还包括国内有可能导致贸易和投资行为扭曲的制度的改进及与国际规则接轨，这有利于为中国企业的全球化经营营造稳定友好、安全可靠的外部营商环境。通过提高产品和服务品质扩大出口规模，是企业国际化经营和提高国际竞争力的努力方向和职责。对政府来说，更重要的是努力为企业营造公平稳定友好的贸易环境。

面对战略博弈日趋激烈、国际环境日趋复杂的新变化，中国必须更加积极主动地参与高标准国际多边、区域和双边自由贸易和投资体制的建设，为我国企业参与全球化竞争和经营创造更加稳定可预期的公平竞争环境。与此同时，还要进一步扩大国内产品和服务市场的对外开放，进一步降低产品关税、扩大服务业对外资的市场准入，与主要贸易伙伴之间形成你中有我、我中有你的更紧密的利益相关格局。要认真研究主要贸易伙伴对我国贸易和产业政策的重点关切，基于国际规则做出相应调整和改革，以提高产业政策实效为出发点，避免对我国产业和贸易政策的"重商主义"指控或不对等开放的指控。有了稳定的国际贸易环境，出口企业才能更好地专心于产品和服务的竞争力提升，从而通过稳定外部需求，对我国经济增长做出更加积极的贡献。

6. 基于绿色低碳的经济发展新动能。中国是生态环境承载力十分脆弱的国家，我们在与美国基本相同的国土面积上承载了比美国多10亿多的人口。与人民生活质量密切相关的空气污染、水污染和土壤污染，在人口比较密集的城市化地区，已经成为对人民美好生活的现实挑战。随着人民收入水平的不断提高，全社会对生态环境品质改善的需求在不断提高，并且越来越成为人民改善生活质量的重要内容。我国已经明确提出了碳达峰和碳中和目标，并向国际社会做出了承诺。因此，绿色低碳发展已日益成为一种持续上升的市场需求，与绿色低碳发展相关的技术、产品和服务，以及这一领域的国际合作，也将日益成为未来发展的新动能。因此，政府必须采取更加有力的措施，设计更加有效的机制，激励越来越多的企业和投资机构，投资于提高资源利用效率、资源高效循环利用、降低污染物排放、降低碳排放的绿色低碳技术和产品服务，特别是高效推进绿能替代。这应该包括以下几个方面：一是实施主要污染物排放和二氧化碳排放总量控制制度，并以排放权利人人平等为基础科学合理地在地区间、企业间或行业间进行额度合理分配，在此基础上建立排放权额度交易制度。二是建立绿色资产占补平衡制度，强化绿色资产的产权界定和产权保护，在此基础上建立生态环境等绿色资产破坏行为与生态环境改善等绿色资产创造行为之间的平衡和净增加机制，通过绿色资产交易市场构建绿色投资和绿色资产的市场化价值实现机制和退出通道。三是加大政府对绿色低碳技术，特别是清洁能源技术、储能技术、智能电网技术、主要污染物处置技术、水环境改善技术的研发支持和新技术的商业化推广。四是进一步改善绿色金融发展环境，推行并更好地激励绿色责任投资，促进绿色信贷、债券、基金等各类绿色金融产品更好地服务企业绿色转型发展。五是进一步强化生态文明理念和意识的全社会普及和教育，鼓励更多非政府组织从事公益环境保护和减排活动。在地缘政治日益复杂的外部环境下，推进人类命运共同体建设还需要共同的价值理念作为基础，由于我国主流意识形态和社会制度的独特性，高举生态文明、绿色低碳的发展大旗，还有利于我国与不同国家形成共同的绿色低碳价值认同，值得我国为之付出更多努力。

总的来看，"十四五"时期的国内外环境还会更加复杂，"十四五"规划的编制和实施也会难于以往。从国内条件看，今后甚至更长一段时期，我国经济呈现潜在增长率下降趋势，这需要我们不满足于近3年供给侧结构性改革的阶段性成果，通过深化供给侧结构性改革并与短期宏观调控政策有效配合，形成供需两侧更有力的增长支撑。从国际看，尽管美国对中国发展的态度变得更具敌意或咄咄逼人，但我国经济的开放度和信息化、数字化世界的形成，使得我们即便是专心做好自己的事情，也离不开与国际社会的交流与合作。我们需要以更开放包容的心态努力维护友好稳定的国际政治经济环境和自由贸易体系。我们或许左右不了国际环境的演变，但我们完全有可能通过包括制度体制创新、政策机制创新、治理模式创新和科学技术创新在内的全方位创新，来更好地激发国内微观主体的创新创业活力和持续增长能力，进一步改善资源和要素的市场化配置效率，使实际经济增长速度达到潜在增长率并延续更长的增长平台期。因此，相对于"十三五"时期的供给侧结构性改革而言，"十四五"供给侧结构性改革的核心内涵应转变为全方位创新，重点是体制机制创新和科学技术创新。如果我们能够通过全方位创新实现上述目标情景，中国就可以用10年左右的时间，成功跨越中等收入陷阱并稳步迈入高收入国家行列，国家综合国力、国际竞争力、国际影响力和人民生活质量都会有新的提高，并作为一个负责任大国，为人类命运共同体建设做出更加令人信服的贡献。

作者为清华大学中国发展规划研究院高级研究员，中美绿色基金董事长

刘元春 ///
未来5年中国将如何
发展

未来5年中国将如何发展？之所以要谈这个题目，是因为中期规划必须要摸清楚未来发展的规律、未来发展的目标和任务，我们才能真正把握住我们需要做什么，以及怎么完成这样的一些目标。

未来的内外格局

目前大家都在讨论，未来5年是关键的5年，是最具不确定性的5年，当然也是我们趁势而上，完成第一个百年计划和开启第二个百年计划的5年。在这个5年里面，我们经常界定的不仅仅是外部环境是百年未有之大变局，内部环境是民族复兴，而且是要在这样的两个大的格局里面进行进一步细分，进一步细化，我们就会看到：在外部环境里面，我们不仅仅是处于百年未有之大变局，更为重要的是处于百年未有之大变局的加速调整期和世界经济动荡调整的关键期。这一点很重要。

当然，对于内部而言，我们会看到，中国的民族复兴大业也到了一个关键点，到了一个我们转变增长方式、调整经济结构、构建新功能的攻坚时期，因此在这样的时点里面，实际上我们再把目前所发生的几件大事纳入进来，就会看到未来的变化超乎我们的想象，"十四五"规划的复杂程度和它背后必须要理解的前提条件就超越我们的想象。

第一个很重要的大事就是新冠肺炎疫情。原来大家都认为这是一个短期问题，但是现在发现疫情对于世界经济、人类社会的冲击是持久性的，是结构性的，是深层次的。这从很大程度上改变了我们原来所预计的，特别是在我们进行"十四五"规划前期研究时的一些基本前提，因为我也是"十四五"规划委员会委员，前期也参与了很多研究，所有的专家团队，都没有把疫情这个黑天鹅以及这个黑天鹅所引发的结构性变化、趋势性变化、中期的冲击影响考虑在内，因此，我们目前必须要把这个变量纳入进来。

第二个很重要的大事就是未来5年中国要真正跨越中等收入陷阱，步入高收入行列。如何步入高收入国家行列？怎么来设定目标，以及在这种目标里面，我们支撑这种速度、支撑这种目标完成的基准点到底在什么地方？我们还缺少什么？实际上，这在很大程度上就构成了我们在"十四五"中间的增长点、增长极、增长结构、产业布局、技术支撑的一个很重要的关键。

第三个就是对外。我们会看到，未来5年中美大国博弈，是一个关键期，未来两年有可能成为我们博弈的一个窗口期。为什么这么说？因为中美这种大国博弈，特别是类似于这种修昔底德陷阱类型的大国博弈，不是10年的时间，也可能不是20年时间。

苏联跟美国的冷战从1946年开始一直到1991年，持续了45年。但是在中美两个大国两种体系、两种模式、两种道路的较量过程中，未来5年是一个关键期，因为中国能不能够突破美国的极限施压，突破美国在关键核心技术上的挤压，突破美国未来形成的战略同盟，以及对中国全面的遏制，我相信未来5年就能见分晓。

那么，为什么能见分晓？我们预测到2025年左右，中国的GDP总量有可能达到美国GDP总量的90%，也就是说从2017年、2018年全面进入极限施压这个状态，到2025年，中国的GDP总量将从美国的60%上升到90%的这样一个比重。这个比重将使目前的形势从不对称的博弈逐步向对称性的博弈进行转变，这里面我想大家能够感受到，这种转变对于我们的博弈方式，对于中美之间的较量模式和路径都会有深刻的影响。

当然，我们首先看到的就是跨越中等收入陷阱的关键期。按照我们目前的测算，到2020年底，中国人均GDP将达到1.14万美元的规模，基本上跟世界的平均收入水平差不多。[①]目前跨越中等收入陷阱就是高收入国家的门槛值，在12 376美元，我们如果简单地进行线性比较，在2023年、2024年左右就可以达到这样的一个水平。

这个水平我们通常讲得简单，超越高收入国家的门槛值，并不等于跨越中等收入陷阱，原因很简单，拉美的经验告诉我们，很多国家如果GDP规模没有超过门槛值20%，就不能算稳定地跨越中等收入陷阱，很多国家还会反复，我们所看到的拉美现象里面，像阿根廷、智利等国家，原来都跨越了中等收入陷阱，但是后来又跌回中等收入，出现了一些波动。

所以，按照十九大的报告，中国要把未来5年放在我们的2035年第一个阶段的核心任务的一揽子中间，而不是简单地来设定未来5年的目标。十九大报告里面提得很明确，我们要在2035年，就是再奋斗15年，基本实现社会主义现代化，我国的经济实力、科技实力将大幅跃升，跻身创新国家前列，人民生活更为富裕，中等收入群体比例明显提高，全体人民共同富裕迈出坚实步伐。

按照这样的比例，我们设定了一系列的目标（或者说参照体系）。第一个目标：2020年到2035年，中国的人均GDP翻一番，到那时我们人均GDP将达到2.2万美元的水平。

第二个很重要的目标，就是我们要跻身于创新国家前列，所以说我们把全球创新指数报告2019年中创新能力前10位国家的人均GDP做一个参照标准，到2035年，中国如果要达到创新型国家参照标准的40%，就需要2020年到2035年实现GDP年均增长速度在4.3%左右；如果达到50%，需要年均增长速度在5.9%左右。

---

① 据2020年国民经济和社会发展统计公报初步核算，预计2020年全年人均GDP 77 447元。——编者注

第三个参照目标就是追赶发达经济体，如果我们要达到发达经济体人均GDP平均的50%，那么未来15年需要4.1%的这种增长速度，达到60%需要5.4%的增长速度，所以我们把这几大因素放在一起，就会形成2020年到2035年要完成十九大所设定的第一步走的目标，我们未来15年的平均增长速度在4.8%左右，这是一个很重要的测算。

未来5年，新的增长动能

按照目前这种增速的分布，我们会看到未来5年需要5.5%左右的增长速度。按照目前我们的潜在增长速度测算，我们会发现在基准情形下，未来5年平均增长速度可能在5.1%左右，也就是达不到5.5%，未来15年的平均增长速度在3.76%左右，离4.8%差很远，即使在乐观情形下，我们进行潜在增长速度的测算，也是低于我们前面所讲的这样一些目标值的。因此这里马上就形成了一个很重要的任务，就是我们要完成第二个百年，第一个阶段的目标要为"十四五"的目标打下基础，按照目前的发展方式，我们是达不到目标的，那么我们就必须要寻找新的增长动能。

这种新的增长动能，集中在几个方面：第一，如何推进技术创新，实现创新红利，这很重要；第二，如何推动改革，实现第二轮制度红利；第三，如何构建教育强国，推进人口红利转化为人力资本红利；第四，如何构建百年未有之大变局中新的合作平台和新的竞争力，突破目前价值链分工链重构的约束，来构造新一轮的全球化红利。

这几大目标很重要的就是我们要从要素驱动转变到TFP值的驱动上面，在这种转变里面，很重要的就是我们要在未来5年，利用双循环新发展格局的战略来重构在这上面的新红利，未来5年这四个方面肯定是重点。因此，从一个中期目标倒推未来5年的目标和未来5年我们所做的重要的事情，我们就能够看到，提升中国增长动能，提升、改变中国目前TFP形成的源泉，是我们未来最为艰巨的任务，这是很重要的背景。

另外，百年未有之大变局全面步入加速期，在这个加速期我们会看到世界经济三大板块，一个是亚太板块，一个是北美板块，还有一个是欧洲板块。在百年未有之大变局有三个关键变化时间，第一个变化时间是2008年，这三个板块占世界经济的比重基本上都在25%左右，也就是三足鼎立的状况形成，多元化体系形成。第二个很重要的时间点就是2018年到现在，亚太的比重达到31%，为什么是一个很重要的比重？因为美国在冷战之后达到世界经济比重最高时就是31%，也就是说，世界经济的战略重心真正向亚太全面漂移，所以31%是两个板块碰撞的交汇点。

当然还有一个很重要的时间点，就是我们预计，2025年亚太的规模将达到35%，这是一个什么规模？是美国在冷战期间占世界比重的一个高点。这个时候大家就会看到，亚太与其他板块的互动格局会发生质的变化，这个质的变化很核心的一个因素就是中国因素。

在未来5年，会发生什么样的变化呢？

我们所看到的中美之间的这种百年未有之大变局中间的一个核心的因素，实际上我们在未来要关注它的几个关键时期，也就是2020年和2025年，在这一段时期里面世界目前所面临的一些问题，特别是我们所强调的一系列的问题。比如说第一个，人口老龄化问题；第二个，收入不平等问题；第三个，技术进步在经济领域渗透弱化的问题；第四个，高债务问题；第五个，公共品缺失问题；第六个，民粹主义问题；第七个，贸易保护主义；第八个，也是很重要的一个就是地缘政治恶化、治理体系恶化的问题。

在未来5年，会发生什么样的变化呢？这是我们必须关注的焦点，我们会看到，第一，未来5年是人口老龄化加速期。全世界老龄人口，65岁以上的人口比重在目前已经达到9%，到2025年将会超过11%的水平。大家一定要看到，这是一个基准变率。

第二，就是收入不平等。全世界前1%人口所占的收入达到21%，最低的50%的人口占GDP比重只有9%。这种状况，在疫情冲击后有所改善吗？答案是否定的。那么，未来几年会改善吗？答案也是否定的，原因很简单,我们目前的这种增长格局、增长源泉基本上是偏技术、偏资本、偏金融,从而导致不平等问题还会更严峻,而遏制这种变化趋势的税收体系、再分配体系,在目前格局竞争中基本崩溃,没有解决的办法。

当然有人讲,我们会在未来5年依靠技术进步,全面突破目前的这种长期停滞的状况吗?答案依然是否定的。因此,我们所看到的世界格局九大问题,实际上会持续恶化,全球的民粹指数、地缘政治指数将会在未来进一步飙升,不确定性将会大幅度上扬,也就是说任何一些小摩擦、小动荡,通过目前这样的一种紧张格局,都会被放大,都会有可能引发出具有系统性、战略性的动荡,也就是说黑天鹅问题会层出不穷。

在这样的一种状况里面,我们又看到疫情冲击加速了这些基本问题,导致逆全球化进一步上扬,导致产业链、价值链进一步重构,导致大国博弈进入进一步的激化状态,所以我们看到新一轮大国冲突,新的周期已经开启,新冷战实际上将在未来常态化。

那么,在这种状况里面,可能就要求我们要有一系列的思考,比如中美之间的这种博弈,第一,如何才能在短期突破卡脖子约束?第二,如何改变目前不对称的博弈?第三,如何在博弈激化中稳住基本盘?第四,如何在世界大变局中形成我们的新合作平台、新开放格局、新竞争力?第五,我们的一些瓶颈约束如何突破?

这些问题马上就形成了中国"十四五"对于未来战略任务进行调整的一系列构想,比如说我们在2015年出台了中国制造2025计划,那么这个2025计划实际上是我们要在核心技术、关键技术、新的技术及八大领域里面进行全面突破。但是我们在这种技术封锁、人才封锁、贸易战计划的状况里面,这种突破的模式、突破的路径,要不要有一个全面的调整?这是很重要的。

还有,在逆全球化加速下,全球的产业链逐步变短、变宽,全球整体的安全意识全面提升,区域合作、双边合作全面取代多边体系的状态下,我们怎么进行新的国际大循环的布局?特别是在风险可控的状况下,我们的商品输出、资本输出之间的关系,如何进行相互配合?这需要我们思考。

中国原来在"一带一路"的这些产业布局，是不是要向区域化、向亚洲经济板块进行聚焦，向风险可控的一些领域进行聚焦？百年未有之大变局的加速期、中美博弈的窗口期，和疫情常态化，实际上使我们原来所构思的产业政策、产业思想，和我们所定位的一系列经济、社会发展目标，都会发生变化。

这种变化我们可以看到，比如说在"十四五"里面，设定了很多的目标，以其中一个"十四五"期间服务业占比指标为例，还应不应进一步地进行提升？我们会发现一个问题，我们过度服务业化，可能面临服务业、金融业、房地产比重过快上升的风险，导致大国经济和强国经济的高端制造出现弱化。因此"十四五"目标里面，是不是将制造业的占比重新纳入我们未来5年的关键计划里面？这是我们要考虑的。

我们对于研发的投入也很重要。我们的研发强度非常重要，同时对于技术指标进行了一系列的要求，比如说每万人发明专利的拥有量。另外还有文化及相关产值平均占GDP的比重，教育支出占GDP的比重，研发支出占GDP的比重，那么这些比重要不要做出调整？

我们会看到，仅仅强调研发强度不足以支撑我们在关键技术、核心技术的突破，不足以形成支撑我们在中美这个大国博弈过程中可持续性的创新，这就需要我们在技术研发中加大比重。美国的技术研发占比能够达到15%以上，而我们的占比却只是略多于5%，这种参数，是不是应该进入我们的视野之中？

"十四五"的核心任务

"十四五"规划中应该看到新指标体系，要掌握它的一些背景材料。对于"十四五"的核心任务，我认为有几个方面：

第一个任务就是要通过在思想上进一步凝练共识，在理论上、战略上进一步加强构建，形成统领未来一段时期的新思路，这就是双循环新发展格局。虽然这个格局目前还有很多争论，但是我们必须要在这方面进一步凝练共识，进一步认识我们所面临的环境。

第二个任务就是我们要把双循环新发展格局，真正贯穿于"十四五"的规划之中，这个规划之中很重要的就是我们要把握十九大的战略定位，贯彻新发展理念，建设现代化经济体，要在未来5年里有一个深化，这个深化很重要的就是发展理念的深化，这就是总书记讲的越是开放越要重视安全，统筹好发展和安全两件大事。

我们要怎么样？未来的发展是更高质量、更高效率、更加公平、更可持续、更为安全的发展，所以我们一定要看到"十四五"规划中，就以往规划除了强调发展，还要强调安全、强调质量、强调公平和可持续，这几个方面是大家要把握住的。

其次是对十九大定位的细化。十九大对于现代经济体的战略落实是六大战略来进行支撑的，深化供给侧结构性改革、创新型国家、乡村振兴战略、区域协调发展战略、改革战略，以及新开放格局战略，必须要用新的发展理念和双循环新发展格局思想，来重新统领这六大战略的布局，这是大家要很明确的。

还有很重要的就是，当前"十四五"规划必须要根据我们目前内外环境变化的规律，来把握疫情防控常态化、国内经济常态化循环面临的痛点、断点、堵点，来判断风险及其传递。我们在2020年5月份所出台的一揽子规模化政策，所出台的相关扩大内需的战略，一定要在"十四五"有一个很好的对接。

"十四五"头两年，我相信它的战略重点就是经济常态化，摆脱疫情约束，在应对疫情这一场全球竞争中，中国拔得头筹，从而在大国博弈和格局变化中占得战略性的先机。另外，还得考虑我们目前一些非常态政策，未来两年的政策常态化退出的步骤很重要。

第三个任务就是我们必须要启动关键核心技术攻坚战。这个攻坚战是一个体系性的，涉及我们的研发体系，涉及我们人才的培养体系，涉及我们一系列新的产业政策和技术投入，这是最为关键、最为核心的。总书记在这上面强调得很多，"十四五"规划里面这肯定是重中之重。

第四个任务就是如何把供给侧结构性改革和基础性改革，以及总书记在最近几个重要场合所表述的新改革理念，贯穿到我们未来这5年之中。

第五个任务就是新开放格局的构建。这个构建的立足点就是要配合我们国内大循环，把它作为一个基点，顺应世界大势的发展。我想这几个方面必定要在"十四五"规划中做出一些重点阐述、重点说明。

作者为中国人民大学副校长

汪涛 /// "十四五"规划有何可期

2020年10月中国召开十九届五中全会，政府研究制定第十四个五年规划纲要（2021—2025年）。更为详细的"十四五"规划全文在2021年3月的全国人大会议上正式批准公布。[①]对投资者而言，"十四五"可能有哪些值得关注的宏观主题？

宏观环境更具挑战，五年规划崭新起点

"十三五"规划的实施为下阶段的发展夯实了基础。

中美贸易摩擦和2020年的新冠肺炎疫情对中国经济造成了较大的冲击，也给实现"十三五"规划目标带来了一定压力。尽管如此，除GDP增速和居民收入增长可能无法达标外，2020年底中国有望实现包括城镇化、环保、民生在内的大多数其他目标（表6）。尽管新冠肺炎疫情可能拖累2020年经济增长大幅放缓，但中国人均GDP仍有望达到1.04万美

---

① "十四五"规划全文于2021年3月13日公布。——编者注

元，而相比之下，5年前中国人均GDP只有8 000美元（图70）。此外，中国的中等收入群体（根据统计局标准，即家庭年收入在10万到50万元之间）已超过4亿人，贫困人口数量（特别是农村地区）也大幅下降。

"十三五"规划期间，政府还通过推进供给侧改革削减了工业过剩产能，并实施了一系列去杠杆措施，收紧了对影子信贷的监管，加快了不良贷款处置，稳定了国内宏观杠杆率。不过，受疫情冲击和信贷宽松的影响，2020年的宏观杠杆率应会再次明显上升。

"十四五"规划期间所面临的宏观环境也更具挑战性。

与5年前相比，目前中国经济发展面临着更大的挑战，尤其是来自外部环境方面的挑战。受新冠肺炎疫情影响，海外经济大幅收缩，大多数经济体的政策空间已捉襟见肘，全球化面临逆境和阻力。2018年以来中美贸易摩擦迅速升级，而2020年疫情暴发以来中美摩擦已经蔓延到贸易之外的领域，包括美国进一步收紧了对中国技术出口的限制等，脱钩压力也不断加剧。受此影响，未来几年供应链重构可能加速（图71）。国内而言，人口老龄化、宏观杠杆率高企、技术发展存在瓶颈、部分领域效率低下，这些因素仍将制约中国经济的长期增长。我们估计，中国在科技领域进一步受限可能拖累未来10年中国潜在经济增长率年均0.5个百分点，不过，中国应仍会是对全球经济增长贡献最大的经济体，而且对投资者而言也仍将具备相当大的吸引力。

表6 "十三五"规划的进展和"十四五"规划的预期目标

部分指标	类型	"十三五"规划目标（2020年或2016年—2020年）	"十三五"规划进展（2019年或2016年—2019年）	"十四五"规划目标（瑞银预测，2025年或2021—2025年）
经济发展				
平均实际GDP增速（%）	预期性	>6.5	6.7	无显性目标或者5%左右
服务业增加值比重（%）	预期性	56.0	53.9	60
常住人口城镇化率（%）	预期性	60.0	60.6	65

续表

部分指标	类型	"十三五"规划目标（2020年或2016年—2020年）	"十三五"规划进展（2019年或2016年—2019年）	"十四五"规划目标（瑞银预测，2025年或2021—2025年）
户籍人口城镇化率（%）	预期性	45.0	44.4	50
创新、科技及教育				
研究与试验发展经费投入强度（%）	预期性	2.5	2.2	3.0
劳动年龄人口的平均受教育年限（年）	约束性	10.8	10.7	
科技进步贡献率（%）	预期性	60	59.5	
固定宽带家庭普及率（%）	预期性	70	91	
每万人口发明专利拥有量（件）	预期性	12	13.3	
能源及环境				
非化石能源占一次能源消费比重（%）	约束性	15	15.3	18
万元GDP用水量下降（%，累计）	约束性	23	20.6	
单位GDP能源消耗降低（%，累计）	约束性	15	13.7	
单位国内生产总值二氧化碳排放量降低（%，累计）	约束性	18	18.4	
二氧化硫排放量降低（%，累计）	约束性	15	22.5	
新增建设用地（百万亩，累计）	约束性	<32.56	23.2	
地级及以上城市空气质量优良天数比例（%）	约束性	>80	82.0	
达到或好于Ⅲ类水体比例（%）	约束性	>70	74.9	
民生				
居民人均可支配收入量增长（%）	预期性	>6.5	6.5	与GDP增速基本一致
城镇新增就业人数（百万人，累计）	预期性	50.0	53.8	50.0

续表

部分指标	类型	"十三五"规划目标（2020年或2016年—2020年）	"十三五"规划进展（2019年或2016年—2019年）	"十四五"规划目标（瑞银预测，2025年或2021—2025年）
城镇棚户区住房改造（百万套，累计）	约束性	20	21.6	
农村贫困人口脱贫（百万人）	约束性	55.75	50.2	

资料来源：环亚经济数据公司、官方文件、瑞银估算

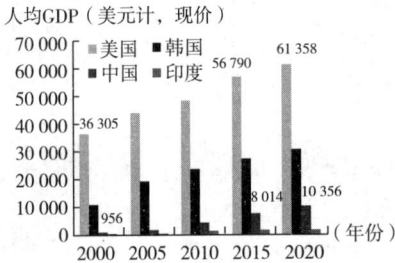

图70　预计2020年中国人均GDP超过1万美元

资料来源：环亚经济数据公司、Haver、万得、瑞银估算

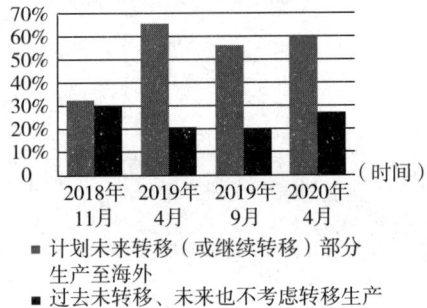

图71　供应链转移的压力不断上升

资料来源：瑞银估算、中国企业家问卷调查

十四五规划中可能有哪些宏观主题？

　　GDP增速目标下调，更关注经济再平衡和发展质量。相比"十三五"规划设定的"6.5%以上"的年均实际GDP增速目标，我们预计"十四五"规划可能会明显淡化经济增长目标，要么不设定明确的增长目标，或者设定一个较低的且更灵活的增长目标（例如5%左右）。虽然我们预计2021年中国实际GDP增速在低基数推动下有望反弹至7.6%，但考虑到人口老龄化加速、储蓄率下降、供应链转移和科技领域进一步受限等因素

都会抑制中国经济的潜在增长率，我们预计未来5年中国实际GDP平均增速可能放缓至5%。我们预计"十四五"规划将围绕近期提出的形成"以国内大循环为主体，国内国际双循环相互促进"的新发展格局，着重推进国内的结构性改革、提高增长质量。这意味着"十四五"规划重要目标设定中可能包括进一步提高城镇化率（户籍人口城镇化率提高5个百分点）、消费和服务业占GDP比重（图72、图73），新增城镇就业再增加5 000万，继续完善社会保障体系，以及进一步增加研发支出等。

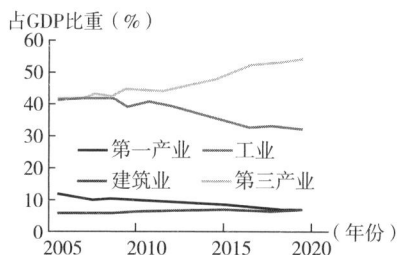

图72　2025年中国服务业占GDP
的比重或将进一步提高

资料来源：环亚经济数据公司、
Haver、万得、瑞银估算

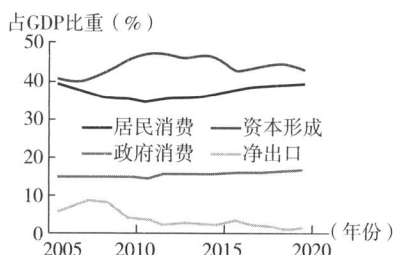

图73　消费占GDP的比重有望继
续升高

资料来源：环亚经济数据公司、
Haver、万得、瑞银估算

国内大循环为主体，拉动内需增长。考虑到外部环境充满挑战、中国经济潜在增长率放缓，新的五年规划可能会围绕加快形成"以国内大循环为主体、国内国际双循环相互促进"的新发展格局来引导未来5年中国经济的发展。这意味着未来几年很多现有提振内需的政策都可能在这一主题下统筹整合、加速推进，包括推进新型城镇化和基础设施建设、支持中小企业就业，以及完善社会保障体系等，从而促进消费。此外，这也意味着结构性改革（或供给侧改革）有必要进一步深化，从而推动国内产品和服务供给体系的改善提升，以更好地满足国内需求增长和结构变化，以及提高国内生产效率和经济发展的可持续性。另一方面，"以国内大循环为主体"并不是封闭锁国的国内循环，尽管外部挑战不断加大，但中国应仍会进一步扩大对外开放。

通过户籍、土地和国企等改革释放增长潜力。户籍人口城镇化率可能在2020年实现"十三五"规划目标，较5年前大幅提高5个百分点至45%，我们预计政府还会在此基础上设定更高的发展目标，计划到2025年将户籍城镇化率进一步提高至50%，相当于2021—2025年间城镇户籍人口增加8 000多万。这意味着大城市的落户政策有必要进一步放松，并促进公共服务的均等化，这有助于增加劳动力流动、促进城镇消费和提振生产效率（劳动力向生产效率更高的领域和行业转移）。同时，随着土地改革的推进，更多农村集体建设用地有望直接进入土地市场，土地交易市场的发展也有望提速，进而增加低成本土地的供给，并提升土地资源的配置效率。户籍和土地改革也应能为房地产市场提供温和支撑。此外，国企改革三年行动方案（2020—2022年）也即将出台实施，[①]未来几年的国企改革可能会包含深化混合所有制改革、加快国有资本从竞争性行业剥离、促进企业竞争等方面的措施。我们认为这将有助于为民营企业和外资企业打造更加公平的营商环境，同时提高国有企业的经营效率和竞争力。

尽管外部环境充满挑战，但中国将进一步扩大对外开放，吸引更多外资流入。作为"国内国际双循环"战略的重要组成部分，我们相信中国在新的五年规划中将进一步扩大对外开放，而不是自我封闭。近年来，中国已加快了对外开放的步伐，包括颁布了新《外商投资法》、对外资实行准入前国民待遇加"负面清单"管理制度、取消金融机构外资持股比例上限、取消QFII和RQFII的额度限制，以及推动股票/债券市场互联互通等。我们预计未来5年中国将在大部分领域和行业进一步扩大对外开放，同时继续大幅削减负面清单，进一步降低进口关税，消除各种非关税壁垒。再考虑到中国庞大且快速增长的消费市场、境内外的利差可观，未来几年应会有更多外商直接投资和境外证券投资流入，而近期后者（股票及债券）的外资流入规模已大幅增加（图74）。

---

① 2020年6月30日，习近平总书记主持召开中央深改委第十四次会议，审议通过了《国企改革三年行动方案（2020—2022年）》。——编者注

境外机构和个人持有的境内人民币金融资产（10亿人民币）

图74 未来5年境外证券投资流入有望进一步增加

资料来源：环亚经济数据公司、Haver、万得、瑞银估算

　　基建设施进一步完善，消费力不断增强。在构建"国内大循环为主体"的政策方针下，新型城镇化的进一步推进（图75）也有望催生出新的投资机遇，特别是都市圈和城市群的发展，以及落户政策的进一步放松。对于前者，政府可能会进一步完善基础设施建设，尤其是交通运输、市政设施和欠发达地区的基础设施建设等，不过基建投资增速可能会比之前10年慢得多。对于后者，户籍改革和推进"以人为本"的新型城镇化意味着公共服务和公共设施领域投资进一步增加，同时城镇居民消费可能会继续扩张。随着中产阶层的壮大，未来5年中国可能仍将是全球消费增长的主要引擎，2025年中国的消费规模有望达到12万亿美元，比2020年扩大近4万亿美元（图76）。同时，国内消费升级的趋势也有望延续，消费者更加青睐优质的产品和服务，增加健康相关、体验和自我提升等方面的消费开支，线上消费可能会继续增加。

城镇化率（%）

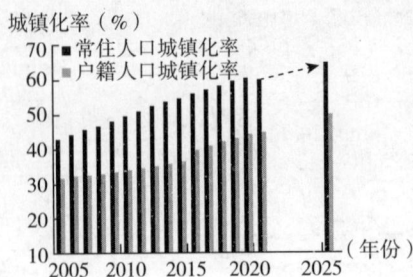

消费规模（GDP口径，万亿美元）

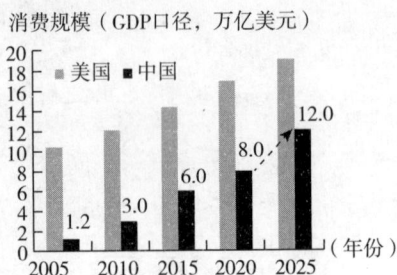

图75　2025年户籍城镇化率料将
进一步提升

图76　中国有望继续成为拉动全
球消费增长的主要引擎

资料来源：环亚经济数据公司、
Haver、万得、瑞银估算

资料来源：环亚经济数据公司、
Haver、万得、瑞银估算

科技和创新是重中之重。在"十四五"规划中，我们预计研发投入占GDP比重的目标可能从2020年的2.5%（3 500亿—4 000亿美元）提高到2025年的3%左右（6 000亿—6 500亿美元），并进一步加大教育和职业培训的支持力度（图77）。鉴于脱钩压力上升和科技领域受限增多，中国可能大幅增加在基础研究、前沿科技领域研究和存在瓶颈的技术攻坚方面的投入（例如芯片和半导体、软件、精密机械、精细化工、先进机器人技术、新材料、航空航天技术等），并增强知识产权保护，为科研人员提供更多激励措施等。此外，中国人才储备可观，例如每年有约800万大学毕业生，其中科学、技术、工程、数学专业（STEM）的毕业生超过400万；国内市场规模庞大，监管环境有望放松，这都应有助于推动技术的不断进步、加快研发成果的大规模应用和快速迭代升级。

中国将继续巩固在数字化发展上的领先地位。我们预计政府在新的五年规划中会进一步推动数字化转型和相关应用普及。新冠肺炎疫情也加速了国内的数字化进程。我们预计中国线上消费的渗透率将从2019年的21%和2020年前8个月的25%的高水平上进一步提升（图78），同时包括远程办公、在线教育、在线医疗和金融服务在内的线上服务类消费也有望快速增长。我们预计政府会通过加大对包括数据中心、5G网络、人工智能、物联网（IoT）在内的"新基建"投资，来推动国内企业的业务模式更多向数字化转型（例如智慧零售和智能制造）。尽管目前官方定义的"新基建"的年度投资总额仍然较低（约为1万亿元，相当于整体基建投资总额的5%），但我们预计在"十四五"规划中相关新基建领域的投资增速将明显快于传统基建领域。

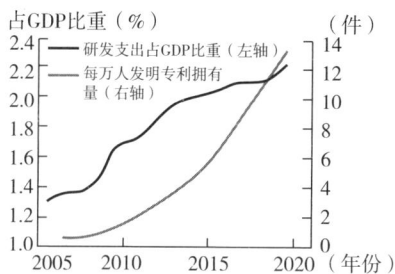

图77 预计未来5年中国大幅增加
研发支出

资料来源：环亚经济数据公司、
Haver、万得、瑞银估算

图78 线上消费渗透率可能会从目
前较高的水平上进一步提高

资料来源：环亚经济数据公司、
Haver、万得、瑞银估算

　　环境保护和绿色经济将保持稳健增长势头。中国应能顺利实现"十三五"规划中制定的大部分节能环保目标（表8）。鉴于中国长期致力于发展绿色经济，我们预计新的五年规划中政府将进一步制定节能环保和污染排放标准等目标，如到2025年非化石能源占一次能源消费比重达到18%（2019年为15.3%，2020年的目标为15%，图79）、进一步降低单位GDP能耗以及二氧化碳和二氧化硫排放、提高空气质量优良天数比率等。对相关设备、服务和投资的需求可能继续快速增长。2016—2019年，中国环保领域固定资产投资年均增长率达36%（图80），远高于其他领域。我们预计2025年环保领域年度投资规模将较2019年翻番，达到1.5万亿元以上。

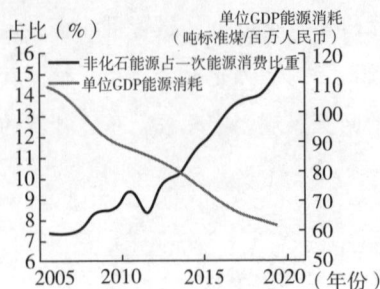

图79 非化石能源占比提升、经济增长的能源消耗降低

资料来源：环亚经济数据公司、Haver、万得、瑞银估算

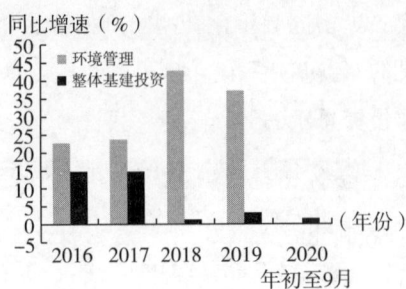

图80 环保领域投资增长继续快于大部分其他领域

资料来源：环亚经济数据公司、Haver、万得、瑞银估算

防范风险对增强经济发展的可持续性和韧性依然十分重要。与此前的五年规划类似，中国可能不会在"十四五"规划中明确提出防范经济和金融风险的目标。不过，我们认为政府可能会在五年规划的制定过程中将防范风险作为重要的考量因素。具体而言，去杠杆、抑制房地产泡沫和维护社会稳定可能是风险防控的重点。

去杠杆：我们估算2020年信贷增速反弹和名义GDP增速下滑可能推动非金融部门债务占GDP的比重大幅上升25个百分点至近300%，不过2021年宏观杠杆率有望企稳（图81）。我们认为由于中国经济的一些特性和有利因素，短期内中国并不会面临系统性的债务风险；然而中国的宏观杠杆率的确已明显高于大多数经济体，尤其是企业债务和隐性地方政府债务。我们认为政府可能会在2021年之后再出台相关政策降低整体杠杆率增速，并推动重点领域去杠杆，特别是高杠杆企业、地方政府融资平台和部分房地产开发商。

抑制房地产泡沫：国内新冠肺炎疫情得到控制之后，房地产活动已大幅反弹，房价也持续上涨。中国吸取了以往房地产刺激的经验教训，近期已开始边际收紧房地产政策。不过，考虑到房地产行业对整体经济的重要性，中国也无法承受房地产活动大幅收缩。因此，我们预计未来几年房地产政策会继续"因城施策"，同时政策灵活性也会更高，以避免市场出现明显过热或急剧降温的情况；而随着房地产市场供需基本面趋负，房地产活动可能会逐步走弱（图82）。

维护社会稳定：未来几年老龄化趋势可能加速，老龄人口（65岁以上）的比例可能会从2020年的12%大幅升至2025年的14%，2030年进一步升至17%，而2010—2015年老龄人口占比仅为8%—9%。中国在养老和社保方面的支出负担可能会大幅增加，这需要政府进一步推进养老体系改革，包括划转更多国有资本充实社保基金。此外，区域之间和城乡之间的收入不平等也不利于社会稳定和谐，因此政府可能会继续完善社会保障体系并增加财政转移支付，以防止贫富差距问题大幅恶化。

图81　2020年中国宏观杠杆率可能大幅上升，2021年有望企稳

资料来源：环亚经济数据公司、Haver、万得、瑞银估算

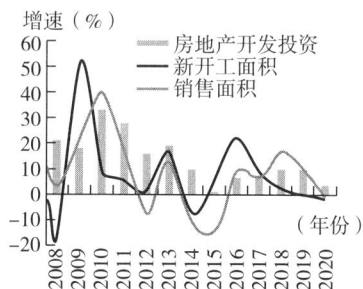

图82　预计房地产活动逐步放缓

资料来源：环亚经济数据公司、Haver、万得、瑞银估算

作者为瑞银亚洲经济研究主管，首席中国经济学家

沈建光 ///
从中央经济工作会议看"十四五"三大突破

2020年12月18日闭幕的中央经济工作会议分析当前宏观经济形势，并就2021年重点工作展开部署。会议强调，宽松宏观政策要稳步推出、不急转弯；坚持扩大内需，从"供给侧改革"过渡到"需求侧管理"；强调风险化解，对地方政府债务、高杠杆、银行不良，以及逃废债风险加以防范；坚持房住不炒；强化反垄断和金融创新监管等。

同时，2021年是"十四五"开局之年，对于构建以国内大循环为主体、国内国际双循环相互促进的新发展格局意义非凡，中央经济工作会议提出强化国家战略科技力量、坚持扩大内需战略基点、全面推进改革开放等八大重点任务，不仅是短期要求，更是贯穿"十四五"整个阶段的重要安排。

结合此前十九届五中全会审议通过的《中共中央关于制定国民经济和社会发展第十四个五年规划和二〇三五年远景目标的建议》来看，笔者认为，实现科技引领的超越、人民币可兑换、农村土地市场化，可能成为"十四五"新发展阶段的三大突破。

科技引领战略的突破

中央经济工作会议突出强调科技创新地位，提出"坚持战略性需求导向，确定科技创新方向和重点，着力解决制约国家发展和安全的重大难题"，并提出一系列强化科技创新的具体措施。与此同时，"十四五"规划强调"坚持创新在我国现代化建设全局中的核心地位，把科技自立自强作为国家发展的战略支撑"。预计"十四五"期间，对科技研发投入的考核和支持要求将显著提升，新一代信息技术、半导体、新能源、医药医疗等领域将成为主攻方向。

近年来，中国高技术行业发展迅速，已成为中国高质量增长的主要驱动力。例如，2019年高技术制造业增加值同比增长8.8%，增速高于规模以上工业3.1个百分点。2019年中国数字经济增加值规模达到35.8万亿元，占GDP比重36.2%，数字经济名义增长15.6%，高于同期GDP名义增速约7.9个百分点。疫情之下，科技在强化社会公共安全保障、完善医疗救治体系、健全物资保障体系、助力社会生产有序恢复等各领域发挥了重要作用。

当然，尽管近年来中国在技术领域发展迅速，但与国际先进水平存在一定差距。与美国相比，中国在部分高尖端技术方面仍然滞后，如美国在半导体集成电路领域基本形成技术垄断地位。同时，在专利转化率、高科技企业附加值、科技人力资源密度等指标来看，中国亦与美国有较大差距。

但是，中国在数字经济领域反而在实现弯道超车，尤其是在5G建设和金融科技、移动支付等领域。近年来，国家层面上各项鼓励数字经济发展的政策不断出台。中共十九届四中全会通过的决定提出，数据与劳动、资本、土地、知识、技术等一样，都是重要的生产要素，为数字经济的发展奠定基础。新基建投资加快，根据工信部研究，2019年中国数据中心IT投资规模达3 698.1亿元，预计2020年这一规模将增长12.7%，到2025年，预计投资规模将几乎翻倍。

此外，中国互联网普及率达59.6%，拥有世界规模最大的单一市场和数字科技用户、最丰富的行业形态和供应链。根据IDC（互联网数据中心）预测，中国的"数据圈"从2018年至2025年将以30%的年平均增长速度领先全球，到2025年，这一数字将增至48.6ZB，而美国预计只达到30.6ZB。

当前，世界经济正面临百年未有之大变局，美国对华技术打压加码，"十四五"阶段，推动科技创新，加快关键核心技术攻关，数字科技、数据等数字化、高科技红利正在替代人口红利、市场红利，成为下一阶段经济发展的重要引擎和助力，对于实现高质量增长十分关键。

人民币可兑换的突破

中央经济工作会议提到全面推进改革开放，积极考虑加入全面与进步跨太平洋伙伴关系协定。"十四五"规划强调"坚持实施更大范围、更宽领域、更深层次对外开放，依托我国大市场优势，促进国际合作，实现互利共赢。……稳慎推进人民币国际化，坚持市场驱动和企业自主选择，营造以人民币自由使用为基础的新型互利合作关系"。

虽然文件提到稳慎推进人民币国际化，但笔者认为，"十四五"期间以人民币自由兑换为基础的国际化将迎来最好的时机。2020年以来，人民币在全球范围内吸引力持续增强，贸易项下人民币使用规模持续扩大。2020年三季度，在货物贸易项下，人民币跨境使用规模继续扩大，结算使用规模突破1.2万亿元，同比增长14.2%。与此同时，中国已经在数字货币实践方面走在世界前列，数字货币从技术上为人民币跨境支付提供了可行性。

央行行长易纲在2020年10月外滩峰会演讲时提及，构建新发展格局，扩大金融业开放，统筹推进金融服务业开放、人民币汇率形成机制改革和人民币国际化。12月11日，国家外汇管理局决定调降跨境融资宏观审慎调节参数，从1.25下调至1，意味着资金流出的管制有所放松，人民币国际化或将进入快车道。

展望未来，稳步推进人民币资本项目可兑换，打造形成双向流动、更加均衡的跨境资本流动格局或是人民币国际化推进的重点。正如笔者在专栏文章《推进人民币国际化再逢良机》提到的，当前中国资本管制的非对称特征，即整体更鼓励流入，但对流出限制较多，也一定程度上助推了人民币上涨的压力。在人民币升值背景下，建议一方面扩大金融开放，一方面放松管制措施，鼓励企业走出去，加速资本双向流动，这样既有助于维持汇率稳定，亦能为人民币国际化提速创造良机。

农村土地制度改革的突破

当前中国土地所有制仍处于二元分离状态，农村土地流转障碍重重，且补偿过低，土地用途转换时，农民享有增值收益有限，而这也制约了以人为本的新型城镇化建设的发展。中央经济工作会议提及坚持扩大内需这个战略基点。优化收入分配结构，扩大中等收入群体，充分挖掘县乡消费潜力。"十四五"规划中提及"健全城乡统一的建设用地市场"，"积极探索实施农村集体经营性建设用地入市制度"，探索宅基地所有权、资格权、使用权分置实现形式，保障进城落户农民土地承包权、宅基地使用权、集体收益分配权，鼓励依法自愿有偿转让。

在笔者看来，加快推进农村土地制度改革是优化收入分配结构、支持内需增长的重要一环。过去十余年，得益于城镇化过程和惠农政策的实施，中国城乡之间和地区之间的收入差距已有不同程度缩小，但整体来看，差距仍然不低。2020年新冠肺炎疫情黑天鹅事件的出现，居民收入差距亦有所扩大，并成为制约消费整体回暖的重要因素。根据疫情后不同收入群体的线上消费特征来看，低收入群体疫情后消费购买力下降持续时间较长，近期虽有所恢复，但仍弱于疫情之前，相比之下，高收入群体受冲击要小一些。

因此，"十四五"期间，进一步缩小收入差距仍十分重要，而其中优化农村土地制度改革，可以帮助低收入群体，主要是农村居民增加财产性收入，对于完善收入分配制度改革至关重要。

作者为京东数字科技副总裁，首席经济学家

刘世锦 ///

补短型增长和升级型
增长

　　经过近10年的增速回落后，中国经济逐步转入中速增长平台。经济增长从高速到中速是如何发生的？中速增长期的增长动能源于何处？这是两个对理解中国经济走势至为重要而又相互关联的问题。本文首先讨论了中国经济减速的原因，然后提出了中速增长期的两种增长类型，即补短型增长与升级型增长，强调实现中等收入群体倍增目标的重要性，最后分析了与这些增长相配套的重要改革选项与正确的改革机制和方法论。

一　影响中国经济减速的重要变量

　　10年前，在研究二战以后工业化历史经验的基础上，我们提出中国经济在经历了长时期的高速增长后，将会下一个大的台阶，由高速增长转入中速增长。当时中国刚刚经历了国际金融危机的冲击，采取"四万亿"刺激政策后，经济快速回升至高速增长轨道。对中国经济将要下台阶、增长阶段转换的说法，认同者甚少。但此后这个过程确实发生了。

在经历了多年的增长减速后，特别是2019年三季度增速低至6%以后，社会上又出现了一种担忧，认为经济将大幅下滑，甚至见不到底，主张通过大力度的财政货币刺激手段稳增长。而我们的看法是，除非出现类似2008年国际金融危机和这次新冠肺炎疫情的巨大外部冲击，中国经济继续深度回落的可能性并不大，相反，中国经济正在稳下来，进入一个10年左右的中速增长稳定期。10年前后两种看似相反的观点，背后反映了一个共同问题，就是如何理解中国经济增长阶段转换的逻辑。

中国经济减速，由高速转向中速，是一个复杂的历史演进过程，至少应当关注以下几个重要变量。

第一，重要需求和相关产业历史需求峰值的相继出现。所谓历史需求峰值，是指在整个工业化几十年乃至上百年的历史进程中，某种需求数量最大或增长速度最高的那些点或区间。这是我们在观察工业化历史经验时注意到的一个相当普遍的现象。

从微观角度看，历史需求峰值与消费者行为相关。消费收益递减规律决定了人们对某种产品的需求是有限度的，如家用电器中的洗衣机、电冰箱、电视机，一个家庭通常有一两台就够用了；即使是城镇居民住房，人均达到三十多平方米后就差不多了。当然，这些都受到已有技术和资源条件的约束。

在现实经济分析中，历史需求峰值是一个宏观现象，是大量个体消费行为的集合，由社会全体消费者的行为决定。收入水平及其结构、消费者个人或某个集体的消费偏好、供给能力和结构、体制和政策约束等，都会影响历史需求峰值出现的时点和形态。

直观地看，历史需求峰值似乎是一个需求侧现象，实际上它是由技术驱动的。如果没有技术变革，生产出相应产品，需求无从谈起。蒸汽机由瓦特推动，汽车的大规模普及与福特流水线密切相关。由此而论，历史需求峰值本质上是一个技术问题，也是一个供给侧的问题。

第二，人口和劳动力的数量与结构的变动。这是经济学家最常提到的变量。15—59岁的劳动年龄人口从2012年开始减少，每年减少的数量从200多万到近年来的四五百万。这与年青一代学习时间延长有关，更多的则是人口老龄化的影响。2018年中国的就业人数总量负增长，出现拐点。

增长减缓对就业的冲击，是近年来宏观决策中优先考虑的因素，稳增长就是为了稳就业。从实际情况看，冲击主要是结构性的，如重化工业减速、出口减速等对相关行业就业的影响。在总量上，就业基本稳定，一个百分点的GDP增长所吸收的就业人数，从10年前的100多万，增加到近年来的200多万。就业人数既会受到经济减速的影响，同时它本身就是经济减速的重要变量。

第三，可利用技术的减少。后发经济体能够实现更高的增长速度，一个重要条件是能够利用先行者已经发明和推广的先进技术，这就是所谓的"后发优势"。东亚成功追赶型经济体如此，当年美国对英国的追赶也是如此。尊重保护知识产权与向后起者转让技术并不矛盾，运用技术优势恰恰是先行者对外投资和扩张的驱动力。

这里需要关注的一个理论问题是，技术中包含的可编码知识与不可编码知识对技术转让的影响。可编码知识，如机器设备中包含的技术知识、写入操作手册中的工艺流程等，学习成本较低，易于实现转让。而不可编码的知识，如必须通过"干中学"才能获取的知识，尤其是那些尚处在创新酝酿阶段的难以条理化的知识，则转让成本较高，或难以转让。对后发经济体来说，拥有更多的可编码知识的技术，意味着具有在较短时间内实现相同技术进步和经济增长的潜能，有助于提升经济增速。中国经济的高速增长，无疑受到已有先进技术特别是可编码知识技术的驱动。

经过长时间的高速增长，中国已经形成了联合国界定的最为完整的工业门类。这是迄今为止其他国家所未及的。在技术水平上，中国过去主要是"跟跑"，近些年来已经在部分领域"并跑"，在有的领域"领跑"。当我们说到这些成就时，同时也意味着人类社会已有的可利用技术正在减少，特别是那些容易学的可编码知识技术已经不多了。

第四，资源环境接近或达到了临界状态。随着重要需求和工业产品达到历史需求峰值，对应的部分能源资源人均消耗水平也接近或达到国际比较意义上的峰值。污染物排放，特别是碳排放，正在挑战环境容量和气候变化的底线。事实上，相当多区域的排放已超临界值。当严重雾霾天气影响到日常生活工作时，人们提出了这样的问题：现在吃饱了、穿暖了，物质生活水平大幅提高了，为何难以呼吸到一口新鲜空气？由此反思一个本源性问题：我们推动经济增长的目的究竟是什么？

传统工业化是通过"改造"自然环境加以推进的。过去很长时间内，人们对这种"改造"的成本认识不足，甚至视而不见。但这种成本总会以各种方式表现出来，并且日益尖锐地威胁到传统工业化的可持续性。我们当下面临的挑战，从长期看，并非对传统工业化方式漏洞的简单弥补就可应付，而是要在真正理解的基础上，推动传统工业化发展方式向绿色发展方式的转换。

无疑，与经济减速、增长阶段转换相关的因素还可以列举出很多，但以上几条足以说明这种变化的必然性。在上述几条中，历史需求峰值直接表现为需求侧变量（尽管背后有技术等供给侧因素影响），其他三条基本上属于供给侧。以往增长研究主要集中于供给侧，现在看来要增加对需求侧的关注。供给侧要素，如人口和劳动力、技术、资源环境等确实直接影响到增速，但我们不妨做一个假设，人口和劳动力供给保持不变，高速增长是否可以持续？答案是不会。如果加上历史需求峰值的约束，增速依然会下降。把这些因素放在一个统一框架内进行解释分析，是现实中很有必要、理论上很有意义的工作。已有增长理论提出的收敛、趋同等说法，更多的是一种现象描述，缺少结构性逻辑分析。这也是进入减速期后认识"混乱"的一个原因。

中国经济减速、增长阶段转换并非个别现象，得到了更大范围历史经验的支持。经验是逻辑的外在体现。我们对经济减速的研究，就是始于对日本、韩国、中国台湾地区等经济体历史经验的关注。这些经济体是跨越中等收入陷阱的成功者，然而，在经历了长达二三十年的高速增长之后，在人均收入达到11 000国际元（按照麦迪森的购买力平价方法计算）时，无一例外出现减速，由高速增长转向中速增长。这一转换，日本发生在20世纪70年代初期，增速降到4%左右；韩国发生在90年代中后期，增速降到5%左右；中国台湾地区发生在80年代后期，由于当时抓住了信息产业发展的机遇，增速保持在5%—6%。

回到中国当前的增长态势，多项研究表明，2020年以后，中国的潜在增长率将降到5%—6%。事实上，这是一个相当乐观的估计。近年来的实际情况表明，继续维持6%以上的增速难度很大。今后一段时间，宏观经济增速可能有0.5—1个百分点的回落，但这或许是由高速到中速的最后一跌，然后稳定在5%—6%或5%左右的中速增长平台上。

这样一种展望并非悲观，而是体现了对中国经济增长前景的信心，这种信心是建立在对经济增长长期分析的逻辑框架之上的。以这一框架为背景，2016年下半年到目前为止，处于初步触底期；此后将会逐步进入5%—6%或5%左右的中速稳定增长期，借鉴有关国际经验和对未来增长潜能的研究，这一时期有可能延续10年左右时间。

中速稳定增长期将会呈现若干新的特点，比如，持续下行压力明显减少，中速增长平台逐步得以展现；增长的波幅减小，稳定性增强，但中速平台上的周期性波动对宏观经济走势的影响加大。

二　补短型增长与中等收入群体倍增战略

中速稳定增长期是中国经济下一步的新场景。发展仍然是硬道理。对于以往习惯于10%左右高增长的经济体来说，5%左右的中速增长似乎"唾手可得"。这里存在着一种可称之为"数字幻觉"现象。增长速度是分子分母共同决定的，作为分母的增长基数每年都在扩大，作为分子的新增量增速相对放缓，但每年也在增长。近年来中国经济提供了全球近30%的新增量，其规模相当于澳大利亚等国的经济总量。从数据上看，基建、房地产等投资增速明显降低，但实际规模均超过以往。在这样一个水平上保持5%左右增速的难度往往被低估了。中速增长期的增长动能，我们的研究项目"中国经济增长十年展望"的成果中已有不少讨论。概括地说，可以区分为两种类型：一种是"补短型增长"，另一种是"升级型增长"。

所谓"补短型增长"，是指低收入阶层追赶中高收入阶层带动的增长。这样就引出一个重大议题，即如何扩大中等收入群体。所谓中等收入群体，按中国官方统计标准，是指三口之家收入处在10万—50万元人民币的人群。目前中国这一群体的规模大约为4亿人左右。我们认为，应当把中等收入群体倍增作为全面建成小康社会后的另一个重要战略，争取用10年或略多一些的时间，实现中等收入群体倍增目标，中等收入群体从目前的4亿人增长至8亿—9亿人，占到总人口的60%以上。

提出这一目标的首要原因是，低收入群体接近或达到中等收入水平，将会成为今后相当长时期最为重要的增长来源。最近有个说法，10亿人尚未坐过飞机，5亿人尚未用上马桶。这是中国内需增长最大的潜能所在。同样需要提出的是，提升低收入阶层的收入水平，缩小他们与中高收入阶层的差距，由此释放出来的需求，能够在相当大程度上直接匹配处在过剩状态的已有产能。

另一个原因是，中等收入群体占多数才能形成较为稳定的社会结构。拉美和东亚一些落入中等收入陷阱的国家的经验表明，过大的收入和财产分配差距，往往成为社会不稳定乃至陷入混乱的起因。不仅如此，近些年美欧等国家情况显示，即便进入高收入社会，收入差距过大，中等收入阶层收入增长停滞，依然可能催生民粹主义，导致社会动荡和政治极端化倾向。

如何在发展过程中保持适度的、可承受的差距，有三个因素值得重点关注。

第一，增长潜能。较大的增长潜能可以为社会各阶层提供改善自身状况的机会，而这些机会的存在可以直接影响预期。从长期看，增长潜能取决于科学发现和技术创新的进展程度。在科技潜能既定的情况下，产品和要素市场的发育状态、发展权利的开放和保护程度，以及特定政策体系等，都直接制约着增长潜能的释放。

第二，社会流动性。流动性意味着已有生产和分配格局改变的可能性。低收入阶层的向上流动，能够产生收入差距缩小的效应。流动性也直接影响预期，即使收入差距较大，如果存在较大的流动性，尤其是由下而上的流动性，低收入阶层仍有可能保持积极预期。较大的增长潜能可以提供较多的流动性机会，但在前者既定的条件下，权利开放的平等性，也就是我们通常所说的机会均等，成为人们更关注的约束因素。

第三，人力资本的弹性。这里所说的人力资本弹性，可以理解为人力资本对劳动力需求结构的适应性。随着技术进步和产业结构升级，人力资本的适应性下降。部分劳动者无法适应变动而退出原有工作岗位，教育培训的缺乏又使他们难以提升人力资本，由此导致的不仅是经济问题，往往还伴随着巨大的政治和社会不稳定。

在发展的不同阶段，上述三个因素可以形成不同组合。就中国而言，改革开放初期，对内放开和对外开放，极大地解放了社会生产力，推动了规模空前的劳动力横向和纵向流动，最为壮观的是农村人口向非农产业和城市流动。尽管农村人口文化水平普遍不高，但相对于当时劳动密集型为主的产业结构和用人需求，稍加培训就可以适应工作岗位要求。近10年来，拉动高速增长的基建投资、房地产投资和出口相继越过历史需求峰值，加上劳动年龄人口总数下降、农村剩余劳动力减少，农村人口转向非农产业的速度已经大为减缓。2018年农民工人数增加仅为100多万人。与此同时，伴随着高速增长转向中速增长，结构调整力度加大，如出口产业的减速、重化工业的去产能、房地产和金融部门的过度膨胀等，都引发了劳动力结构匹配的矛盾。其中的一个突出问题，就是低收入阶层人力资本质量偏低引起的流动性困难。

全球化正面临着多年未有的困境。对全球化的不满，很大程度上来自发达国家原有产业向发展中国家转移后，部分劳动者收入和地位的相对下降。美国五大湖的"锈带"由此成为特朗普的票箱。发达国家传统产业劳动者面临的另一个挑战是机器自动化对人工的替代，随着大数据、云计算特别是人工智能的快速发展，人们预期中受到冲击的不仅是蓝领劳动者，还有大量的白领劳动者。

发达国家正在经历的全球化和数字技术革命冲击距中国并不遥远。事实上，近年来部分成本敏感的劳动密集型企业向海外转移，机器人在劳动密集型行业加快使用，无人车间、无人工厂成为新工业革命的典型场景。这些因素对就业结构的影响逐渐增加。

在这种情境下，如何在增长与缩小收入差距之间寻找平衡，有效扩大中等收入群体规模，进而实现倍增目标，理解并解决问题的思路和方法尤为重要。

一种传统但依然颇有影响力的思路着眼于收入再分配，把高收入乃至部分中等收入群体的收入转到低收入群体，即所谓"劫富济贫"，以缩小收入差距。国内外的历史经验证明，这条路是走不通的。一个社会抑制了最有创造力的那部分人的活力后，并不能改变低收入者的状况，还会滑到普遍贫穷。

另一种思路则立足于机会均等，致力于缩小不同群体之间在人力资本提升上的差距。一个简单的逻辑是，在剥去种种社会关系的外衣后，人们之间能力的差距，远没有现实世界中收入和财产分配差距那么大。如果能够创造一个人力资本公平发展的社会环境，人们的积极性、创造力都能发挥出来，公平和效率就可以相互促进而非相互冲突。

依照这种思路，下一步扩大中等收入群体规模，需要通过宏观政策稳定增长环境，通过结构性改革增强社会流动性，通过社会政策全面提升人力资本质量。

三　升级型增长

所谓"升级型增长"，主要包括两方面内容，一是发达国家已经有的我们还没有的那些增长，这部分仍然具有追赶的属性；二是处在全球科技和经济发展前沿"无人区"的那些增长。这两部分内容相当于我们在2015年研究中提到过的追赶标杆型增长（A型增长）和前沿拓展型增长（F型增长）。

"升级型增长"体现了经济长期增长的方向，有一些重要特点。

第一，知识和技术密集，附加价值较高。从产业角度讲，包括我们通常所说的高技术、高附加价值产业，战略性新兴产业等。但并不意味着都是新的高端产业，传统产业的升级改造、向产业链中高端的提升，也属于"升级型增长"范畴，而且在数量上可能占到多数。

第二，与之相联系，支撑这种增长的是中高级生产要素，包括熟练技能、高水平的基础和应用研究、高端基础设施和技术装备、复杂的金融工具等。

第三，地域集中度较高，并不像某些低水平产业那样遍地开花。高附加价值产业分布在大都市的核心地带，能够抵御要素成本上升的压力，形成一定的进入门槛。

第四，在地域集中的背后，是更复杂的专业化分工供给网络，以产业集群的形态呈现。高级生产要素并非各自为战，供应链网络使之产生协调效应，成为新创造出的、本地化且不可移动的竞争优势。

第五，与以往升级型增长不同的是，数字技术作为一种普适性要素，与众多产业相互结合形成新的技术、组织结构和商业模式，例如有些产业被纳入了平台经济的架构。数字技术为产业升级提供了前所未有的动能。

这些特点决定了或许只有部分地区能够实现升级型增长，至少在开始的一段时间，只有少数地区能够抓住机会。但是哪些地区能够率先进入升级型增长行列，尤其是增长要聚集到某些具体城市，仍有相当大的不确定性。近些年深圳、杭州等地互联网产业的异军突起，就出乎很多人意料；部分中西部省会城市的快速发展也是超预期的。

由高速增长到高质量发展，由投资驱动到创新驱动，增长空间的分布趋于集中，但机会之门对每个地区都是敞开的。这在很大程度上与升级型增长的多样性与分工类型改变有关。

升级型增长的典型形态是高技术产业的发展，如近年来处在"风口"上的互联网、大数据、云计算、人工智能、新能源、新材料、生物技术；这些新技术、新商业模式融合运用的垂直领域，如电动化、智能化、共享化的汽车产业等。这些产业的崛起需要足够的中高级生产要素和供应链网络的支撑，只能成长于为数不多的地区。除此之外，构成现阶段经济主体的传统制造业、服务业、农业、建筑业等，也处在剧烈的转型升级过程之中。如果从数量上说，这部分产业在升级型增长中应有更大比重。

传统产业升级实质上也是提升技术含量和附加价值，但表现形态因行业、地域、体制机制乃至文化等而异。有的沿着"微笑曲线"向两端延伸，有的致力于提升制造水平，有的则借助机器人等降低成本，如此等等。这些领域丰富多彩的程度也将超过预想，前提是市场力量真正发挥作用。随着历史需求峰值的到来、产能过剩的加剧，几乎所有的竞争性传统产业都经历了分化重组。有研究表明，在过去两三年内，产业集中度明显提高，市场份额、盈利向少数头部企业集中。有的行业，以往有上百家企业，经过优胜劣汰后，可能只剩下二三十家甚至更少的企业。这也是众多中小微企业近年来经营困难、日子不好过的重要原因。

从发达经济体的历史经验看，在与现阶段中国大体相同的增长阶段，那些在竞争中胜出、跻身技术含量和生产率高端、具备长期稳定国内外竞争力的企业，大部分都处在所谓的传统行业，如德国的机械制造、化工，英国的食品、保险，意大利的服装、制鞋、建材，丹麦的乳制品、家具、农业机械，瑞士的食品、纺织机械等。我们经常讲中国要从制造大国转向制造强国，实质上就是促使传统制造业实现升级型增长。

水平型分工增加也是传统产业升级过程中的重要特点。中国传统产业正在经历由垂直型分工向水平型分工的转变，也就是说，过去更多地依托于低技术含量的劳动密集型产业，而以后的产业发展更多借助中高级生产要素的支撑。水平型分工大量发生在产业内，分工发生的原因主要不是要素技术含量差距，而是通过人为努力成长起来的新高级要素，如供应链网络、营销渠道、专有技术、品牌乃至文化影响力等。比如，中国既可以生产苹果手机，也可以生产华为、小米等国产品牌的手机，在技术、品质等指标上属于同一档次或非常接近，在国内外各有大量的粉丝消费者。在汽车、家电等领域，这类水平型分工也日益增多。水平型分工增加了竞争激烈程度，也提供了更多中国企业和品牌的胜出机会。

升级型增长是一个大规模的行业洗牌过程。竞争中胜出企业的优势地位很可能维持相当长的时间，其他企业要打破这种格局难度很大。全球化背景下的国际分工体系中，任何一国都不可能在所有行业或产品中均占有竞争优势，但由于中国是一个超大型经济体，且工业门类齐全、开放度较高，很可能比其他经济体拥有更多具有国际竞争力的行业和产品，构成中国参与全球分工体系竞争优势的基础。

中国的升级型增长有诸多优势资源和条件可加利用，其中的一些优势是其他经济体不具备的。首先是超大规模统一市场。中国作为拥有14亿人口、收入和消费水平处在上升期的国内市场，在世界上首屈一指。这样的市场条件，最重要的是能够产生巨大需求，而需求对产业成长至关重要。同时，超大规模统一市场有利于降低生产和交易成本，有利于形成生产和消费的规模优势，有利于商业模式创新和技术创新。在国内市场竞争过关的企业，在国际竞争中通常不会落伍。

其次，对内放开、对外开放形成的民营经济、外资经济，加上市场化改革较有力度的部分国有经济，展现出了内生的旺盛且可持续的增长活力，已经成为中国经济增长的主体。以民营经济为例，改革开放初期是作为拾遗补缺"放"出来的，而当下已经成长为在国民经济增长中发挥"五六七八九"作用的力量。在经济转型期，这种增长活力经常表现为更强的韧性，对来自国内外市场、政策和自然界冲击的适应性大大提高，同时也拓展了升级型增长的可能空间。

产业门类齐全、配套能力强、供应链较为完整等，是中国产业升级的另一个优势。以往中国的成本优势，主要基于劳动力成本低，但近年来人们发现，在相当多领域，当劳动力成本上升后，低成本优势依然存在，奥妙就在于存在着由复杂而细致的专业化分工协作形成的供应链网络。有的企业转走后又转回来了,原因就在于其他地方不具备这样的供应链网络。中国东南沿海地区分布着大量的产业集群,其竞争优势就在于这类供应链网络。升级型增长将会给这些产业集群带来向价值链高端提升的机会。

中国在数字技术时代的竞争位势发生了重要改变。依托超大规模统一市场、产业配套条件好等优势,中国已经涌现出了一批处在全球前列的企业、技术和产品。数字技术与实体经济的融合,过去一些年主要表现在消费端,进入生产端后,将可能展现出更强劲的变革动能。如能保持并扩大在数字技术领域的有利位势,将会使升级型增长赢得先机。

还需要指出的是中国经济内部的巨大对冲功能。中国超大规模的内部统一市场、多样化的需求和供给要素、不平衡的消费和产业结构等,为产业转型升级提供了更多的可能性和试错空间。升级型增长实际上是一个试错过程,有的地区可能失败了,但另一些地区则可能成功。地区之间相互竞争,也相互学习,从失败中吸取教训,降低成功的代价。由于诸多原因,地区之间发展格局会有很大不确定性,有的地区遇到困难甚至危机,有的地区则抓住机遇,快速崛起,进而在全国范围内形成对冲效应,例如前些年东北地区经济下滑,但东南沿海地区和部分中部省份保持较强增长动能,稳定了全国经济社会发展大局。这种对冲功能为产业升级提供了更多的可能性和容错性,也使产业升级过程有可能实现稳中求进。

四 与两类增长相适应的重要改革

以上讨论的"补短型增长"和"升级型增长"构成了中国经济中速稳定增长期的两翼。这两种类型增长只是研究上的一种区分,实践中是融为一体的。这两类增长都有令人期待的前景,有相当多的支撑要素和有利条件,但并不意味着增长潜能必然能够释放。问题依然是,如何把这些好的要素和条件有效组合起来，实现要素生产率提高和高质量发展。这里需要解决的主要还是我们通常所说的体制机制政策问题，具体而言，就是如何推动中速稳定增长期的改革取得实质性进展。

这一时期的改革也将有自身的特点。改革仍然要"替代"，弃旧图新，同时也要"升级"，与中高级生产要素的配置利用相适应。从问题导向出发，可以提出如下一些方面的改革议题。

稳定预期导向的产权和企业治理结构改革。稳定预期有着较以往更重要的意义。过去一个时期，在对民营经济的看法上出现混乱，影响到民营企业的生产经营和投资。下一步产业转型升级、创新驱动，首先要有长期稳定预期，这对产权保护、企业治理结构有效性提出了更高要求。

在政治上进一步明确定位民营经济的地位和作用，给民营经济吃长效定心丸。十八届三中全会提出："公有制经济和非公有制经济都是社会主义市场经济的重要组成部分，都是我国经济社会发展的重要基础。"在此基础上，能否考虑提出：公有制经济和非公有制经济都是我们党长期执政，领导全体人民建设社会主义现代化强国、实现中华民族伟大复兴中国梦的依靠力量。

把所有制分类与企业分类相区别。按照国有、民营区分企业类型，实际上是市场经济发育程度低的表现。随着市场经济的发展和成熟，企业的股权结构趋于多元化和相互融合，要找到一个单一所有制的企业越来越难。应摒弃按所有制对企业进行分类的传统做法，而以企业规模、行业归属等进行分类，如大中小企业，工业企业、服务业企业等。同时进行投资者分类，比如中央国有资本投资者、地方国有资本投资者、机构投资者、个人投资者、境外投资者等。所有企业都要建立和完善现代企业制度，在市场上公平竞争。国家要对所有企业一视同仁，无歧视地平等对待。

按照"管资本"的思路明确国有经济的作用范围。落实十八届三中全会精神，国家对国有经济由"管企业"为主转向"管资本"为主。按照十九大指出的，做强做优做大国有资本。国有资本的使命和任务，是服从国家发展战略的需求，对国民经济发展全局发挥支撑性、引导性作用。为此，应聚焦于提供公共服务、完善社会保障、发展重要前瞻性战略性产业、保护生态环境、支持科技进步、保障国家安全等。对这些领域进行战略性投资，对其他领域则少进入或不进入，如确有必要进入，也主要是财务性投资，设定退出期限。国家主管部门对国有资本投资领域要进行合规审查。

大都市圈和城市群发展导向的要素市场改革。大都市圈和城市群是中速稳定增长期的龙头，大部分新增长动能会出现在这一范围。抓好这个龙头，就要把与此相关的要素市场改革置于优先位置。

促进人员、资金、技术、土地等要素在城乡之间双向自由流动。既要让农民进城，也要允许城里人下乡。加快农民工进入和融入城市的进程。农村进城人员为城市发展创造了大量社会财富，为他们提供基本公共服务并非"施舍"，而是他们的"城市权利"。重点要解决好农民进城人员的住房问题，不仅对他们安居和融入城市至关重要，也能带动大量的消费需求。

改革重点是大都市圈的城乡接合部。落实十八届三中全会的要求，加快农村集体建设用地入市，创造条件允许宅基地向集体组织外部流转，对城里人下乡买房应持开放态度，允许试错纠错。城乡居民宜城则城，宜乡则乡，在小城镇建设中，允许、鼓励城乡人员、资金、技术等要素共同参与，共建共享。

农村集体土地和农民宅基地入市、转让等收益，要优先用于建设社会保障体系，为农民提供社会安全网，把土地这种稀缺要素解放出来，既能提高土地利用效率，也能更好地解决农民、农村的稳定问题。

以提高要素生产率为导向的放宽准入、公平竞争改革。目前仍然存在的低效率领域，大都与不同程度的行政性垄断、缺少竞争有关。这方面的改革已经讲了多年，不能再拖，要有实质性突破。

石油天然气、电力、铁路、通信、金融等基础产业领域，在放宽准入、促进竞争上，要有一些标志性的大动作，比如，石油天然气行业，上中下游全链条放宽准入，放开进口；通信行业，允许设立一两家由民营资本或包括国有资本在内的行业外资本投资的基础电信运营商。这样的改革可以带动有效投资，更重要的是降低实体经济和全社会生产生活的基础性成本。

在历来由国有机构经营的高技术领域，如航空航天领域，鼓励民营企业和其他行业外企业进入。近年来在这方面已有所进展，步子可以更大一些。经验表明，民营经济在高技术领域的创新具有更大潜能，中国航天领域也有可能出现马斯克这样的企业家。

在高水平大学教育和基础研究等领域的体制机制政策改革上要有大的突破。可以考虑在创新走在前列、科教资源丰厚的若干城市，像当年办经济特区一样，创办高水平大学教育和研发特区，突破现有体制机制政策的不合理约束，形成一批类似西湖大学那样的新兴大学教育和研发机构，走出一条新路，为中国的创新发展打下可靠且可持续的基础。

人力资本提升导向的社会政策体系改革。无论是供过于求状态下产业分化重组，还是创新导向的升级型增长，都要求改进和完善社会政策体系，并使其在"保基本"的基础上，将重点转向人力资本"提素质"。

健全完善社会保障体系。在就业、医疗、养老等方面，加快完善覆盖全国的"保基本"社会安全网，推动实现全国统筹、异地结转，增加便利性，为劳动力合理流动提供便利。

以更大力度，把更大份额的国有资本划转社保基金。从逻辑上说，国有资本具有全国人民社会保障基金的属性。这一改革有利于补充现有社保基金缺口，有利于减轻企业上缴五险一金的负担，也有利于改进企业股权结构和治理结构。

促进机会公平。改变有些地方对低收入劳动者的歧视性做法。在大体相当条件下，在就业、升学、晋升等方面，给低收入阶层提供更多可及机会。

绿色发展导向的资源环境体系改革。绿色发展包括但不限于环境保护和污染治理，正在形成包括绿色消费、绿色生产、绿色流通、绿色创新、绿色金融在内的绿色经济体系。推动绿色发展，不是对传统工业化发展方式的修补，而是加快形成与之相竞争、更符合可持续发展要求的新发展方式。

形成经济社会环境协同发展的目标体系和核算方法，使传统工业化方式中外部化的成本内部化，绿色发展方式中外部化的收益内部化，重新定义、比较经济活动的成本和收益，推动绿色发展成为低成本、可持续、有竞争力的新发展方式。

加快探索生态资本服务价值核算，解决好生态资本及其服务价值的"算账"问题，并逐步推动生态资本服务价值可度量、可货币化、可交易，使生态文明建设和绿色发展更多成为企业和居民的日常经济行为。

由传统工业化发展方式转向绿色发展方式，从根本上说要靠绿色技术驱动。"十四五"期间应推广一批较为成熟、能够带来明显经济社会效益、起到示范作用的重大绿色技术，并相应形成支撑性体制机制政策。

引领全球化导向的开放型经济体系改革。中国是全球化和市场经济的积极参与者、重要受益者。全球化时代的竞争，说到底，是不同经济体之间市场经济体系的竞争。在全球市场经济体系竞争中，中国不能落在后面，只能站到前面，才能把握大局、赢得主动。

以长远眼光维护和引领全球化进程。全球化遭遇冲击，包括WTO在内的全球贸易投资金融等规则面临重大调整，几大经济体有可能走向"三个零"（零关税、零壁垒、零补贴）。中国应以前瞻性、引领性举措，在维护自身利益的同时，推动全球治理结构合理变革，以顺应全球化进程的需要。

把对外开放的压力转化为对内改革的动力，加快制度规则性开放。国际谈判中涉及的一些议题，如打破行政性垄断、公平竞争、国资国企改革、产业政策转型、改革补贴制度、保护产权特别是知识产权、转变政府职能、维护劳动者权益、保护生态环境和绿色发展等，并不是别人要我们改，而是我们自己要改，是我们从长计议、战略谋划，从中国国情出发做出的主动选择。对外开放与对内改革相互推动，将有助于高标准市场体系形成，增强我们的长期竞争优势。

下一步对外开放应谋划一些更有前瞻性和想象力的重大举措。比如把自贸区开放与国内改革相结合，对内对外改革开放的一些重大举措，可在自贸区率先主动试行；在较大范围内，比如海南省或粤港澳大湾区，开展"三零"的试点，形成高标准市场体系、高水平对外开放的试验田，并与有关国家的部分地区对接，在全球开放中起到引领作用。

五　改革方法论：摸着石头过河仍未过时

提出改革仍要摸着石头过河，不少人表示质疑：改革开放已经四十多年了，还有这个必要吗？这涉及对改革方法论的理解。

我们经常讲顶层设计和基层试验，顶层设计主要解决两个问题，一是指方向，向东还是向西，方向不能走偏；二是画底线，什么事情不能做，什么局面要避免。在此前提下，还是要强调基层试验，允许和鼓励地方政府、企业、社会组织和个人去试，通过试错找到符合实际、管用有效的体制机制政策。

说摸着石头过河，是因为在改革开放和发展中总是要面对大量未知和不确定的因素，不同时期要过不同的河流，并非只过一条河就可以了。改革开放初期，农村联产承包责任制怎么搞，城市企业改革、价格改革如何推，事先并不清楚，在试的过程中逐步摸出一条新路。许多成功的做法，是地方、企业先试，效果不错，中央发现后总结提高，推广到全国。中国经济进入中速稳定增长期，要实现创新驱动的高质量发展，哪些行业、哪些地方能够率先突破，哪种办法切实管用，也是不大清楚或有很大不确定性的。顶层设计要求渡过这样一条新的河流，从此岸到达彼岸，但到底具体如何过，还是要靠基层试验。事后我们知道需要踩着五块石头过河，但开始时看到的是一片茫茫水面。可行的办法是把水面划分为100个方格，逐个试错。如果只有一个主体去试，需要很长时间，10个主体去试，时间只需十分之一，100个主体去试，时间就更短了。创新本质上是一个试错过程，真正的改革就是体制机制政策创新，需要调动社会各个方面去参与，去试验，好的体制机制政策在这个试错过程中才能脱颖而出。

对政府作用，需要区分中央政府和地方政府。中国是一个超大型经济体，中央政府和地方政府的角色差别较大。中央政府在国家安全、发展共识、宏观经济稳定、全国统一市场、全国性基础设施建设等方面发挥主导作用，而地方政府则是要经营好自己范围内的各种不可移动资源，硬的如基础设施，软的如营商环境，还要直接介入招商引资，通过有竞争力的不可移动资源吸引企业这样的可移动资源。一个地方经济发展得好，是由于地方政府经营的不可移动资源与企业经营的可移动资源形成了好的互补效应。换言之，企业面对市场竞争、开展创新，要以大量精力应对不确定性。而政府经营好不可移动资源，是在减少不确定性。在企业资源一定的情况下，就可以把主要精力分配到市场竞争和创新活动上。这就是好的发展环境的含义。反之，发展环境差，政府经营的不可移动资源问题多，如基础设施短缺、营商环境不稳，不仅不能减少反而会增加不确定性，企业不得不抽出大量精力加以应付，能够用在市场竞争和创新的精力相应减少，市场活力和竞争力必然下降。

在这种格局下，地方政府的领导力、主要领导人的素质，进一步说，地方领导者的企业家精神至关重要。所谓企业家精神，本质上是创新精神，指能够对要素进行重新组合的眼界、胆略和技巧。企业家精神并非企业领导者固有，包括政府在内的各类组织领导者应该也能够拥有。当然，企业领导者也不一定都是企业家，有的只是循规蹈矩乃至平庸的管理者，政府机构的领导者也是如此。

中国特色市场经济的一大特色是地方竞争，这是传统的政府科层组织与市场经济相遇后的产物，或者说是改革前初始条件与改革开始后引入的新要素融合后的产物。地方竞争很大程度上是地方政府领导者之间的竞争，有些地方发展得快且好，是因为当地领导者具有企业家精神，敢于并善于重新组合当地各种不可移动的要素，也就是想干事、敢干事，而且能干成事。强调发挥地方基层的积极性、创造性，基本的一条，就是要把具备企业家精神的人才推到地方政府特别是城市政府的领导岗位上。有了这样一批人，加上地方之间的竞争，许多意想不到的创新就会脱颖而出。

改革就是要理顺关系，理顺解决问题的办法。不同的矛盾问题，用不同的体制机制政策应对，用经济学的观点说，就是要成本低、预期稳且可持续。改革开放以来，我们经常讲的一句话是，要用法律的、经济的和必要的行政办法。有的问题要用法律办法，如产权保护；有的问题要用市场机制办法，如价格调节；还有的问题，如应对突发事件，较多的要用行政性办法。容易出现的倾向，是不适当地倚重行政性办法，这样层层加码、形式主义、走极端就在所难免。比如，治理污染无疑是正确目标，但在有些地方变成了一刀切，以行政命令将小企业或化工企业一律关停，产权保护、成本收益都不讲了，其结果往往事与愿违，甚至一地鸡毛。强调地方探索、基层试验，就是要找到真正符合规律、符合实际、管用有效的体制机制政策，法律的归法律，市场的归市场，行政的归行政，如此才能提高治理效能。

中国仍处在重要的战略机遇期，但黑天鹅式的挑战也不期而遇，如近年来的中美贸易摩擦、香港乱局和疫情冲击。这些挑战对中国有很大不确定性，既会带来困难和压力，同时也蕴含着机遇。对华为断供，逼着我们的企业补短板，而这些短板在风平浪静时可能是不愿补的。抗击疫情中显露的诸多漏洞，也将推动公共卫生管理体制乃至整个国家治理体系的改革。能否把挑战转化为机遇，关键在于能否调动起社会各界的积极性、创造力，尤其是科技人员、企业界人士和各级政府官员的企业家精神。这方面有大的进展，就能激发出全社会巨大的增长潜能，推动中国进入创新驱动的现代化征途。

参考文献

迈克尔·波特.国家竞争优势.北京：华夏出版社，2002.

刘世锦，等. 陷阱还是高墙，中国经济面临的真实挑战和战略选择. 北京：中信出版社，2011.

刘世锦. 中国经济增长十年展望（2015—2024）：攀登效率高地. 北京：中信出版社，2015.

LINDSEY B. Reviving Economic Growth. Washington，D.C.：Cato Institute Press，2015.

RODRIK D. The Globalization Paradox. W.W.Norton & Company，Inc.，2012.

SPENCE M. The Next Convergence：The Future of Economic Growth in A Multispeed World. New York：Picador Paper，2012.

杰里米·阿塔克，彼得·帕赛尔. 新美国经济史. 北京：中国社会科学出版社，2000.

作者系中国发展研究基金会副理事长，全国政协经济委员会副主任，国务院发展研究中心原副主任

李伟 ///
未来10年的政策环境
——不会太紧

中共十九届五中全会于2020年10月26日至29日在北京举行。会后发布了关于此次会议的公报。和以往一样，公报的内容涉及国民经济的各个重要领域，各方很快都对公报发表了自己的解读，于是笔者也想针对此次公报，再结合当下的大环境，来进行一番个人的解读，以飨读者。

开宗明义，笔者认为公报表达的最有用的信息可能就是未来10年中国的宏观政策不会特别紧，尤其是对民营中小企业。例如，公报中明确说"加大宏观政策应对力度，扎实做好'六稳'（稳就业、稳金融、稳外贸、稳外资、稳投资、稳预期）工作、全面落实'六保'（保居民就业、保基本民生、保市场主体、保粮食能源安全、保产业链供应链稳定、保基层运转）任务"。无论是"六稳"还是"六保"，首先都是保就业。实际上，无论在任何国家，对任何政府来说，就业都是至关重要的指标。

在中国，国有企业占有政策优势，但就业问题主要是民营企业在解决。图83充分表明，民营企业的生存状况对中国来说绝对不是一个简单的经济问题，而是一个实实在在的民生问题。

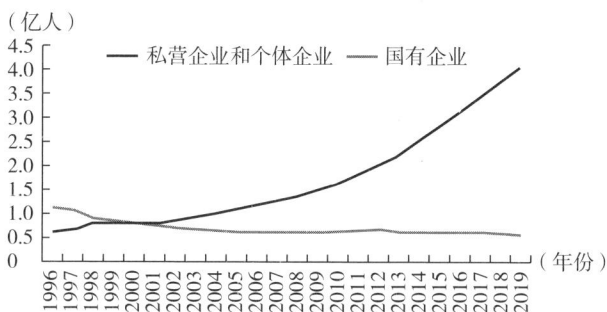

图83 中国就业人数情况

资料来源：环亚经济数据公司

　　然而，由于中国独特的经济结构问题以及转轨经济中常见的一些问题，民营企业会不定期地遇到一些困境。例如在2018年的时候，中国的金融监管当局对金融市场的一些乱象进行了清理。站在金融监管的角度来说，这样的清理是有必要的，也是正当的，因为当时的金融市场确实存在一些乱象。但问题在于，当我们清理市场时，融资总量就会下滑，这时候融资市场上的弱势一方就会受害。长江商学院自2011年9月就开始在校友企业（主要是民营中小企业）中调查它们的经营状况，其中也包括融资状况。

　　图84清晰地表明，企业融资环境指数在2018年呈现出一个深V形的发展态势，当年9月的24.2也是迄今为止的最低点。企业融资环境指数越高，企业的融资环境越好；指数越低，融资越难，成本越高。所以这幅图说明了当时受访企业融资环境的剧烈变动。回溯数字背后的原因，还是金融整顿导致融资量下滑，作为弱势一方的民营中小企业自然受到很大影响。当决策层发现此现象的时候，及时纠正了前期政策的误差，因此企业融资环境指数又得以快速回升。

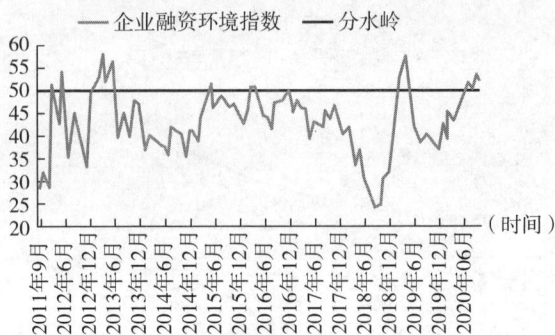

图84　受访企业的融资环境指数

资料来源：长江商学院案例研究中心与中国经济和可持续发展研究中心

　　值得注意的是，这些受访的民营中小企业大部分是效率较高的企业，假如这些企业都借不到钱，整个民企群体的状况可想而知。

　　图85的含义是企业生产效率相对于行业平均生产率的高低，指数越高，企业的生产效率越高。十九届五中全会的公报里面说"我国发展不平衡不充分问题仍然突出，重点领域关键环节改革任务仍然艰巨，创新能力不适应高质量发展要求"，这说得非常对，但只有当资金流向更优秀的企业时，创新和高质量发展才会接踵而至。

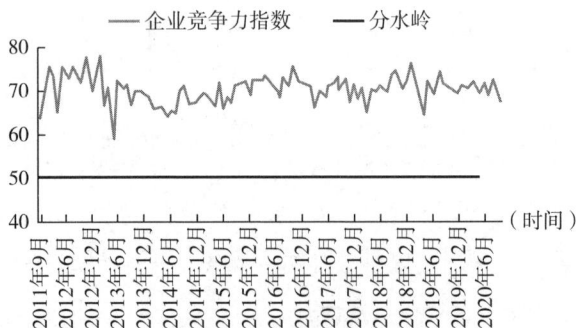

图85　受访企业大多是高效企业

资料来源：长江商学院案例研究中心与中国经济和可持续发展研究中心

　　从经济学上来说，要实现长期持续的经济发展，就必须依赖技术进步，具体来说就是TFP。TFP是指"生产活动在一定时间内的效率"，是衡量单位总投入的总产量的生产率指标，即总产量与全部要素投入量之比。TFP主要有两种实现方法：一是依靠资源在不同行业之间的转移来实现，比如农民进城务工，劳动力从第一产业转移到了二、三产业，效率得到了提升；二是依靠资源在同行业的不同企业之间的转移来实现，例如资金从效率低的国有企业转向效率高的民营企业，但从目前的状况来看，民营企业依然没有摆脱融资上的困难局面。

实际上，最近几年，民营企业在融资上的问题是越发严重了。近期我们发现，资金在重新配置，但方向却是反的：资金正源源不断地从高效部门流向低效部门，而且力度越来越大。2019年，皮特森国际经济研究所（Peterson Institute for International Economics，简称PIIE）的中国问题专家尼古拉斯·拉迪（Nicholas Lardy）发布报告指出，2012年之后，中国的信贷开始大规模流向国有企业，而非民营企业（图86）。

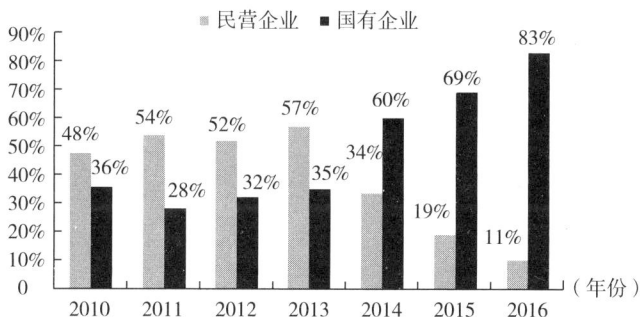

注1：本图代表信贷流向不同所有制企业的比例，没有标注出来的部分代表流向集体企业、外资企业和港澳台企业的信贷
注2：2016年是可获得官方数据的最后一年
图86　2012年之后信贷大规模流向国有企业
资料来源：www.piie.com

信贷的这种流向实际上是一种资源错配，这是不利于经济发展的。这点从TFP的演变也可以看出：

根据美国哥伦比亚大学的魏尚进教授等人的研究（图87），截至2015年，中国的TFP仅有10年为负数，一是1981年，二是1989年至1990年，三是2009年至2015年，换句话说，2009年之后中国经济虽然还在增长，但隐患非常大，而2009年也正是我们信贷开闸放水的一年。

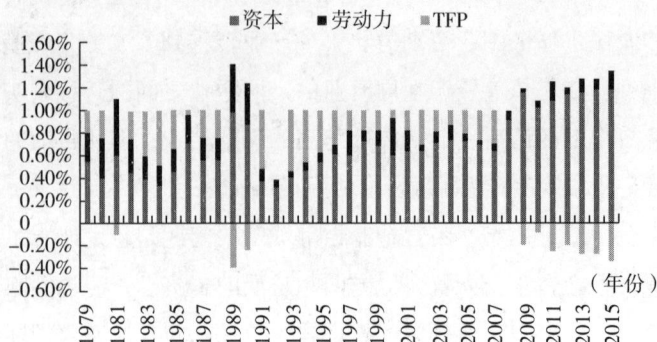

图87 资源错配不利于经济发展

资料来源：魏尚进等人的论文

来自清华大学白重恩教授等人所做的关于中国资本回报率的研究，也表明近年来中国经济的效率出现了明显的下滑。

图88显示，2009年开始，中国的资本回报率大幅下滑，而这一年正好是信贷大规模扩张、投资大增的一年。白重恩等人在论文中得出结论：政府干预的影响显著为负，投资率大幅攀升和政府规模持续扩大是2009年以来中国资本回报率大幅下降较为重要的影响因素。

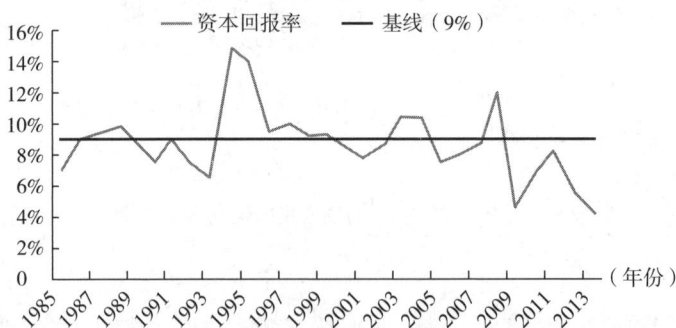

注：数字剔除了生产税和企业所得税，同时考虑了存货调整

图88 2009年开始中国经济效率出现明显下滑

资料来源：白重恩等人的论文

除此以外，我们还可以从国际资本流动的角度来探讨这一问题。到目前为止，在国际收支平衡表上，外商对华直接投资仍然是超过中国对外直接投资的，这表明了中国对海外资本的吸引力（图89）。

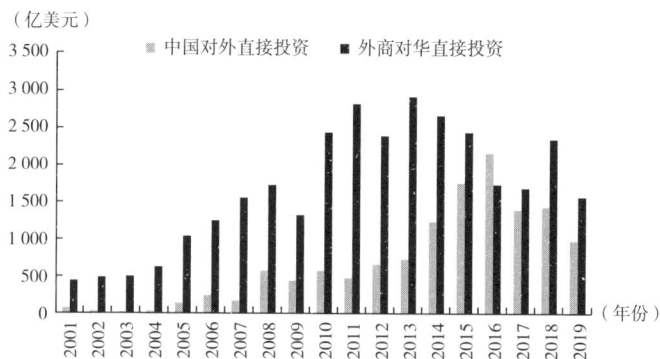

（亿美元）

图89　外商对华直接投资高于中国对外直接投资
资料来源：国家外汇管理局

然而，还有一个指标我们也要注意，就是国际收支平衡表上的净误差与遗漏。近年来，该指标出现了巨额逆差，这表明中国的私人资本正以官方未知的方式流出（图90）。

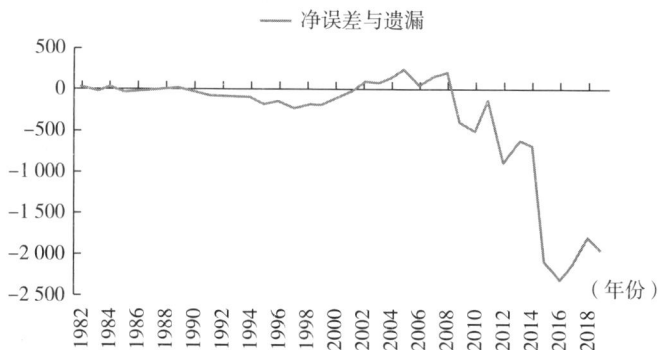

图90　中国私人资本正以官方未知的方式流出
资料来源：国家外汇管理局

这方面我们可以借鉴蒂布特模型来加以分析。蒂布特模型是1956年查尔斯·蒂布特（Charles Tiebout）建立的一个地方公共产品供给模型，其关键内容就是假设具有消费者和投票者双重身份的居民能够充分流动，将流向那些能够最好满足其公共产品偏好的地区。而地方政府为了吸引更多的居民流入本地，以增加税源，往往会把注意力放在与居民生活密切相关的领域，适当增加教育、道路、医疗卫生、社会福利等方面的开支，从而使公共财政的支出范围和结构与居民的消费需求更趋吻合。

人是如此，流动性更强的资本更是如此。当一国的生存环境较为恶劣时，资本就会"用脚投票"，去国际上寻找新的目的国。中国这方面虽然还远未到发生危机的程度，但假如我们不去改革那些不利于民企的政策，那我们又怎么保证有一天我们的经济增速下滑到一定程度时，这些资本还愿意留在国内呢？

综上所述，中国目前面临着两个问题，一个是总量问题，一个是结构问题。当政策环境宽松时，就像2009年时那样，经济整体会膨胀，民营企业的融资环境也会改善，结构问题会缓解；当政策环境收紧时，就像2018年时那样，经济总量会收缩，但这不是最重要的，最重要的是相关成本主要由民营企业来承担，而这些企业的效率更高，这等于是"逆向淘汰"。

公报说："全会提出了到二〇三五年基本实现社会主义现代化远景目标，这就是：我国经济实力、科技实力、综合国力将大幅跃升，经济总量和城乡居民人均收入将再迈上新的大台阶，关键核心技术实现重大突破，进入创新型国家前列；基本实现新型工业化、信息化、城镇化、农业现代化，建成现代化经济体系……人均国内生产总值达到中等发达国家水平。"

截至2019年，以现价美元计算的中国人均GDP尚未达到世界平均水平（图91），这意味着未来我们必须依然保持一个中高速的增长，才能使人均GDP在2035年达到中等发达国家水平，而要实现这一目标，适当的宏观经济政策是至关重要的。经过2009年之后，我们已经知道了大放水的危害；经过2018年之后，我们又知道了突然收紧政策带来的弊端。

因此笔者估计未来10年决策层会小心行事，政策环境不会太紧，也不会太松，但最关键的是不要太紧，不然我们的民营企业真的受不了，到时候受害的还是中国经济和就业。

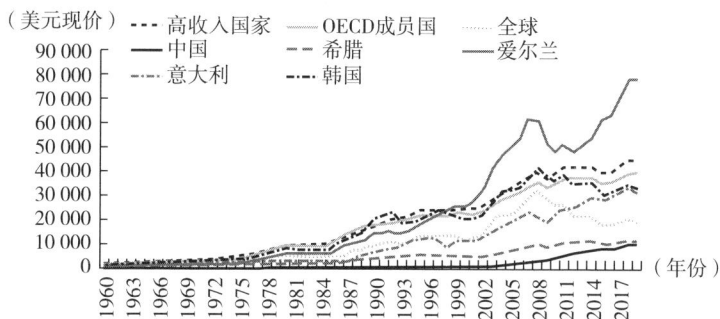

图91　部分国家和区域的人均GDP
资料来源：世界银行

作者系长江商学院副院长，经济学教授

中国与世界

黄奇帆 ///
加入CPTPP是应对
新变局的战略选择

新冠肺炎疫情全球蔓延给世界经济带来了严重冲击，形成百年未有之大变局，变局加速，变中有变。从目前局势看，最大变数是美国。现在的美国奉行单边主义，将中国视为战略竞争对手，先后对中国发起贸易战、科技战；疫情发生后，自己应对不力却疯狂透锅于中国，鼓吹脱钩，并从外交、经贸到军事方面对我全面打压，甚至上升到意识形态的高度，意图在全世界挑起"制度之争"。

加入CPTPP等高水平经贸协定就是我们主动应对新变局的重大战略。从现在到美国大选结束不到两个月，未来无非是两种可能：一种是现任特朗普政府继续执政。[1]那我们要继续战斗，将朋友搞得多多的，把对手搞得少少的，我们加入CPTPP就是争取多数。目前，CPTPP国家经济总量和货物贸易总量分别占全球的12.8%和15.2%；如果我们加入了CPTPP，那么CPTPP国家的经济总量占全球的比重将达29%，货物贸易量

---

[1] 2021年1月20日美国民主党人拜登在华盛顿宣誓就任美国第46任总统。——编者注

全球占比将达27.2%。

目前，英国与日本已经达成了自由贸易协定，接下来英国大概率也会加入CPTPP，那么这个组织占全球的GDP的比重会更大。

作为高水平经贸协定，目前已经加入CPTPP的国家有11个，包括日本、加拿大、澳大利亚、智利、新西兰、新加坡、文莱、马来西亚、越南、墨西哥和秘鲁。其中，中国已与其中的8个国家或联盟有自贸协定：我们与澳大利亚、智利、新西兰、新加坡、秘鲁签过自由贸易协定，与涵盖了文莱、马来西亚和越南的东盟有1+10的升级版自贸协定，只剩下日本、加拿大和墨西哥。而且，这里面有10个国家，中国在其出口对象国中位列前三。

同时，我们还在谈RCEP和CAI（中欧全面投资协定），这两大协定有望年内达成。[①]如果我们加入了CPTPP，而美国没有加入，最后可能被脱钩的是美国人。

另一种情况是民主党总统候选人当选，对华政策、经贸政策可能会有一些变化，但长期来看至少"规则之争"是免不了的。不要忘了，CPTPP的前身是TPP，就是奥巴马时期整出来的，其实也有对付中国的意思。那我们更要积极加入，化被动为主动，在谈判中发声，把我们的利益诉求讲出来，主动参与规则制定，这一点不亚于当年加入WTO。

加入CPTPP等高水平经贸协定有利于深化改革开放，加快形成双循环的新发展格局

CPTPP作为高水平经贸协定，脱胎于TPP。TPP协议不仅对传统议题如货物贸易、服务贸易和跨境投资的有关内容进行了深化，还对政府采购、竞争政策、知识产权、劳工标准、环境保护、监管一致性、国有企业和指定垄断、中小企业、透明度和反腐败等议题进行了规范，体现了"高标准、高质量、高层次、面向21世纪"的特征。

---

① 2020年11月15日，RCEP正式签署。2020年12月30日，中欧领导人共同宣布如期完成中欧投资协定谈判。——编者注

美国退出后，为了降低门槛，CPTPP冻结了部分原来美国要求的有关知识产权条款，保留了TPP 95%的条款，继续保留了国有企业和指定垄断、劳工、环境等条款，仍不失为全球范围内最高标准的自贸协定。

从目前的条款看，CPTPP要求的很多内容与我们深化改革开放的基本方向是一致的。比如对中小企业参与国际贸易的支持、知识产权保护等，在这些领域，我们接受的难度不大；而对国有企业和指定垄断、劳工标准、竞争政策等的接受虽然有很大难度，但这些年来我们自身也在深化改革，总体上是要建立一个公平竞争的高标准市场体系。

加入CPTPP有利于我们以更高水平的开放推动更深层次的改革，有利于激发国内市场的活力，提升内循环的效率，加快形成更加完善的社会主义市场经济体制；同时，加入CPTPP这件事本身也是中国以开放参与国际大循环的大战略，是国内国际双循环相互促进的重要抓手，有利于推动对外开放由商品和要素流动型开放向规则等制度型开放转变，形成国内国际大致相同的制度环境。

除了加入CPTPP，还要深入实施"自由贸易区战略"，扩大FTA朋友圈

从CPTPP的构成看，美国退出后，是日本勉勉强强捏合起来的。实际发展面临着几方面问题：一是目前的11国中，除了日本、加拿大、澳大利亚，其他的都是小经济体，影响力不够大；二是TPP是要跨太平洋的，但现在美国退出了，CPTPP主要贸易范围实际还会退缩到亚洲周边地区；三是缺乏主导力量，日本想主导，但力量不够。中国加入可以改变上述三条，但仍在无形中面临美国的障碍。美国虽然不在其中，但可以凭借其经济和政治霸权对有关国家施加压力；而且值得注意的是，美国在与加拿大和墨西哥达成的USMCA（美墨加协议）中有个"毒丸"条款：要求缔约国一旦与非市场经济国家谈判自贸协定，就有可能被其他缔约国排除出USMCA。墨西哥和加拿大现在都在CPTPP中，如中国提出加入CPTPP，它们该如何自处？所以，总的来看，虽然加入CPTPP对中国

有利，但也不是那么顺利的。我们还是要立足自身、立足周边。

目前，RCEP除了印度其他15国已基本达成，应抓住机遇积极推动各方将协议落地。从目前情况看，印度大概率不会返回，关键是日本的态度，新任首相菅义伟曾对印度加入抱有很大期望。不管怎样，从目前局势看，中日之间应该趁热打铁，把谈了十几轮的中日韩自贸区谈判推向深入，在三方共同参与的RCEP已取得共识的基础上，进一步提高贸易和投资自由化水平，纳入高标准规则，打造一个超越RCEP的RCEP+的自贸协定。

"零关税、零壁垒和零补贴"是高标准经贸协定的基本方向，我们要灵活应对、积极谈判

无论是RCEP、RCEP+，还是TPP、CPTPP，以及其他各种五花八门的FTA（自由贸易协定），总的演进方向是"三零"，即"零关税、零壁垒和零补贴"。

出现"三零"的基本原因是：随着全球化不断发展、国际分工日益深化，商品贸易不再是简单的产业间贸易，而是产品内贸易，全球产业链发展造成了中间品贸易在国际贸易体系中迅速增长，国际贸易的重心从最终品贸易转移到中间品贸易。中间品贸易壁垒会产生累积效应，极大地提高贸易成本。中间品要多次跨境贸易，即使关税和非关税壁垒很低，其贸易保护程度也会被放大。为此，零关税、零壁垒、零补贴的"三零"规则凸显。其中，零壁垒和零补贴的实质是营商环境趋同，实现市场化、法治化和国际化，集中体现在贸易便利化、市场准入、政府采购、竞争政策、知识产权、劳工标准、环境保护、国有企业和指定垄断等八个方面。

疫情之后，各国在考虑产业链安全，要重构全球产业链，"三零"的基础还存在吗？我认为，还是存在的。"三零"依然是大方向。因为经济全球化在螺旋中上升的趋势不是哪个政治家能改变的。尽管疫后产业链重构的基本方向是产业链在一个地域上形成集群，但仍依赖于资

源要素在全球范围内的更高层次的水平分工和优化配置。因此，"三零"的基本逻辑即使是在疫情冲击下全球产业链重构的背景下仍然是成立的。

对中国而言，把握这一基本逻辑，参与国际经贸规则谈判时可以心中有数，手中有牌。其中，要打好"零关税"这张牌。我们现在的平均关税水平是7.5%，可以降到世界平均的5%左右，以此适度扩大进口，同时有助于提高我们在一些敏感议题中的谈判筹码。

近年来中国在一些地方建立自贸试验区，应进一步赋能升级，为更好参与FTA谈判积累经验

中国设立自贸试验区的初心，就是要通过自由贸易试验区的先行先试为中国参与新一轮FTA谈判做准备，加快培育参与和引领国际经济合作竞争新优势，以开放促改革。换言之，设立自贸试验区的战略意图是要通过先行先试来为即将实施的自由贸易区战略提供压力测试和风险缓释平台。

自2013年8月批准设立上海自由贸易试验区（自贸区）以来，中国政府已经先后分三批共批准设立18个自贸区。这18个自贸区横跨中国东中西地区的不同省份。2013年中国政府推出首份上海自贸区"负面清单"，包括38项禁止类和74项限制类行业共190项条目。与2013年相比，2019年版的全国自贸区负面清单条目大幅缩减到37项。2020年上半年，国务院又决定将自贸区负面清单条目再缩减到30项。应该说，我们的自贸试验区探索已经有了一批成果。

接下来，适应新形势下打造更高水平开放型经济新体制的需要，除了要布局更多的自贸试验区，还要推动现有自贸试验区扩区升级赋能。扩区就是突破现有120平方千米限制，按照形成产业链集群的需要，将没有划进来，但产业基础又较好、具备一定国际竞争力的区域划进来。比如浙江自贸区，原来只在舟山做油品全产业链，而代表中国最高水平的宁波港航物流、杭州数字经济、义乌小商品都不在自贸区，应该适度划

进来。同时，在贸易、投资、运输、人员、资金、数据等自由流动方面赋予其更大的自主权和自由度，以更高水平的开放为这些地区的产业链集群发展赋能增效，也为FTA谈判积累经验。

疫情之后中国陆续出台了多项开放措施，彰显了中国建立开放型世界经济的决心

疫情之下，在一些国家鼓噪的"断链""撤资""脱钩"的杂音中，中国坚定地举起了全球化大旗，以主动开放、扩大开放的新举措彰显了建设开放型世界经济的决心。2020年上半年，国务院常务会议通过了2020年版外商投资负面清单，其中全国外商投资准入负面清单由40条减至33条。特别是金融领域取消了证券公司、证券投资基金管理公司、期货公司、寿险公司外资股比限制；制造业领域放开商用车制造外资股比限制；农业领域将小麦新品种选育和种子生产须由中方控股放宽为中方股比不低于34%。这些都为我们抓住机遇引资补链创造了条件。最近的中国国际服务贸易交易会期间，习近平主席宣布，将支持北京设立以科技创新、服务业开放、数字经济为主要特征的自由贸易试验区，构建京津冀协同发展的高水平开放平台，带动形成更高层次改革开放新格局。北京的这个自贸区的一大亮点就是以数字贸易和科技创新为主要方向，推动数字贸易试验区、大数据交易所和数据跨境流动监管三项建设，促进数据建设有序流动，围绕科技创新推出一揽子政策。这恰恰是国际高标准经贸规则的焦点问题，开展这方面试验试点有利于我们在新一轮经贸规则谈判中占据主动，应当加快推进。

本文为作者2020年9月23日在博智宏观论坛月度研判例会上的主旨演讲

李丰 ///
看懂全球化/逆
全球化

开 篇

疫情的全球化，给产业链的全球化蒙上阴影。

2020 年 4 月 10 日，美国白宫首席经济顾问库德洛在接受美国媒体采访时，呼吁在中国的美国公司考虑撤离中国，还不忘强调刺激措施：美国政府愿意支付搬家费用。

同一天，又爆出日本政府呼吁日本企业撤离中国的新闻，报道称日本政府决定拨出 20 亿美元用以支持日企搬回日本，此外，还有 2 亿美元的预算用来支持日企撤离中国，迁往其他国家。

那么，全球产业链的去留与分布，到底受什么影响？我们也可以把它拆解为下面三个小问题：

1. 美国想要制造业回流，真的回得去吗？
2. 日本呼吁制造业回流加分散，是否能实现？
3. 美日两国都盯着"去中国化"，中国是说搬离就能搬离的吗？

进入正文前，先分享几个观点：

1. 美国"制造业回流"战略实施了超过 10 年之久，从结果看，收效甚微。从苹果、特斯拉、GE（通用电气）、3M（明尼苏达矿务及制造业公司）等企业与政府之间的微妙博弈看，美国政府说什么，对企业的影响较小。有意思的是，当政府意志与企业目标相悖时，政府选择了维护企业利益。

2. 撇开日本的"去中国化"新举措，不管有没有贸易战或者疫情，较低附加值的劳动力密集型产业链部分外迁，是没法阻挡的。幸运的是，中国的产业结构一直在朝着高附加值的方向调整、优化，这是当下中国产业链发展的重中之重。

3. 疫情之后，在商业决策上，大型企业肯定会增加供应链和销售市场的全球化。在这个过程中，从市场规模到供应链的结构、长度与完整度，中国都是最具有吸引力的国家之一。

4. 全球供应链紧密勾连由来已久，即使中国的产业链完整度高、链条长且较为独立，在一些关键环节，中国也需要跟周边市场和全球市场共同完成全球化的布局。

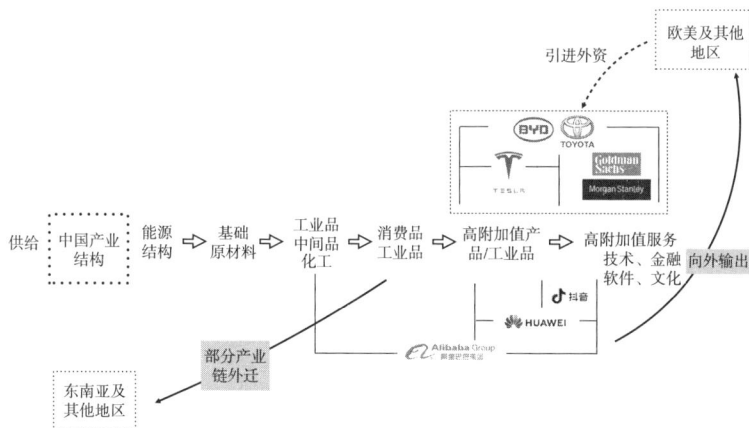

图92　全球化势不可当

美国想让制造业回流，是否回得去？

看过往，"制造业回流"战略，美国已实施了超过 10 年，但成效实在有限。

从增长率来看，2008—2017年的多数年份，美国制造业的增速没能跟上美国整体经济的增长。2009年，美国制造业增长率跌至 -7.6%，除了2010年出现 5.3% 的较高增速外，其他年份增长率均低于 2.0%。

从制造业占美国经济比重来看，2008—2015年美国制造业增加值在 GDP 中的比重一直未能回到金融危机前 12.8% 的水平，更远低于 21 世纪初 15% 左右的较高水平。

此外，愿意从事制造业的美国人，真的不多了。美国制造业从业人数占比自 2000 年以来整体呈下滑趋势，2015—2017年这3年，美国制造业从业人数占比已经降至 8.8%、8.3%、8.5%。

试想一下：

假设苹果 60%—70% 的生产与销售都在欧美，那么，2020年上半年的苹果会受到多大影响？

假如疫情发生在2019年，特斯拉的销售、市值、生产又会受到多大影响？（2019年，特斯拉的产能几乎 100% 在美国，销售 90% 在欧美。）

看当下，美国政府很难干涉企业的经营方式与行为。

2020年3月，为了对抗新冠肺炎疫情的蔓延，特朗普总统以"战时总统"之名，启动国防生产法，要求美国企业加强生产口罩和医疗防护用品。

通用汽车被点名去生产通风设备和呼吸机，3M 被要求加强生产 N95 口罩并在出售口罩时"美国优先"，甚至被要求停止出口口罩到加拿大等国家。

结果是，3M 最初采取了抵抗的态度，拒绝只为美国提供口罩。最后的妥协方案是，既增加对美国的口罩供应，也不限制出口。

所以，面对政府的要求，即便是在抗疫非常时期，大型企业还是有很强的话语权的。

同样"任性"的还有特斯拉。虽然中美贸易战升级，政府呼吁"制造业回流"，特斯拉仍然将其在美国本土以外的第一家工厂建在了中国上海。不仅如此，它还把2020年内实现车辆零部件100%本土化提上了议事日程。

更进一步说，企业利益和政府意愿并非完全一致，当两者有冲突的时候，美国对美国大公司所做的举动是豁免，让它们游离在规则之外。

举个例子，对中国出口美国的商品额外征税，本意是给中国设置障碍，为美国国内企业争取订单，结果却触动了苹果、GE等大型企业的利益。

多家美国大型企业申请关税豁免，尽管它们需要证明符合美国贸易代表处的豁免标准：该产品只能从中国获得，对于该产品的额外征税会导致对于申请者或其他美国利益方的严重经济影响，该产品与中国产业项目相关或有战略性重要意义。

2019年9月，苹果提出15项关税豁免申请，其中10项被批准。2020年3月下旬，苹果的又一款产品——Apple Watch（苹果手表）获得了关税豁免，这意味着苹果在从中国进口成品Apple Watch时无须缴纳7.5%的关税。

除了苹果，另一个疫情期间得到美国政府豁免的公司是GE。2020年4月7日，据路透社报道，GE获得美国政府许可，将向中国大飞机C919提供发动机。

发生在苹果和GE身上的事情说明，在企业利益与政府意愿不一致时，美国政府会让步，让企业"挣钱"，即便它们合作的对象是美国想要压制的国家。

为什么特斯拉、苹果、GE等跨国企业都顶着与政府对抗的风险，选择和中国做生意？原因很简单，必须重视中国市场。

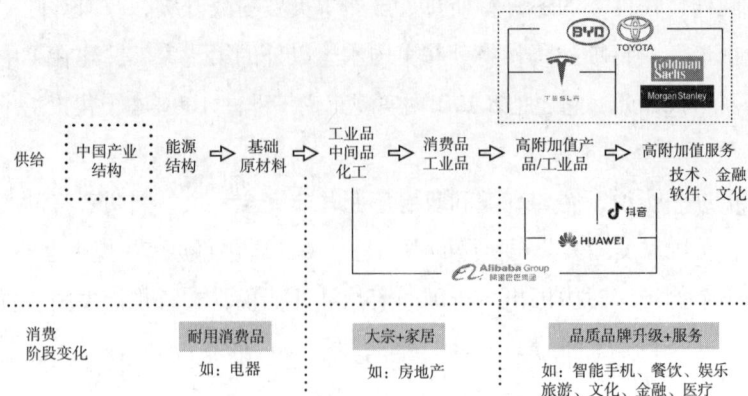

图93　中国有望成为最大的消费市场

在很多行业与领域，中国都已经是全球最大的单一市场了。这是难以抗拒的吸引力。

调研公司 Canalys（科纳仕咨询）的数据显示，2012 年第一季度，中国首次超越美国成为全球最大智能手机市场，之后中国就一直稳坐第一名。

2009 年，中国成为全球第一大新车市场。6 年后的 2015 年，中国又揽下了新能源车全球第一名。依据商务部的预测，2020 年末，中国汽车保有量有望超过美国，成为世界第一。

中国客运和货运需求的高速增长，也在推动航空市场的爆发。国际航空运输协会预计，5年内，中国将取代美国，成为全球最大的航空市场。

稍微乐观一点，中国很有可能在几年内全面超越美国成为全球最大单一消费市场。2019年，中国社会消费品零售总额只比美国差了3%。2020年，全球经济都受到疫情影响，中国成为全球唯一实现正增长的主要经济体，全年经济增速2.3%。

所以，在我们讨论产业链是否会回流到美国时，大型企业必须面对的一个问题是，到底要不要挣中国这个几乎在所有重要的行业都是全球最大市场的钱。

美日两国都盯着"去中国化"，中国是说搬离就能搬离的吗?

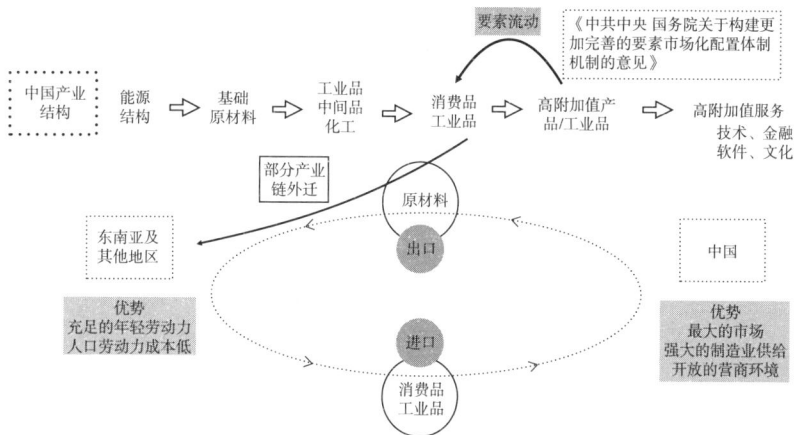

图94　一些附加值偏低的制造业开始搬离中国

1. 绕不开的中国供应链: 做大, 做厚, 做增值

从 1984 年前后乡镇企业出现至今, 中国制造经过近 40 年的发展, 已经集全球最大、最全、最长等特征于一身。2010 年, 中国制造业产值首次超越美国跃居世界第一以后, 一直没有失掉第一名的位置。这决定了各国支柱产业很难从产业链上绕开中国。

在"做大""做厚"的同时, 中国的产业结构也在"做增值": 规模之外, 承接高附加值的精密加工。

以公认最难造的汽车、手机产业为例。

中国早已稳坐全球最大的汽车生产国。根据 Marklines（全球汽车信息平台）的数据, 2019 年全球汽车产量约 9 087 万辆, 中国汽车产量占比为 28.3%。

中国也是汽车产业链完整度最好、国产化比例最高的国家之一。我们拥有 10 余万家汽车零部件企业, 基本实现了 1 500 种汽车零部件的全覆盖。另一方面，全球排名前 50 位的一级、二级零部件供应商，都已经在中国建厂；世界排名前十的一级外资供应商，在中国部署的生产工厂和研发机构就超过 400 家。

强大的汽车供应链是特斯拉提出2020年把本土化比例由 30% 转变为 100% 的底气。中国大概是目前唯一能在这么短的时间内达成这个目标的国家。早前，特斯拉上海工厂火速建成并获批投产，已经凸显了中国速度。

手机品牌也偏爱中国供应链。近年来，苹果加快了将产业链向中国迁移。尽管有中美贸易战的因素，从苹果 2019 年全球 200 大供应商的构成来看，中国工厂的数量和占比仍在明显增加。2018 年，苹果在全球有 778 家工厂，356 家位于中国内地（大陆），比例为 45.76%；2019 年，苹果在全球的 807 家工厂，383 家来自中国内地（大陆），比例为 47.46%。

中国对于手机产业链的贡献早已不只是代工。中国已经拥有了包括 VIVO、OPPO、小米、华为在内的好几个世界级手机品牌。2019 年全球前 5 大智能手机厂商，国产手机占了 3 席，华为手机的出货量和市场份额都已超越苹果。这说明中国手机产业链的研发与生产制造能力一直在发展进步。

2. 疫情之下，中国供应链帮助国外企业复工复产

疫情在全球蔓延，200 多个国家与地区受到影响，多国相继陷入停工停产状态。苹果、特斯拉的中国供应链，某种程度上帮它们对冲了风险，提高了效率。

因为全球疫情，苹果下调了收入预期。苹果最大的组装商富士康也对外宣布，2020 年一季度营收比2019年同期下降了 12%。

伴随着中国逐步复产复工，我们也看到一些业绩转好的消息。

依据 4 家苹果与华为共用的供应商的2020年第一季度的预披露，立讯精密净利润 2020 年一季度增长55%—60%，鹏鼎控股 2020 年 3 月收入增长 19.4%，歌尔股份 2020 年一季度净利润增长40%—60%，蓝思科技预计盈利 8.79 亿至 8.84 亿元（2019年同期亏损 9 696 万元）。

究其原因，一方面是疫情前的库存订单的兑现，另一方面可能是因为中国地区恢复生产，承接了疫情爬升地区停工停产的订单。

同样受益于中国供应链的还有特斯拉。

2020年3月，特斯拉的美国工厂已经停工停产，还卷进了遣散合同工的风波。然而，在中国，于2020年1月初建成的特斯拉上海工厂，2月10日就复工生产了，成为全国首批复工的汽车企业；同一天，特斯拉的一级供应商上海临港均胜汽车安全系统有限公司也实现复工。

特斯拉在中国的高效复工，还得到了国家与地方对重要产业链的支持与保护。据统计，自2020年3月6日以来，特斯拉上海工厂的复工率就超过了91%，产能甚至超过疫情前的水平。

"去中国化"与"全球化"

1. "去中国化"背后，是对中国供应链过度依赖的担忧

如上所述，中国作为制造业大国，建立了比较齐全的工业门类，产业链长且完整度高，技术附加值也高。全球各国受益于此，也可能因此受伤严重。

以日本为例，自2007年以来，中国一直是日本最大的贸易对象国。依据日本贸易振兴机构统计的数据，2018年，日本企业对华累计投资余额高达1 082亿美元，位居各国之首。这次因为疫情，中国对日本口罩的出口受到了一些影响，日本意识到口罩等战略医疗物资不应过度依赖进口，据日本厚生劳动省此前透露，日本销售的口罩70%来自中国。

不论是鼓励制造业回流，还是花力气将制造业外迁，都是为了优化产业链，使其更完整独立，也更多元。

把供应链集中到一个国家，就像把鸡蛋放在一个篮子里，风险很大。

既然外迁无法阻挡，我们应该留下什么？

近年来，的确有些附加值偏低的制造业开始搬离中国，迁到东南亚等新兴国家。

坦白说，这件事我们既不能阻止，也得承认它的合理性。

伴随着中国人口结构的老龄化，年轻人在减少，再加上劳动力成本增加，都使得我们在承接大规模、低附加值、极度人口密集型的生产制造方面不具有优势。而东南亚等新兴国家，有更廉价的劳动力与规模可观的年轻人口。

所以，不管有没有贸易战，有没有疫情，有没有鼓励企业搬迁的政策，这部分产业链都有可能被转走。

不过，这个外迁的过程可能要比许多人想象的难很多、慢很多。

首先，很难想象疫情之下或者哪怕疫情过后较长时间内，大型企业愿意降低效率、加大投入来搬家。在未来相当长一段时间内，跨国企业的首要目标应该是保增长，而供应链的搬迁需要较大的资金投入，且需要企业忍受短期内的效率降低。

即便搬家费由政府买单，这也是一个不划算的商业决策。要尽快回到增长的轨道，最高效的办法是不折腾——在已经形成的互相依赖的全球供应链上，各就各位，协同合作。

其次，从中长期看，中国"最大最全的供应链"是在不同历史阶段或主动或被动适应的结果，这是其他国家或地区很难去复制的。除了其形成的历史过程极具特殊性，考虑到它涉及的劳动力总量之巨大，整个链条很难短时间内被迁移到其他国家。

此外，中国市场的整体竞争力，是外企投资中国的强大拉力。中国有全球数一数二的消费市场，有强大的制造能力，相当于生产、消费两头都占了。把工厂放在离市场近的地方，是企业的理性选择。此外，我们还有开放的政策与营商环境，以及不断完善升级的基础设施建设。

如果说外迁的是成本极度敏感、附加值低的生产加工企业，即劳动力+制造企业，那么我们需要抓住的是附加值+制造企业，即继续优化产业链的结构，提高附加值，以至在制造业链条里能生产越来越贵的产品，且不断地提质增效。

如果再往前看一步，我们需要的是下一个周期里的生产力驱动工具。就像18世纪的蒸汽机，又或者20世纪60年代美国的计算机。

2. 商业世界注定是全球化的

商业是逐利的。撇开情绪、政治等因素，仅从商业角度考虑，各国企业充分利用各地优势，让供应链充分全球化、多元化，以确保其稳定、安全，是最正确的做法。

毕竟布局多个国家和地区，遇到特定危机时，至少不会同时完全停摆。正如苹果 CEO（首席执行官）库克2020年初接受媒体采访时所说的："总会有不可预测的事情发生，我们曾经历过地震、龙卷风、火灾、洪水、海啸和 SARS 等。"

相信经历了这次疫情，所有的中大型企业，尤其跨国公司，都会对全球化有更深入的认知与体会，也会更加珍视全球化的价值。

日本鼓励供应链外迁的新闻爆出来之前一周，2020年4月2日，丰田与比亚迪合资的纯电动汽车研发公司成立。该合资公司注册地为深圳，丰田与比亚迪分别出资 1.725 亿元人民币，各占公司 50% 的股份。

这次合作集合了中日技术和经验，可以被视作商业全球化的注脚。合资公司生产的电动车，将基于比亚迪的技术来开发，然后用丰田的品牌来卖。

它还说明了三件事。

第一，对日本车企来说，中国的新能源车市场很有吸引力，所以丰田要在中国加大投资。

第二，中国的电动车技术与供应链处于全球领先地位。丰田已经是车企里技术、销售、管理最头部的企业，在电动车研发上选择中国技术，也可以侧面印证这一点。

新能源汽车中，成本占比最高（约 42%）的电池，中国拥有全球第一和第三大的宁德时代与比亚迪；新能源汽车最核心的技术 IGBT（绝缘栅双极晶体管），中国也实现了供应链自主，有比亚迪微电子、中车时代、斯达半导；除此之外，比亚迪还有自主研发领先于行业的三电一体平台，简单点讲，这个技术把电动车几大重要相关部件合为一体，让部件占用空间最小、成本最低、车辆性能最高。丰田在电动车研发上选择中国技术，也是对这些技术优势的侧面印证。

第三，在政策允许外资控股的情况下（2018 年 10 月，华晨宝马就开了合资车企被外资控股的先河），丰田依然选择以 1 : 1 的股份比例来和中国车企合作，则说明在探讨合作可能性时，中国企业和日本企业筹码对等，因为股比反映的是双方对合资企业的贡献。

某种程度上，这是中国汽车产业链结构优化后的结果。它说明中国在汽车供应链中的重要性在上升，使得我们能够吸引国际著名汽车品牌在中国落地并与中国企业平等合作。

极端制裁如果发生了，我们会怎么样？

"逆全球化"与"去中国化"的舆论近年来时有出现，但是，脱钩会真的发生吗？如果世界各国都对中国进行极限施压，会给中国的供应链带来什么影响？

我们用一个当下的事实和一段历史来回答这个问题。

当下还是举华为的例子。过去一年华为被美国制裁与封锁，大家有目共睹。在一个全球最难做的产业里，遭遇全球最强大的国家的极限施压，这些给华为带来的影响是什么？

拆机显示，华为手机 P40 和 nova6 5G 的美国元器件分别为 2 个和 7 个，成本占比几乎可以忽略不计。反观贸易战发生前，华为公布的 2018 年核心供应商名单有 92 家，美国供应商数量最多，达 33 家。

这意味着自美国限制华为从美国引进技术以来，华为手机使用的美国元器件数量在持续下降。加速"去美国化"的同时，贸易战也激发了华为加大研发力度，以实现产业链国产化或以多元化供应商代替。

历史上，我们也遭遇过最差的情况。

1990 年前后，因为特殊原因，中国一度受到了西方国家的联合制裁，反华浪潮在全球风行，中国与英法美日等世界多国之间的政治、经济、军事等关系及合作，都被切断了。

面对全面制裁，邓小平的表态是："世界上最不怕孤立、最不怕封锁、最不怕制裁的就是中国。"

结果是，我们用一年的困难，换来了 20 年经济高速增长的奇迹。

被制裁的那一年，中国的 GDP 增长率为 3.8%，是改革开放以来最低的。但是，在那之后，我们的 GDP 的增长曲线就一路上扬，在近 20 年里都保持着约 10% 的增速。尽管彼时，我们作为一个国家还很弱小，当年中国的 GDP 总量仅相当于今天中国的一座城市苏州（在中国 2019 年 GDP 中排第六，在非直辖市和省会中排第一）。

1990 年的封锁制裁，还带来一个意外的结果。对外经贸关系都被切断，买不到，就只有想办法自给自足，造就了中国制造业的长产业链。这也为中国成为世界工厂奠定了坚实的基础。

所以，你看，在我们还很弱小、国际环境极差的时候，我们也能转危为安，解决问题。当下的国际形势与经济环境，虽然复杂且充满不确定性，但是，我们也肯定能克服困难，赢得发展。

本篇总结

1. 美国"制造业回流"战略实施了超过 10 年之久，从结果看，收效甚微。从苹果、特斯拉、GE、3M 等企业与政府之间的微妙博弈看，美国政府说什么，对企业的影响较小。有意思的是，当政府意志与企业目标相悖时，政府选择了维护企业利益。

2. 撇开日本的"去中国化"新举措，不管有没有贸易战或者疫情，较低附加值的劳动力密集型产业链外迁，是没法阻挡的。幸运的是，中国的产业结构一直在朝着高附加值的方向调整、优化，这是当下中国产业链发展的重中之重。

3. 疫情之后，在商业决策上，大型企业肯定会增加供应链和销售市场的全球化。在这个过程中，从市场规模到供应链的结构、长度与完整度，中国都是最具有吸引力的国家之一。

4. 全球供应链紧密勾连由来已久，即使中国的产业链完整度高、链条长且较为独立，在一些关键环节，中国也需要跟周边市场和全球市场共同完成全球化的布局。

作者为峰瑞资本创始合伙人

王松 ///

美联储QE印钱流向
何方？

美联储的QE政策（Quantitative Easing，量化宽松）始于2008年底，手段是通过大量增印货币回购债券，目的是降低利率进而刺激经济。三轮QE过后至2014年底，美联储资产负债扩表4倍多（图95、图96），回购债券约2.3万亿美元，新增货币量为之前美元基础货币（相当于现金，主要由流通美钞、硬币和银行储备金构成）总量的3倍（图97）。此等规模，百年未遇。2020年新冠肺炎疫情之下，美联储又宣布一起7 000亿美元的QE计划，并且宣布将来QE无上限。

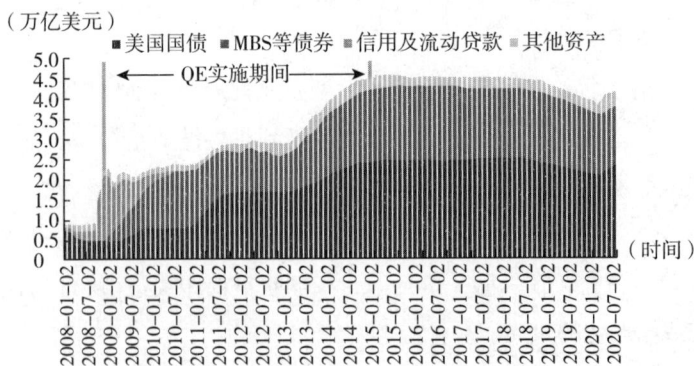

图95 美联储资产走势

资料来源：美国财政部数据站，美国联邦储备银行圣路易斯分行数据站

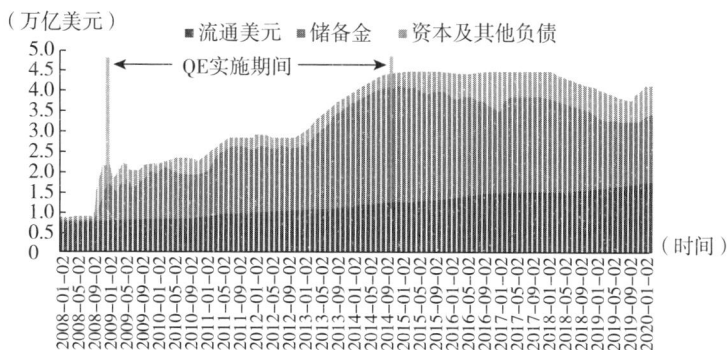

图96 美联储负债走势

资料来源：美国财政部数据站，美国联邦储备银行圣路易斯分行数据站

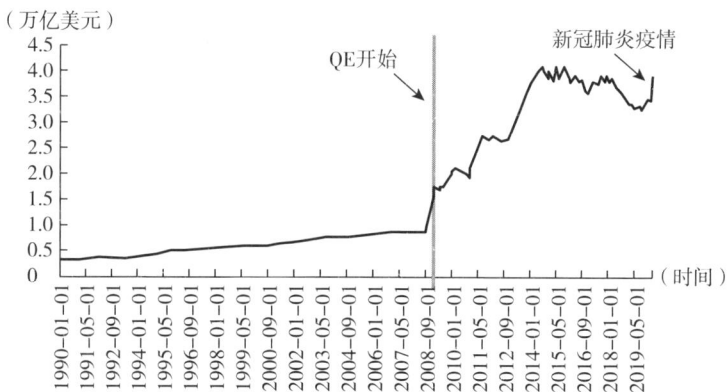

图97 美国基础货币变化趋势

资料来源：美国财政部数据站，美国联邦储备银行圣路易斯分行数据站

　　只要是央行增发货币，就会有人联想到通货膨胀、货币贬值、投资缩水。于是乎，网上开始弥漫"美联储大放水""收割世界财富"的说法。然而这些说法都是对美联储政策的误读和臆断。正因为美国的货币政策与中国息息相关，我们才要更清晰地认识它的原理和效用。

QE"洗钱"

　　首先，美联储投放货币有个公开的"洗钱"过程，这个过程绕不开美国国债。套路是这样的：每当美国财政部新发一批美债时，都要由美联储纽约分行组织拍卖，由一群大银行来参加认购。这些银行包括富国、美洲、摩根等本土银行，也包括德意志、汇丰、野村这样的外国巨头在纽约的分行。同样，美联储回购这些国债也要从这些大银行拿货，也同样组织竞拍。所有买卖过程属于一级市场的操作，不接触二级市场的散户和机构。

QE印钱很多，单纯回购国债，各银行手里国债现货不够，而且回购让国债价格上涨，美联储也要面对更高的成本。银行手里还有什么？那便是MBS（抵押支持证券），其本质是房屋贷款的打包债券产品。次贷危机后，这个领域经过整顿，风险大大降低，而且持有回报率比国债要高。更重要的是，银行作为放贷人和打包人手中持有大量这种MBS产品，可以通过一级市场直接购买，对美联储来说简单快捷。

在回购的过程中，QE释放的资金流到了各大银行的账面上。美联储从哪家银行购买了债券，就把现金打给那家银行。美联储只需要简单调一个数字，那便是这家银行的储备金（过程示意如图98）。储备金是各银行存在美联储的钱，不能低于银行资产的10%，以此来控制银行的挤兑风险。QE释放给银行的钱算是10%之外的超额储备金（Excess Reserve），银行可以把它当现金随便花。

美联储	
资产	负债
国债+10	储备金+10

各大银行	
资产	负债
国债 −10	
储备金 +10	

图98　美联储回购10元国债资产负债变化示意图

QE印钱都在哪儿？

QE印出来这么多现金，银行拿去花了吗？在QE实施的6年里，没有。这期间，银行里的储备金一直与QE供应量保持高度一致，美联储印了多少钱，银行就在美联储存了多少钱。QE之后，也只有不到三成的储备金从银行账面上销去，流入到经济当中，再之后储备金还是保持稳定的状态（图99）。

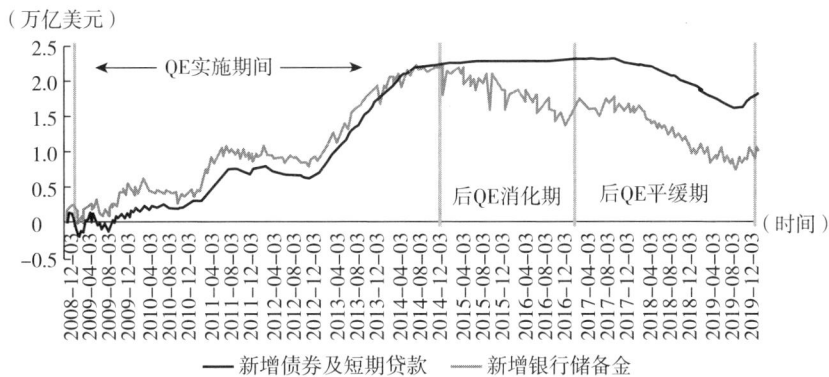

（万亿美元）

图99　美联储新增债券（资产）对比新增银行储备金（负债）

资料来源：美国财政部数据站，美国联邦储备银行圣路易斯分行数据站

　　为什么大部分的现金一直停留在银行账面上，没有流到民众或是资本家手里呢？原因有几点：

　　1. 美联储锁住银行现金。QE政策下还有一个创新手段，那就是美联储要给各大银行的超额储备金支付额外的利息（IOER）。是的，存现金也会有利息。QE之前，各银行在美联储的存款是没有这个利息的。一直以来，银行还可以用现金赚取一种利息，那就是联邦基金利率，这利息发生在和兄弟银行进行隔夜拆借的时候。联邦基金利率就是我们最常听到的那个被美联储调上和调下的美国基准利率。只不过不是美联储强制执行的，利息支付也不是和美联储发生的。美联储为了不让银行把超额现金花出去，就要支付给银行比基准利率更高的利息。事实上，美联储也是一直这样做的（图100）。虽然有成本，但美联储QE购买的MBS会产生收益，互相抵消。

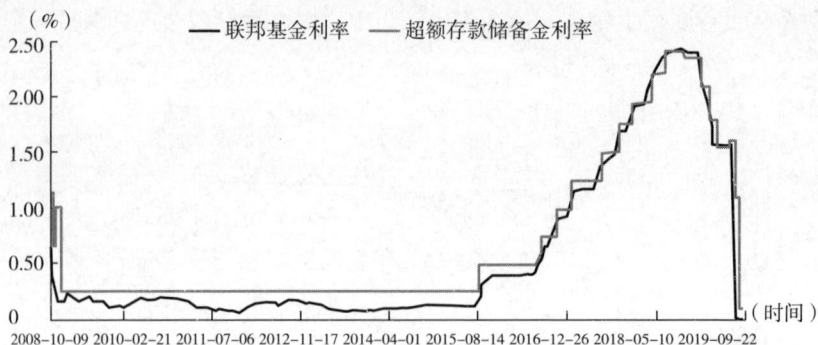

图100 超额存款储备金利率对比联邦基金利率（FFR）

资料来源：美国财政部数据站，美国联邦储备银行圣路易斯分行数据站

2. 银行是否需要将多余现金放贷出去？不需要。按照美国的会计准则，银行放贷时直接创造一个数字即可：在资产方加一个应收账款，在负债方加一个借款人储蓄账目。在发贷过程中，各个银行实际上是在自己造钱！不需要动用已有现金，也不需要通过美联储转账。这套规则和欧洲、中国都不一样，是美国特有的银行制度，在QE之前早就有了。也就是说，QE发给银行多少现金，都不直接影响银行放贷多少。

这套体系下，QE唯一能影响银行放贷额的是美联储的储备金制度。当银行现金暴增的时候，它们的放贷能力也同样暴增。之前提过，银行存在美联储的现金至少是其资产的10%，如果银行系统多得了2万亿美元储备金，就可以多放18万亿美元贷款（此时银行总资产上限增加20万亿美元，即2万亿美元÷10%）。那么，银行有没有利用这暴增的放贷机会呢？还是没有。纵观QE后的银行放贷情况，并没有像其储备金那样成倍增长，而是相对平缓（图101）。这是因为银行的放贷最终还是由市场上的风险与回报决定的。即便银行可以无限放贷，不该放贷还是不放。

（万亿美元）

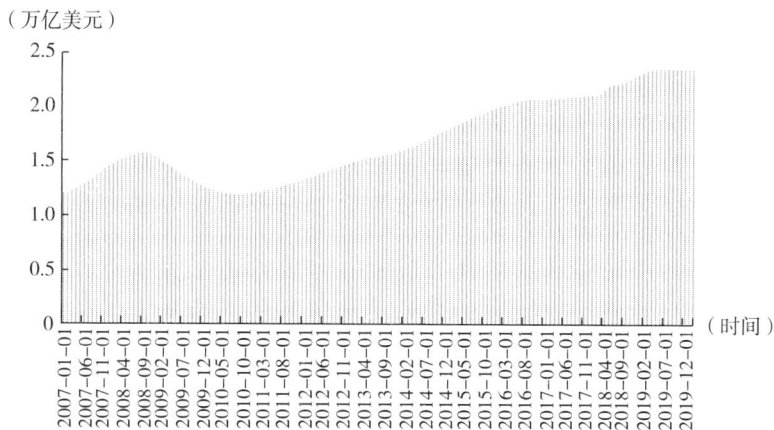

图101　美国历年来银行商业贷款（commercial and industrial）总额
资料来源：美国财政部数据站，美国联邦储备银行圣路易斯分行数据站

3. 美股涨势凶猛的时候，银行拿着这些现金去炒股了吗？没有，不可以。2008年金融危机之后，美国政府出台了《多德-弗兰克法案》（Dodd-Frank Act），限制了银行在金融市场的投机活动，不但炒股不可以，就连投资基金都不可以。法案推行以来，全国银行的交易资产（trading assets）占总资产的比重从2010年的5.44%一直下降到了2019年的3.53%。

虽然该法案还不能控制花旗、摩根这样的大银行，因为它们本身就有投资银行业务可以交易各类证券，但根据标准普尔的报告，近年来这些银行的交易资产占比也是递减的。

4. 银行储户花钱与QE无关：QE印的钱是美联储与各银行直接发生的，不影响储户存款。储户不管是公司还是个人，都有各自的花费需求和存储需求，都不会因为银行自有资金增多而影响自己的花费行为，引发通货膨胀就无从谈起。

紧跟QE的流通美钞

不可否认，QE产生的现金从银行系统中流出了很多，毕竟储户需要提取纸钞来经营各种活动，这样使得银行储备金减少，美联储也要在工厂里加印纸币补充进来。前面提过，银行储备金有三成被经济消化，大概7 000亿美元，这也正好是QE之后美元纸币的增量。

虽然这些美元纸币增加的速度超过了美国GDP增速，但高得不算离谱（图102）。回顾历史，二战后美国的纸币供应一直也是这个步伐，甚至QE时期印纸币的速度还略低一些（图103）。对美元纸钞的需求，也要取决于经济的活跃程度。QE之后就业激增，经济增长历史罕见。生产活动增加了，对纸币的需求也自然增加。更何况，金融危机之后，如果不增印货币，整个经济会面临通货紧缩的威胁。

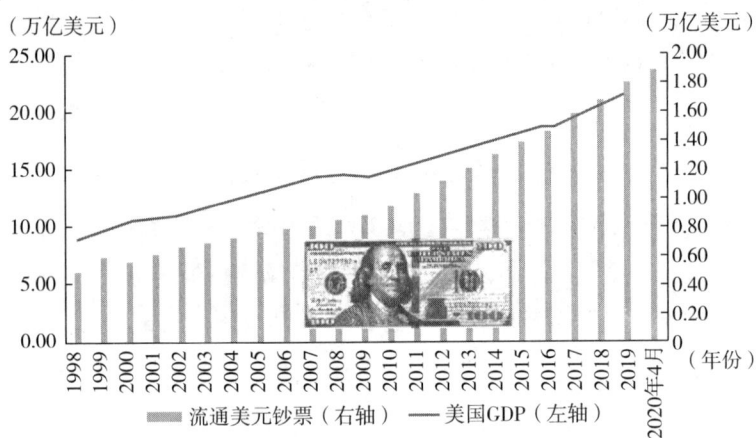

图102　历年来流通美钞总量和美国GDP对比

资料来源：美国财政部数据站，美国联邦储备银行圣路易斯分行数据站

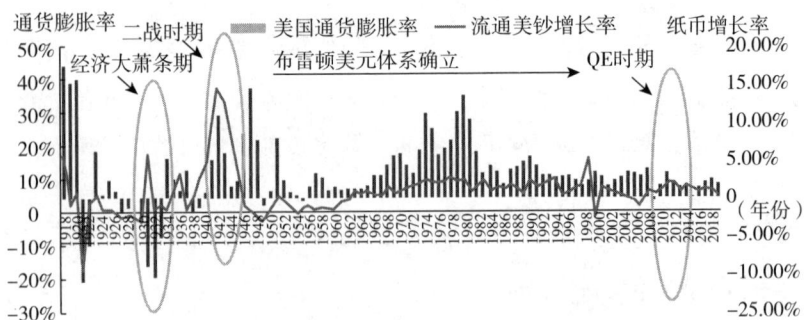

图103　历年美国通货膨胀率对比流通美钞增长率

资料来源：美国财政部数据站，美国联邦储备银行圣路易斯分行数据站

不管增发的是银行储备金还是流通纸币，我们评判QE印钱是否过分，最终还是要看它是否引发了通货膨胀。我们现在看到的是，QE后美国通货膨胀维持在很低水平。如果看总的货币供应量M2（图104），它的增加在QE期间也属正常，并没造成通胀压力（图105）。

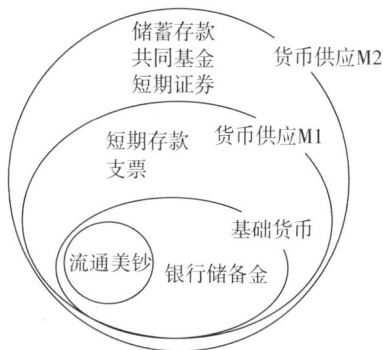

图104 美国货币供应M2、M1及基础货币的定义

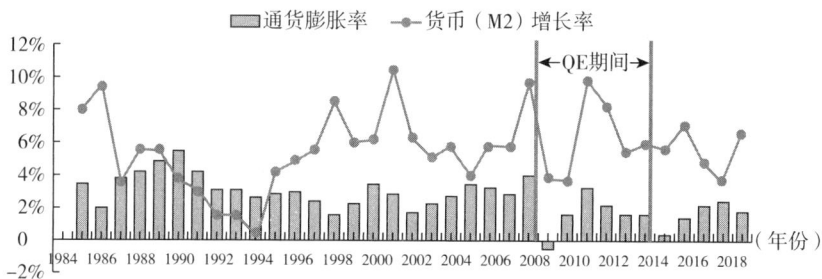

图105 历年美国货币M2增长率对比通货膨胀率

资料来源：美国财政部数据站，美国联邦储备银行圣路易斯分行数据站

有一种说法，美国没有发生通货膨胀是因为有世界人民替它承担。这种说法貌似合理，但缺乏依据。确实美元多了起来，按照常理，美国人可以拿着美元到世界四处采购货物，把即将贬值的美元留给世界人民。这样流入美国的商品增多，美国国内就不会有通货膨胀了。

但我们看到的正好相反，在国际商品市场上，美国人反倒没有以前能花钱了：美国的贸易赤字在QE后下降了，这就是说，净流入美国的商品比以前少了（图106，数值为负为赤字）。流通的美元大量增加却没有引发通胀，只能说明美国经济自己比较争气，创造了很多财富，与新发美元数额相当。

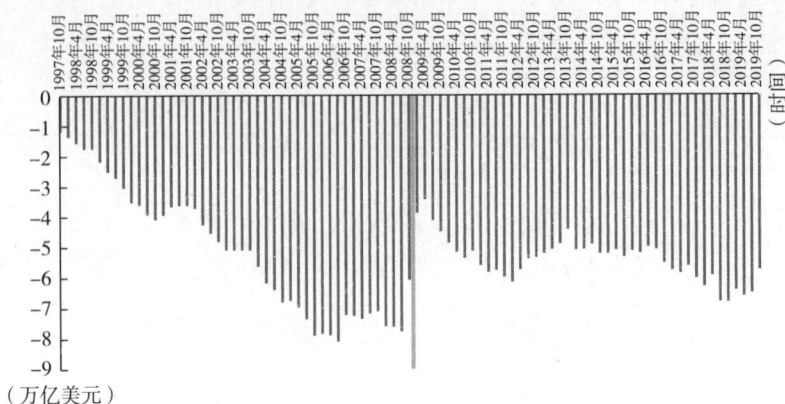

图106　每季度美国贸易盈余（出口减进口）

资料来源：美国财政部数据站，美国联邦储备银行圣路易斯分行数据站

收割世界财富？

美元作为世界货币，是否意味着美联储可以无限印发美元，掠夺世界的财富？中国拥有3万亿美元的外汇储备，是否因QE遭受了损失？

QE之后，美元不贬反升，美国商品价格稳定，美元的购买力没有下降。在资本端，美联储回购美债使得其价格上涨，对于中国已经持有的美债是个利好。只是现在美债收益为零，未来如何用美元现金去投资是个考验。

主观上讲，美联储不是国际机构，它在制定政策时是不关心外国情况的。其他各个国家经济情况迥异，各自对美国经济的影响都很小。美联储的政策核心是控制本国通货膨胀、刺激就业。虽然美联储可以印钱无上限，但为了维护国内商品价格稳定，它也不会那样肆无忌惮。

美元本该贬值

在国际贸易和资本流动中，如果美元供应增加，其他条件不变，美元就该贬值。

一直以来美国难以克服贸易赤字，美国进口大于出口（图106），美元供给大于美元需求，贬值压力一直存在。这个贬值压力，一直通过美国的资本净流入抵消掉，也就是说流入美国的投资多于流出美国的投资，美元需求高于美元供给，形成了反向的升值压力。

但是，这个平衡在QE之后被打破，美国开始出现了大规模的资本净流出，这是个划时代的改变（图107）。这确实是美联储QE造成的：因为美国利率被压得太低，美国资本需要在国际上另寻回报。资本流出形成了美元供给，增加了美元的贬值压力。

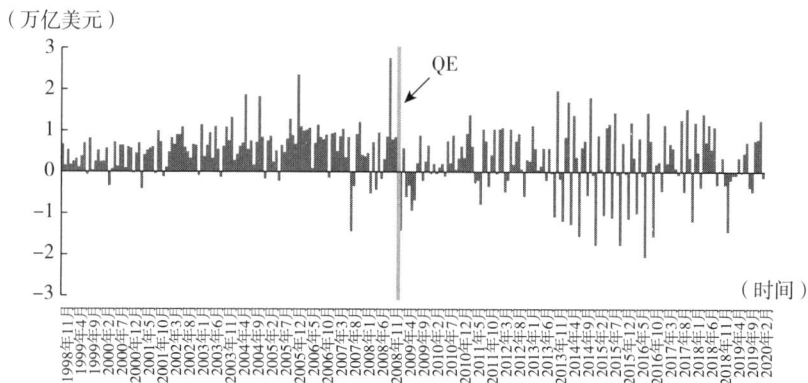

图107　每季度美国资本净流入

资料来源：美国财政部数据站，美国联邦储备银行圣路易斯分行数据站

然而，QE之后美元对其他主要货币反倒升值很多：2008年末到2019年末，美元对日元升值5.8%，对英镑升值40%，对欧元升值32%。这里不得不说其他央行的货币政策。在美联储QE的同时，其他央行也同样在加紧印钱。比如英格兰银行投放了3 750亿英镑，欧洲央行投放了1.1万亿欧元，日本央行每年购买60万亿—80万亿日元的国债。这些资金占各自国家经济的比例和美国旗鼓相当，但是这些央行没有像美联储一样的机

制，控制现金流入经济。

发展中国家的情况略有不同。它们很多采用了相对固定的汇率机制和鼓励出口的国策。美元贬值对这些国家出口不利。为了维持汇率，它们只能与美联储同步加印本国货币。这样虽然维持了出口的价格优势，但会造成本国的通胀压力。如果这些国家放弃固定汇率，就可以用本币兑换更多的美元，采购更多的美国商品，这样就不会有通胀压力，但这种做法显然不符合它们的经济政策。

QE只为调利率

话说回来，美联储为什么要QE？并不是为了印钱而印钱，而是单纯调低利率，仅此而已。面对更低的利率，存钱的储户会更多地把钱花掉，商业企业会更愿意去贷款，这样可以刺激经济。

如果美国政府缺钱，美联储不会印钱给政府。事实上，美联储一直反对这种做法，美联储的独立性也让它的反对很有力度。如果美国政府需要花钱且收入有限，只能靠发行国债。至于美联储QE购买多少国债，不在于美国政府需要多少钱，而在于美联储的目标利率是多少。

利率降低带来了一个负面影响，那便是美股泡沫。根据德意志银行的报告，2009年起购买美股的主要动力不是散户也不是机构，而是上市公司的回购，规模达到了15万亿美元。回购的资金来源既不是盈利也不是已有现金，而是公司举债，公司之所以可以大规模举债，归根到底还是因为利率很低。

原则上来讲，QE政策可放可收。美联储印发给银行的大量闲置货币，日后还要收回销毁。事实上2016年后，美联储在升息政策下，已经开始将手里的国债卖回给各大银行，回收银行的储备金降低货币供应。但这个过程还在进行中就遭遇了新冠肺炎疫情，无奈只得将QE继续下去。

疫情之下，利率已经为零，美联储再去QE，利率将会变为负值。但在百年未遇的灾难面前，美股一连熔断四次，国际油价率先变负，一个负利率的时代也未尝不可。美联储资产负债虽然几经扩容，但目前规模并不高于日本央行、英格兰银行和欧洲央行，而美国的经济体量则要高出它们。前面提到，QE的实施需要美联储从一级市场购买银行手里的债券资产，美国这些银行手里还有1.43万亿美元的MBS可供操作（美国抵押贷款证券MBS的市值规模为5.5万亿美元，其中26%为银行持有），它们还会购进大量新发的美国国债［疫情下美国政府启动了2.2万亿美元的救助计划。美国政府财政已经入不敷出，需要新发国债凑够资金。除了国债和MBS，美联储也有可能购买ETF（交易型开放式指数基金）等证券产品］。美联储未来实施QE的空间仍然很大。

作者为美国圣泽维尔大学终身教授

张礼卿 ///

美元的未来

　　新冠肺炎疫情对全球经济的很多方面已经产生并将继续产生复杂而深远的影响。其中，有些影响大家已经看到了，有些影响还在形成之中。那么，这场疫情对美元会产生什么样的影响？这是一个很值得探讨的问题。

　　研究美元的未来可以有长期和中短期两个视角。长期视角是指美元在国际货币体系中的地位将如何演变；中短期视角是指在未来几年，譬如2—3年或3—5年内美元指数会怎么走，是走强还是走弱？我想分别从这两个视角简单提出一些观察与思考。

一　长期视角

　　美元在20世纪20年代成为国际货币之后，至今已经历了整整一个世纪。从20世纪的20年代到40年代，美元并没有取得绝对主导的国际货币地位，但情况在1944年布雷顿森林体系建立之后发生了很大的变化。借助美国主导的布雷顿森林体系，特别是其中的核心内容"双挂钩"（即美元和黄金挂钩，各国货币和美元挂钩），美元取得了绝对主导的国际货币地位，在全球储备货币中的比重常年高达80%以上。因为根据这个安排，所有国家都要大量持有美元储备，否则无法保持本币和美元之间的汇率稳定。1973年布雷顿森林体系瓦解后，美元的占比有所下降，但总体来看，除了少数年份，基本上还是维持在60%左右。

长期以来，美元为主导的国际货币体系一直存在争议，2008年美国次贷危机以后对它的批评越来越多，认为这样的国际货币体系既不稳定也不公平。之所以不稳定，是因为我们经常提到的特里芬难题和美元过度特权，即主权货币充当国际货币时将难以避免币值动荡，同时任意利用本国货币政策去解决国内经济问题而无视其产生强大的溢出效应。

另一方面，在美元为主导的国际（储备）货币体系下，发展中国家或新兴市场经济体不得不把大量宝贵的外汇资源投放在美国国债市场上。为了保有美元储备资产，购买美国国债是最好的选择，因为既安全又有很高的流动性。但是，这样的做法实际上是穷国把钱借给了富国，新兴市场国家把钱借给了美国，这是不公平的。很多学者对这样的体系提出了批评，而且也提出了改革方案。这些改革方案中主要包括回归金本位、实行单一世界货币、实行基于SDR（特别提款权）的超主权货币以及实行改良的美元本位制等。

次贷危机之后，国际货币体系改革一度成为学者和政策制定者的热议焦点，在2011年的G20峰会上也确实取得了一些进展。2020年为了应对疫情，一些学者再次倡议增发1万亿美元等值的SDR，以便缓解新兴市场经济体可能爆发的主权债务危机。但是，这一动议并没有得到美国等发达国家的积极回应。

事实上，上述改革方案的实施困难重重，几乎不可能实现。不出意外的话，在若干年以后，通过货币竞争，一个多元化的国际储备货币体系将最终形成。而最可能的情形是，美元、欧元和人民币形成一个三足鼎立的格局，其中美元占40%，人民币和欧元分别占20%，甚至各占三分之一。但总体来看，这一局面的形成可能需要20年甚至更长的时间，在这一天到来之前美元还会拥有较强的国际货币地位。

不过，几乎可以确定的是，美元霸权地位正在衰弱，尽管我们不能确定这个过程会持续多久。特朗普执政4年所坚持的"美国优先"、单边主义的外交政策，以及这次疫情冲击都在加快美元地位的衰落，并促进多元储备货币体系的形成。

我和同事曾做过一个研究，发现主权货币的国际化程度从理论上讲取决于三个方面的因素。

一是规模（size），包括经济总量、贸易总量，还有金融市场规模，及其在全球GDP中所占的比重。二是流动性（liquidity），主要是指金融市场的流动性，包括是否有足够的金融资产品种，金融资产是不是可以自由交易，可不可以进行跨境交易，也就是资本账户是否开放等。三是可信度（creditability），具体指这个国家能否保持持续稳定的经济增长，货币币值是否稳定，央行是否独立，金融监管制度是否健全，还有政治、法制环境如何等。

自1944年至今，从规模、流动性到可信度，美国都占据比较明显的优势，从而支撑了美元的霸权地位。但是，这种情况在未来几十年里很可能发生变化。

在经济规模方面，次贷危机以来，美国的经济增长一直处于相对低迷的状态（即所谓出现了长期停滞）。疫情期间的负增长大家都看到了。疫情结束以后，持续的增长低迷现象恐怕也难以改变。毫无疑问，美国的金融市场一直有着很强的优势，而且这种情形仍将持续较长的时间，也是支撑美元霸权地位的最重要因素。在可信度方面，美国正在失分。很显然，货币稳定性下降并总体上呈现贬值趋势、国内利益集团之间撕裂加剧，以及拒绝承担与其实力相匹配的国际责任等，这些都不利于美元霸权地位的长期维持。相反，在这些方面，其他货币有可能正在发生更多的积极变化。

二　中短期视角

受疫情的影响，2020年3月份以来美国经济严重衰退，预计2020年增长将同比下降4%左右。极端宽松的货币政策导致人们对美元的前景感到担忧。事实上，美元指数从2020年3月份的高点已经下跌了13%。有分析认为，美元已经进入贬值周期，并且担心2021年美元会继续下跌20%左右。

初步的统计观察显示，美元指数变化具有周期性特征。数据表明，从20世纪70年代初以来，一个完整的周期大概是15年—17年。在这50年里，美元变化的周期性特征是否具有很强的经济学逻辑，还需要进一步研究。但有一点看起来比较明确，那就是美元指数的周期性变化，体现了美国货币政策的变化和经常项目余额的变化。这两个因素可能起了很重要的决定性作用。

1980年和1995年两度开启了美元的周期性升值，其间适逢美联储大幅加息，两者不无关系。2014年的升值与美联储退出量化宽松、启动加息的预期也有很大的关系。类似的情形也发生在周期性贬值阶段。1985年、2001年、2017年，美元三次步入周期性贬值，都与美联储降息或停止加息有关。数据显示，美元周期性贬值阶段的开始，除了与降息相关外，还与巨额的经常项目逆差有较为明显的关联。

2020年3月以来，受疫情影响，美国经济陷入严重的衰退。为了应对疫情，特朗普政府加大了财政赤字，全年的赤字率预计会高达17%，这是和平年代的最高纪录。同时，美联储实行了无上限的量化宽松政策。仅仅过了短短的几个月，美国的M2供应量已经增加了20%，增速快于20世纪70年代严重通货膨胀的年份；美联储的资产负债表从4万亿美元扩大到7万亿美元。8月，美联储主席宣布将改变实行多年的货币政策框架，代之以平均通货膨胀目标制。这些意味着至少在未来两三年内，即使出现比较严重的通胀，美联储大概也不会马上采取紧缩货币的政策。总之，基于历史经验及其背后的经济逻辑，可以认为，在美联储开始加息之前，美元将继续停留在2017年开始的弱势区域，不太可能出现比较强的持续反弹。

不过，美元在2021年发生20%贬值的概率似乎并不大。有两个原因：

第一，美国经常项目恶化的情形并没有想象中那么严重。疫情期间，尽管财政赤字比较大，但私人消费和投资却出现了大幅下降。跟历史上任何一次大萧条或大危机期间的情形一样，2020年以来私人部门甚至出现了净储蓄上升的势头。由于投资储蓄缺口扩大相对有限，经常项目逆差可能也会相对有限。

第二，疫情和经济恢复的前景仍然存在不确定性，新兴市场国家的主权债务问题面临恶化的趋势，美国股市存在严重泡沫，随时有可能发生泡沫破裂。这些情形（全部或部分）一旦发生，美元的避险特征就会凸显，从而暂时阻止美元贬值，甚至在短时间内引发美元升值，就像2020年3月出现的情况一样。

有一个值得注意的现象。从1980年以来，每一轮美元指数上涨的高点都低于上一轮。换言之，尽管有长周期和短波动，美元指数40年来的总体趋势是下降的。这个现象该怎么解释？我没有确切的答案。

一种可能的解释是，美国的长期实际利率在下降，这可以从统计数据上观察到。但是否存在其他更为重要的原因，可以进一步研究。不管怎么样，这个趋势值得我们关注。事实上，对于观察美元在国际货币体系中的地位变化，这个现象也是有启发的。

三　人民币国际化的机遇

最后有一个相关的问题，即美元的弱势会不会对人民币国际化构成机遇？

　　在一定程度上是这样的。从2009年到2014年，人民币国际化发展速度非常快，这其中有很多影响因素，包括经济持续稳步增长、对外贸易不断扩大、贸易结算制度的改革、资本市场的扩大开放等。而在诸多因素中，这一时期美元的疲软是一个很重要的原因。在弱势美元的环境下，国际投资者会更加愿意持有其他货币，当然就包括人民币。2020年以来大量外国资本流入中国，人民币持续升值，人民币作为国际储备货币的地位有所提升，都与美元贬值有一定的关系。

　　不过，从长远看，人民币国际化能否成功发展，更多地还将取决于中国经济的基本面，取决于中国自身状况能否不断走向完善。具体而言，将取决于能否保持经济的稳步增长和健康发展，能否在风险可控的前提下加快国内金融市场改革（特别是尽快将人民币国债市场建设成为品种丰富、流动性高和开放的优质国际债券市场），能否加快人民币衍生产品市场的发展，能否适当加快资本账户的开放，以及能否进一步加强法治和其他制度性建设，等等。

　　　　　　　　　　　　作者为中央财经大学国际金融研究中心主任

资产指南针

徐高 ///
全球再循环的资产价格含义

在2020年11月24日，笔者发表了文章《全球再循环》，透过"中国生产——美国消费"之格局分析了新冠肺炎疫情暴发之后的全球经济。[①]基于这一全球再循环的逻辑，可以乐观看待2021年的全球经济。在本篇文章中，笔者将顺着这一思路，推演全球各主要资产类别的价格走势。不过在进入对各类资产的分析之前，有必要先用五句话来概括再循环中的经济市场逻辑。

经济市场的五句话逻辑

第一句，疫情进入下半场。从持续走高的日度新增确诊病例数来看，新冠肺炎疫情目前仍在全球快速蔓延。以美国为例，当前其日度新增确诊数已经超过20万，差不多是2020年4月份第一波高点的7倍有余。但另一方面，目前新冠肺炎疫情造成的死亡率大大低于之前。还是以美

---

① 《全球再循环》于2020年11月24日发表于新浪网。——编者注

国为例，当前其新冠肺炎疫情新增死亡数仍大致与4月的高点持平，而不像新增确诊病例数那样大幅高于4月水平。此外，已经有新冠疫苗在临床试验中表现出了不错的效果。所以，虽然目前全球感染人数大大高于半年之前，疫情对经济活动和市场情绪的冲击却已经大为下降。尽管终场哨声还不知道什么时候能听到，但疫情应该算是进入了"下半场"（图108）。

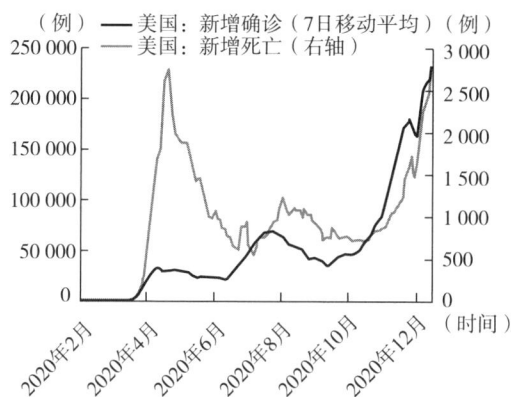

图108　美国新冠肺炎疫情新增确诊病例数已远高于2020年4月水平，
但新增死亡数基本与4月峰值水平持平
资料来源：万得，中银证券

第二句，国内还是老味道。新冠肺炎疫情暴发之后，中国国内政策和经济走势一如过去10年的常规，走出又一轮"经济下行—政策刺激—经济回暖—政策退出"的循环。疫情暴发伊始，中国就采取了极为宽松的财政和货币政策来刺激经济（与经济活动密切相关的长期社会融资增幅升至十多年来新高）。受政策带动，国内投资引擎（尤其是房地产和基建投资）明显走强，带动国内经济增速快速反弹。因此，尽管中国GDP增速在2020年一季度下滑到-6.8%，但在2020年四季度预计就能回升到6%附近。[①]不过，随着经济下行压力的减轻，政策信号已经开始变化，令市场预期2021年宏观政策会更多考虑债务、房价等风险，降低对

---

① 2020年四季度GDP比上年同期增长6.5%。——编者注

经济增长的政策刺激力度。相应地，预计2021年长期社融增幅应该不及2020年（图109）。

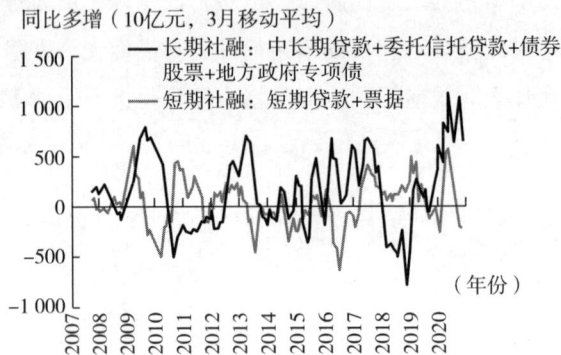

同比多增（10亿元，3月移动平均）

图109　中国长期社融增幅在2020年升至10多年新高后，预计将会逐步下降
资料来源：万得，中银证券

第三句，全球已入再循环。在国内依靠刺激政策实现内需复苏的同时，疫情之后的全球经济已经走出了与过去10年很不一样的态势。2008年次贷危机爆发前的国际经济格局正在重现。这一点，笔者在《全球再循环》一文中已做过充分论述："疫情暴发之后，中国与发达国家不一样的刺激政策导致了二者间'互补式复苏'的格局——中国生产的复苏好于发达国家，而终端需求的复苏则不及发达国家……由于中国生产复苏得更快，美国需求复苏得更好，因而中国产品在疫情后加速向美国流动，令中国经常账户顺差和美国经常账户逆差同步激增。这样的局面像极了2008年次贷危机之前的情景。当时，中国的过剩产能与美国的过剩需求结合，令中美两国经济都走向过热。可以想象，随着'中国生产—美国消费'的国际大循环的重建，中国将在外需拉动下迎来一段时间经济的繁荣。"（图110）

第四句，市场存在预期差。这句话需要详细解释。

目前，市场仍倾向于用过去10年的经济分析框架来看待2021年的中国经济，因而认为经济上行没有大趋势，只有小反弹。2008年次贷危机爆发之后，内需（尤其是投资）取代出口成为中国经济增长最主要的火

图110　新冠肺炎疫情暴发后，中国经常账户顺差与美国经常账户逆差同步扩张，类似于2008年前的格局

资料来源：万得，中银证券

车头，而投资的强度又高度敏感于国内宏观政策态度。这使得在过去10年中，对中国经济增长的预测等同于对国内宏观政策走向的预判。但宏观政策又会根据经济形势变化而调整——经济增长减速时政策加油门，经济增长加速时政策收油门，从而形成"经济下行—政策刺激—经济回暖—政策退出"的往复循环。在这样的循环中，经济的上行趋势有自我打败的倾向（经济上行将带来宏观政策的收紧），因而难以持续。基于这样的逻辑，考虑到目前中国经济增速已经基本恢复正常，宏观政策刺激力度预计将会减小，市场自然会对2021年中国经济复苏前景持谨慎态度。

　　但随着全球再循环的启动，过去10年的经济分析框架不再完全适用于2021年——国内刺激政策退出的同时，中国经济将在外需拉动下迎来较为持续的复苏。中国经济并不总是为国内政策所主导。2003年至2008年间，在强劲外需的带动下，中国经济持续向好。其间虽有2004年和2007年两轮国内宏观调控政策的强力打压，仍未能改变国内经济走向"过热"的局面。我们并不认为2021年的中国经济能完全呈现出2008年前的"过热"局面，但坚定认为分析中国经济"政策"单因素框架应该为"政策-外需"双因素框架所取代。毕竟，中国出口增速在2020年11月已经恢复到疫情之前的水平，当月对美出口增速更是创出了10年新高

（图111）。有外需的有力带动，国内刺激政策退出就不会像过去10年那样快速带来经济减速，经济复苏的持续性就会超过当前市场的想象。这是当前市场存在的一个巨大"预期差"。

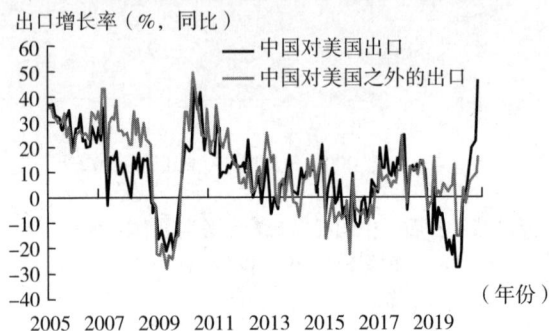

出口增长率（%，同比）

中国对美国出口
中国对美国之外的出口

（年份）

图111　新冠肺炎疫情暴发之后，中国出口表现抢眼，对美出口增速已创出10年新高
资料来源：万得，中银证券

第五句，周期资产有机会。在过去10年政策所主导的国内经济波动中，周期类资产（如周期股）投资呈现出越来越强的"政策博弈"特征，难以给投资者提供持续稳定回报。对投资者来说，周期类资产难以长期持有，只能在预期政策会放松时买入，但又得在预期政策会收紧时卖掉。随着政策调整频率的加快，周期类资产的投资窗口期越发缩短，投资难度越发加大，最终使得投资者对周期类资产的兴趣不断下降。经历了10年的政策博弈，市场对周期类资产的关注度已降到极低水平，相关资产的估值都已处于很低水平。以A股市场中的周期板块（包括金融、地产、采掘、钢铁、有色、建筑、交通运输）为例，这一板块的估值已经连续10年趋势性下降。最近几个月，这一板块的盈利增速正处在触底回升的过程中，但板块估值却只有小幅度上升，整体仍处于很低水平。这反映了市场对这一板块的忽视（图112）。但恰恰在这种市场关注度很低的时候，前面第四句话所阐述的"预期差"将给周期类资产带来不小的投资机会。

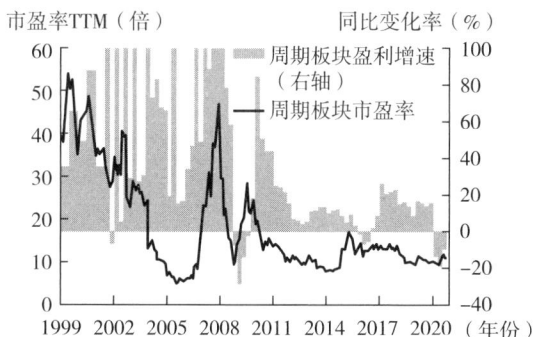

图112　A股中上游周期板块的估值已连续10年趋势性下降，目前处在较低水平

资料来源：万得，中银证券

再循环中的两个趋势

在前面五句话所阐述的逻辑框架中，有两个趋势值得投资者关注。

第一，再循环中的全球经济将在2021年迎来"再通胀"。对全球经济而言，新冠肺炎疫情可被视为一个负向供给冲击。在生产端，因疫情停工而失去的工作时间很难补回来，一些国家产能也有永久性损失。但被疫情抑制的需求则很容易在疫情干扰下降后补回来。毕竟，需求所受的时间约束远小于供给：一个习惯每周下一次馆子的人可能在疫情期间没法下馆子，但却可以很容易在疫情之后天天下馆子，从而把品尝美味的机会都补回来。特别地，当全球宏观政策同步处在极度宽松的状态时，需求反而可能强于疫情之前——发达经济体的零售规模均已恢复到疫情前水平之上。在供给遭受负向冲击，而需求因宽松政策刺激而快速扩张的情况下，全球将在2021年见到通胀的回升。近几个月步入牛市的大宗商品市场已经释放了通胀来临的信号（图113）。

大宗商品价格指数

图113　最近几个月，大宗商品市场已经进入牛市

资料来源：万得，中银证券

　　中美第一阶段经贸协议的执行将推升美国通胀水平。2020年初，中美双方达成了"第一阶段经贸协议"。根据这一协议，中国需要在2020年和2021年两年累计增加对美进口2 000亿美元（相比2017年的进口量）。2020年因为新冠肺炎疫情的影响，中国对美国的进口几乎没怎么增长，因而将进口增加的压力推后到了2021年。2020年前11月，中国每月平均从美国进口108亿美元的商品。而为了达成增加2 000亿美元进口的目标，从2020年12月到2021年12月，中国每月平均需要从美国进口272亿美元的商品。此进口量是过去10年中国对美国月平均进口量的两倍。在美国国内需求已经快速扩张的背景下，中国对美进口的大幅增加将会令美国国内供需矛盾进一步凸显，给美国国内通胀带来更强上行动能（图114）。

中国从美国进口（10亿美元）

图114　为达成第一阶段经贸协议设定之目标，中国对美国的进口
在2021年会激增

资料来源：万得，中银证券

第二，在全球"去产能"的大背景下，中国产能的价值需要被重估。新冠肺炎疫情的暴发压低了全球产能利用率，使部分国家产能规模受损，并大幅降低了全球产能的扩张速度（全球制造业投资都大幅下滑）。可以说，全球经济因为新冠肺炎疫情的暴发而经历了一次"去产能"。在此过程中，中国因为疫情控制得最好，经济复苏得最快，所以产能利用率很快就回到了正常水平，产能规模也未受影响。总的来说，中国受疫情影响的去产能程度非常轻微。当我们的竞争对手因疫情而被强行去产能的时候，中国的产能反而获得了更好的市场环境。考虑到全球总需求正在因刺激政策而快速回升，中国产能将获得更大的市场空间。在疫情之前，全球为产能过剩所困扰，中国的产能也因此被市场看空，估值被压得很低。在疫情带来全球去产能之后，中国产能的价值理应被重估，从而带来相关资产估值的上升。

各类资产走势前景

接下来，我们将前面所阐述的逻辑应用到对各类资产走势的分析之中，推演各类资产价格的前景走势。

预计2021年美国长期债券收益率将会走高。如前所述，在全球再通胀的趋势中，叠加中国对美进口对美国需求的拉动，美国的通胀在2021年应该会明显走高。尽管美联储2021年加息（提高联邦基金利率）的概率微乎其微——美联储目前说自己在2023年之前都不会加息，但美联储进行"收益率曲线控制"（yield curve control）这样非常规宽松政策的阻力却应该会增加，从而给美国长债收益率带来上升动能。在过去10年中，美国PMI与美国10年期国债收益率有极好的相关性。目前，美国PMI已经显著回升至疫情之前的水平，预示着美国长期国债收益率将走高（图115）。

图115 美国10年期国债收益率已经触底，预计将会逐步走高
资料来源：万得，中银证券

预计中国10年期国债收益率在2021年会进一步走高。从2020年4月至今，中国10年期国债收益率已经从2.5%的低点上升了差不多0.8个百分点，但这是建立在2020年一季度国债收益率因新冠肺炎疫情暴发而大幅下跌的基础上的。拉长历史来看，10年期国债目前3.3%的收益率水平并不算高。考虑到中国经济在2021年会进一步复苏，10年期国债收益率预计会进一步上升。事实上，像挖掘机产量这样债券收益率的领先指标仍在释放收益率走高的信号。因此，在2021年中国债市大概率继续处在熊市之中，收益率难言见顶（图116）。

图116 中国10年期国债收益率在2021年预计会进一步走高
资料来源：万得，中银证券

　　预计中国信用风险将在2021年收敛。从过去10年的经验来看，中国债券信用利差与社会融资总量增长之间有相当明显的负相关关系——社融加速增长往往会令信用利差收窄、信用风险下降（图117）。这背后的道理应该是明显的：社融加速增长会让经济增速走高，实体企业资金面改善，从而有利于信用风险的降低。2020年新冠肺炎疫情暴发之后，中国社会融资总量加速增长。虽然2021年社融的增速预计会温和放缓，但肯定不会回到2018年、2019年两年那种全社会融资难的状况。再加上2021年经济增速应该会高于2020年，因此2021年全社会信用风险应该会降低，从而给信用债投资带来机会。近期国内虽然有部分国企债券违约，但相信这种违约只是短期事件，不会改变信用风险收敛的长期趋势。毕竟，放任国企债券违约会导致国企融资成本显著上升。有远见的政府官员应该不会做这种"捡了芝麻、丢了西瓜"的事情。

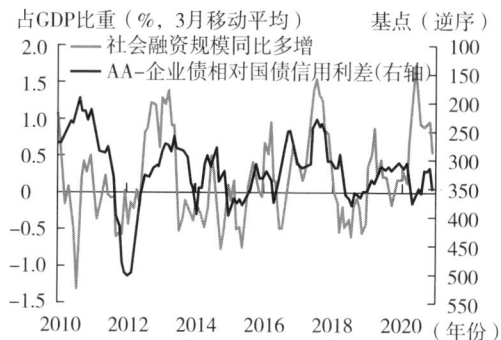

图117　社融的高增长倾向于让信用利差收窄

资料来源：万得，中银证券

　　预计A股市场在2021年将走牛。在全球再循环、再通胀、经济向好的大背景中，风险资产的表现应该好于避险资产，股票的表现应该好于债券。因此，2021年国内"股债跷跷板"应该更偏向股票。重估中国资产价值的趋势也有利于A股的走高。而观察A股本身的盈利和估值情况，也能找到乐观的支持。随着经济增速的回升，A股上市公司盈利修复的前景相当明确（图118）。此外，当前A股市场整体估值不高。纵向来看，目前A股所有上市公司的加权平均市盈率处在过去20年的均值水平附近，并不算高。横向来看，A股的市盈率在全球各个主要股票市场中处在第二低的位置，仅略高于港股。2021年国内货币政策虽然会温和收紧，但这更多意味着驱动A股上扬的动力将会切换，从宽松流动性带来的估值溢价转向盈利预期，而并不至于让A股整体走熊。

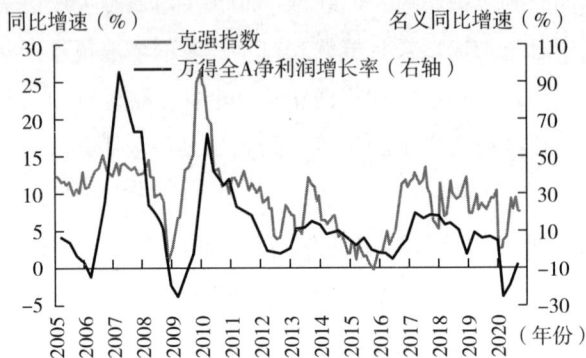

图118　A股上市公司的盈利增速将会明显上扬

资料来源：万得，中银证券

　　预计2021年A股市场的风格应该在低估值周期股。前面五句话的最后一句是"周期资产有机会"。这句话落到A股市场中，意味着周期股在2021年有机会。而从A股本身的情况来分析，也有市场风格从"成长股"切换到"周期股"的必要。疫情之后，市场对成长股的追捧来自两个原因：第一，这些股票盈利增长与经济周期的相关性弱，因而在经济走低的时候盈利有稳健性；第二，这些成长股的盘子较小，宽松货币政策带来的流动性溢价对其估值的推升作用更明显。不过，成也萧何、败也萧何，这两点原因应该成为未来一段时间规避这些股票的原因。在经济复苏的过程中，与经济周期相关性弱的股票的盈利回升空间会比较小；而随着宽松货币政策的逐步退出，流动性溢价也有走低的倾向。因此，接下来A股的市场风格应该更多转向低估值的周期股。这些长时间乏人问津的股票之估值已经与其他股票拉开很大差距，有估值修复的空间，再加上经济复苏对这些股票盈利的推升，这些股票未来的上涨值得期待（图119）。

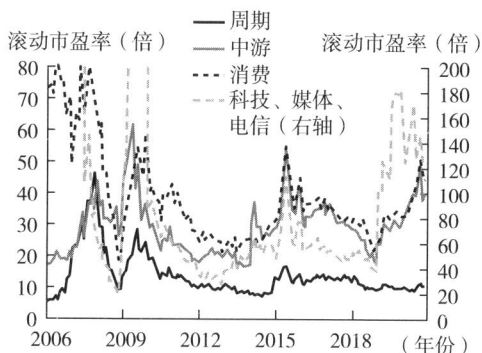

图119 周期股的估值已经与其他板块股票估值拉开了很大差距

资料来源：万得，中银证券

预计2021年美元会继续走弱。在经济周期的时间维度上，美元是逆周期资产——美国经济向好，美元跌；美国经济走弱，美元涨（图120）。可以把美国想象成全球的风险投资者。经济向好、投资者追求投资收益时，资金就从美国流出到其他各国以获取更高投资回报率，因而让美元走弱；经济走弱、投资者追求本金安全性时，资金就回流到美国，从而让美元走强。预计全球和美国经济在2021年都会明显复苏——这样的环境倾向于让美元走弱。不过，从美元指数期货的持仓头寸来看，目前市场中看空美元的交易相当拥挤。这反而会让美元走弱得没那么顺畅——大家都看空美元，美元跌起来反而有阻力（参见笔者2020年8月2日发表的文章《逆向思维看美元和黄金》）。

预计人民币在2021年会对美元温和升值。2021年偏弱的美元意味着包括人民币在内的其他货币对美元会升值，这没什么好说的。除此而外，在全球再循环中，中国向美国出口的增加会带来美元向中国的流动（中国商品换回美元）。这些美元流入中国后，有换成人民币的需求，从而给人民币带来升值压力。2008年之前的全球大循环中，人民币曾连续数年对美元升值。考虑以上两个因素，人民币在2021年预计会对美元继续升值。人民币升值也是中国资产价值重估的表现之一。不过，人民币如果过快升值，也会侵蚀中国出口企业的利润。因此，相信人民银行会采取措施，确保人民币对美元的升值较为温和（图121）。

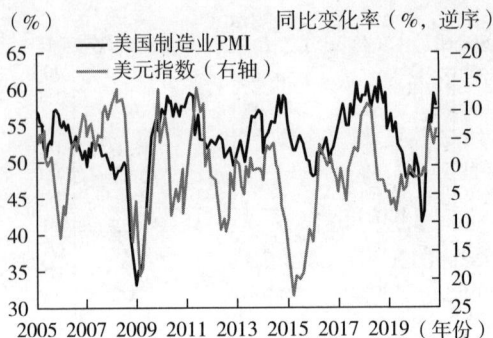

图120 美元指数的变化与美国PMI走势负相关

资料来源：万得，中银证券

图121 美元指数走弱一般会让人民币对美元升值

资料来源：万得，中银证券

　　预计大宗商品价格在2021年会继续上涨，但黄金的表现不会太好。全球再通胀的力量已经在大宗商品价格上表现了出来，CRB工业原材料指数已经开始明显上扬。随着全球经济进一步复苏，预计2021年大宗商品价格还会继续走高。不过，预计黄金的涨幅会小于其他商品。这是因为黄金是一种有避险属性的大宗商品。在经济向好的时候，黄金价格涨幅一般小于其他商品价格。考虑到在过去一年中，黄金已经超涨其他商品很多，其超额涨幅有很强的收缩动能，预计黄金在2021年的表现不会太好（图122）。

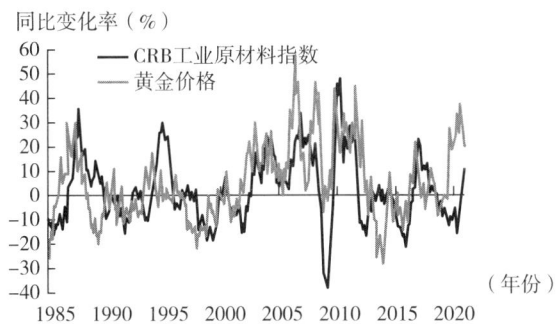

图122 CRB工业原材料指数已开始明显上扬，但黄金价格涨幅已开始回落

资料来源：万得，中银证券

作者为中银国际证券总裁助理兼首席经济学家，北京大学国家发展研究院兼职教授

洪灏 ///
价值王者归来

自2020年6月10日发布2020年下半年展望以来，我们一直在倡导"价值投资"的回归。在各种峰会和论坛上的讲话中，我们在市场共识一片赞美成长投资的声浪中持续推荐这一在当时异于共识的投资风格。在11月9日，随着辉瑞公司宣布其新冠疫苗90%的有效性，美股突然而剧烈地从成长板块向价值板块轮动。

实际上，这是自2009年资金从价值轮动到成长以来，价值股相对于成长股表现最好的一天。价值股如此超常的表现预示着价值投资回归的开始，由此可对未来市场的风格窥探一二。投资者应开始注意。

但话说回来，"价值"到底是什么？自从我们预测价值投资的回归以来，我的读者们对此一直感到困惑。与GICS（全球行业分类标准）根据盈利对经济周期的敏感性来划分行业的绝对定义不同，"价值"是一个相对的概念。

价值是通过比较基本面估值和市场价格来定义的。因此，价值的定义中包含了成长的因素，因为估值衍生自成长。因此，与GICS定义的行业不同，在不同的宏观情景下，"价值"可以指代不同的行业。2001年到2007年末是一个长期价值轮动以及价值风格跑赢的时期。从2008年开始，市场又重新轮动回成长风格，直到近期（图123）。

图123　价值跑输成长的程度，已经超越了极端

资料来源：彭博，交银国际

　　在我们的量化分析中，我们根据股票的估值和成长性来定义"价值"，筛选出低估值且具备合理成长潜力的股票。量化分析对于"价值"的定义，不同于优秀的公司所创造的"价值"。"价值"的量化定义更多的是关于估值，只是一个数字。我们甚至可以把市场共识理解的"价值投资"称为"估值投资"。但优秀的公司所创造的"价值"存在一种不可触摸的概念，而这种无形的质量大多源于公司管理层的远见卓识和人格，以及在一个不断增长的行业中的战略定位和可支配资源。

　　因此，一个长期创造价值的公司在其生命周期中，可能不会一直符合量化定义中对于价值股的定义。也就是说，一个创造价值的公司可能估值不菲。事实上，我们可以说能够长期创造价值的好公司很少是便宜的。

　　在寻求价值的过程中，我们发现在当前的经济周期阶段，符合量化定义的价值板块大多是传统和周期性的板块——似乎是被投资者长期忽视的旧经济板块。现在符合价值定义的板块包括工业、金融、必需消费、材料和房地产（图124）。而在中国市场，这部分被我们定义为"价值"的板块已跑输了成长板块一段时间（图125）。换言之，已经创造了巨大价值的科技板块从长远来看很可能会继续为股东创造价值，但它们目前的估值却已很贵。

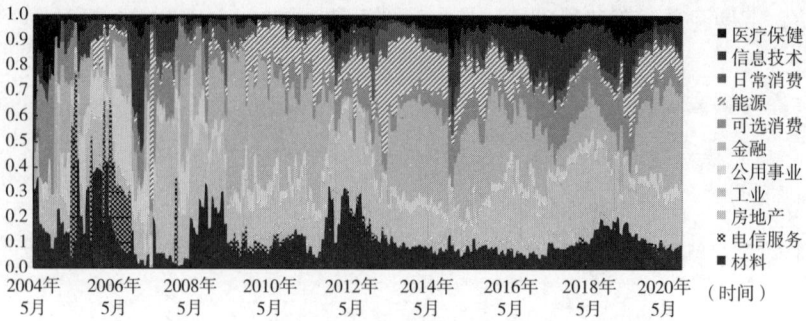

图124-1　历史和当前基于价值定义的行业配置

资料来源：FactSet，交银国际

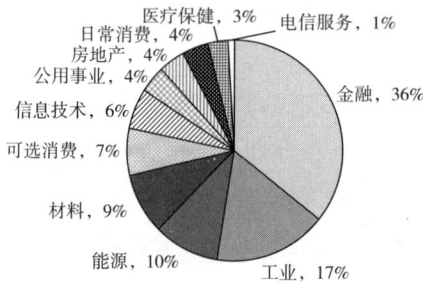

图124-2　中国市场行业市值分布

资料来源：FactSet，交银国际

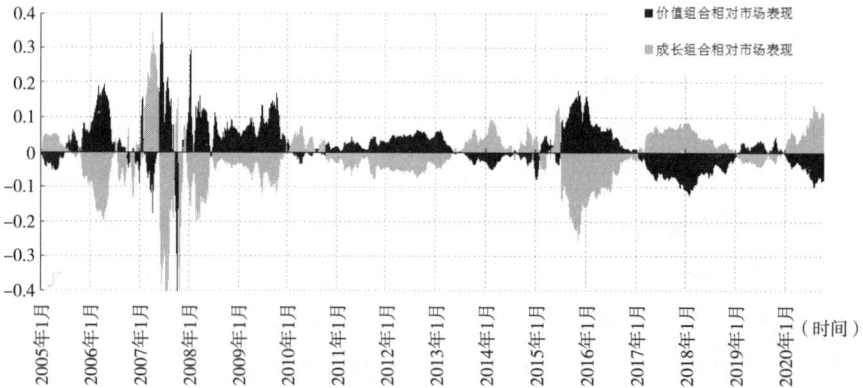

图125　价值在中国市场也大幅跑输成长

资料来源：FactSet，交银国际

　　如上所述，估值和价值之间的差异，就如同圣诞节和圣诞树。但我们认为，传统行业和周期性行业现在估值很低，的确可以为投资者创造长期价值。随着蚂蚁上市的偃旗息鼓，监管机构近期对中国互联网巨头的态度发生了明显的转变，这是一个对未来监管方向的风向标。在政策支持下，传统行业开始创造价值的可能性也增加了。

　　毕竟，中国提倡引导资金"脱虚向实"已经有一段时间了。"十四五"规划纲要提出了包括制造业升级和产业链现代化、新能源及其配套产业和半导体等科技硬件在内的重点发展产业。在政策支持和继续"改革开放"的环境里，目前估值较低的传统周期性行业很可能将开始为投资者创造长期价值。因此，在当前的经济周期阶段，估值和价值投资的范畴基本一致。"估值投资"现在就是价值投资。

价值股将在短周期上升阶段跑赢

　　在这个周期里，我们处于哪个阶段？对于价值和成长投资来说，这意味着什么？

　　我们认为，我们正处于一个经济短周期的上升阶段，并且中国正引领着全球经济的复苏。在我们之前关于中国和全球经济周期的研究报告中，我们用量化证明了这些经济短周期的持续时间约为3年至3年半，并与央行的货币周期密切相关（图126）。短周期镶嵌形成持续时间更长的中周期和长周期。尽管全球经济周期正处于长期趋势性下行，但在短期内仍可以出现周期性的上升，这一点可以从经济增速的短期回升中看出来。

　　当周期运行的时候，一系列宏观经济变量有规律地按照既定的节奏同时向一个方向运行，尽管这些宏观变量之间存在着时间上的领先和滞后关系。我们可以从价格、成交量、调查数据以及市场情绪数据中观察宏观经济变量的变化。由于这些变量在一个周期内相关性非常高，我们可以抽选来自不同经济部门的几个变量为代表来验证当前经济周期所处的阶段。

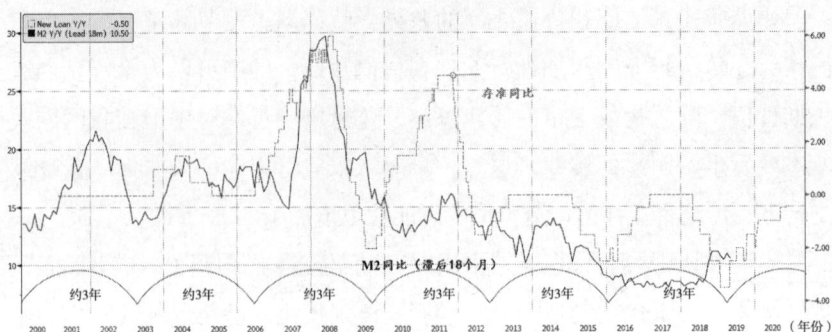

图126　央行的3年货币周期；货币仍将适度扩张
资料来源：彭博，交银国际

　　虽然中国央行一直在有节制地放宽货币政策，但M2的增长已经开始悄悄地加速（图126），而信贷扩张与广义货币增长的速度基本一致。长期以来，我们一直认为中国央行的货币宽松不必像它的西方同行那样极端（图127），因为新冠肺炎疫情在中国已经得到了很好的控制，而且中国居民有大量的储蓄。此外，鉴于中国经济体系内大小企业之间资源配置的不平衡，定向宽松政策帮助中小企业和低收入人群将更加有效，而不是像美联储和欧洲央行一样竭尽全力地大水漫灌。

图127　美联储和欧洲央行正迅速扩表；中国央行保持克制
资料来源：彭博，交银国际

　　与此同时，中国消费者信心正开始从新冠肺炎疫情暴发时的历史低点回升，同时伴随着长债收益率上升。所有的这些观察结果都预示着一个周期性的上升（图128）。

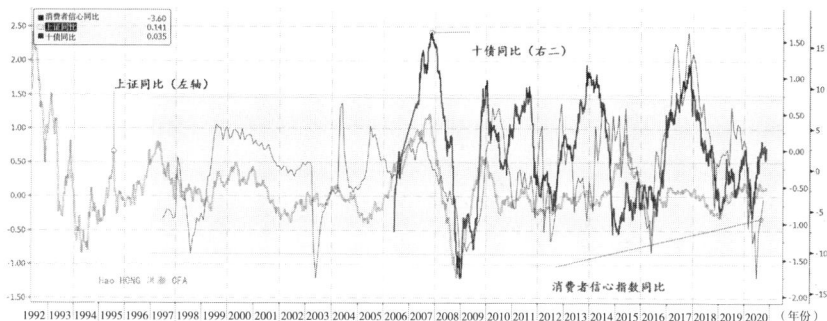

图128　中国消费者信心从历史低点回升，长债收益率将上升
资料来源：彭博，交银国际

金属价格也预示着一个逐步成型的短周期性的上升。与ISM（供应链管理协会指数）密切相关的沪铜价在回暖，并在最近打破了几个月以来的矩形盘整格局。而最好的周期性指标之一——上证综指也正在修复（图129）。

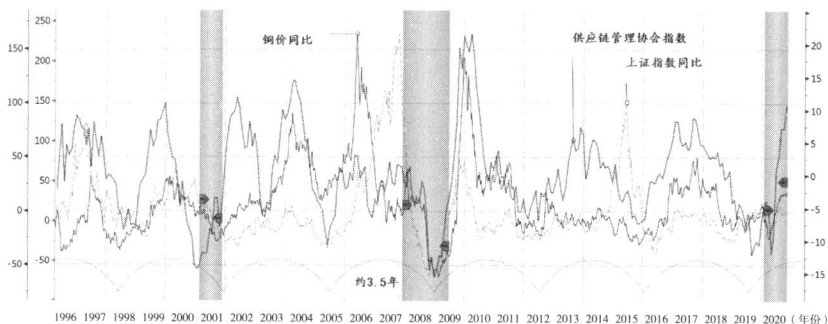

图129　ISM和铜价继续回升
资料来源：彭博，交银国际

金价也在上涨。以历史为鉴，这预示着通胀压力正在逐渐显现。美国的通胀预期正在飙升（图130）。很难想象，当美联储的资产负债表扩大了近4万亿美元、广义货币供应量激增逾20%之际，通胀预期仍然可以岿然不动。通胀预期的飙升与当前短周期回暖的势头保持一致。

图130 金价飙升蕴含通胀预期的上升

资料来源：彭博，交银国际

　　我们独有的美国经济周期指标也确认了美国经济周期性修复的势头（图131）。我们的指标正从历史低点开始强劲反弹。虽然这个指标同比仍然显示经济绝对规模的萎缩，但同比增速在边际改善。美国经济的一个重要的周期性指标——半导体出货量也在同步飙升。虽然现在增长正在修复，并且这种共识被迅速地反映在资产价格中，但考虑到美国为了应对新冠肺炎疫情采取的一系列激进的货币与财政刺激，美国的通胀压力在未来几个季度很可能高于市场共识的预期。

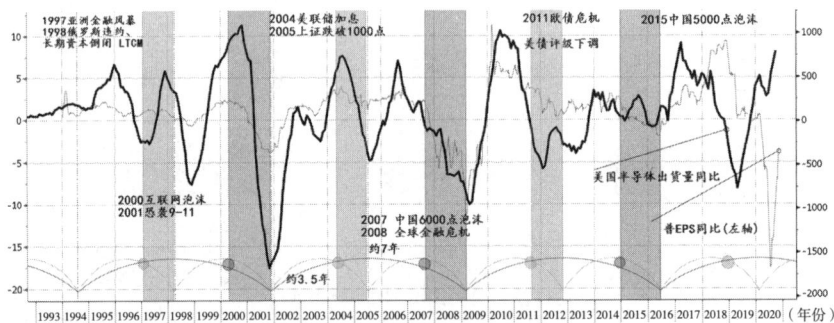

图131 全球经济周期正在从新冠疫情的深渊中修复

资料来源：彭博，交银国际

　　如果通胀在未来几个季度出现出人意料的上升，那么属于价值投资范畴的周期性板块将可能跑赢大盘。这是因为上游行业的盈利对经济周期的变化更为敏感，因此能够从大宗商品价格上涨中获得更多的收益。我们对2020年下半年展望中的决策树分析模型进行了更新（《2020年下半年展望：潜龙欲用》），这个模型继续显示出价值板块跑赢大盘的可能性（图132）。简单地说，这些周期性板块很可能在即将到来的上升周期中乘风破浪，从而为投资者带来更多价值。

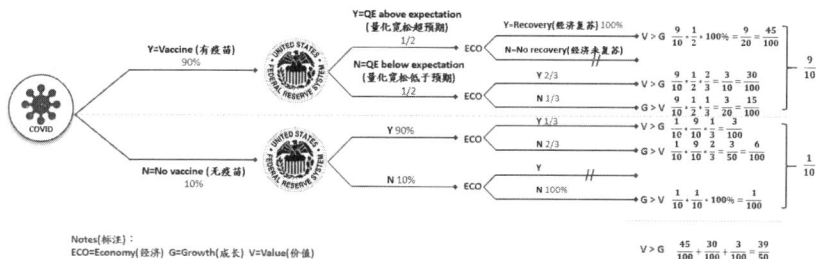

图132　在经济复苏的情况下，价值约80%的概率跑赢成长

资料来源：交银国际

美元进入长期贬值周期；买入商品、新兴市场和中国

虽然全球经济将在短周期内出现周期性上升，但在长周期下行趋势仍将延续。这种长周期的下行趋势可以从过去60年来美国经济增长率不断下降的现象中观察得到。重要的是，美元有一个明显的17年的周期，并领先于美国经济增长周期（图133）。在本轮周期中，美元周期已明显见顶。以史为鉴，美国经济增长在经历了几个季度的回升之后，将会再次下降。

弱美元为大多数以美元计价的资产带来福音。一般来说，大宗商品、新兴市场和中国资产在弱美元周期中往往表现良好。2020年，我们已经看到人民币的快速升值，与美元贬值形成对比。当人民币持续走强，并且突破一定的阈值，便很可能引发中国资产的重估潮。而弱美元周期则有利于这些货币与资产的重估。

我在新书《预测——经济、周期与市场泡沫》中详细讨论了美元霸权即将消亡的问题。虽然在强势美元开始趋弱进入贬值周期后，美元霸权地位即将崩溃这种论调总会出现，但我们认为这次不一样。我们从未见过如此不计后果的印钞行为，而央行加密数字货币的兴起很可能会敲响美元的丧钟。这种全新的货币形式将挑战美元在价格量度、交换媒介和价值储存方面的地位，而中国央行正是数字货币领域的佼佼者。美元终将自尝贬值酿下的苦果。

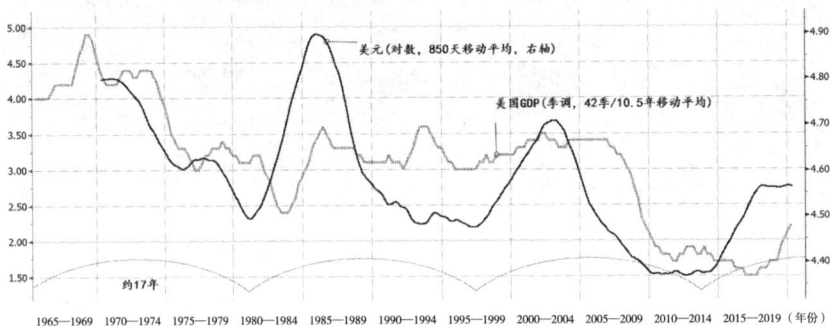

图133 美元的强势在当前周期中已见顶，这预示着美国长期增长将放缓

资料来源：彭博，交银国际

市场展望

每年这个时候，当我们公布下一年的市场展望时，我们都会运用我们的EYBY（股债收益率模型）来应对这一挑战。EYBY有着持续而良好的预测记录。在我们2019年11月11日发布的题为《展望2020：静水流深》的展望报告中，我们的股债收益率模型预测，未来12个月上证交易点位的可能性分布是2 500到3 500点，最有可能的交易区间是2 700到3 200点，而2 700是最有可能的底部水平。

2020年是市场历史性波动的一年。即便如此，在春节后首个交易日A股遭遇史诗级暴跌的至暗之时，上证最终止跌并且在2 685点找到了支撑，而那时新冠肺炎疫情还在中国肆虐。在3月份美国股市数次触发熔断、遭遇空前崩盘之时，上证再次在2 645点找到支撑，自此再未创下新低。市场在前所未有的历史性波动中触及的两个重要的低点，确实非常接近我们2 700点的"最有可能的底部"的预测。

在市场随后的戏剧性修复中，上证综指上涨至3 459点——略低于我们预测的交易区间的顶部3 500点——便就此止步，尽管当时市场上行势能十足。此外，在我们的预测发布后的12个月内，上证有75%的时间运行于2 700—3 200点之间。这一观察符合我们对"最可能的交易区间"预测的定义。简言之，在过去动荡的12个月里，EYBY市场预测模型表现得非常稳健。

值得注意的是，我们的EYBY模型继续受困于一个中性交易区间，历史上这个区间往往会持续一段时间（图134）。在这个区间，股票的吸引力和债券相当。尽管如此，我们在前文已经讨论了近期通胀上升的前景。鉴于最近国企和城投债券市场中爆发的信用风险事件，我们认为，未来几个月里股票比债券更具有配置价值。

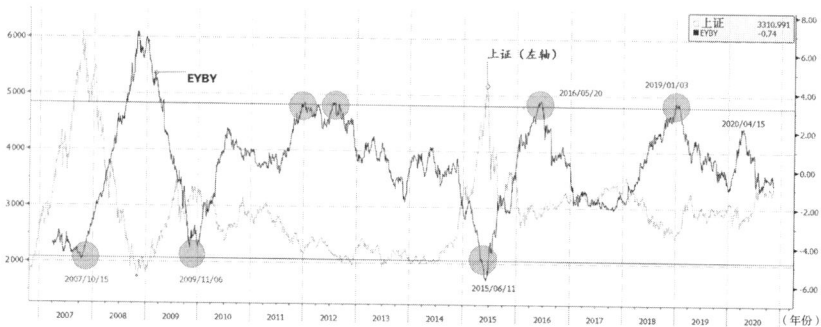

图134 EYBY处于中性交易区间，鉴于信用风险和货币供应条件
资料来源：彭博，交银国际

我们在图135中展示了EYBY及其对应的上证综指的对数点位。为了消除异常交易年份中极端数据对分析结果造成的扭曲，我们剔除了股市泡沫发生的2015年的数据。此外，由于2010年是上证综指的分水岭（自2010年以来，上证850天移动均线一直未能突破3 200点），因此，我们选取了2010年后的数据，并将数据根据泡沫前和泡沫后的时间段分为两组。

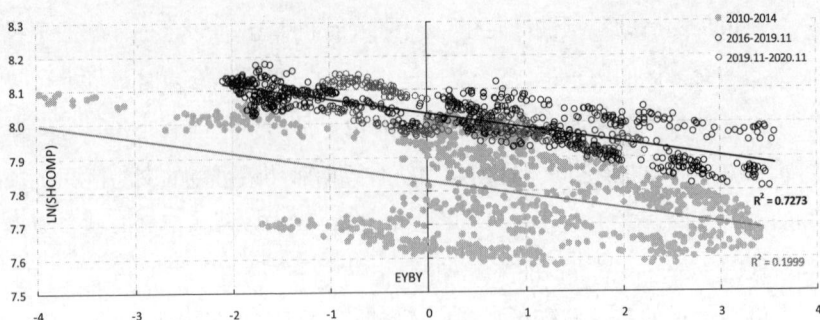

图135 未来12个月上证交易点位可能性分布在约2 900—3 600点
资料来源：彭博，交银国际

　　我们明确地用2016年至2020年的数据来预测2021年的上证点位（图135）。我们认为，除非不可预见的经济困境引发戏剧性的货币政策变化，否则EYBY将在这个中性交易区间中运行。由于上证综指的内生复合收益率等于中国五年规划中隐含的经济增长目标，自1996年以来，上证综指的底部不断抬升，并且每10年翻一番（《市场见底，何时何地？》），因此，我们认为上证的交易区间底部在接下来的12个月将继续上升至约2 900点，而交易区间顶部约为3 600点。

　　我们预测区间的上限意味着市场目前还有大概10%的上涨空间。这似乎并没有多少，但我们考察的其他市场指标也展现了一个类似的状况。

　　GDP资本化率的时间序列，即股票市值与GDP的比值，似乎已经形成了一个巨大的上升三角形。这个三角形在时空中持续收敛，并且现在这一比率正好位于三角形的上沿（图136）。除非市场对中国GDP估值的方法有所重塑引发该比率向上突破三角形的顶部水平，否则现在这个比率将是一个强大的阻力位。与此同时，市值与M2的比率似乎正在飙升，但这应该是IPO从核准制转为注册制改革的结果。

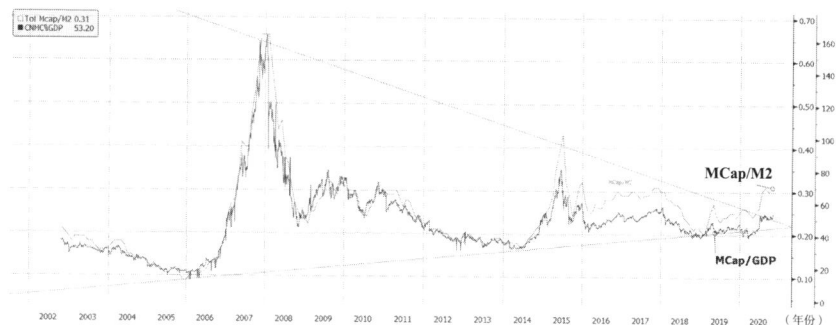

图136 GDP资本化率的提升，需要M2对股市的配置进一步提高
资料来源：彭博，交银国际

　　历史上，GDP资本化率的同比变化范围在+7%到–20%之间。也就是说，如果市值增速比同期GDP增速快7%，那么市场将见顶回落——除非在市场泡沫时期，那时这样的估值指标将不再有效。如果GDP资本化率同比变化下跌到–20%，那么市场将触底回升。的确，在非泡沫时期，GDP资本化率的同比变化在+7%和–20%之间的起伏转折与上证综指的峰值和低谷一致（图137）。现在，GDP资本化率的同比变化已达到+7%的水平，暗示指数未来数月即将受阻。

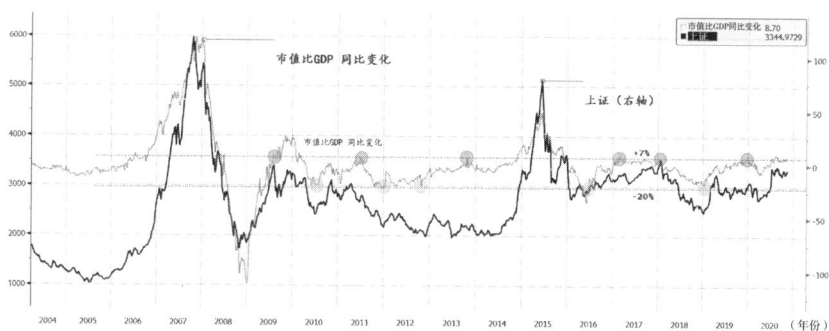

**图137 GDP资本化率的同比变化+7%左右的水平遭遇强大的阻力；
市场结构将发生变化**
资料来源：彭博，交银国际

考虑到抑制房地产开发商杠杆的"三道红线"政策，以及近期监管部门对网贷的严厉态度，信贷不可能像2020年那样快速扩张。房地产一直是信贷扩张的有力工具，对开发商杠杆的抑制将影响他们的拿地节奏，进而影响地方政府的财政。因此，信贷更有可能与货币供应同步适度地扩张，一如2018年以来的情况。尽管我们认为，2021年广义货币供应量的增长可能会略有加快，但是信贷与货币在这种适度的增长下，不太可能成为市场暴涨（即泡沫）的催化剂。但是，它仍然将支持市场（图138）。

图138　信贷扩张与M2同步，仍将支持市场
资料来源：彭博，交银国际

我们相信，在整体良好的市场环境下，2021年投资应更看重结构性机会。事实上，市场的内部结构已经开始改变。在我们于2020年下半年展望中发布对价值股将跑赢的预测以来，深度价值、周期性板块已开始跑赢市场。资金看来似乎更青睐由传统行业主导的大盘股指数，这是因为实际收益率的上升暗示着经济复苏，债券的配置价值下降。与此同时，上证50、沪深300和恒生国企指数等大盘股指数的估值也很不贵。

作者为交银国际董事，总经理兼首席策略师

肖立晟、尤众元 ///
中国经济周期模型
与大类资产配置建议

核心观点：本文通过中国三因子经济周期模型来分析中国经济周期的划分与不同周期下的投资建议。周期模型的测算结果显示，我国经济正处于扩张前期，即将进入扩张后期，并且这轮扩张期会于2021年年底左右结束，之后经济将进入滞胀期。纵观全年，我们建议配置股票，在股票行业的选择上，我们建议配置顺周期股和消费股，比如家用电器、休闲服务、非银金融和建筑材料。

我们发现衡量中国经济周期的三项指标存在40至50个月的波动周期。其中，流动性指标领先增长指标10个月左右，领先通胀指标12个月左右。我们认为中国正处于扩张前期，流动性即将进入拐点。我们对中国经济周期预测如下：流动性的波峰出现在2021年2月（进入扩张后期），增长波峰出现在2021年12月（进入滞胀期），通胀波峰出现在2022年2月份（进入衰退前期）。

我们发现在复苏、扩张和滞胀期，股票的收益率均显著高于其他资产。在衰退期，债券收益率表现最佳。

基于各个行业在不同周期下的表现，我们发现，在复苏期和扩张期，以汽车和电子为代表的周期下游股有最好的表现。在滞胀期，我们建议持有周期中游和下游、地产以及金融。值得一提的是，消费类股票可以穿越周期，即使在衰退期也能有正收益。其中，食品饮料行业在所有周期下都取得了正向的月平均收益率。

我们在回顾最新一轮周期下，中国经济、大类资产收益和各行业股票的收益表现后，认为2021年的经济类似于2017年的经济，股市的行情有可能重演当年类似的上涨行情，建议购买顺周期股。在此基础上，我们分析了同时期的外资在各行业股票的配置以及带来的收益，建立了一个在不同经济周期下行业轮动的组合。结果表明，该投资组合大幅领先上证综指，能够带来一定超额收益。

最后，我们使用了时变参数的向量自回归模型，发现流动性对于股市收益率贡献占比的变化值是一个非常有效的预判指标，当该指标迅速下行时，预示股市在未来3—6个月内会有较大行情。

在数据的使用和处理上，本文有三个创新：第一，对所有相关数据均做了严格的季节效应调整，采用了最新的X-13-ARIMA模型（由美国统计局开发的考虑了春节效应的模型）。第二，通货膨胀采用了CPI和PPI的加权，权重的选择利用了GDP平减指数和CPI、PPI做回归模型，并分解出了CPI和PPI对GDP平减指数方差影响的贡献率，获得CPI和PPI的权重。第三，我们对CPI和PPI做了严谨的预测，可以获得2021年11月之前的通胀走势，从而得到流动性和增长的外推预测，获得对应的资产配置建议。

一　中国经济周期模型

经济周期对各类资产收益率有显著影响。从著名的美林时钟开始，有一种投资理念便是把注意力集中在市场所处的经济周期上，而不是资产自身的属性，比如市盈率等投资指标，这种理念的收益效果在多个海外市场得到了经验数据的支持。与美林时钟不同，本文加入了流动性指标，构建了三因子中国经济周期模型，流动性在中国被认为是一个良好的先行指标，对于经济增长和物价有先行预判的作用。

本文将经济周期划分为6个阶段，分别是复苏、扩张前、扩张后、滞胀、衰退前、衰退后。划分的标准是基于增长数据、通胀数据和流动性数据这三个指标。其中，增长数据由克强指数来衡量，通胀数据由CPI同比和PPI同比加权平均来衡量，流动性由M1同比增速来衡量。数据从2006年1月至2020年11月。我们采用BP滤波剔除数据趋势项，获得周期波动项，进而划分出6个阶段。这6个阶段的具体标准是：

复苏：流动性上升，增长上升，通胀下降。

扩张前：流动性上升，增长上升，通胀上升。

扩张后：流动性下降，增长上升，通胀上升。

滞胀：流动性下降，增长下降，通胀上升。

衰退前：流动性下降，增长下降，通胀下降。

衰退后：流动性上升，增长下降，通胀下降。

值得注意的是，这里的上升与下降是边际意义上的。比如，对于流动性指标，我们首先用BP滤波剔除原始数据的趋势项从而得到周期项，当流动性指标的当期周期项高于上一期的周期项时，该期将被判定为流动性上升。反之，该期将被判定为流动性下降。我们发现经过BP滤波处理得到的周期项能够较好地反映原始指标的周期波动，与原数据的周期走势基本一致。以流动性为例，周期项的波峰出现在2006年7月、2010年5月、2013年8月、2017年2月，原始数据在相对应的时期也处于相对的高位。

经济周期模型显示三项指标的周期长度大致在40至50个月（高点与低点之间相差20至25个月）。周期的长度随着时间而变化。2015年之前，中国经济周期的长度在逐渐下降。表7反映了这种变化，我们发现三项指标在2006年开始的那轮周期中，高点和低点相差25个月，在第三轮周期中，高点低点之间距离明显减少，尤其反映在流动性与通胀这两项指标上。在最新的一轮周期中，周期的长度又一次变长。这事实上反映了中国经济驱动力从市场转向政策，又从政策转向市场的过程。比较典型的是，2009—2015年，当房地产和基建政策成为经济周期风向标时，经济一旦出现下行压力，逆周期的政策就开始发力，导致经济出现所谓的"短周期现象"，这在很大程度上降低了整体经济周期的长度。

这三项指标之间的关系也在随时间而变化。流动性指标在前两轮周期中大约领先增长指标2个月。在后两轮周期中这种领先扩大到了10个月左右，说明实体经济对流动性刺激的敏感程度在显著下降。

表7　三指标的高点与低点

	流动性		
	高点	低点	时长
1	2006年7月	2008年7月	25个月
2	2010年5月	2012年2月	22个月
3	2013年8月	2015年3月	20个月
4	2017年2月	2019年1月	24个月
	通胀		
	高点	低点	时长
1	2007年6月	2009年6月	25个月
2	2011年5月	2013年4月	24个月
3	2015年1月	2016年7月	19个月
4	2018年3月	2020年2月	24个月
	增长		
	高点	低点	时长
1	2006年8月	2008年8月	25个月
2	2010年7月	2012年7月	25个月
3	2014年6月	2016年4月	23个月
4	2018年2月	2019年11月	22个月

资料来源：万得

从图139来看，中国经济当下处于扩张前期，即将进入扩张后期，流动性、增长、通胀都处于上升的阶段，这与当下疫情后相对宽松的货币政策、强劲的经济复苏相吻合。值得注意的是，流动性很有可能在短期内到达波峰，我们预期流动性拐点在2021年2月份，届时中国将有可能进入扩张后期。

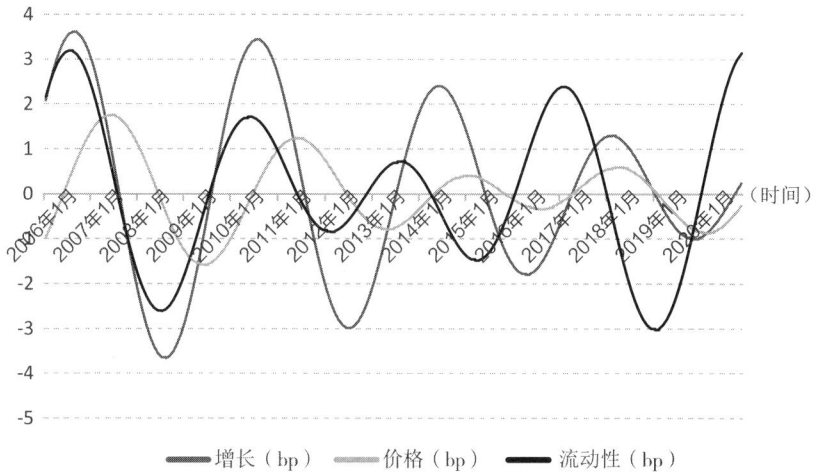

图139　三项指标的周期项

资料来源：万得

图140是加入了通胀预期值后，经过BP滤波处理的周期项。此处采用的通胀预期值来源于我们构建的CPI和PPI同比预测模型。

图中的数据延伸到了2021年的11月，届时通胀仍然处于高速上升的时期，但是也接近了下一个波峰，根据图形与表格，我们推测波峰可能在2022年2月份左右，由于流动性一般领先通胀1年，所以这两个指标的推测相互吻合，可以互为佐证。由此可以推出，流动性的波峰出现在2021年2月（进入扩张后），增长波峰出现在2021年12月（滞胀），通胀波峰出现在2022年2月份（衰退前）。

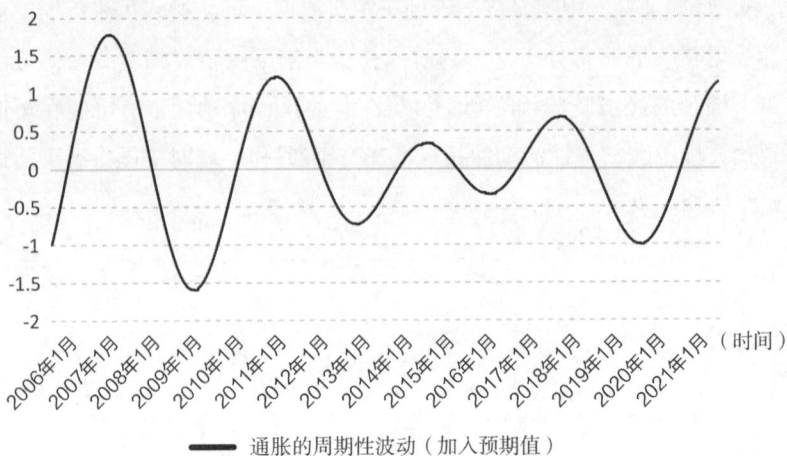

图140　加入通胀预期值后的周期项
资料来源：万得

二　经济周期下的大类资产配置策略

本文的大类资产种类分为股票、债券、大宗和现金，具体细分如下：

股票市场：上证综指、沪深300和中小板综合指数。
债券市场：中债综合全价指数、中债总全价指数、中国国债总全价指数、中债信用债总全价指数。
大宗商品：南华综合指数、CRB现货指数。
现金：货币市场基金指数、人民币对美元。

图141展示了沪深300、中债综合全价指数、南华综合指数和货币市场基金指数的月涨幅。我们发现在复苏、扩张前、扩张后和滞胀期间，股票都是最好的选择。与美林时钟原研究报告的结论不同，我们没有发现大宗商品在滞胀期间能有好的表现，并且股票的上涨往往出现在滞胀

期开始启动。在衰退期，最好的资产是债券。

股市的暴涨期往往出现在扩张后和滞胀期间，反映了部分散户投资者倾向于在公司利润兑现后才进入市场，因此即使经济周期即将进入衰退期，市场仍然会由于惯性而大幅上涨。

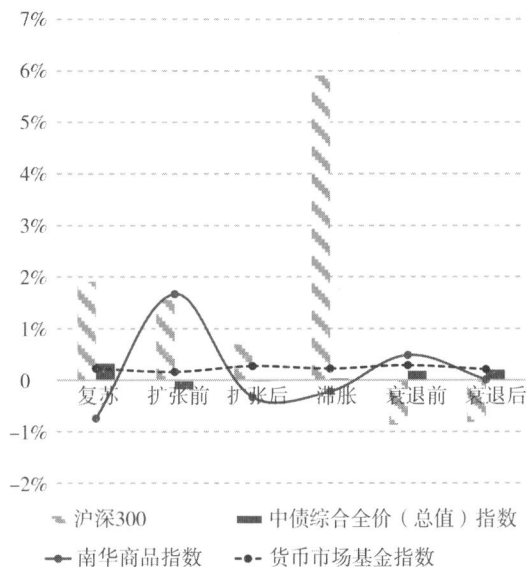

图141　各阶段内大类资产平均月收益率
资料来源：万得

图142展示了2006年以来各周期各阶段大类资产的收益率，我们这里重点分析2016年5月开始的这轮周期，据此推测2021年整体经济周期的走势。

2016年，我们的模型显示该年的前半年是衰退期，之后进入复苏与扩张期。2016年总体的宏观基本面延续2015年的疲弱，货币政策延续宽松，但力度不及2015年，美联储进入加息周期导致资金外流压力加剧。不过，伴随着供给侧改革深入，上市公司的赢利能力在逐步回升。

2017年，我们的模型显示经济进入扩张期。尽管当年地产政策仍然从严，货币政策也从紧，但是在三四线城市地产行情的带动下，地产投资增速不降反升，经济保持稳健增长。

2018年，我们的模型显示经济进入了衰退期。2018年经济相对疲弱，社融增速显著下行，工业增速以及投资也纷纷回落。

2019年，我们的模型显示经济走出衰退、迎来复苏期。2019年1月，新增人民币贷款32 300亿元，同比多增3 300亿元，创历史单月最高，这反映流动性进入了上升期，我们的模型捕捉到了这一现象，模型反映经济体在2019年2月进入衰退后期，也就是流动性上升、增长下降、通胀下降的时期。上市公司盈利在三季度企稳，全年盈利呈现U形，这与我们模型在11月走出衰退、进入复苏相吻合。

进入2020年，由于新冠肺炎疫情暴发，经济迅速陷入衰退，打乱了模型中正处于复苏阶段的经济周期。原本经济体的流动性在2019年触底，增长在2019年11月触底，通胀会在2020年2月触底，整个经济在1月和2月处于复苏期，并将在2月后进入扩张前，在这种情况下，中国经济数据可能在2月后见到增长数据有一个上升的走势。然而，由于突如其来的新冠肺炎疫情，在一季度，三项指标都全面下滑，1月和2月的经济数据和资产收益率与复苏期间的表现有巨大差异。但是，疫情对基本面的冲击是一次性的。现在值得讨论的问题是，中国经济究竟处在什么位置？未来会发生什么？

在上一个章节，我们提到，模型结果显示：流动性的波峰出现在2021年2月（进入扩张后），增长波峰出现在2021年12月（滞胀），通胀波峰出现在2022年2月份（衰退前）。2020年11月，财政部前部长楼继伟提出中国已到研究宽松货币政策有序退出的时候，这与我们模型的结论相一致。由于流动性高峰过后，增长的高峰会在10个月出现，这也与2021年中国经济全年增长的预期相一致（一季度中国经济由于基数问题，可能出现一个阶段性增长的高点，但是我们这里讨论的是剔除了异常值和季节性因素的情况）。IMF预期中国2021年增速为同比8.2%。因此，我们认为在2021年全年，中国经济主要处于扩张后期这个时间段，建议配置股票资产。

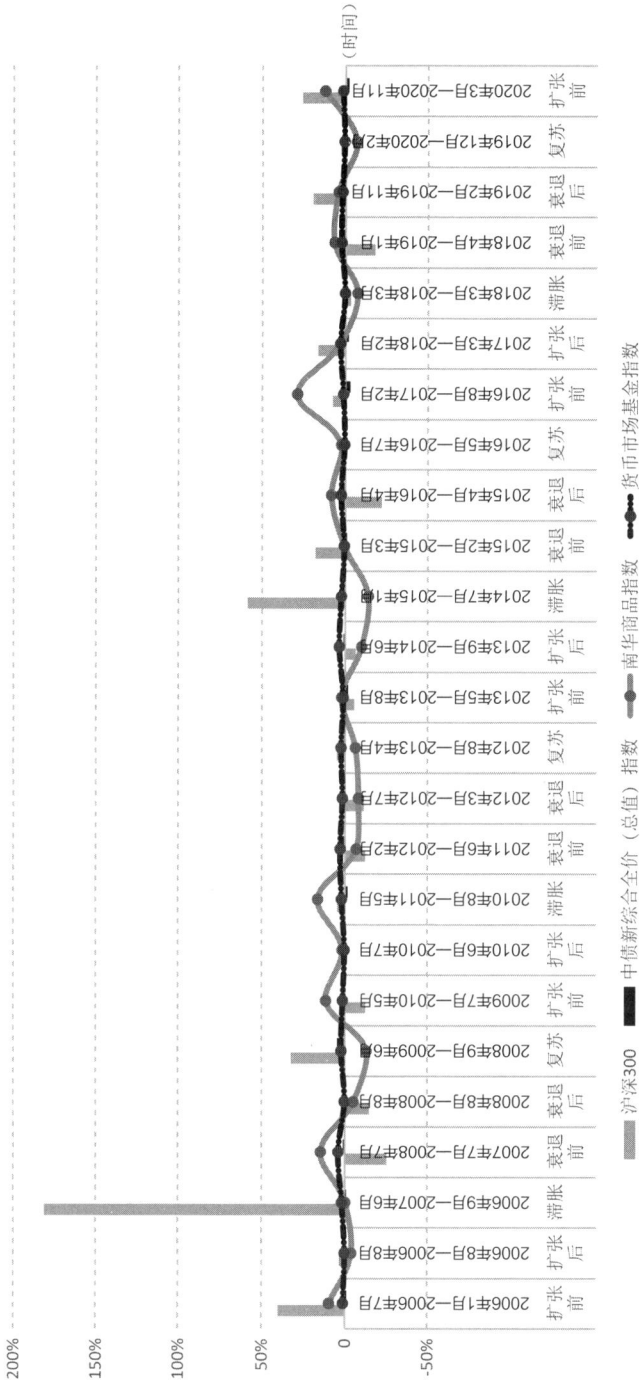

图142 2006年以来各周期各阶段大类资产的收益率

资料来源：万得

三　经济周期下的行业配置策略

我们在这个章节讨论各行业在各个经济周期下的具体表现，由这些行业在各个阶段下的平均月收益率来衡量收益表现。

我们发现在复苏期，汽车、电子、建筑材料、电气设备和家用电器是收益率最高的五个行业。在复苏期，流动性仍然处于上升期，同时，增长也由衰退期的下降变为了上升，通胀处于下降期。在这个时期，市场可以预期居民的收入即将开始提升，企业开始赢利，所以汽车、家用电器将受益于居民未来一段时间相对确定的消费支出。建筑材料、电子和电气设备受益于企业未来一段时间的扩大再生产。

在扩张期，食品饮料、休闲服务、家用电器、国防和电子是收益率最高的五个行业。扩张期与复苏期不同的是，通胀从下降变为了上升，食品饮料和休闲服务可以有效地抗通胀，因为这些行业的产品价格受益于高的通胀。家用电器和电子行业在这个阶段仍然受益于较高的居民收入和企业效益。

根据我们之前的分析，中国经济将在2021年2月进入扩张后期，我们这里再具体分析各行业在扩张后期的表现。可以发现，家用电器、食品饮料、休闲服务是表现最好的行业，扩张后期与扩张前期不同的地方在于流动性从上升变为了下降。但是货币政策的调整并不会影响这三类行业的效益，影响这三类行业的主要是居民的收入，流动性改变对于居民收入的影响相对有限，所以居民购买这些行业的产品或者服务的数量并不会受到太大的影响。

在滞胀期，非银金融表现最佳，在之前复苏期和扩张期表现较好的食品饮料、休闲服务和周期下游此时收益较低。表现最好的有周期中游和下游、地产以及金融，其中，非银金融、建筑材料、钢铁、有色金属和建筑装饰是收益率最高的五个行业。在滞胀期，流动性继续下降，增长也由上升变为了下降，通胀更是处于高位。但是企业的效益因为滞后，往往在这个时间段才开始释放，所以一部分后知后觉的投资者在这个时间段看到高企的企业效益会继续涌入市场，与经济周期强相关的行业在这个时间段会释放效益，股价也会进入高速的上涨期。

股市整体在衰退期处于下跌的状态，但是食品饮料和农林牧渔行业的股票仍然有正向的收益。在衰退期，经济增长下降，通胀下降，企业效益往往处于下滑的状态，所以，顺周期的行业往往有较大的跌幅，可以发现，钢铁、有色金属和汽车行业是下跌前三的行业。在这个时期，因为食品饮料和农林牧渔企业的产品往往是居民的必需品，受经济的冲击比较小，是良好的防守行业，容易受到资金青睐，从而股价上涨。

四　可以穿越周期的行业

随着经济增速下台阶，中国经济的主要驱动力从投资和出口开始转为内生的消费。工业增加值同比从危机之前常年的两位数增长到如今保持在5%左右，同期的消费数据同比经常靠近10%。因此，在过去的10年内，以食品饮料、农林牧渔、医药生物为代表的消费股和类消费股都有不错的表现，并且这类股票的收益能够超越经济周期。在A股市场，有一种投资想法表达为"喝酒吃药"，也就是投资以食品和医药为代表的逆周期行业，通过这样的投资可以跨越市场周期。在这部分，我们将分析食品饮料、医药生物、农林牧渔能否有超越周期的平稳收益。

首先，我们发现在衰退期，食品饮料、农林牧渔、医药生物是收益率排名前三的行业。其中，食品饮料、农林牧渔收益为正。其次，我们对比了食品饮料与顺周期有色金属行业的月均收益率，图143表明有色金属行业在复苏、扩张和滞胀时期有显著高收益率，在衰退期有较高的负收益率。相比之下，食品饮料行业在所有周期下都有正收益。在复苏和滞胀期，食品饮料行业低于有色金属，在其余时期都高于有色金属。所以说持有食品饮料行业的投资标的能平稳地度过各个周期。

　　图144对比了这三类行业在不同周期下的表现。我们有以下发现：只有食品饮料行业在所有周期都有正向月平均收益。医药生物在衰退前有负向收益，农林牧渔在扩张后时期有负向收益。综上，我们认为食品饮料行业能最平稳地度过所有周期。

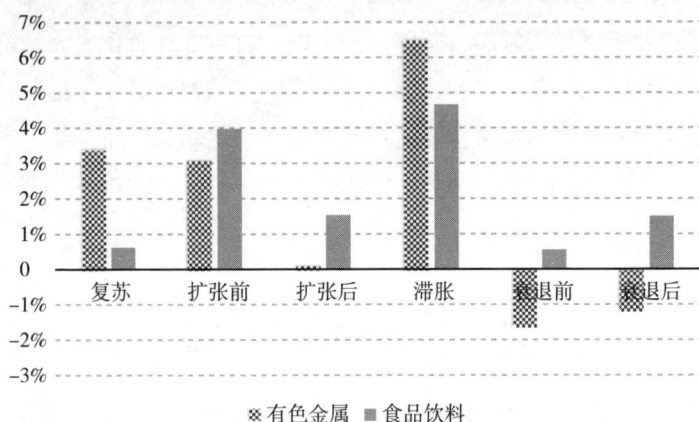

图143　食品饮料行业与顺周期行业在不同周期下的月平均收益率

资料来源：万得

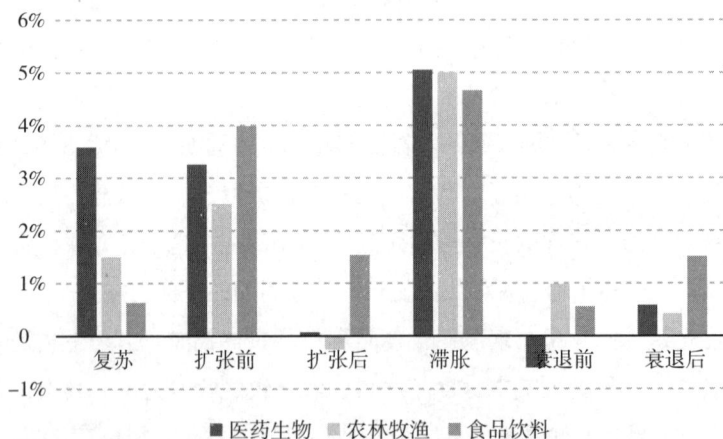

图144　各穿越周期行业在不同周期下的月平均收益率

资料来源：万得

五 上一轮经济周期的回顾与对近期股市的分析

本文的模型显示，中国经济在2021年2月进入扩张后期，流动性拐点会在该时刻出现，一个引人思考的问题是，在流动性拐点出现后，中国股市会如何发展？是会像2017年那样走出上涨行情，还是像2018年那样下跌？本章节通过分析中国最新一轮经济周期来回答这些问题。

根据模型结果，2017年全年属于扩张期，在当年3月进入扩张后期。当年净出口增长强劲，货物和服务净出口拉动GDP增长0.6个百分点，较2016年上升1个百分点。外需成为拉动2017年经济增长的火车头。另外，尽管当年地产政策仍然从严，货币政策也从紧，但是，得益于棚改货币化的政策，在三四线城市地产行情的带动下，地产投资增速不降反升，经济保持稳健增长。另外由于煤炭去产能继续推进，钢铁去产能进一步加码，这些传统行业也迎来了利润的提升。在强劲经济推动下，该年的股市收益远高于其他资产，从行业来看，食品饮料和家用电器收益率大幅跑赢其他行业，这结论与之前章节的结论相吻合。

在2018年和2019年，我们的模型显示经济进入了衰退期，经济体在2018年3月从扩张期进入滞胀期，4月进入衰退前期，2019年2月进入衰退后期。从经济数据来看，2018年经济相对疲弱，当季GDP增速呈现单边下滑的态势，四个季度GDP增速分别为6.8%、6.7%、6.5%和6.4%，进出口对GDP拉动同比归负。社融增速显著下行，工业增速以及投资也纷纷回落。为了促进经济，央行在2019年1月开始释放流动性，新增人民币贷款32 300亿元，同比多增3 300亿元，创历史单月最高，这反映流动性进入了上升期。我们的模型捕捉到了这一现象，模型反映经济体在2019年2月进入衰退后期，也就是流动性上升、增长下降、通胀下降的时期。上市公司盈利在三季度企稳，全年盈利呈现U形，这与我们模型在11月走出衰退、进入复苏相吻合。在衰退前期，如果持有股票会有较大亏损，在衰退后期，股票收益率远高于其他资产。从行业来看，银行、食品饮料和非银金融在衰退前期跌幅相对较小，电子、食品饮料、农林牧渔、计算机和医药生物在衰退前期涨幅明显高于其他行业。

进入2020年，模型显示经济在2月之前属于复苏期，之后是扩张前期。但是新冠肺炎疫情的暴发，使得经济迅速陷入衰退，打乱了模型中正处于复苏阶段的经济周期。我国2020年一季度GDP同比下降6.8%，一季度工业增加值、固定资产投资、社会消费品零售总额等经济数据全面陷入了负增长。但是中国经济的韧性在之后的三个季度体现出来，GDP增速迅速回正。从大类资产的收益来看，复苏期股票收益只有3%左右，这是由于新冠肺炎疫情的冲击，之后的扩张期有26%的收益率，远高于其他资产。从行业收益率来看，在复苏期，收益率最高的三个行业是电子、计算机和通信，它们的收益率高于20%，这是因为这类行业受新冠冲击较小。在扩张前期，休闲服务、食品饮料和电气设备收益率明显高于其他行业。

综上，结合2021年1月经济正处于扩张前期，可能在2月进入扩张后期的结论，我们认为，2021年1月的经济类似于2017年的经济，股市的行情有可能重演当年类似的行情。经济上的类似之处有以下几点：第一，和2017年相似，美国经济处于复苏通道，外部需求稳定上升，2021年的出口需求处于高位。第二，房地产开发投资和销售保持大体平稳，2021年的房地产政策也是从紧，但是根据最新的央行的报告可以发现，2021年的货币政策不会出现急转弯，2020年的宽松的货币政策仍然会延续一段时间，房地产开发和销售将受益于这种环境。另外受益于中国仍然正在崛起的中产阶层数量，强大的更换住房需求，向往美好生活品质的远景，都会增加房屋的需求量。近期火爆的楼市就是一个佐证。第三，全年固定资产投资加快，中国科学院预测科学研究中心认为随着一系列重大项目建设的推进，以及新型基础设施投资力度的加大，基建投资仍将保持较快增长，同时，制造业投资增速也将进一步加快。在2017年，食品饮料和家用电器收益最高，之前章节中，我们提到在扩张后期除了这两个行业外，电子、房地产、钢铁和银行也都有高收益。由于食品饮料和家用电器前期涨幅较大，在近期表现一般的房地产、钢铁和银行也可能是好的防守型品种。

六 外资的配置与根据周期模型制定的策略

我们对外资机构〔QFII+沪（深）港通〕的持仓在各行业的分布进行了研究，发现外资机构持仓的行业配置符合经济周期的变化。表8显示，2017年初外资增配了医药生物和电子，我们的研究表明，2017年是扩张年，这两个行业会有较好的表现。2018年是衰退前期，2019年是衰退后期，我们发现食品饮料、医药生物和家用电器是外资配置的重点。食品饮料和医药生物是传统的逆周期行业，往往在衰退期有超额收益，家用电器在这几年，由于经济结构转型，消费在经济增长中权重变大的原因，也有一定的逆周期属性。2020年是复苏和扩张年，外资的持仓结构与2019年基本一致，因为这一轮复苏期的时间较短，总体是扩张期，所以外资仍然配置食品饮料、家用电器和医药生物符合我们的模型。根据我们的模型推测，2021年总体处于扩张期，扩张期收益率前五行业是食品饮料、休闲服务、家用电器、国防军工和电子。外资持仓前五的行业里面占了3席，剩下的医药生物在所有行业内平均收益率排名第9，处于前列，银行业则出现大幅减仓，从11%的总仓位配置降为7%。

总体上，外资持仓与经济周期模型的建议非常类似，大致是在复苏扩张的年份会超配汽车、电子、非银金融这类顺周期行业，在经济不好的年份加大食品饮料和家用电器的配置。

表8 外资机构在年初各行业持仓比例

2016年	2017年	2018年	2019年	2020年	2021年
银行（35%）	银行（28%）	食品饮料（19%）	食品饮料（19%）	食品饮料（16%）	食品饮料（18%）
食品饮料（18%）	食品饮料（19%）	家用电器（15%）	银行（11%）	家用电器（12%）	医药生物（12%）
家用电器（10%）	家用电器（10%）	医药生物（10%）	家用电器（10%）	银行（11%）	家用电器（10%）

2016年	2017年	2018年	2019年	2020年	2021年
交通运输（6%）	医药生物（6%）	银行（9%）	医药生物（9%）	医药生物（10%）	银行（7%）
汽车（5%）	电子（6%）	非银金融（8%）	非银金融（8%）	非银金融（9%）	电子（6%）

我们依据前文关于在不同经济周期下进行行业轮动的建议进行投资。投资的标的物是申银万国的一级行业指数，我们选取在该周期下收益率排名前五的行业，每个行业投入20%资金的方法来进行资产配置。具体配置的行业如表9。

表9　各周期下收益率排名前五的行业

复苏	扩张前	扩张后	滞胀	衰退前	衰退后
汽车	国防军工	家用电器	非银金融	农林牧渔	食品饮料
电子	食品饮料	食品饮料	建筑材料	食品饮料	农林牧渔
建筑	休闲服务	休闲服务	钢铁	采掘	电子
电气设备	电气设备	电子	有色金属	银行	医药生物
家用电器	医药生物	房地产	机械设备	通信	休闲服务

我们构建的组合在样本期间内（2016年5月3日至2021年1月11日）单个交易日的日平均收益率为0.11%，远高于上证指数的0.02%。在波动率上，收益率标准差为1.34，略高于上证指数的1.07。

图145展示了在初始净值为1的情况下，投资这个组合和上证综指收益的比较，可以发现，除了在最初的200个交易日外，在其他时期，我们构建的投资组合均能显著超过上证综指涨幅，获得更好的收益。即使是表现最差的年份里，比如2016年5月至2017年8月，我们的组合也能跑平市场。总体来说，组合在样本周期内取得了220%左右的收益，同期上证指数仅仅上涨20%。

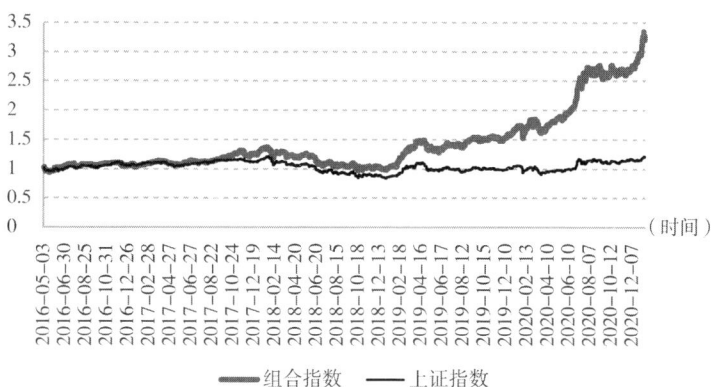

图145　组合指数与上证综指的收益对比

资料来源：万得

七　时变参数的向量自回归模型与股市收益定量分析

最后，我们使用时变参数的向量自回归模型进行对股市收益的定量分析。向量自回归模型是一种常见的对股市和宏观变量之间进行分析的模型，这种模型假定所有变量之间都互相影响，且这种影响具有延续性，这与经验观察相符合。时变参数的向量自回归模型是向量自回归模型前沿的拓展，在学术界已经有了广泛的应用。在实际股市的分析中，本文借助该模型提供一种全新的视角。时变参数的向量自回归模型最大的特点，是模型中的参数随时间而变化，因为参数随时间变化，很多重要的结论，比如变量之间互相的贡献度会随时间而变化。近年来的经济结构向消费和服务业转型，工业产值在GDP总量中逐步减少，传统的向量自回归模型往往会忽略这种结构变化，因此有必要采用时变参数向量自回归模型。

我们重点分析了最近一轮经济周期内经济增长和流动性对股市的时变影响。经济增长和流动性股市影响贡献度的定义：当期脉冲响应函数未来

12个月内影响总和的占比。这个定义的经济解释是，当股市在未来12个月内上涨或者下跌1个百分点，经济增长或者流动性在其中的占比。

模型的结果显示，相比于流动性，经济增长在大部分时期是股市上涨最大的推动力，对股市收益率的贡献程度一直高于63%。在我们的样本期内，经济增长的占比出现了较大波动。从2007年至2009年，有一个阶段内的高峰，数值在75%。从2010年起，为了减缓次贷危机对于中国经济的影响，M1同比增速大幅上升，流动性扩张，同时期，经济增长受到对外贸易和资产投资减少的影响，较之前开始慢慢下降，流动性对于股市收益的影响随之上升，对股市影响的占比从2009年底开始趋势向上。到2012年，流动性影响的占比最高到达37%。2013年之后，宏观经济逐步走出旧的增长模式，增长对于股市的影响也逐步增加。从2013年开始，经济增长对股市影响的占比一直在上升，在2020年高达80%（图146）。

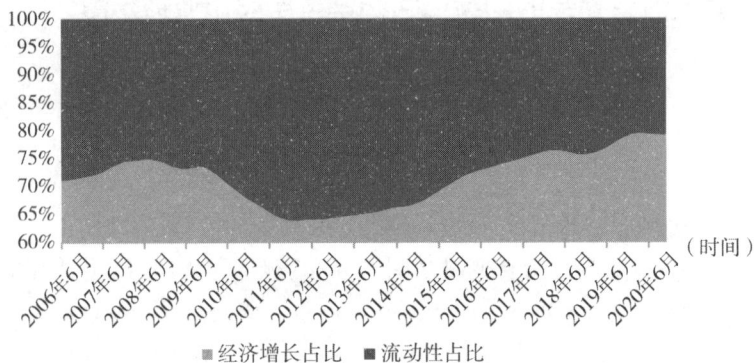

图146 经济增长和流动性对股市收益影响的占比
资料来源：万得

图147进一步展示了流动性占比变动与股市行情的关系，我们发现这个指标是一个非常可靠的股市行情预测指标值。从历史行情来看，持续较长时间的牛市一般是经济增长所推动的，流动性推动的一般是股市泡沫，不会长久。因此，当流动性对股市影响占比开始拐头向下时，往往是孕育较大级别行情的时机。我们发现，2006年9月、2009年1月、2014年6月的牛市前夜，流动性对于股市影响占比的变动都经历了快速下滑。

在历史上，这个指标快速下滑，却没有带来股市上升的例外情况只发生
了一次，出现在2010年11月。这个现象背后的原因是，尽管当时流动性
占比变动快速下降，但是这并不是因为经济增长加速，有了更强的影响
力。相反，当时的情况是经济快速放缓，流动性也开始急速下降。但是
相比于经济放缓，流动性下降得更急，这导致了流动性对股市影响快速
下降的同时，股市也随之下滑。因此，在使用该指标时，需要关注经济
基本面，剔除经济增长失速，同期流动性下降更快的情况。

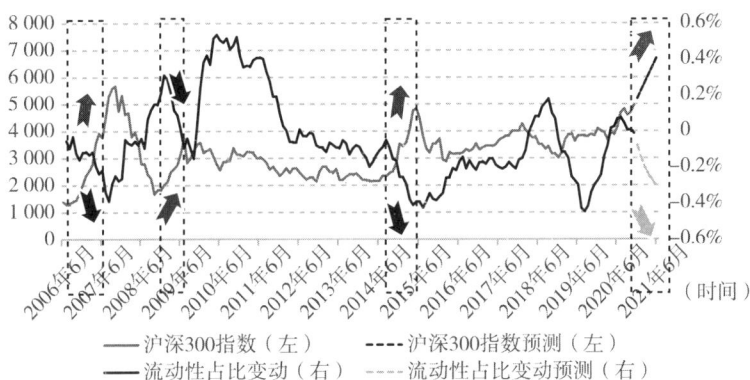

图147　流动性占比变动与沪深300指数收益率
资料来源：万得

　　对于当前的行情，图中数据最新的样本是2020年11月，可以看出流
动性占比变动有了拐点的迹象，有可能出现快速下跌，带动沪深300迅速
上行。根据我们此前建立的经济周期模型，我们认为流动性贡献占比指
标已经处于顶部，正在进入下降的阶段。利用模型估计结果和之前三轮
牛市中流动性占比变动的规律做出的预测值显示这个指标可能在未来6
个月内继续下滑，考虑到同期中国经济增长在2021年一季度非常乐观，
市场不会重演2012年的例外现象。我们预测股市至少在2021年一季度会
有持续稳定的上涨行情。为了便于验证，我们的模型估计只使用了截至
2020年11月的数据。根据最新的行情，2020年12月和2021年1月（至20
日）的股市上涨符合我们根据模型结果做出的推测，建议投资者把握这
段时间，择机入市。

八 总结

综合之前部分的分析，我们认为中国经济在2021年的1月和2月处于扩张前期。从3月至12月，处于扩张后期。在这个时间段，食品饮料、休闲服务、电子和家用电器是较好的配置标的。因为经济周期有时会加速进入下一周期，如果经济增长在2021年比预期更快回落，经济体也有可能比预期的更快进入滞胀期，届时非银金融、建材、钢铁和有色金属会有超额收益。

在分析当前经济形势后，我们认为，现在的经济类似于2017年的经济，建议配置股票资产，尤其是顺周期的行业。在研究外资机构的行业配置后，我们发现它们的行业符合我们经济周期模型的建议。在此基础上，我们提出了一种可靠的依托经济周期划分来进行行业轮动的交易策略，检验了这种策略的有效性。

通过时变参数的向量自回归模型得到的股市收益率贡献占比的变化值这一指标，在历次的大行情开始之前，都出现了迅速下行的现象，可以被视为一个比较有效的预测指标。最近，这个指标又出现了拐点向下的现象。所以，我们对于2021年的行情比较乐观。

肖立晟系九方金融研究所首席经济学家，中国社科院世经政所全球宏观经济研究室主任。尤众元系九方金融研究所宏观研究员，北卡罗来纳州立大学经济学博士

林采宜、胡奕苇 ///
中国住宅地产的繁荣
还能持续多久

一　人口和收入是支撑房地产市场长期繁荣的基础

一般而言，房价上涨的驱动因素通常分为两类：

· 由人口增加和收入增长驱动的居住需求。
· 由货币政策和税收政策推动的投资动力。

（一）美国60年房地产繁荣的原因

二战结束后，美国房地产业经历了近60年的平稳发展，人口增长是支撑房价长期上行的基础。二战后的"婴儿潮"一代在70—80年代成家立业，这一时期美国青壮年人口规模和增长率均为20世纪的高峰，25至44岁人口增长率从年均0.3%（1970年前的增长率）提升至其后20年的年均2.7%，人口的自然增长形成对住房的巨大需求。20年后，到了2000

年，他们的下一代长大成人，中青年人口规模再次出现一次小幅上升，两次婚育人口增长高峰均伴随着3至9年后住房价格的显著上行（图148）。

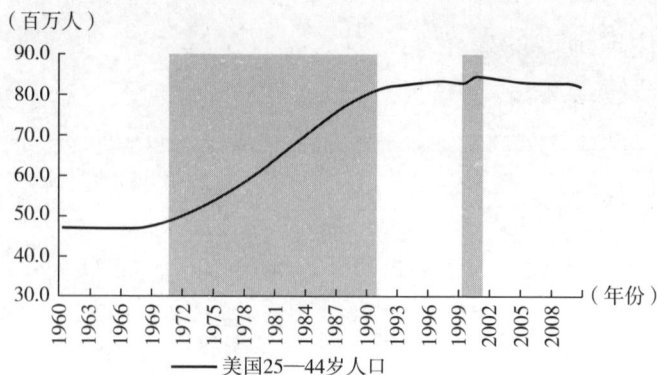

（百万人）

图148　青壮年人口拐点领先地产繁荣3—9年
资料来源：万得，CCEF研究

此外，居民收入的变化也是影响房价的重要因素。最近30年（1990—2020）的数据显示：美国的房价指数和居民收入水平的变化呈现明显的同步性（图149）。

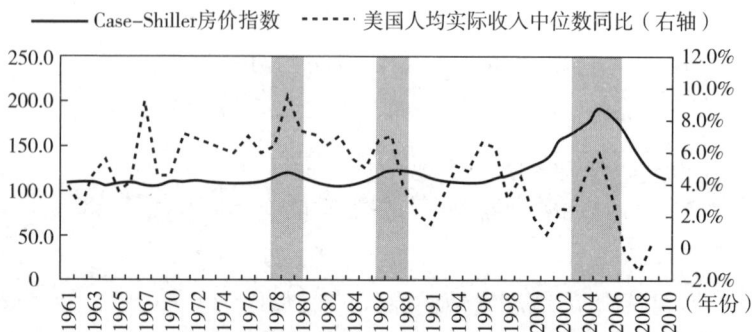

图149　房地产周期与居民收入增长的变化呈现高度正相关
资料来源：Case-Shiller Index，CCEF研究

除了人口和收入以外，货币政策和金融环境也是影响房价的重要因素。

20世纪60年代以来，美国每个住房销量高峰背后均是联邦基金利率的明显下调。进入90年代后，虽然25—44岁的青壮年人口增速放缓（进入21世纪后年均增长低至–0.06%），但货币宽松和一系列住房贷款优惠政策催生的投资需求依然在支撑美国的房价持续走强。尤其是2000年互联网泡沫破灭后，美联储先后12次降息，把联邦基金利率从6.5%下调至1.75%，极大地刺激了住房销售，导致房价指数创下60年新高。宽松的货币政策激发的投资性需求也是促进地产繁荣甚至催生地产泡沫的重要因素（图150）。

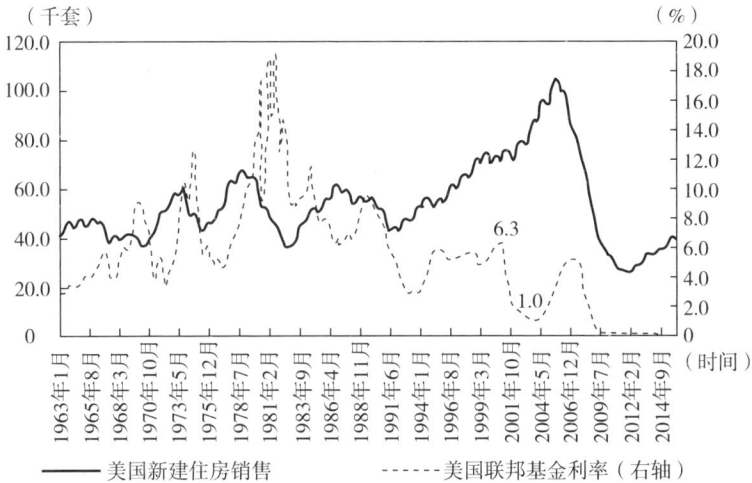

注：新建住房销售数据经指数平滑法调整，剔除季节性波动影响

图150　美国地产景气程度与利率水平呈反向变动

资料来源：万得，CCEF研究

除了宽松的货币政策以外，宽松的信贷政策和高度金融化也是催生地产需求的重要因素。例如低首付甚至零首付的住房按揭政策。联邦住房金融局设置较低的房贷首付比例，并通过众多保险机构的首付减免政策进一步降低实际首付比例，例如，"两房"规定的美国合规房贷首付比例名义上为20%，实际购买FHA（联邦住房管理局）保险可降低至3.5%，VA（退伍军人事务管理局）等机构提供的房贷保险更能使符合条件的购买者零首付获得住房贷款。

如图151，2000年后的美国75个城市的住房贷款实际平均首付比例中位数不超过10%（最高的城市不过25%）。

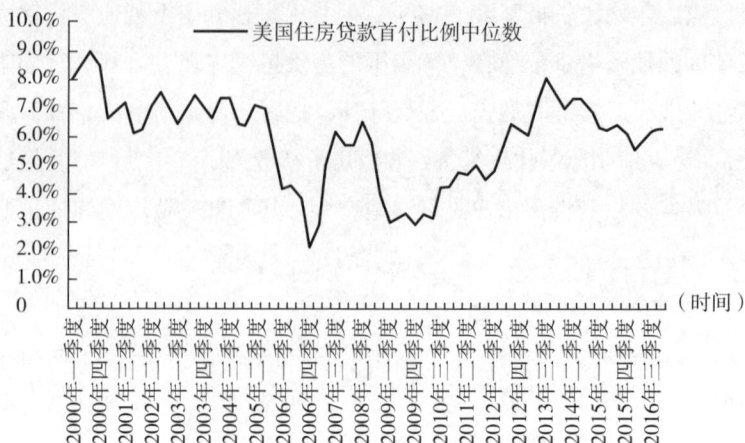

图151 美国房贷首付比例长期处于低位

资料来源：ATTOM Data Solution，CCEF研究

　　信用一再下沉导致房屋贷款发放机构的风险敞口不断扩大，此时房贷金融化高度发达的市场在帮助放贷机构回笼流动性、转移风险的过程中扮演了重要的角色。70年代房地美和吉利美成立，其后20年内MBS和CMO（抵押担保债券）的发行规模增长10倍有余，2001年至2007年房地产泡沫时期美国住房抵押贷款债券总发行量最高扩大近一倍，其中非机构发行量年均增长68%。房贷金融化形成的风险转移机制进一步刺激信贷机构肆无忌惮地降低贷款发放的门槛，扩大房贷的规模（图152）。

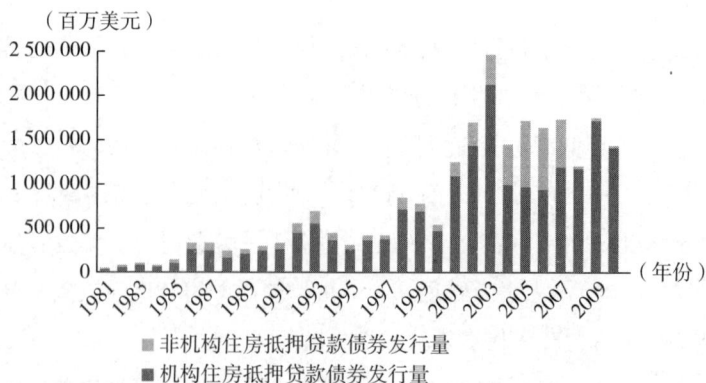

图152 美国历年住房抵押金融产品发行规模

资料来源：SIFMA，CCEF研究

（二）日本"失去的20年"

　　1950年至1975年，日本实现了城市化率从30%到76%的飞跃，家庭可支配收入年均增长12%，与此同时，青壮年人口占比上升，社会置业需求大幅增加，三个因素共同带动房价指数于1973年达到周期顶峰。随后人口结构出现拐点，25—44岁的青壮年人口比例自1976年（最高峰32.9%）开始逐年回落，而同期老龄人口年均增速却从1.9%提高到3.4%，家庭可支配收入1998年到达近50万日元的峰值，之后保持年均0.05%的极低增速，购房需求相应受到压制。整体而言，人口与收入的增长助推了日本70年代的房地产繁荣，而老龄化和收入增速下降是90年代房价泡沫破灭及后来房地产发展持续低迷的主要原因（图153、图154）。

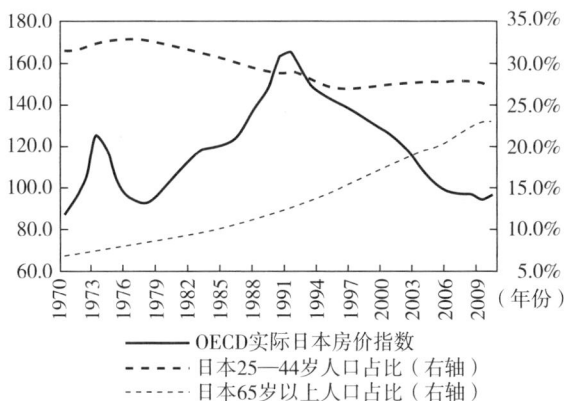

图153　日本人口增长拐点与房价指数

（万日元）

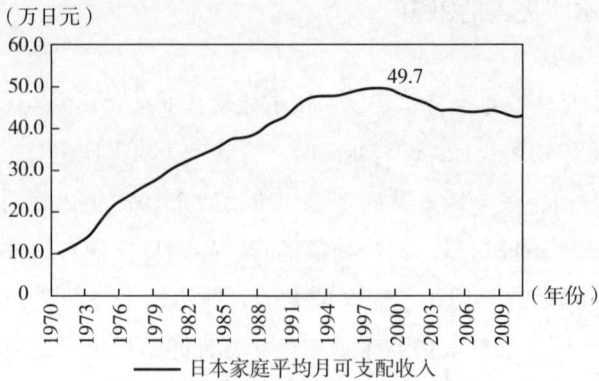

图154　日本家庭可支配收入变化
资料来源：万得，CCEF研究

　　与美国不同，日本的主流住房贷款首付比例维持在10%—30%的水平，抵押支持证券在二级市场的流通有严格限制，且当时日本的金融市场制度不支持住房抵押贷款原始债权人转移信贷风险，这使得日本无法像美国一样通过鼓励低信用人群购房的方式维持房地产景气。在居民置业需求回落的情况下，20世纪80年代后期，为抑制"广场协议"签订后日元过快升值，日本央行多次下调再贴现率，长期贷款利率亦随之下降至1987年4.9%的最低位，叠加实体经济利润率不断下滑，导致大量企业资金涌入地产投机领域，推动90年代的地价飞涨。投机需求在推动房价上行的同时加剧泡沫化，1989年起日本收紧货币政策，上调基准利率，房价泡沫终于破灭（图155）。

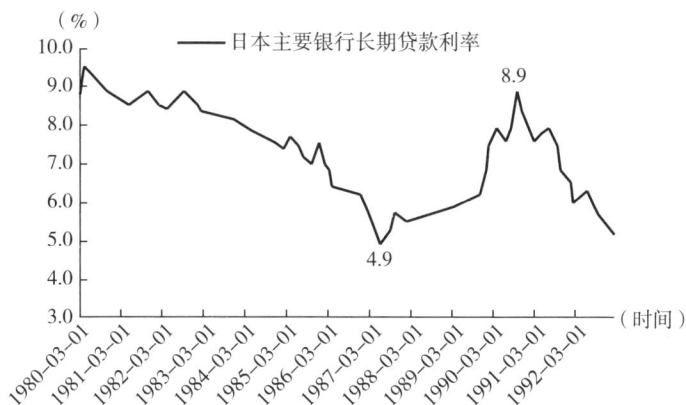

图155 房地产泡沫前后日本长期贷款利率
资料来源：万得，CCEF研究

二 中国的房地产市场还能繁荣多久？

实证数据显示，推动房价长期上涨的根本因素是人口增长、城镇化进程和居民收入水平的提高。当上述变量发生变化时，通过宽松货币或宽松信用政策也能释放一定规模的购房需求，刺激地产繁荣。

2005年至今，中国房地产市场的繁荣也是来自以下因素的推动：

· 城镇化率提高。2007年—2020年，常住人口城镇化率从40%快速提升至60%，劳动力向一、二线城市流动，城市25至44岁的青壮年人口增加，大幅提高住房需求（图156）。

· 居民收入增长。2015年前中国居民可支配收入同比增长维持在12%左右，之后下滑至8%左右（图157）。

· M2增速提高，宽松的大环境导致房地产升温（房价指数往往滞后于货币超发1至3个季度出现高速上涨，图158）。

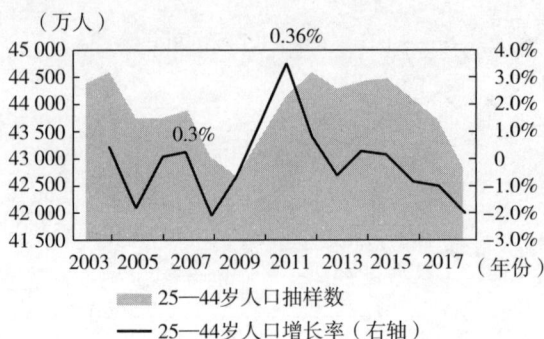

图156　中国青壮年人口增长情况

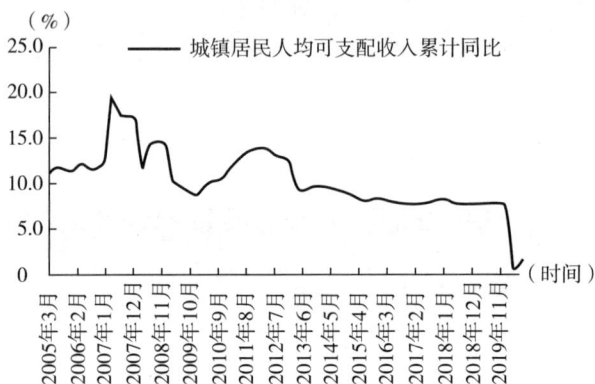

图157　中国城镇居民可支配收入增长情况

资料来源：万得，CCEF研究

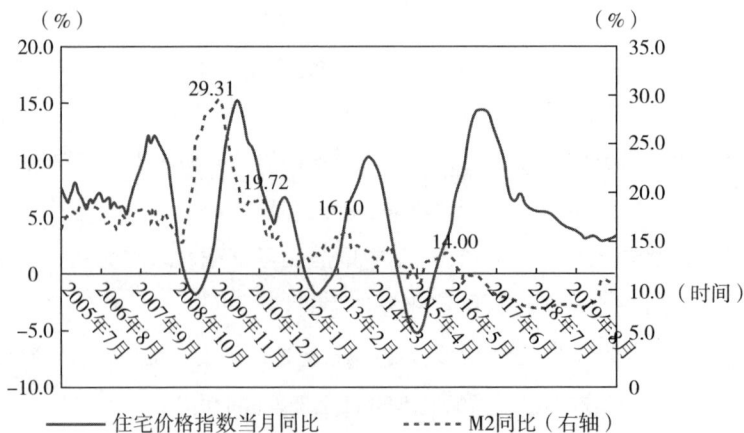

图158　中国房地产周期和货币供应有较强相关性

资料来源：万得，CCEF研究

近20年来，房地产业虽有周期波动，但总体上处于景气状态。根据地产行业发展的经验数据，在经济增速下行的大趋势下，中国房地产业盛夏已经时日有限。

（一）人口老龄化伴随着收入增速下降将抑制居民的置业需求

2015年以来，中国的青壮年人口连续5年出现负增长，而老龄人口数量却不断攀升（过去8年中增速保持在4.4%的高位，图159）。与此同时，中国的平均城镇化率超过60%，尤其过去15年中房价涨幅领跑的几乎所有一、二线城市都已超过70%，其中一半城市的城镇化率已超过80%，后续进一步提高的空间非常有限。此外，居民可支配收入增速从2012年前的年均12%回落至近5年的8%。

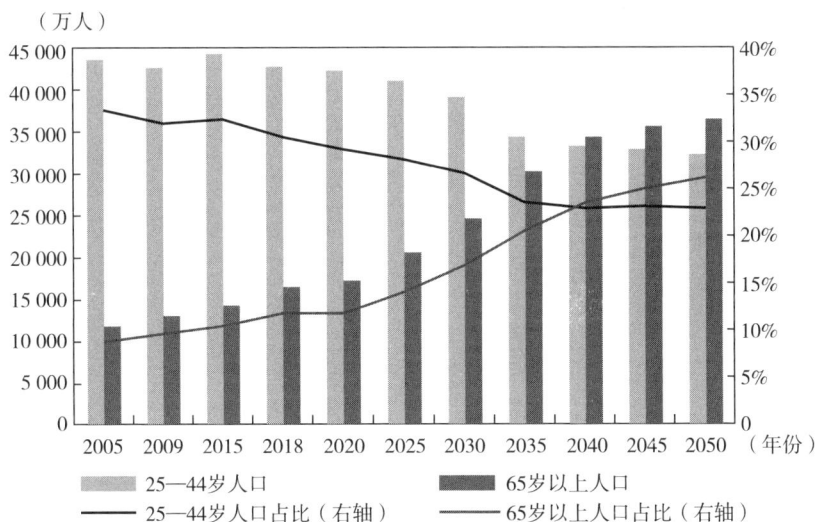

图159 中国人口老龄化已成趋势

资料来源：万得，联合国，CCEF研究

（二）"房住不炒"的政策和房地产税的预期将抑制房地产投资需求

从政策角度看，在"房住不炒"的核心原则下，全国各主要城市限贷政策不太会出现大幅"松绑"。自2018年以来，首套房首付比例30%、二套房首付比例普遍不低于40%的主流规则也不会有过多放宽。在住房信贷金融化渠道有限的情况下，这些政策有效抑制了低信用、低收入群体的贷款购房需求。

与此同时，2018年以来，房地产税立法一直箭在弦上，影响着投资者对未来房屋资产的持有成本的上升预期。

在上述两项政策的约束下，流动性因素对住宅供求的影响已经十分有限。更何况疫情影响强度淡化之后，2021年全球货币政策都倾向于从宽松走向常规化，中国也不会例外。

作者林采宜为中国首席经济学家论坛研究院副院长，胡奕苇为中国首席经济学家论坛研究院研究员人民币对美元汇率自2020年5月底触底反弹以来已累计升值约5%。随着人民币走强,当前市场洋溢着浓郁的乐观情绪,看好人民币长期结构性升值的声音明显增多。总结背后原因,有以下几点:

第一,不少市场人士和学者认为,经过此次疫情考验,中国的体制优势凸显,经济总量和美国差距大幅缩小,与其他国家则进一步拉开,中国出口地位和全球产业链中的地位进一步巩固提升。

第二,市场普遍认为中国央行较为谨慎,没有大规模放水,而发达国家还会长期处于低利率乃至负利率状态,中外利差将长时间存在,因此人民币有持续升值的空间。

第三,有不少人认为现在中央提要逐步形成以国内大循环为主体、国内国际双循环相互促进的新发展格局,出口的重要性降低,因此政府对人民币升值的容忍度提高。

三根阳线改变信仰,这方面汇市和股市未必有多大的不同。

在我们看来,因涉及全球经济、政治和市场资金面等多种随机因素,汇率预测的难度极高,市场对汇率变动应该有足够的敬畏之心。综合分析各种数据信息，我们认为在目前的基础之上，未来人民币对美元汇率的升值空间可能有限，持续升值的可能性较低，波动或可加大，因此建议市场不宜盲目追高，企业仍需做好套期保值。当然我们也无须盲目悲观，只要坚持市场化取向的改革开放，执行好审慎的宏观调控政策，人民币同样不具备长期大幅贬值的空间。

近期人民币对美元汇率升值的原因

首先是疫情对全球主要货币币值的影响。

由于人民币对美元汇率参考一篮子汇率浮动，因此有必要考察美元指数，也就是美元对其一篮子货币的价值。

有两组数据提供一个有趣的视角。一是人民币对美元汇率，疫情之前的四个月中，受中美第一阶段经贸协议的推动，人民币对美元升值4.1%至6.86。疫情之后的两个月，人民币快速贬值。美联储大幅干预终止"美元荒"之后，2020年5月底以来，以美元指数来度量的美元对全球主要货币汇率贬值，人民币对美元开始升值，实际上过去7个月人民币对美元汇率经历了一个"过山车"，基本回到原点。另外一个视角是用CFETS（中国外汇交易中心）来度量的人民币对一篮子货币汇率。疫情暴发之前是92.9，3月中旬"美元荒"时最高曾经达到95.7，8月底时回落到92.7，目前应该在93.0左右，也正好回到疫情前的位置。

因此，可以说人民币对美元汇率在过去几个月波动的主要驱动因素是美元指数。5月底以来的人民币对美元汇率升值，主要是因为美元指数的贬值。新冠肺炎疫情在美国大面积暴发并引发金融恐慌之后，全球出现"美元荒"，导致美元对多国汇率快速升值，美元指数快速上涨6%至100左右，并在此高位停留至5月下旬。随后由于美联储超大规模的QE政策，两个月内扩表近3万亿美元，迅速缓解了全球的"美元荒"，美元指数开始回调。5月下旬以来，美元指数贬值5.8%，目前在92.8附近。

因为美元指数中欧元占比57.6%，美元指数下跌主要是由于欧元对美元的升值所造成的。5月底以来，美元对欧元贬值7.0%，因此也可以说人民币对美元升值在很大程度上是由于美元对欧元的贬值所造成的。

那么为何近来美元指数贬值，尤其是对欧元贬值呢？主要原因有如下几个：

第一，美联储的QE，也就是通俗意义上的印钞，确实大幅高于其他国家。疫情以来，美联储资产负债表上升了70%，而同期欧洲央行和日本央行的资产负债表上升了38%和18%。美联储巨额QE的背后是疫情发生之后美国联邦政府的赤字财政力度远高于欧盟和日本。

第二，美联储大幅降息，而欧洲和日本央行并无降息空间，因此美国和欧洲、日本的国债之间的利差大幅下降。

第三，美元是全球能源和大宗商品的主要计价货币，而疫情发生后全球能源和大宗商品价格和贸易量暴跌，因此对美元不利。

第四，美国5月底以来爆发"黑命贵"运动，暴露出美国国内严重的深层次种族和阶层矛盾，加上2020年是总统大选之年，市场担心美国社会动荡加剧，影响经济基本面和投资者信心，间接影响美元币值。

最后需要提及欧元区本身。7月初以后一段时间内，欧洲疫情控制明显好于美国。7月21日欧盟达成历史性的协议，以欧盟名义在未来数年发行总计达7 500亿欧元的欧盟债，而目前欧盟债总额只有区区540亿欧元。这意味着欧盟向财政联邦制迈出了坚实的一步，显著提高了市场对欧元的信心。

其次是世界各国在疫情防控以及实体经济所受影响方面的差别。

中国首先遭受疫情冲击，因此，人民币贬值在先。但中国疫情防控得力，从3月上旬开始每日新增病例就已基本降至100以下，GDP同比增速从一季度的-6.8%快速反弹至二季度的3.2%。反观美国，在3月中下旬日均新增病例就升至35 000例左右，到7月再度暴发，日均病例上升至78 000例左右。美国GDP同比增速在一季度降至0.3%，二季度则大幅萎缩9.1%。美国经济从5月开始复苏，但由于受疫情复发的影响，复苏力度总体来说远不及中国。根据我们的预测，美国经济三季度同比增长在-5.7%左右，并且需要到2022年一季度才能恢复到疫情前的水平，而中国经济在2020年二季度就已经恢复并超过疫情前的水平。

再次，人民币升值有赖于中国出口的韧性。

中国经济在经历一季度疫情的严重冲击之后，二季度快速反弹，成为极少有的二季度GDP同比增长的国家，同时也成为在疫情之下全球防疫物资和工业品的核心生产基地。

由于中国高效的疫情管控，制造业产能快速复苏，另外由于世界各国疫情暴发时间的错位，中国从3月下旬开始大量出口各类防疫物资和电脑等居家办公用品。防疫物资和计算机设备出口额同比增速由一季度的–14.5%和–24.3%飙升到二季度的63.7%和26.5%。以美元计价的中国出口额同比增速由一季度的–13.3%迅速恢复到二季度的0.1%；而二季度时美国、日本和德国的出口同比增速分别暴跌至–29.8%、–25.3%和–23.7%。疫情导致全球能源和大宗商品价格暴跌，防疫物资价格飞涨，使得中国贸易条件快速改善。这些因素综合起来，二季度中国商品贸易顺差高达1 547亿美元，为2015年以来的季度最高值。另外由于疫情，包括跨境旅游在内的全球服务贸易急剧萎缩，而中国往年存在巨大的服务贸易逆差，因此疫情期间中国经常项目得到大幅改善，从一季度的337亿美元的逆差上升到二季度1 196亿美元的顺差，季度顺差规模为2009年最高。

从经济基本面的角度看升值的可持续性

2020年中国在疫情防控方面取得了举世瞩目的成就，彰显了体制优势尤其是政府的执行动员能力。不少人认为，人民币对美元汇率会趋势性升值的一个核心观点是经此一"疫"，全球资本会大举流入中国，中国在国际社会和国际经济中的地位大幅抬升。但我们认为在肯定中国优势和成绩的同时，也需要保持一份冷静和清醒。

第一，中国经济本身也遭疫情重创，实际损失程度可能超过GDP和调查失业率等官方数据。中国上半年名义GDP同比增长1.3%，但从需求侧角度看，上半年中国固定资产投资、零售、出口（以人民币计价）和财政支出同比分别下降3.1%、11.4%、3.0%和5.8%。上半年中国商品房销售额和销售面积同比下降5.4%和8.4%，而汽车和其中的乘用车销售量同比下降16.9%和22.4%。如果单看疫情最严重的一季度，这些指标还要差很多。失业率方面，官方的调查失业率只是从疫情前的5.2%上升到了2月份的6.2%，但因为这种失业调查将绝大部分农民工排除在外，而农民工是失业人群的大头，因此这样的失业率数据价值十分有限。从大部分指标来看，中国经济遭受疫情冲击的程度虽然明显小于其他主要经济体，但真实差别可能并没有很多人想象的那么大。

第二，中长期内汇率变化的一个重要动因是各国经济增速的差别。疫情会对各国经济结构和经济增长带来一些长期影响，但也不能过度夸大这种影响。中国经济率先复苏的最主要原因是中国高效严格的疫情防控措施。除此之外，各国疫情发生的时间错位也是一个重要原因。从5月初以来，发达国家的经济也陆续开始反弹，三季度中国与其他国家经济增速之间的差别将显著缩小。以美国为例，二季度GDP同比增速比中国低12.5个百分点，到三季度会下降到10个百分点左右，实际差别可能会更小一些。美国失业率已经从4月份的高点14.7%下降到8月份的8.4%，因疫情而失业的一半人群已经重新就业。除非疫情在全球或某些国家长期延续，否则疫情对各国经济而言，基本上就是一个暂停键，疫情之后都会陆续恢复常态。

第三，从出口角度来讲，如前所述，中国在疫情期间出口增速显著高于世界其他主要工业国家。同时由于国际能源消费和能源价格暴跌，中国贸易条件改善，中国在国际贸易中的地位快速提升，短期内中国商品出口占全球商品出口的比例可能由2019年的13.2%上升到20%左右。但我们还是要清醒地看到，这是暂时的现象，切不可过度线性外推。疫情时间的错位使得中国在疫情暴发时大量进口全球防疫物资，而在中国疫情得到初步控制时，其他国家疫情陆续暴发，防疫物资极为紧缺，而中国防疫物资的产能快速上升。疫情暴发之前中国就是全球医疗物资和电子产品的生产大国，疫情暴发之后中国成了世界防疫物资、居家办公用品和一些生活必需品的生产和供应基地。但是，这些物资的出口盛况是不可持续的。若疫情在全球得到有效控制，这些物资的需求将会大幅降低。即使疫情延续，各国在经过初期的混乱之后，工业生产初步恢复，防疫物资的生产都是重中之重，因此都会出现不同程度的进口替代。无论疫情控制情况如何，和疫情相关的耐用品（如呼吸机和电脑等）出口在经过初期的暴发后，都会明显下行。另外，能源价格和其他国际大宗商品价格也会在疫情之后逐步回归。

第四，从产业链转移、国际资本流动和国际关系角度来讲，我们更应该保留一份清醒。叠加其他一系列地缘政治问题，疫情导致中国国际环境的进一步恶化是一个无可奈何的事实，不能视而不见。中共中央政治局在年中会议上指出，"当今世界正经历百年未有之大变局，和平与发展仍然是时代主题，同时国际环境日趋复杂，不稳定性不确定性明显增强"，又特别指出"当前经济形势仍然复杂严峻，不稳定性不确定性较大，我们遇到的很多问题是中长期的"，我们认为这些都是高屋建瓴、极为理智的判断。美国大选之后无论哪个党派上台，中美之间关系改善的空间很小，继续恶化的风险很大，美国对诸如芯片和芯片制造设备等高科技产品的出口限制将会变本加厉；英联邦国家对华关系也可能持续恶化，欧盟对华关系在2020年也出现了明显的恶化趋势，势必对华为等中资企业在欧盟的业务造成一定的影响，也可能会强化欧盟国家配合美国对中国的出口限制。在全球经济遭受疫情重创时，绝大部分企业的首要任务是渡过难关，维持生存，当然不可能会发生大规模的产业链转移和工厂搬迁。但这并不意味疫情之后全球产业链不会发生一定程度的迁移，更不意味着外资会加速进入中国。得益于中国庞大的市场、较为完整的产业集群、优良的基础设施、高素质的就业人群以及高效的社会管理，我们认为即使在疫情之后，快速去全球化和"去中国化"都是不现实的，但在诸如医疗物资生产和某些高科技领域是几乎必然要发生的。

第五，从经常项目和资本流动的角度来讲，尽管媒体大幅报道海外资金增持中国境内债券股票，但实际上还存在一定数量的资本外流。2020年上半年，中国经常项目顺差859亿美元。资本流入方面，二季度开始随着境内外利差加大，境外疫情肆虐，资本流入明显加速。2020年前

8个月，境外持有中国境内债券净增加5 843亿元，合835亿美元左右；其中上半年净增加3 184亿元，合455亿美元左右。虽然债券方面流出金额不详，但根据过去5年的经验，应该远低于境外投资中国的数目。上半年中国直接投资顺差187亿美元，而同期股市陆港通净流出219亿美元。总体而言，明面上的资本流动应该呈现净流入状态，加上经常项目顺差，中国2020年外汇储备应该显著上升。但事实上，上半年中国储备资产减少59亿美元，与此相应央行外汇占款减少575亿元，合82亿美元左右。虽然由于数据缺乏，推导未必严谨，但可以看出中国仍然存在一定程度的未在官方报表上体现的资本外流，这也从侧面可以解释为何中国的资本管制日渐趋严，在跨境资本流动方面我们不能盲目乐观。

展望未来，有关资本流动的正负面因素都存在，需要仔细分析。一方面中外利差还将存在，中国经济增速还将持续高于国际平均水平，一些国际债券指数将纳入中国境内债券，境外机构还会持续增持中国国债和政策性金融债，2020年7月和8月海外净增持2 659亿元。另一方面，中国经常项目顺差在2020年二季度达到一个高点之后，随着国际油价逐步恢复，中国服务贸易逆差再次拉大，防疫物资出口下降，中国经常项目顺差有可能会逐渐下行。中国债券利率在经过四个月的上行之后，未来上升空间明显减小，而美国10年期国债利率近期有触底回升的迹象。2020年7月和8月海外大幅增持中国债券数量从很大程度上来讲是由于疫情之下国债和政策性金融债发行大幅上升，本身不可持续。中美关系恶化也阻止了与美国公共机构相关的一些资金投资中国资产。在政府严控中资企业美元债的背景下，此前通过境外美元债渠道的净融资已经日渐式微。复杂的国际环境也会在一定程度上影响直接投资和金融资本的流入。

最后，因为人民币对美元汇率与美元指数高度相关，所以有必要从经济基本面的角度讨论美元指数走势，尤其是美元对欧元汇率的走势。如前文所述，美元指数自5月底以来贬值了5.8%，但实际上从8月初以来就已经基本稳定在93附近，欧元对美元汇率在8月初也失去上升势头，停留在1.18附近。综合各种因素，近期因为美国国内社会动荡和总统大选问题，美元指数可能还会呈现较大幅度的波动，还有下行空间，但持续大幅度下滑的可能性不大，甚至未来一段时间有小幅反弹的可能，原因有三：

一是美国疫情在好转，而欧盟疫情再度恶化。美国每日新增病例在7月下旬达到68 000例以后逐渐下降，目前在41 000例左右；而以欧盟中的德、法为例，每日新增病例从7月下旬380例和560例左右分别上升到了1 240例和6 100例左右。尤其对法国而言，每日新增病例已经回到3月下旬的高点附近。二是从经济复苏数据来看，欧元区的制造业和服务业PMI由7月份的51.8和54.7下降到51.7和50.5，而美国的制造业和服务业PMI则由7月份的50.9和50.0上升到了53.1和55.0。结合其他数据，可判断相对欧洲而言，美国经济的复苏势头后来居上。三是从长远来看，虽然欧盟开启大量发行欧盟债从而加固了欧元，但也会变相纵容欧盟内部各国的赤字融资，一定程度上对欧元币值也是一个双刃剑。

从货币和信贷政策角度来看人民币升值空间的有限性

近来不少人通过比较中美央行资产负债表得出人民币对美元长期结构性升值的结论。2020年中国央行资产负债表从年初的37.1万亿元缩小到7月底的35.8万亿元，而同期美联储资产负债表从4.1万亿美元飙升到7.0万亿美元，两者走势可谓天壤之别。按照朴素的货币理论，结合2020年中美经济增速扩大的事实，似乎可以轻易得出人民币对美元结构性升值的结论。

但是，实际生活中的货币和汇率机制要复杂得多。举个反例，从2002年到2007年底，中国央行资产负债表扩张了230%，而同期美联储资产负债表只上升了20%，也就是说，中国的"印钞"速度是美国的10倍多，即使考虑到经济增速的差别，中国的"实际印钞"速度还是美国的4倍左右，但同期中国人民币的升值压力急剧上升，2005年6月中国开启人民币对美元汇率浮动以后，到2007年底人民币对美元升值了12%。为什么会出现如此悖论？原因确实复杂，但有几个要点。

一是央行扩表可通过诸如央行票据和RRR（存款准备金率）等一系列工具来对冲，因此，不能简单通过央行资产负债表的规模来推测货币流通规模。实际上，中国在2014年以前的10多年内通过大量发行央行票据和大幅提高存款准备金率对冲了大部分的新发行货币。反之亦然，当央行降准时，就有可能缩小资产负债表。但降准是扩张性的货币政策，等于把此前锁定的货币重新释放给金融市场。2020年疫情之后中国央行资产负债表萎缩的原因就在于央行的两次定向降准总共释放了9 500亿元的资金。

二是央行释放的资金如果只是被存回了央行，那么，央行"印钞"对广义货币和信贷增速的影响就比较有限。对汇率而言，更重要的是广义货币和信贷增速，而非央行资产负债表或与之接近的基础货币。全球金融危机之后美国和欧元区都执行了很大规模的QE，也就是央行扩表，但是，在很长一段时间内并没有显著推高信贷和拉动经济，原因就在于此。中国的情况不一样。宽松货币政策主要体现在整个社会信贷增速方面。比如从2008年底到2011年底的3年间，中国央行扩表35.6%，但同期社会融资规模扩张102.1%。2020年在央行所谓"缩表"的背景下，央行通过降准、增加再贷款再贴现以及鼓励金融机构放款等办法，令信贷增速显著扩张，银行存量贷款和金融系统存量社融的同比增速从年初的12.1%和10.7%上升到7月底的13.0%和12.9%。相对于上半年1.3%的名义GDP增长，这个增速是相当高的。再看美国，因为大幅度的联邦政府刺激和美联储量化宽松政策，银行信贷存量同比增速从疫情前的5.4%加速到5月的11.0%，但随后回落到8月底的9.5%，不出意外的话，未来几个月还将继续回落。而中国大概率2021年银行信贷和社融增速还会在11%以上，到时将大幅超过美国。

换个角度看问题。疫情冲击之下，各国政府根据本国国情选择了不同的宽松托底政策。就中国而言，政府赤字率目标（占GDP比例）只从2019年的2.8%提高到了2020年的"3.6%以上"，即使加上1万亿元特别国债，也只有4.6%。又因为种种原因，央行不能购入国债，因此中国的宽松托底政策中，纾困部分较小，刺激部分较多。纾困政策中，大部分压力都直接或间接地落到了商业银行头上。这种操作手法，使得短期政府的表观赤字率较低，央行"印钞"少，无论是政府还是央行的报表会显得好看，但责任和成本就落到了中国的金融机构的头上。经济高速增长时，银行的利润能够消化这部分负担，但经济增速低迷时相应的问题就会显现。过去三四年中国政府一直强调要控制系统性金融风险，大致上就是要防范商业银行没有能力消化过去因过度给政府及其平台融资而带来的风险。未来一两年，中央政府必须要保持较高速的信贷增长来帮助银行消化因为2020年疫情所带来的额外成本。在此背景下，人民币也会缺乏长期结构性升值的动力。

做大内循环会导致人民币升值吗？

最近还有一种流行的观点，就是认为在发展双循环的战略下，出口和外需的重要性会降低，政府可容忍甚至鼓励人民币升值，因此人民币对美元汇率会进入长期升值的新周期。我认为这种观点是缺乏理论和实践依据的。如何理解双循环，争议很多。依我的理解，中央提出的要逐步形成以国内大循环为主体、国内国际双循环相互促进的新发展格局就是要在国际环境日趋复杂，不稳定性不确定性明显增强的背景下制定新的国家发展战略，核心有三点：

- 在某些核心高科技产品和部件上不被"卡脖子"。
- 在粮食和能源等关键领域控制和降低对外依赖程度。
- 提升内需，从而降低中国产能和就业对外需的依赖程度。我们认为做到以上这几点和人民币是否会升值没有必然的联系。

第一，经过40年的改革开放以后，中国经济结构已经基本成型，不会在短期乃至中期内发生很大的改变。在诸如芯片等产品方面做到自力更生需要多年的积累，需要足够的耐心，况且即使我们经过多年大规模的投入，也只可能做到部分产品和设备的进口替代而已。作为一个有着

14亿人口的大国，中国的农业结构和能源结构也不可能在短中期发生巨变，在相当长的一段时间内仍然需要进口大量的粮食和能源。在中国经常项目盈余已经降低到GDP的1%左右的背景下，中国只有持续保障出口才能取得贸易平衡。有人可能会说，全球看好中国，大量资本会不断流入境内，因此，不用担心出现贸易逆差，但这可能是一厢情愿。中国自2016年以来资本项目管制已经不断收紧，即使这样实际上还存在资本流出。依赖资本流入来弥补贸易逆差是不可持续的，这是新兴市场国家反复证明的道理。

第二，双循环的核心是减少对关键产品和部件的进口依赖，实质上还是赶超发展战略，如果说要通过制定相关汇率政策配合此战略，那也应该避免让人民币币值被高估。这是因为高估的人民币会变相鼓励进口，不利于培育中国高新产业，不利于在某些关键领域加速进口替代，也不利于中国农业发展从而减少对粮食进口的依赖。人民币被高估之后也会变相鼓励资本外流，这也不利于中国加大在高端制造业方面的投入。高估的人民币也会迫使政府加强资本管制，除了不利于开放，也不利于外资进入中国。高估的人民币甚至会造成经常项目逆差，迫使政府干预限制进口，在改革开放方面走回头路。还有，目前出口部门所创造的增加值占中国GDP的比例还有13%左右，出口部门保守估计创造6 000万就业。若通过政府干预来提升人民币币值，出口增速可能会下行，首先会导致总体经济增速下行，影响国内就业，从而间接影响内需，这样也未必有利于形成国内的大循环。总之，在双循环的战略之下，强汇率不应该是政府的优先政策选择。

作者为野村证券中国首席经济学家

管涛 ///
慎言人民币汇率新
周期

最近一段时间，人民币升值比较快，市场有一种说法，现在人民币进入了新的升值周期，也就是2005年"7·21"汇改以后的那波升值周期，经过五六年时间的调整以后，出现了新的周期。对这个问题怎么看呢？

第一，我个人认为目前为止还是应该比较谨慎，不要简单下结论说人民币升值进入了一个新周期。第二，不论是从政府，还是从市场来讲，都需要重新调整，来适应汇率波动的新常态。最后，有几点结论同大家一起分享。

一　慎言人民币汇率新周期

2020年的人民币汇率先抑后扬，前5个月因为遭受到了内外部的冲击，所以人民币总体来说是贬值的。

通常大家讲,汇率事先难以预测、事后难以解释。但是我2020年做了两次判断。一次是3月中旬,美股第二次熔断的时候,我讲了一下汇率的问题。当时指出的支持人民币汇率稳定的因素,就是现在大家讲的人民币升值的因素,包括国内疫情好转、经济率先复苏,以及国内正常财政货币政策、境内外利差较大等。令汇率承压的因素,主要是内外部都有很多不确定性、不稳定性因素。

第二次讲汇率问题是6月份。那时候正好是5月底人民币汇率创了12年以来的新低。当时我讲的是,5月份的人民币汇率贬值主要是消息面的影响。大家都知道,5月底有一个影响中美关系的重大消息出来,令市场情绪受压。同时讲,下半个阶段基本面对汇率稳定的支撑作用影响将会逐步显现。

现在回过头来看,基本上是按照当时说的脉络演进的。我一直强调,汇率分析,逻辑比结论更重要。我做出前述判断的主要逻辑是,任何时候,影响人民币汇率升贬值的因素都是同时存在的,但在均衡汇率变动不大的情况下,升贬值因素是此消彼长的。3月份的判断是把影响人民币升贬值的主要因素都罗列出来了,6月份则正是基于汇率跌多了会涨、涨多了会跌的逻辑做出的判断。你要是掌握了这个逻辑,基本上也能就汇率走势做出大体的判断,因为任何货币不会只涨不跌或者只跌不涨,除非基本面发生了大的变化。

2020年6月份以后,人民币汇率震荡升值,到10月22日创了2年多来的新高。但是22号日间汇率出现了剧烈震荡,23日中间价也结束了六连涨略有下调。总体上,5月底以来累计涨了将近7%,年初以来累计涨了近5%。

人民币从6月份到现在为止涨了4个多月,是不是就进入了所谓的新周期呢?如前所述,汇率是很难预测的,不排除现在讲汇率新周期的人是对的。但是,至少我觉得我们现在恐怕还不能得出非常准确的判断,有很夯实的不论是理论依据还是数据支持,说明汇率已经进入新周期了。

中央最近一段时间做了很多判断和重要的部署,一方面强调经济稳中有进、长期向好，但是也指出发展面临的挑战前所未有，特别是未来将会面临更多逆风逆水的外部环境，必须增强风险意识、强化底线思维，做好较长时间应对外部环境变化的思想准备和工作准备。正是认识到我们现在面临的很多不确定性、不稳定因素是中长期的问题，所以，在7月份中央政治局会议时提出要从持久战的角度加以认识，提出了大循环、双循环的战略。

这些判断和部署对于人民币汇率问题的启示是，中国经济韧性足、潜力大，这为人民币汇率稳定提供了坚实的基础。同时因为内部和外部不确定性、不稳定性因素很多，所以会阶段性加剧人民币汇率的波动。经济发展的前途是光明的，但是道路是曲折的。从这个角度来讲，我个人觉得现在还很难准确地说人民币就是一个新周期。

现在要判断周期，得有个定义。比如经济衰退，一般理论上是连续两个季度的负增长就是衰退；股指涨跌20%以上，就是股市技术性的牛市或者熊市；汇率贬值20%以上就是货币危机。但是，谈汇率周期却没有统一的口径和标准。

由于汇率总是有涨有跌，显然不能把每次的汇率涨跌都定义为一个周期，因此，所谓汇率周期，应该是升贬值持续一段时间、累积一定幅度。从美元和日元的走势来看，每一次汇率周期一般都是持续的时间比较长的，升值五六年，贬值七八年，每次调整的幅度比较大，都是40%以上。

改革开放以来，中国也经历了大的升贬值周期。在1993年以前主要是贬值的大周期，从改革开放初期到1994年汇率并轨之初，人民币汇率一路从1.50多跌至8.7。接着是一波大的升值周期，从1994年初到2013年底，人民币汇率持续单边升值，一直升到2014年初的将近6.0。然后再是这一轮的贬值周期，从2014年初开始人民币震荡走弱，特别是"8·11"汇改以后加速调整，到2020年5月底还创下了12年来的新低。

前面大的贬值周期和升值周期是比较明显的，持续的时间都是一二十年，累计幅度也比较大，都在20%以上。最近这波贬值周期，持续了五六年时间，调整幅度将近20%。其实，"8·11"汇改以后，人民币汇率出现过震荡。在经历了2015年、2016年持续单边下跌，2017年初至2018年3月底有一波反弹，累计升值了约10%。但是，2018年4月起又多次承压，到2020年5月份又创下多年来的新低。故没有人把2017年初至2018年3月底的那波升值当作升值周期，而是作为这轮大的贬值周期的阶段反弹而非反转。2020年5月底以来的人民币汇率升值至今，持续时间不到5个月，累计幅度只有7%左右，远不及2017年那波升值。显然，现在就谈进入新周期，有些言之尚早。

从理论上来讲，判断一个国家汇率是不是均衡，一个很重要的标准是看对外部门，看经常项目的收支情况。根据国际货币基金组织的预测，尽管2020年中国由于疫情的错峰效应，我们的经常项目顺差会有增加，但是2019年是占比不到1%，2020年有所上升，但也不超过2%。所以，国际货币基金组织在最新评估报告中仍然认为现在人民币汇率是符合中国中长期经济基本面的，既没有高估也没有低估。

当前形势与2008年那次危机的时候相比，确实不太一样。2007年，我们经常项目顺差占到GDP的10%，表明人民币汇率明显低估。因此，任何冲击都是短期的，一旦负面因素消退以后，人民币又重新回到升值的轨道。但现在从经常项目来看，人民币汇率处于均衡合理的水平。从资本流动来看，10月23日国家外汇管理局公布了9月份的外汇收支数据，直到9月份为止，市场总体上还是比较正常的，"低买高卖"的汇率杠杆调节作用正常发挥（即升值的时候买外汇的多卖外汇的少，贬值的时候卖外汇的多买外汇的少）。从截止到6月末的国际投资头寸状况来看，剔除储备资产后，民间对外净负债1.04万亿美元，相当于GDP的7.5%，无论是绝对额还是相对于GDP的水平都基本保持稳定。也就是说，到9月份为止，资本流动对人民币汇率的影响也是偏中性的，很难说人民币汇率已经有明显的升值压力。不过，进入10月份，由于大家对汇率升值问题的反复炒作，可能外汇市场有了一些新的变化，需要密切关注。

二 进一步适应汇率波动新常态

任何时候影响汇率升贬值的因素都是同时存在的，所以，外汇市场作为有效市场，这些因素都会在价格中得到充分的反应，汇率才呈现一种非线性的随机游走特征，容易出现超调和多重均衡，但必然涨多了会跌，跌多了会涨，呈现有涨有跌的双向波动。

当人民币汇率趋向均衡合理以后，特别是2019年"破7"了，打破了重要心理关口，汇率涨跌的空间进一步打开以后，容易出现大开大合、大起大落的走势。在国际货币基金组织披露的8种主要储备货币中，2020年到10月23日为止，尽管10月22日人民币汇率创了2年多来的新高，但不论是中间价还是收盘价的最大振幅也就7%多，在8种货币里排名是垫底的，其他货币都是10%左右，澳元都达到了将近30%。当然，2020年有一个特殊的情况，就是我们经历了非常多的极端市场情形，百年一遇的疫情大流行、大萧条以来最严重的经济衰退，罕见的美股10天4次熔断。这些都对外汇市场造成了剧烈的冲击，造成了跨境资本的大进大出，这在外汇市场都有所反映。在主要储备货币里，人民币汇率的波动率还是比较低的，当然从正面讲也说明人民币汇率的稳定性是比较强的。

人民币汇率现在已经趋近均衡合理了，所以我们容易看到人民币汇率发生大起大落的变化。比如人民币汇率升值，上一次升值是2017年年初到2018年3月底，升值了15个月、累计升了10%。但2018年4月份以后，由于美元指数反弹和中美摩擦升级，人民币又快速贬值，到7月底4个月时间就跌了将近8%。然后，2018年8月份以后央行又恢复了征收外汇风险准备和重启逆周期因子等宏观审慎措施。到2018年10月底，人民币又第二次跌到了"7"。我有一次参加国际研讨会时，一位美联储专家讲，现在人民币已经初步具有了成熟货币的特征，汇率弹性增加。而适应汇率宽幅震荡的新常态，需要从政府和企业层面都有所转变。

关于汇率制度安排，我个人认为，现在提出来的双循环是开放的双循环，而开放是高水平的开放、制度型的开放。汇率市场化是制度型开放的重要内容。

现实世界里，按照三大类来看，固定、浮动、有管理浮动汇率安排都是存在的。其中，各种形式的有管理浮动占比确实不小，完全固定和自由浮动均属于少数。这符合没有一种汇率选择适合所有国家以及一个国家所有时期的国际共识。其背后的逻辑就是，任何汇率选择都是有利有弊的，任何选择都是政策目标的取舍。

但是，中国是一个大国，要从大型开放经济体的角度来考虑中国的汇率选择。比如说，不能把内地简单跟香港去比。香港是港币自由兑换、资本自由流动，同时选择了固定汇率——联系汇率安排，但放弃了货币政策独立性，香港金管局没有自己的货币政策，而是跟随美联储调息。然而，中国作为大国，需要独立的货币政策，更好服务国内增长、就业和物价稳定目标。在这样的情况下，如果人民币汇率弹性不够、灵活性不够，必然意味着一会儿要控流入，一会儿要防流出。这对境内外投资者来讲，是非常大的不确定。如果我们的制度不是稳定的，不是可预期的，就会加剧跨境资本流动的波动。

从国际货币基金组织披露的8种主要储备货币来看，到目前为止，除了人民币是有管理浮动的，其他7种都是自由浮动。欧元原来被归为固定汇率安排。后来大家搞清楚了，汇率是两种货币的比价关系。欧元区内没有主权货币，也就不存在汇率问题。所以，欧元后来又被归入浮动汇率安排。

有人说，我们央行在有管理浮动汇率框架下已经退出了外汇市场常态干预，所以，没有必要宣布汇率自由浮动。但是，既然我们事实上已经做到了，为什么不做得更彻底呢？因为一方面即便做浮动汇率安排，也并不排斥必要时的干预。另一方面如果从制度上宣布浮动汇率安排，其实就是向市场做出庄严的承诺，承诺尽可能用价格手段，而避免外汇资本管制措施，相信这将有助于增强境内外投资者的信心。比方说，港币的自由兑换和资金的自由进出是基本法规定的。如果香港要采取外汇和资本管制，就需要修改相关法律。但这显然不是轻松容易的事情。而港币自由兑换和资金自由进出正是香港国际金融中心地位的基石。

也有人讲，我们可不可以从政策上采取一些措施，不要让人民币升得太快。首先，我们要相信在汇率市场化的情况下，汇率也是有涨有跌，不会只涨不跌或者只跌不涨。如果我们总是不相信市场，这个路永远走不下去。其次，如果说政府要干预汇率升值，这不但取决于想不想让它升，还取决于我们能不能不让它升。

一方面，如果人民币汇率确实有升值压力的话，而没有升值，很可能就会积累升值预期。在2014年以前我们就经历过这种情况，出现了长期的国际收支"双顺差"。2020年中秋、国庆双节长假期间，离岸市场香港的人民币已经大幅升值了，但在岸市场因为闭市没有交易。理论上来讲，每个时点上，在任何地方交易的汇率都应该是接近的，否则有跨市场套汇的机会把它套平。但因为在岸市场闭市不能交易了，自然就造成离岸汇率升值、在岸汇率没变，进而积累了升值的预期。这造成了10月9日在岸市场开市补涨的行情。也正是因为这样一个双节长假，最近一段时间市场开始形成人民币单边升值的预期。

另一方面，如果不想让人民币升值，必然就会通过数量手段实现外汇收支平衡。上一次我们是用增加外汇储备的方式来阻止汇率的升值，这次很可能不可以直接用了，因为这涉嫌货币操纵。美国关于货币操纵的三个标准里其中有一个，外汇储备的积累超过GDP一定的比例就算是货币操纵了。如果不想让汇率升值，只能是调整资本流动管理政策，要么是控制流入，要么是增加流出。

增加流出的问题是，如果把资本流出的对外开放当作一个调节工具，那么因为外汇市场瞬息万变，一旦形势逆转，不成熟的资本流出渠道的开放就可能成为未来资本集中流出的一个渠道。当年境外直接投资管理政策的调整就是前车之鉴。而每一次政策的反复，都对开放形象造成一定的伤害。

剩下的重要措施是控流入。控流入上次也经历过。"可预见的渐进升值+日益强化的资本流入控制"，被企业形容为钝刀子割肉。同时，管制是有成本的，不让企业结汇，企业既要承担利差损失，又要承担升值带来的汇差损失。

如果想清楚了愿意继续付出这个代价，也可以这么干。如果我们既不想汇率动太多，又不想对跨境资本流动形成太大的阻碍，那么只能重新增加外汇储备。

还有一个很大的问题，从企业层面来讲，现在要注意到对汇率波动风险的管理。2020年以来尽管提出了大循环、双循环战略，实际上还是坚持两条腿走路，外需在中国经济趋稳的过程中发挥了非常重要的作用。

到目前为止，虽然人民币对美元升得比较多，但是人民币多边汇率是基本稳定的，对出口竞争力的影响不是很大。但是由于我们跨境的外币将近90%都是美元，人民币对美元的升值对企业财务有较大影响。也就意味着，从5月底到现在，如果我们的企业出口收汇没有采取任何措施管理汇率风险，人民币升了6%、7%，意味着出口企业收的美元把利润亏掉了，出口就成了赔本赚吆喝。因此，对国内企业来讲，非常重要的现实问题是，要树立所谓汇率风险中性的意识。像国外的跨国公司一样，把它变成一个财务纪律，对货币错配和汇率敞口要加强管理。

三　主要结论

第一，近期人民币汇率升值属于正常的波动。未来能不能进入新周期，根本在于基本面能否出现明显的可持续的改善。比如说，我们能否顺利从旧常态过渡到新常态，从高速增长转向高质量发展，国家提出来的大循环、双循环战略培育的新发展格局、新竞争优势初步确立，大国博弈新格局基本形成。那时，或许人民币汇率新周期才是比较明确的。

第二，影响人民币升贬值的因素同时存在，只不过不同的时候不同的因素占上风。在升贬值的过程中是此消彼长的关系，特别是汇率趋向均衡管理以后，人民币汇率可能会大开大合，大幅震荡。

第三，继续深化汇率市场化改革是制度型开放的重要组成部分，但是没有无痛的汇率选择。如果未来出现升值压力，将是老问题、新挑战。唯有增强中国经济和金融体系的韧性，比如避免产业空心化、资产泡沫化、信贷膨胀、通货膨胀、货币错配，才能更好享受汇率灵活、金融开放带来的好处。

第四，对市场主体来讲，要进一步树立风险中性意识，建立财务纪律，控制好货币错配，管理好汇率风险。

本文为作者在2020年10月24日中国发展研究基金会博智宏观论坛"人民币汇率是否进入上升通道"月度研判例会上的发言，作者为国家外汇管理局国际收支司前司长，中银国际证券全球首席经济学家

政策新议题

刘尚希 ///

赤字货币化是当下
财政货币政策组合
的合理选择

2020年5月9日，中国财富管理50人论坛（CWM50）召开"当前全球货币超发影响与对策"专题研讨会，中国财政科学研究院刘尚希院长出席会议，就"财政赤字货币化"观点在市场上所引发的议论给予了进一步回应，下为发言全文。

一　货币数量理论已不合时宜，需要从"货币状态"来考虑"货币超发"问题

什么是货币超发？如何讨论货币超发及赤字货币化的问题？

首先要从理论角度考虑，货币数量论的前提是否依然存在。如果在货币数量论的框架内讨论货币超发及赤字货币化问题，容易陷入传统逻辑路径，在目前这种高度不确定性环境下，财政货币政策的制定应当跳

出货币数量论的老框框。我认为现在货币数量论已经过时，因为货币数量论的假设前提是货币同质，且只是局限于货币的支付手段职能，但从目前国内外的现实情况和10多年的实践来看，这一假设前提已越来越脱离现实，难以成立。

过去我们长期以货币数量论作为政策制定的理论基础，以货币数量的多少去衡量流动性是否充裕，去判断是否与防范通胀风险的目标相吻合，这容易导致政策判断失误。以货币存量的增长速度，或者与经济增速进行比较，以此判断流动性是不是充裕，越来越失去准头。以同样的逻辑去判断通胀风险更是与传统理论的预言大相径庭。在发达国家，多年来已经远离了通胀，在我国也出现了类似的现象，2008年以来货币存量的规模及其与GDP的比率前所未有的扩大和提高，不但没有出现通胀，反而是出现连年通缩。至于近年来我国生猪带动CPI上行则是供给问题，不是货币问题。例如，实行超级量化宽松政策的国家，如日本，并未实现提高通货膨胀率的目标；在货币存量不变的情况下，2008年国内出现了上半年需要防止通货膨胀，而下半年流动性急剧收缩的情况。我认为，货币是非同质的，而且货币不只是用作交易的支付手段。但我们目前还是在假设货币是同质的这一条件下，按照货币数量论的逻辑讨论货币政策和财政政策，所有政策很难有突破，陷入严重的路径依赖。更可怕的是，误判风险将会招致更大的风险，甚至临危机边缘而不知。

在货币非同质的前提下，衡量流动性充裕与否，应该重点关注"货币状态"而非"货币数量"。货币状态不是货币现象，而是实体经济现象，与宏观经济处在收缩还是扩张的状态内在关联。经济收缩期，货币流动性降低，是因为在货币存量不变的情况下货币状态发生了改变。我曾经用水的三种状态来比喻货币的状态，一是在正常条件下，货币的流动性就是水的属性；二是经济收缩状态下，相当于空气降温甚至下降到零摄氏度以下，一部分水变成了冰，货币的状态固化了；三是经济扩张状态下，相当于水蒸发成了水汽，这种情况下即使货币存量不变，也可能因为货币状态改变而出现通货膨胀。从这个类比的角度看，货币存在不同的宏观状态和微观状态。而宏观经济是嵌入社会大环境之中的，当

"风险社会"来临之后，不确定性和公共风险对货币状态的影响越来越大，也越来越直接。财富金融化、价格虚拟化、会计计量的测不准以及数字革命等都成为公共风险的催化剂，影响货币状态。

另外，同样的货币，发挥不同的职能，如价值储藏职能、支付职能，以及在不同的持有者手里，其状态也不同。货币状态取决于多种因素，货币的流通速度、货币乘数、存量货币结构、持有者结构等，都会影响货币状态，从而决定流动性的充裕性。在这种新的情况和全新条件下，讨论货币是否超发，要充分考虑货币状态，最重要的是货币运行环境的公共风险状态。

基于以上考虑，我认为以往的货币理论，从货币本身以及导致物价变化的货币数量论逻辑去考虑，是存在问题的。理论与数学工具的不匹配，过度简化了经济社会的复杂性，甚至使理论本身变成了"哈哈镜"，误导了人们的认识。实际上，多年以来，尽管货币从数量来看大幅增加，但并没有出现恶性通货膨胀。有人可能会认为物价不体现在CPI上，而是体现在房屋等资产价格上。流通中的货币量增加后，和货币状态叠加在一起，确实会影响到资产的价格，但是资产的价格和通货膨胀的机理不同。我们一般所说的通货膨胀，就是指消费者价格指数而不是资产价格，两者不能混淆。其背后的行为目的不同，消费者追求的是价廉物美，是商品的使用价值或者服务体验效应，而投资者追求的是价值增值。尽管标的物界限越来越模糊，消费品也可以成为投资对象，最典型的如住房，但行为逻辑是不同的。至于货币政策目标是否要考虑资产价格，防止资产泡沫，则是另一个层次的问题，并同样需要考虑货币状态。从广义来说，流动性强的资产等价于货币。资产与货币并非泾渭分明。总之，我们已经进入高风险社会时期，货币数量论已经不合时宜，它仅仅描述了货币的一种特殊状态，只有转到货币状态（用数学来描述，不是一个数，而是一个向量或矩阵，或是一个模糊集合）上来，才能把问题讨论清楚。

二　财政货币政策要放到同一参照系才能真正协同协调，形成合力

财政政策应该扩张还是不扩张？

财政政策是否在扩张，当前流行的分析判断逻辑，是基于财政收支本身或政府资产负债表。这是有局限性的。从经济学来观察，财政政策真正扩张与否，应该以货币存量的状态为参照系，只有货币存量状态（包括货币数量）发生改变，财政政策才能算是扩张，否则即使出现赤字，财政也可能处于中性状态而没有扩张。当前，在经济收缩的情况下，货币状态也在急剧改变，表面上看流动性尚可，但从财政的流动性上看出现了很大问题，即大面积的财政负增长，半数以上的省财政收入下降都超过10%。财政收入下降导致财政支出收缩，即使增加赤字，扩大债务，若货币存量状态没有变化，则意味着财政政策对消费支出、投资支出的影响以及对提振市场信心等方面，难以起到预期的政策效果。货币状态是财政政策实施的金融基础。

中央提出实现"六保"[①]，那么财政如何实现"六保"？在当前经济急剧收缩、大量企业和家庭亟须纾困的情况下，在二级市场小规模发行国债无法解决问题。这种情况下，如果用市场操作的手法大规模融资，反而会产生严重的挤出效应：导致银行信贷资金不足、居民储蓄存款转移。改变货币存量的持有结构，货币状态的变化方向会有利于流动性充裕还是加剧流动性收缩是值得考虑的。

在当前财政非常困难的情况下，又面对着"六保"的重大任务，采取以往常规的财政政策可能是不够的。基于这种考虑，有必要使赤字货币化，因为货币状态已经发生改变，赤字货币化不会带来通货膨胀，也

---

① 六保即保居民就业、保基本民生、保市场主体、保粮食能源安全、保产业链供应链稳定、保基层运转。——编者注

不会导致资产泡沫，相反可以为财政政策提供空间。在目前经济急剧收缩，财政也在急剧收缩的情况下，有必要采取特殊的措施，法律在特殊情况下可以授权或修订。相反，按照传统的搞法，财政表面扩张，实际收缩，很可能带来更大风险。这方面欧洲国家是有教训的。

因此，我们对现有的货币政策理论和财政政策的理论需要重新思考，特别需要把财政政策、货币政策放在同一个参照系里去分析研究，而不是从两个部门、两个政策的角度来讨论所谓的组合和协调，那样的协调组合往往不会有实际的效果。财政行为、金融行为都会影响货币的存量、货币的供应，所以它们应该有共同的参照系，即货币存量的数量和状态。当前条件下，赤字的货币化，就是在共同的参照系下实施，这样的财政、货币政策才真正是一体协同的。至于财政货币两大政策的目标问题、效率问题，也只有当置于统一参照系中讨论才有意义。

作者为中国财政科学研究院院长

钟正生 ///
也论中国要不要
赤字货币化

中国财政科学研究院院长刘尚希指出，"新的条件下，财政赤字货币化具有合理性、可行性和有效性"，一下子激起了关于中国是否应当推行"赤字货币化"的热烈讨论。适逢2020年全国两会即将召开，一揽子宏观政策行将落地，更加积极有为的财政政策与更加灵活适度的货币政策如何配合自然成为关注重点。

我们认为，新冠肺炎疫情冲击下，非常时期行非常之举固然重要，但对非常之举的中长期影响也要做合理评估。当前，中国尚有较大的增长潜力和改革空间，常规货币政策仍然有效，财政资金使用效率仍有提高空间，因此，更好地评估、珍惜、用好正常的财政货币政策空间应是首要考量，尚无须，也不宜采取赤字货币化的方式。至于西方发达经济体多少出于无奈匆忙祭出的赤字货币化举措，中国大可本着"大胆假设，小心求证"的态度，静观其变，适时评估，动态应对。

赤字货币化的讨论背景

2020年新冠肺炎疫情全球暴发，根据IMF最新预测，在二季度疫情能够得到控制的前提下，全球经济增速预测为-3%，为1930年大萧条以来最严重的经济下滑，而发达国家经济增速更将下滑至-6.1%。

在巨大的经济衰退压力下，各国普遍性采取财政宽松政策，发达经济体更是纷纷寻求央行直接购买主权债等类赤字货币化的方式：IMF统计的35个发达国家中，34个放松财政政策（2019年为21个），所统计的40个新兴市场和中等收入国家中，36个放松财政政策（2019年为24个），只有3个国家采取紧缩性财政政策（2019年为11个）。

根据IMF预测，2020年发达国家的一般财政结构性余额将从2019年的-3%变为-10.7%，一般政府债务总额占GDP的比例将从2019年的105.2%上升至122.4%。发达经济体央行亦纷纷扩大资产购买，根据惠誉数据，这四大央行2020年将购买价值60亿美元的资产，是2013年高点的3倍。截至2020年4月，美欧日三大央行的资产负债表已经比2月时扩大了25%。这其中有很大一部分是国债，本质上就是赤字货币化。

新冠肺炎疫情猝然而至，使中国进一步加大财政政策刺激力度成为必需，这才使得比照海外，"大胆假设"，赤字货币化的讨论开始发酵。中国拥有比较充足的财政政策空间：2019年，中国一般政府债务占GDP比重为54.4%，低于印度（71.9%）、巴西（89.5%）、美国（109%）等赤字扩张更快的国家，远低于日本（237.4%）、意大利（134.8%）等重债国。而且，中国99%的政府债务是内债，不存在财政系统性风险的问题。但2015年以来，中国财政扩张速度位居全球前列：一般财政结构性余额从2014年的-0.5%快速变为2019年的-6.4%，远高于2009年的-1.8%，由此导致政府债务存量迅速扩张。2020年，IMF预测的中国一般财政结构性余额将从2019年的-6.4%变为-11.2%，一般政府总债务占GDP比重从54.4%攀升至64.9%。

赤字货币化的三个问题

有关财政赤字货币化的讨论，涉及三个问题：如何偿债、如何提高资金使用效率以及如何稳定金融市场预期。

1. 中国名义GDP增速远高于长期国债利率，有条件随着时间推移在增长中降低政府债务率。理论上，一国在大幅扩张政府债务之后，只能通过三条路径去偿债：提高税收、债务违约、在增长中降低债务率。增税往往面临政治逆风，债务违约容易导致动荡，第三条路径最受欢迎，也最能将债务消弭于无形。而要实现在增长中化债，一个潜在要求就是名义GDP增长率要高于长期国债利率，这样随着时间的推移，债务就会相对于GDP缩水。发达国家实行赤字货币化，除了央行直接为赤字融资外，还有一个重要目的就是压低并稳定国债利率。日本央行目前正在采用的国债收益率控制政策就是一个典型例子。目前，大多数国家都得以满足名义GDP增长率高于10年期国债收益率的要求，中国更是如此。在全球经济陷入衰退之际，IMF预测中国2020年仍能取得1.2%的正增长，正是对中国经济韧性和潜力的肯定评估。

在本次新冠肺炎疫情中，中国国债利率明显下移。这接近目前实行赤字货币化国家的表现，完全不同于土耳其、印度尼西亚、巴西和欧洲重债国国债利率上升的情况（图160）。这说明中国政府主权信用良好，国内有足够国债购买意愿，而且随着中国金融市场的不断对外开放，人民币资产相对于其他资产的相对收益率优势，也在吸引外国投资者加速进入中国债券市场。私人和海外部门的充足购买力和购买意愿，令中国政府即使在更大量级上增加赤字增发国债，也没有必要推行赤字货币化，引入央行来购买国债。

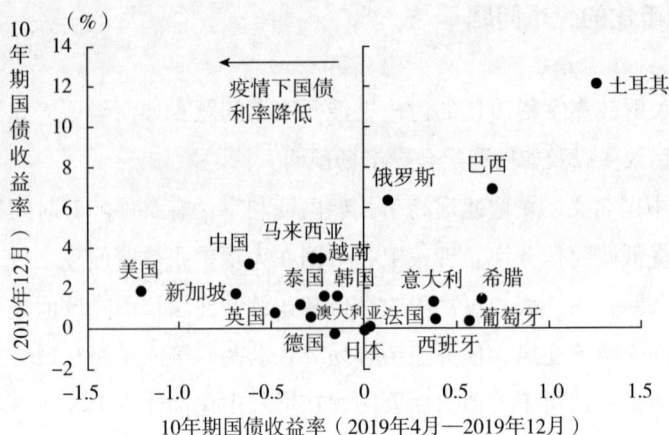

图160　疫情冲击下中国国债收益率明显下行

2. 财政政策更能解决结构问题，但积极财政政策（更不用说极致形式的赤字货币化）的前提是，财政资金使用要有效。

首先，当前中国货币政策仍是有效的。支持赤字货币化的一个重要背景是，货币政策不能有效传导至实体经济，最糟糕的情形是陷入流动性陷阱，资金沉积在金融体系徒增资产价格泡沫风险，而居民和企业仍然不愿或不能增加消费和投资。这恰恰是目前实行赤字货币化的国家所遇到的棘手问题。此时，依靠财政政策直接介入经济活动不仅效果会更好，也是一种不得已而为之的选择。而疫情暴发以来，中国货币宽松的效果显著，4月M2和社融增速分别达到11.1%和12%，明显突破了2019年的较低平台，明显高于名义GDP增速也体现了货币政策的前瞻性和灵活性。可见，借助于再贷款再贴现、定向降准、降低LPR（贷款市场报价利率）等工具，中国货币政策传导仍是有效的。

其次，要考虑推行赤字货币化，首先需要保证财政资金的使用有效率。根据国际货币基金组织在2019年4月财政监控报告中的估算，2011年以来，中国政府部门的资产回报率开始显著低于债务成本率，2017年二者差距超过2个百分点（图161）。这组数据从一个侧面揭示了中国财政资金的使用效率。中国人民银行前副行长吴晓灵指出："不是财政赤字不能货币化，而是看两个问题：一是货币化必须以货币政策目标为限才不会给经济带来负面影响；二是财政政策要有效率才不会伤害经济。经济危机时期财政赤字的比率不是不可扩大，此时要在挽救经济与财政纪律中做权衡。"这不啻一个正本清源、一针见血的评论。

图161　近年来中国政府资产回报率明显走低

3. 本次疫情危机中，中国金融市场表现相对稳健，无须以超常规政策工具稳定金融市场。疫情暴发以来，西方发达经济体常规货币政策空间几近枯竭，于是类似无限量量化宽松的激进措施频频出台，没有最多只有更多的财政纾困举措也相继祭出。这些加码的逆周期调控政策，除了避免经济衰退演变为经济大萧条之外，另一重要目的就是稳定和引导金融市场的预期，稳定和夯实极其脆弱、极端波动的金融市场。毕竟，金融市场的稳定，是一国经济稳定的必要条件。3月下旬，美元流动性危机遽然爆发，资产被无差别抛售，市场卷入腥风血雨，就给各国政府上了沉重的一课。目前，除了美欧日等发达经济体央行大举推出超常规货币政策工具之外，智利、哥伦比亚、南非、土耳其等新兴市场国家的央行也纷纷酝酿或开始购债，其中都有很大一部分考量是释放积极信号以稳定金融市场。而疫情暴发以来，中国金融市场波动一直较小，并不存在稳市救市的问题。

赤字货币化的两个约束

反对推行赤字货币化的理由，最强有力的有两个：严重通胀和容易上瘾。

中国的核心通胀虽然不高，但结构性风险仍然不可小觑。赤字货币化最大的敌人就是严重通胀，一旦发生，一国就会陷入是急剧加息抑制通胀从而伤害经济，还是容忍畸高通胀从而滋生经济社会动荡的两难境地。对发达经济体来说，近年来通货膨胀似乎已消失无踪，欧美日通胀水平一直运行在其目标通胀之下，因而赤字货币化的即期阻力减弱很多。不过，近期随着疫情发展，关于发达经济体在不久的将来会出现高通胀的讨论和担忧也在增多。中国的CPI明显高于核心CPI，尤其2019年以来猪价飞速上涨，推高通胀。

对此，需要明确两个问题：一是，"剔除猪肉，都是通缩"是个伪命题。"民以食为天"，2020年中国猪价高涨，对市场预期的扰动、对其他肉类和生活成本的间接推动，都不容忽视。二是，中国的CPI统计对房价和服务价格的反映是不充分的。2012年以来，中国36个城市的普通病房床位费上涨50%，物业费上涨30%，一线城市房价上涨1倍；而同期，CPI的医疗服务分项仅上涨27%，居住分项仅上涨15%。因此，中国存在结构性通胀压力，控制和稳定通胀仍是宏观调整的重要目标之一，并非像西方发达经济体那样一"胀"难遇，从而可以在短期危机下有意无意地选择无视。

赤字货币化的另一问题是容易上瘾。赤字货币化是对中央银行独立性的颠覆，独立性放弃容易，复得则难。《中国人民银行法》规定，中国人民银行可以代理国务院财政部门向各金融机构组织发行、兑付国债和其他政府债券，但不得对政府财政透支，不得直接认购、包销国债和其他政府债券，正是为了杜绝赤字货币化，推行稳健的财政纪律。

新冠肺炎疫情创伤之深之广之持久远超预期，非常时期行非常之举渐成共识。对发达经济体来说，为避免政策反应不足的风险，宁愿承担政策反应过度的风险（比如金融市场的宽松依赖症、相关经济主体过度的"搭便车"行为，以及未来政策退出的难题等），渐成应对危机的政策主基调。因此，在常规货币政策空间濒临极限的情况下，现代货币理论开始在争议中流行，而作为其最主要政策诉求的赤字货币化也在或显或隐地被采纳实施（该理论认为央行在一级市场购买主权债更明显，二级市场购买主权债更隐晦）。

但对中国而言，尚有较大的增长潜力和改革空间（包括旨在提升财政资金使用的规范、透明和有效的体制机制改革），也尚有正常的财政货币政策空间。因此，"非常之举"的内涵应该是，更好地评估、珍惜、用好中国正常的财政货币政策空间。至于西方发达经济体货币政策上的"花样翻新"，赤字货币化的滥觞之举，完全可以作为一个终极的"压力测试"，让中国搞清在极端情境下，不同的宏观政策组合效力究竟如何。这其实是一个"干中学"的机会，只不过让西方发达经济体先"干"，中国有理有据有节制地去"学"！

作者为平安证券首席经济学家

徐高 ///
从破窗理论看财政
赤字货币化

MMT（Modern Monetary Theory，现代货币理论）在近年来成为宏观经济学界的一个热门词语。MMT内涵比较庞杂，但简单总结起来就是政府印钞票有益无害：印钞票能拉动实体经济增长（货币不是中性的），还不会带来通胀。拥有这等好用的"法宝"，政府应该扮演"最后雇主"（employer of last resort）的角色，印足够多的钞票来确保经济处在充分就业状况。当然，印出来的钞票需要有人去花。最好的花钱人就是政府（不然会引出为什么把钱给张三而不给李四的收入分配的头痛问题）。这就是财政扩大开支，而由央行印钱来填补财政留下的赤字——财政花钱、央行买单——用学术语言来说即是财政赤字货币化。

国内经济学界近期热议财政赤字货币化话题。2020年5月9日，中国财政科学研究院院长刘尚希在一次会议上提出可以在我国进行财政赤字货币化的观点，一石激起千层浪。尽管在这篇讲话中通篇没有提到现代货币理论，但其思想与MMT高度吻合。其后，有关财政赤字货币化的讨论变得相当热烈，赞成与反对者都有。不过，这些讨论往往就政策谈政策，并未触及问题的核心，那就是实行宏观政策的经济环境。

一 财政赤字货币化的讨论需要考虑宏观经济环境

只有把宏观经济环境考虑进来，对财政赤字货币化的讨论才有意义。MMT源自后凯恩斯经济学（Post-Keynesian Economics），是与当前主流宏观经济学范式相异的一套宏观分析范式。不同范式之间的对话如同鸡同鸭讲，难以争辩出对错来。要对MMT以及财政赤字货币化做出有效的讨论，需要从范式选择的分叉点出发，找到范式适用的前提。MMT是否成立的前提是经济是否处在需求不足的情况下。只有在需求不足的宏观经济环境中，MMT方才成立，财政赤字货币化的主张才有道理。反之，如果经济中不存在需求不足的状况，供给而非需求才是经济的约束，MMT就不成立，财政赤字货币化的政策建议也不适用。这背后的道理可以借助"破窗理论"来看清。

经济学中有个破窗理论，说的是打碎窗户反而是件好事。打碎了一扇窗户，自然需要换新的。这样，安装窗户的人就有了工作，有了收入。这个装窗户的人把他的收入再花出去，就能让更多的人有工作、有收入。于是，打碎了一扇窗户，却让很多人境况变得更好。所以从经济运行的角度来看，打碎窗户是件好事。这正是凯恩斯提出的"乘数效应"的核心逻辑——政府多花一块钱，能产生一连串的后果，让全社会的总收入增加超过一块钱。

只有在经济处在需求不足、有许多工人失业的情况下，破窗理论才能成立。设想，如果装窗户的人本来就有工作、有收入，那么打碎了这扇窗户，只是让安窗户的工人放下他手里正在做的活计，转来修理这扇窗户，而并不会增加这工人的收入。这样，打碎窗户就有害无益。类似地，如果经济不在需求不足的状况下，所有产能（包括工人）都处在充分利用的状态，政府多花一块钱来创造需求，就必然会挤出民间一块钱的需求——产能如果被用来满足政府这新增一块钱的需求，能用来满足民间需求的产能就会相应减少。这种情况下，政府开支只会挤出民间支出，而不会产生乘数效应，凯恩斯需求管理的理论不能成立。

MMT成立的前提是经济处在需求不足的状态中。MMT栖身其中的后凯恩斯经济学秉承凯恩斯的思想——甚至可以把后凯恩斯经济学叫作"原教旨主义的凯恩斯经济学"。相应地，其成立前提也是经济处在需求不足的状态中。从一个简单的指标可以辨别经济中是否存在需求不足。如果需求不足，也即需求是经济增长的瓶颈，那么经济的波动应该呈现价量同向变化（经济增速与通胀正相关）的特点——需求扩张带来真实经济增长加速以及通胀的上行，需求收缩带来真实经济增长减速和通胀下行。反之，如果需求充足，供给才是经济增长的瓶颈，那么经济波动应该有价量反向变化（经济增速与通胀负相关）的特点——供给扩张令真实经济增长加速、通胀走低，供给收缩令真实经济增长减速、通胀走高。

次贷危机之后，全球经济处在需求不足的状态中。美国是世界经济的龙头，可以通过美国经济来了解世界经济的状态。在第二次世界大战结束到2008年次贷危机爆发之前的半个多世纪里，美国的真实GDP增速与通胀之间明显负相关，表明在这段时间里供给是经济增长的瓶颈。相比供给来说，需求在这段时间是充足的，没有长期的需求不足。而在次贷危机之后，美国真实GDP增长与通胀之间的相关性明显转正，经济波动时的价量同向变化，表明需求成为这段时间经济运行的瓶颈，需求不足成为一个长期现象。后凯恩斯经济学和MMT在这段时间会受到越来越多的关注，原因就在于经济环境的这一变化。因此，在当前的经济环境中，提出MMT不无道理（图162）。

图162　次贷危机之后，美国GDP增速与通胀之间明显正相关，
表明需求不足在这段时间长期存在

资料来源：万得，中银证券

二　需求不足与货币政策传导路径阻塞

　　需求不足通常与高储蓄率相伴。经济中有大量的储蓄者——他们倾向于将其当前收入的较大部分留到未来去支出。同时，经济中还会有大量的人愿意将其未来的收入提前到现在来支出。超前消费者（借钱消费的人）和投资者（借钱投资的人）就是这样的人。他们超前支出的行为平衡了储蓄者滞后支出的行为，确保了经济中需求与供给的平衡。但如果超前支出的行为减少——比如超前消费者的消费倾向降低或是投资者投资意愿下降——那么全社会的储蓄率就会上升，全社会当前的支出就会下降，从而带来需求不足的倾向。在次贷危机之后，尤其是2020年新冠肺炎疫情暴发之后，与储蓄率上升相伴随的需求不足的倾向更为明显。

　　从货币政策的角度来看，过高的储蓄率会带来货币政策传导路径的阻塞。央行印出来的钱是购买力，可以用来买东西。央行增发货币创造了购买力之后，如果这些购买力马上被人支出出去，变成市场里的购买行为，货币的增发就能比较顺畅地影响经济增速与通胀等宏观指标。这时货币政策传导路径是顺畅的，央行可以比较容易地用货币供给量的增减来调节实体经济。但货币政策传导路径未必一直顺畅，也可能会有阻塞的情况。当储蓄率很高的时候，人们会把自己相当部分的收入存起来（存入银行也好，藏在床垫下也罢），而不拿出去买东西。这时，货币增发虽然会增加全社会的购买力，但并不会带来购买行为的相应扩张，货币政策传导路径就会阻塞。在更极端的情况下，人们可能将其获得的增量货币全部都存起来，一分都不花出去（此时边际储蓄率为100%）。这就落入了凯恩斯所说的"流动性陷阱"，货币的增发对购买活动的刺激作用为0。

当货币政策传导路径阻塞的时候，货币数量论失效，货币总量变化对实体经济的影响力降低。传统的货币数量论认为，货币总量与经济增速及通胀等经济指标有稳定的数量关系。但在货币政策传导路径阻塞时，这种数量关系就会失灵。而在经济落入流动性陷阱的极端情况下，货币总量变化对实体经济完全没有影响。此时，货币增发不会带来通胀上升这样的副作用，央行印钞票来刺激经济可以不用在物价上付出代价，走向MMT的大门随之打开。

货币政策传导路径阻塞时，可以依靠财政政策来疏通传导路径。前面的推演里存在一个逻辑矛盾：货币政策传导路径阻塞的时候，货币的增发不能带动实体经济的活动，因此货币增发不会带来通胀升高的代价；但这也同时意味着货币增发在刺激实体经济增长与就业方面无效。因此，MMT的关键一环是在增发货币的同时，找到把这些增发的货币支出出去的主体，也即能将货币购买力转化为购买行为的经济主体。这方面，政府是一个绝好的选择。央行印钞票拿给政府花，能够避开印钞票分给民众会带来的收入分配方面的问题，操作起来也比较简便。借助财政的支出能力，也能疏通货币政策到实体经济的传导路径。"政府花钱、央行买单"会成为MMT的一个主要内容，道理就在这里。

离开了宏观经济背景，单纯讨论MMT或是财政赤字货币化没太大意义。MMT药方能用的前提是，经济处在需求不足的环境中。如果这一前提条件不成立，货币政策传导路径顺畅，货币增长一旦加速，就会体现到经济中的购买行为和物价上，令通胀上升。这种情况下，MMT所倡导的财政赤字货币化一定会让通胀失控。反过来，如果经济处在需求不足的环境中，MMT以及财政赤字货币化就有其用武之地。所以，对MMT的探讨不能离开经济环境。就像在破窗理论中一样，根据经济环境的不同，砸碎一扇窗户有可能是好事，也有可能是坏事。抛开经济环境，单纯分析应不应该砸碎窗户是没意义的。类似地，脱离经济环境，单纯就MMT而讨论MMT，就财政赤字货币化讲财政赤字货币化也没有太大意义。

在当前全球需求不足的状况，MMT与财政赤字货币化有其适用的道理。在次贷危机之后的经济环境中，货币数量论早已失效。美欧日的央行也早已抛开了货币数量论的教条，长期采用QE等非常规货币宽松手段。可以说，发达国家央行在实践中已经越来越向MMT靠拢。进入2020年后，新冠肺炎的蔓延给全球经济造成了前所未有的打击。疫情一开始虽然会同时冲击经济的供给与需求两面，但随后对需求的抑制效应会强于供给。这主要是因为企业员工的组成相对固定，因此较容易复产；但社交隔离的防疫措施对需求的抑制则更为长期（想想人员流动性较强的餐饮娱乐场所受的影响）。因此，疫情后全球经济处于更为明显的需求不足中。我国2020年3、4月越发明显的通缩趋势已经说明了这一点。在这样的环境中，MMT自然会得到更多拥趸，财政赤字货币化这样比较极端的政策建议会被提出也不令人奇怪。

三　我国没到"财政赤字货币化"的时候

尽管在当前需求不足的环境下，财政赤字货币化有其立论依据，但因为我国经济已经开始从疫情冲击中复苏，因而当下没有必要走到那一步。随着疫情对我国经济的影响逐步弱化，我国经济已经开始明显复苏，国内总需求已经有扩张的迹象，经济增速也已经从2020年1、2月的低位明显回升。这表明，当前的政策应对是有效的，财政赤字货币化这样的"大招"还没有使用的必要。

此外，我国其实本就有变相财政赤字货币化的工具（地方政府融资平台）在发挥着积极作用。融资平台所从事的基础设施投资大多具有公益性质，项目的回报很大程度上体现在社会层面，而无法转化为项目本身的现金回报。这使得融资平台很难依靠自身的投资回报率来覆盖融资成本，所以需要政府信用的介入来确保融资平台能获得融资、启动投资项目。项目建成之后，政府可以利用项目社会效益所创造的收益（如更高的卖地收入）来帮助融资平台偿还其债务。究其本质，融资平台的投资行为有"准财政"的属性，融资又来自金融市场，因而正是结合了财政和货币来创造总需求的有效工具。只是融资平台的商业模式并不为一些观察者和决策者所认识或认可，所以引发了2018年以来对融资平台的限制。正是因为前两年有这样创造需求的有效工具不用，才加大了经济的下行压力，让财政赤字货币化的呼声开始浮现。在疫情之后，基础设施投资已经变成了国内刺激经济的主要抓手，其投资增速已经开始明显加快。有地方政府融资平台的发力，财政赤字货币化的必要性就不高了。

对财政赤字货币化的分析一定要放在经济背景中，而不能简单地赞成或反对。从经济运行的角度来看，砸碎一扇窗户可能是好事，也可能是坏事，是好是坏关键取决于经济是否处在需求不足的状态。类似地，在不同的宏观经济环境中，财政赤字货币化有可能利大于弊，也可能弊大于利。因此，就政策讲政策的讨论，其实错失了讨论的关键。在当前需求不足的宏观背景下，财政赤字货币化有其道理，不应被简单地否定。但是，考虑到我国当前各项针对新冠肺炎疫情的宏观政策应对，财政赤字货币化这样的"大招"还没有使用的必要。

作者为中银国际证券总裁助理兼首席经济学家，北京大学国家发展研究院兼职教授

杨涛 ///
厘清中国数字货币的
发展前景

数字化时代的"金融新基建"

实际上，数字化的冲击已从经济社会向金融领域不断延伸。数字化趋势改变了经济组织模式、社会分工架构、产业组织的边界，进而从需求端影响金融服务的模式，也为金融产业链、金融组织的边界带来重构的可能性，由此产生了大量新兴金融主体、金融服务分工新模式等。与此相应，作为金融体系"道路、桥梁、机场、港口"的金融市场基础设施也必然受到深刻影响，货币与支付就是其中最核心的要素之一。

从纯理论角度来说，新货币经济学指出了货币消失的可能性，即法定纸币不再是唯一的交易媒介，并最终被产生货币收益、由私营部门发行的金融资产所取代。当然，这一场景更多存在于极端的理论假设中。从现实来看，尽管法定货币的地位仍不可动摇，但历史上也出现过各种局部场景的私营货币，如20世纪20年代货币失控的德国曾有过"瓦拉"系统，各国也出现过与互助养老相关的各类"时间货币"。然而，历史上的私营货币由于影响有限，从未得到监管者和学界的过多重视。但是，当现代密码学的演进伴随匿名数字支付手段的探索，带有"去中心化"特征的加密数字货币，使得新型私营货币的挑战日益突出。同样，早在21世纪初就已经有丰富研究的货币电子化、数字化等问题，却突然被拉入到加密数字货币的热潮中。

事实上，"货币究竟是什么"一直就是货币经济学研究的难题，也是诸多前沿分析希望阐释的理论缺憾。在数字化时代，问题变得更加复杂，而数字化背景下的货币体系建设，则成为"金融新基建"的重要内容。因为只有厘清相关思路，真正打造出安全、可控、高效的"金融新基建"，才可谓保障金融体系健康运行的"压舱石"、促进市场经济发展的"催化剂"、提高金融服务质量的"助推器"、确保国家金融安全的"隔离墙"。

数字货币的四大类型

有鉴于此，基于研究视角，为了更好地认识我们所关注的种种数字货币范畴，以及中国在全球的地位，可以从如下几方面类型加以界定。

一是央行法定数字货币，尤其是我们国家正在研发的数字人民币（DCEP），显然是数字化加上狭义的法定货币范畴，亦即央行直接发行的"数字债务"，用于替代部分M0。如英格兰银行在研究中表述，其探讨的CBDC（中央银行数字货币）不排除影响M1，则是数字化可能带给广义法定货币的影响。而"数字"二字背后的技术，或者是分布式账本技术，或者与之相关的其他非传统技术，并不一定是去中心化的技术。在此方面，由于央行与各方的重视，中国的研究进展在全球都处于前沿位置。

二是超主权数字货币，通常是跨央行的、由IMF等国际货币金融组织推动的相关研究探索。国内学界曾经做了一些相关研究，比如用分布式技术改造SDR等。现有研究探索更多是国际组织在推动，但由于美国等国家的积极性有限，实际上也并没有太大进展。

三是民间稳定币，顾名思义特点是价格相对稳定、试图为混乱的数字货币体系创造"中间锚",通常有基于法定货币、基于加密货币或无抵押的稳定币。其虽属私人数字货币的范畴,但却具有了一定的"准公共性"。此领域由于法律限制,国内并未有太大发展。

四是一般加密数字货币,从比特币开始已经逐渐市场化运作,政府关注的只是投资者保护、交易合规性、反洗钱等。此领域中国近年来则体现出"准地下经济"模式,但华人及其资本在全球数字货币算力中却占有了较高的地位。

数字货币发展面临的争论

那么,数字货币领域需解决哪些争论或焦点问题?一是共识。如果不能甄别和厘清理论、政策与实践基础,形成概念和路径共识,那么所谓区块链时代的"共识机制"就会成为镜花水月。例如,当我们谈数字货币时,货币、账户(或代币)、支付就是截然不同的概念,经常被混在一起。二是信用。不管什么样的"货币",其背后都是某种特定的信用支撑,代表了某种契约,如果不能解决结算最终性与信用安全性,货币功能也无从谈起。三是功能。货币基本功能是交换媒介、价值尺度、支付手段、价值储藏等,数字货币发展最终需有完备的功能架构。如果众多加密数字货币都难以用来交易支付,则其货币属性变弱,性质更像是加密数字资产。四是技术。无论是法定还是私人货币,面向数字化的技术还有很多不成熟的地方,还需满足效率与安全的双重要求,推动标准化建设。

数字货币对世界金融格局的影响是什么?我们可以从国际货币体系、国际金融市场两个角度来看。

一则,数字货币对全球货币体系的影响显然仍有限。2008年金融危机以来,以美元为主导的国际货币体系显示出了其内在的不稳定性和国际货币供给机制的不足,虽然全球货币治理体系进行了一系列变革,区域性的金融一体化探索也纷纷涌现,但是没能取得较大进展,而且当前国际格局下甚至变得更严重。实际上,无论是央行数字货币,还是稳定币，或其他私人加密数字货币，在可预见的较长时间内，就规模、结构、功能、应用来看，都还无助于解决国际货币体系的这些"短板"。

二则，数字货币对全球金融市场的影响更加深远。我们知道金融市场基本功能包括支付清算、资源配置、风险管理和定价等，各类数字货币，尤其是资产属性更强的加密数字货币，深刻影响着金融市场的资产配置结构，冲击和影响了数字资产的各类功能。

归纳来看，虽然货币经济学在演进中已探讨过未来可能的电子货币冲击与法定货币替代，但这更多是理论层面的假设，现实中我们不能肆意扩大数字货币的影响，需客观认识其发展状况以及我们能做的事情。

中国发展数字货币的未来路径

最后，如何认识中国发展数字货币的未来路径？就目前来看，未来或许有几方面值得关注。一是央行法定数字人民币具有一定特殊性，更多是通过部分M0替代，为中国零售支付体系提供冗余性，并且通过弱化大型科技公司的信息集中，强化央行的交易信息把控和反洗钱能力。考虑到影响人民币国际化的主要是大额跨境支付、金融市场交易与外汇储备，显然数字人民币短期内影响有限，更多是在跨境零售支付方面进行一些替代性探索。同时，所谓探索去中心化的、影响到存款货币的以及公私合营的创新型CBDC，显然短期内也不现实。

二是积极推动国际化的、央行间的"数字货币替代物"建设，为将来可能的超主权数字货币奠定初步基础。例如延续之前的研究线索，真正在现有IMF的SDR基础上，打造新技术支撑、更多方参与的ESDR（电子特别提款权）或DSDR（数字特别提款权），进一步缓解货币互换、储备方面的压力。对此，或者可在美元不积极参与的情况下，争取尽量协调好国际组织、其他央行间的利益与矛盾；或者引入美元，共同面对全球央行与私人部门（算法）在货币发行权上的矛盾与冲突。当然，这种积极参与对中国更多意味着责任与付出，而非很多人所想象的"抢先占便宜"。

三是适当支持私人部门参与国际民间稳定币探索。虽然全球稳定币市场也鱼龙混杂，许多稳定币包括其充足储备在内的承诺也被证明是镜花水月，但Facebook新推出的虚拟加密货币Libra，即便可能失败，也起码表明了私人数字货币的契约从"不可置信"到走向准公共性的尝试。在合规、合理的前提下，或许也应该允许合格的国内机构参与这种民间探索。

四是对于众多的加密数字货币，其实质越来越像是特定的加密数字资产。相关政策重点则是以金融消费者保护为抓手，引导市场健康发展，实现"良币驱逐劣币"，尤其是打击非法金融活动。

五是除了零售支付领域，无论是从大额支付清算、证券清算结算等领域所考虑的问题，还是关注对于货币政策、金融稳定的影响，似乎仍可以回到原来的货币电子化、数字化研究轨道上，跟新型数字货币的关系并没有想象中那么大。

总之，数字化时代必然带来数字金融模式的转变，进而需要数字化的金融基础设施变革，货币自然是最重要的基础设施要素之一。数字货币发展的大趋势不可逆转，但当前却不应过于"狂热"，尤其不能为发展而发展。事实上，一国货币不管是否数字化，其对内价值都是更好地承担货币功能、稳定价格信号、优化资源配置、服务实体经济等；而能否成为国际货币，则关键并不在于其是否进行数字化改造，而是取决于背后的国家信用、市场接受程度与安全性预期、国际政治规则与一国涉外法律约束能力等。

作者为中国社会科学院金融研究所支付清算研究中心主任

陈利浩 ///
"防止资本无序
扩张"与市场机制

2020年12月11日的中共中央政治局会议首次提出的"防止资本无序扩张",切实反映了中国经济社会发展的迫切需要,理应被产业、资本、政府等各界高度重视、深刻反省、严格遵循。

回顾几年来对基层和业界的调研,"无序"至少体现在以下几个方面:

一是对平台和市场规模的滥用。互联网时代的行业集中度提升固然是产业成熟的标志,但如果滥用规模优势,"店大欺客"、胁迫供应商"二选一"、利用大数据"杀熟"等,就已经根本背离了市场规则,严重损害了市场主体。而用"大而不能倒"套利,叫板监管规则,更是系统性风险的体现。更深层的伤害,是滥用规模,扼杀创新。在调研中不少中小企业和科技人员吐槽:他们最害怕的就是创新成果被"巨头"发现,因为一经发现,巨头们就可以利用市场规模、滥用补贴轻松地扼杀原创,取而代之。"赢者通吃"之下,自主创新无望。

二是利用资本规模不当占用资源。在某些地区,资本的扩张冲动和政绩的GDP导向驱动一拍即合,严重扭曲了对资源的市场化配置。"大资本""大项目"一来，警车开道，清场封路，主官全陪，要地给地，缺钱给钱，一呼百应，都成了"常态"。本地群众的嗷嗷待哺，中小企业的殷殷期待，一概视若无睹。本应市场化配置的各种资源，本应反哺当地中小企业的各种补贴，甚至本应纾解民困的专项资金，都成了大资本的超额利润。宁为大资本"锦上添花"，不为小企业"雪中送炭"，是在调研中经常听到的反映。

三是财富无序地过度集中。一方面利用平台和市场规模的垄断获利，一方面利用资本和资金规模的资源超配，使得资本急速集聚，"首富"财富值的增长额和增长速度远超人们的想象。过度集中的财富和不受约束的权力一样，是天然的超强腐蚀剂：腐蚀人心，侵蚀规则，败坏人性。它使得资本所有者的扩张冲动更加不受约束，也使得外部"合作者"的添砖加瓦更加理所当然。如果借"首富"光环，无视规则，叫板监管，则可能将经济领域的无序放大、扩散，为害更烈。

四是导致社会心理的失衡。通过奋斗获得幸福，奋斗本身就是一种幸福，这是健康的社会心态。但是，资本的无序扩张、财富的过度集中，传授的往往是不需努力的"一夜暴富"。以至于在少数社会成员，特别是青少年眼中，"出身清贫、奋斗成功"已经落伍，"富贵人设"才是流量担当，"共享"高级酒店房间、名牌首饰包包等奢侈品的"炫富秘籍"时有所闻。如某视频网站的一个版主兢兢业业做了几年的游戏解说乏人问津，反而是关闭版面前发的告别视频中"家人赠送的千万豪宅"引来大量转发。长此以往，财富将不仅仅是商业价值的衡量标准，还变成其他各类人生的成功标签。这种精神上的"无序"，更应防止。

管理层对以上的种种"无序"始终保持高度警惕，并在必要时采取了各种及时、有力的措施，包括暂停某巨无霸项目的上市、出台"关于平台经济领域反垄断指南"的征求意见稿等。本次政治局会议更是提出了系统性的要求。这体现了对社会经济良性发展的担当，体现了"为人民谋幸福"的初心，是一个负责任的政府的有效作为。但是，少数舆论，把中央一以贯之的政策取向和监管理念解读为"逆市场化"，如某篇流传较广的文章就批评"长期以来，有人习惯于把改革开放简单称为

'市场化改革'"，并把"防止资本无序扩张"的要求理解为"如何处理国家和民间大资本的关系"，把矛头直接指向了市场化改革和民间资本，值得商榷和澄清。

市场经济的核心机制是市场主体之间公平、自由的竞争。而垄断阻碍自由竞争，扭曲资源配置，损害市场主体和消费者利益，扼杀技术进步，违背了公平原则，是所有成熟市场经济的参与者和监管者都一直高度警惕、坚决反对的。反垄断是市场经济内在和本质的需要，以至反垄断法被称为"经济宪法"。因此，不能因为出现垄断、出现少数市场主体对规模的滥用，就否定市场经济的作用，如同不能因为个别地方政府的不作为或乱作为就否定政府作用。必须反复强调：对市场行为、市场主体的监管，也是市场经济体制不可分割的一部分，而不是市场经济的对立面，更不是对市场经济的否定。

中国在社会主义市场经济的建设过程中，一直坚持保护竞争、反对垄断，2008年就出台了《反垄断法》，开宗明义就宣示是为了"保护市场公平竞争，提高经济运行效率，维护消费者利益和社会公共利益，促进社会主义市场经济健康发展"。最近的一系列措施，更在世界反垄断史上具有里程碑意义，其目的就是为了保护市场经济的健康发展。成熟的市场经济国家也一直对垄断高度警惕。从20世纪80年代对AT&T（美国电话电报公司）的拆分，到跨越世纪之交的"合众国诉微软案"，到最近对谷歌的反垄断诉讼，都是典型的案例。"我们不能也不会接受只有利于那些已经成功的人的经济等式。每个人都应该有机会实现成功"，这是竞选的政纲，但更是社会的共识和规则。所有这些，都不意味着对市场机制的否定、对市场配置资源的贬低。

而与垄断相关的"资本无序扩张"，无论是"对平台和市场规模的滥用"，还是"利用资本规模不当占用资源"，抑或"财富无序的过度集中"，都是对市场规则的无视，对竞争机制的破坏。因此，防止资本无序扩张，只能通过有效监管下的市场机制，通过法制保障下的公平竞争，而不是其他。

习近平总书记在深圳经济特区建立40周年庆祝大会上的讲话中，把深圳称为"中国人民创造的世界发展史上的一个奇迹"，最主要经验之一就是"率先进行市场取向的经济体制改革"。中共十九届五中全会关于"十四五"规划的建议再次强调"毫不动摇鼓励、支持、引导非公有制经济发展"，"优化民营经济发展环境"，"依法平等保护民营企业产权和企业家权益，破除制约民营企业发展的各种壁垒"。因此，市场化的改革方向，对多种所有制经济一视同仁地保护和发展，用法制保障每个社会成员的权利和利益，是中国特色社会主义制度的精髓。无论经济、社会发展中出现何种问题、倾向，无论对之采取了怎样的监管措施，都不能质疑、动摇。

作者为九三学社中央促进技术创新工作委员会副主任，广东省新的社会阶层人士联合会监事长，远光软件股份有限公司董事长